DICTIONNAIRE BILINGUE

DE LA

PUBLICITÉ

ET DE LA

COMMUNICATION

FABIENNE DUVILLIER

AVEC LA COLLABORATION DE

URSULA GRÜBER S.A.

PRÉFACE DE JEAN JABÈS

Dunod

Fabienne Duvillier-Malfait, titulaire d'une maîtrise de droit privé et d'un doctorat d'anglais, a débuté sa carrière dans un cabinet d'avocat. Passionnée par la communication, elle a enseigné l'anglais dans différentes branches (commerce, informatique, marketing à l'université de Paris XII) et effectuée de nombreuses traductions pour des entreprises tout en se consacrant à l'étude du vocabulaire de la publicité et du marketing.

Les nombreux contacts professionnels qu'elle a su nouer, tant en France qu'à l'étranger, en font aujourd'hui une des meilleures spécialistes dans le domaine de la traduction de textes publicitaires et de communication.

Début 1970, **Ursula Grüber** crée Ursula Grüber Communication Internationale S.A., première agence mondiale d'adaptation de textes publicitaires en toutes langues.

En développant une méthodologie originale autour d'un concept inédit, Ursula Grüber a posé les bases d'un métier - l'adaptation publicitaire - devenu aujourd'hui un des éléments-clés de la communication internationale. Avec un réseau de 200 partenaires, rédacteurs publicitaires et consultants techniques de toutes disciplines, dans plus de 20 pays, Ursula Grüber S.A. est leader dans son domaine.

© BORDAS, Paris, 1990
ISBN 2-04-018651-4

PRÉFACE

C'est un lieu commun de dire que l'anglais est la langue de base de la communication mondiale. Les pays anglophones représentent près des 3/4 du marché mondial de la publicité.

Les entreprises internationalisent leurs stratégies marketing (encore un mot anglais) et pas seulement leurs stratégies industrielles et commerciales.

Les médias se concentrent, méprisent les frontières et arrosent le monde en anglais.

Très logiquement donc, les groupes publicitaires français, longtemps bercés de l'illusion d'être protégés des turbulences du grand large, ont changé de cap à la recherche d'un statut international.

Ainsi, Eurocom, premier groupe européen de publicité, réalisera en 1990 plus de 50 % de son chiffre d'affaires hors France, il en faisait 2 % au début des années 80. Bélier WCRS, filiale d'Eurocom, avec son réseau international EWDB, est aujourd'hui présent sur 4 continents.

Nos modèles et nos cibles, ce sont les grands groupes anglo-saxons, principalement américains. Ils ont eu sur nous l'avantage de la souplesse, de l'adaptation à un monde de la communication profondément bouleversé.

Le challenge est ouvert. Une chose est sûre : il se déroulera en anglais.

Il était donc temps, vraiment temps, qu'un dictionnaire français-anglais spécifiquement tourné vers la communication voie le jour. Le voici enfin, à la fois exhaustif et concis, à la fois dictionnaire de mots et dictionnaire de définitions, dû à une plume particulièrement experte, celle de Fabienne DUVILLIER, une professionnelle de la Communication, avec la collaboration d'Ursula GRÜBER, la sainte patronne des publicitaires en déroute devant une accroche intraduisible pour tout le monde - sauf pour elle -.

Que vous soyez patron d'agence, média planneur, commercial ou créatif vous trouverez tout ce qui évitera le ridicule bien connu du pseudo-anglais qui n'est rien d'autre que du français traduit de manière plate et en général incompréhensible.

Ainsi, dites «Wild Posters» pour «Affichage sauvage» à votre partenaire anglais, il vous regardera sans comprendre : pour lui c'est du «Fly Posting» ; si réciproquement vous l'entendez vous dire d'un air navré «We have to kill...» ne tremblez pas : il ne s'agit que d'annuler une parution.

Ce dictionnaire bienvenu nous aidera tous à passer de l'Age de pierre du baragouin franglais à l'Age d'or - ou Golden Age - du langage anglais maîtrisé.

Jean JABÈS
Président de BELIER WCRS France

REMERCIEMENTS

L'auteur tient à remercier Jean-Paul Hulin, Professeur à l'Université de Lille III, qui a dirigé le travail de recherche ayant servi de base à la rédaction de cet ouvrage ainsi que Ursula Grüber et son équipe — et tout particulièrement Judith Harris — pour leur apport quant à sa finalisation.

Ursula Grüber Communication Internationale S.A. et son équipe internationale tiennent à remercier tout particulièrement Multipubli, agence conseil en communication globale, créée en 1973 et membre français du réseau international ICITA, présent dans plus de 30 pays. Daniel Lalardie et l'équipe de Multipubli nous ont fait bénéficier de leur expérience dans le domaine de la terminologie française relative aux diverses disciplines de la communication.

COMMENT UTILISER
LE DICTIONNAIRE?

Notre propos est d'explique les termes fréquemment rencontrés et utilisés par les professionnels britanniques et américains, en donnant non seulement leur équivalence en français, mais aussi une définition dans les deux langues. Une phrase tirée d'un ouvrage, dont le titre fait souvent l'objet d'une abréviation, est parfois citée à titre d'exemple, pour illustrer le mot ou l'expression dans son contexte.

Deux index alphabétiques (français-anglais/anglais-français) permettent au lecteur de trouver rapidement une traduction succinte, suivie du renvoi à la définition complète dans les deux langues.

Chaque fois qu'il y a une spécificité d'usage ou de sens, britannique ou américaine, nous l'avons signalée par (U.K.) ou (U.S.). Dans les autres cas, on pourra considérer le terme et la définition proposée comme valable dans tous les pays anglo-saxons.

A la fin des définitions, le lecteur trouvera, en caractères gras, des renvois à d'autres mots ou expressions sous l'indication (Voir) ou (See), ainsi qu'un recensement des synonymes existants quand il y a lieu, ce qui lui permet de compléter son information.

Lorsqu'un mot n'a pas d'équivalent français ou vice-versa, nous l'avons traduit par une périphrase ou laissé tel quel entre guillemets.

Le langage est une chose vivante: des mots font leur apparition, d'autres disparaissent ou voient leur signification évoluer. Par conséquent, nous invitons le lecteur qui aurait des suggestions à faire (sources à l'appui) à les signaler à l'auteur, à l'adresse ci-dessous, afin d'enrichir cet ouvrage lors d'une prochaine mise à jour.

5 bis, Avenue Alphonse Karr
94100 - Saint-Maur-des-Fossés

Liste des abréviations

Abréviations grammaticales et niveaux de langues		Abbreviations, field labels and style labels
abréviation	Abr. - Abbr.	abbreviation
adjectif	adj.	adjective
artistique	art.	artistic
cinéma	cin.	cinema
exemple	ex.	example
et cetera	etc.	etcetera
France	F.	France
imprimerie	impr.	
nota bene	N.B.	nota bene
nom	n.	noun
photographie	phot.	photography
pluriel	pl.	plural
	print.	printing
psychologie	psy.	psychology
statistique	stat.	statistical, statistics
synonyme	syn.	synonym
télévision	T.V.	television
typographie	typ.	typography
Etats-Unis	U.S.	United-States
Royaume-Uni	U.K.	United-Kingdom
vocabulaire recommandé par le Commissariat général de la langue française.	C.G.L.F.	Vocabulary Recommended by the Commissariat général de la langue française.

Abréviations des ouvrages cités — Abbreviations of the books quoted

A.J.D.	Ad - Jargon Dictionary (WASEY EWALD-CAMPBEL)
A.M.S.	Advertising Made Simple (F. JEFKINS)
D.A.T.	Dictionary of Advertising Terms (L. URDANG)
D.M.C.	Dictionary of Marketing and Communication (F. JEFKINS)
D.O.I.T.	Dictionary of Information Technology (D. LONGLEY and M. SHAIN)
E.O.A.	Essentials of Advertising (L. KAUFMAN)
L.D.B.E.	Longman Dictionary of Business English (J.H. ADAM)
L.D.C.E.	Longman Dictionary of Contemporary English
L.P.	Le publicitor (B. BROCHAND et J. LENDREVIE)

INDEX

ABONNÉ, *subscriber* - **p. 417**

ABONNEMENT, *subscription* - **p. 417**

ABONNEMENTS GROUPÉS, *clubbing offer* - **p. 157**

ABRIBUS, *« abribus »*, *bus shelter* - **p. 101**

ACCÉLÉRÉ (cin.), *speeded-up motion* - **p. 407**

ACCENT (art), *key* - **p. 266**

ACCENTS SOMBRES (peinture, photographie, etc.), *low key* - **p. 279**

ACCEPTATION DU PRODUIT PAR LE MARCHÉ, *market acceptance, product acceptance* - **p. 284**

ACCESSOIRE, *prop* - **p. 352**

ACCESSOIRISTE, *property man* - **p. 352**

ACCROCHE, *end line, catchline, catchphrase, hookline* - **p. 216**

ACCROCHE SUR ENVELOPPE, *corner card* - **p. 178**

ACCROCHEUR, *eye-catching* - **p. 219**

ACCROISSEMENT TEMPORAIRE DE LA PRESSION PUBLICITAIRE, *heavy-up* - **p. 248**

ACCUMULATION D'AUDIENCE, *cumulative audience, cumulative reach, cume, reach* - **p. 186**

ACHAT D'ESPACE, *media buying, space buying, airtime buying* (radio, T.V.) - **p. 293**

ACHAT D'IMPULSION, *impulse purchase, impulse buying* - **p. 255**

ACHAT GROUPÉ, *package, package deal, package plan* (U.S.) - **p. 318**

ACHETEUR D'ART, *art buyer* - **p. 121**

ACHETEUR D'ESPACE (presse, affichage), *space buyer* - **p. 404**

ACHETEUR D'ESPACE (radio, T.V.), *airtime buyer* - **p. 115**

ACHETEUR OPPORTUNISTE, *cherry picker* - **p. 154**

ACHEVÉ D'IMPRIMER, *colophon* - **p. 159**

ACQUIS, *background* - **p. 128**

ACTIF (n.), *active* (n.) - **p. 103**

ADAPTATEUR RÉDACTEUR PUBLICITAIRE, *(copy) adapter, (copy) adaptor* - **p. 175**

ADAPTATION PUBLICITAIRE, *(copy) adaptation* - **p. 175**

ADAPTER, *to tailor* - **p. 422**

ADEPTES TARDIFS, *late adopters* - **p. 269**

ADHÉSIF (n.), *sticker* - **p. 412**

ADRESSE PIÈGE, *decoy, dummy name, sleeper* - **p. 192**

ADSHEL, *Adshel* - **p. 105**

À DURÉE INDÉTERMINÉE, *till cancelled (T.C.), till countermanded (T.C.), till forbid (T.F.)* - **p. 428**

AÉROGRAPHE, *airbrush* - **p. 114**

AFFICHAGE, *billposting, billsticking* - **p. 133**

AFFICHAGE (publicité par), *outdoor advertising, poster advertising, billboard advertising* (U.S.) - **p. 314**

AFFICHAGE DANS L'ENSEMBLE DU PARC OU DU RÉSEAU (transports), *full run, full showing* - **p. 235**

AFFICHAGE DANS UN DEMI-PARC, UN DEMI-RÉSEAU (transports), *half run, half showing, half service* - **p. 246**

AFFICHAGE DE LONGUE CONSERVATION, *permanent posting* - **p. 325**

AFFICHAGE SAUVAGE, *fly posting* (U.K.) - **p. 230**

AFFICHAGE TRANSPORT, *transport(ation) advertising, transit advertising* (U.S.) - **p. 435**

AFFICHE, *poster, bill* - **p. 334**

AFFICHE À FRANC BORD, *bleed poster* - **p. 135**

AFFICHE CARTONNÉE, *showcard, card* - **p. 396**

AFFICHE DANS LES VOITURES DU MÉTRO, *tube card (U.K.), subway card (U.S.)* - **p. 436**

AFFICHE DE RAYON, *shelf card* - **p. 393**

AFFICHE DE VITRINE, *window poster* - **p. 451**

AFFICHE EN CAISSON LUMINEUX, *lightbox advertisement* - **p. 273**

AFFICHE FORMAT 75 CM X 100 CM, *quad crown poster (U.K.)* - **p. 358**

AFFICHE FORMAT 1 M X 1,50 M (U.K.), *four-sheet poster (U.K.)* - **p. 232**

AFFICHE FORMAT 1,20 M X 1,60 M (F.), *120 cm x 160 cm poster (F.)* - **p. 335**

AFFICHE FORMAT 2 M X 3 M (U.K.), *sixteen-sheet poster (U.K.)* - **p. 400**

AFFICHE FORMAT 2,40 M X 3,20 M (F.), *240 cm x 320 cm poster (F.)* - **p. 335**

AFFICHE FORMAT 3,60 M X 1,20 M (U.S.), *three-sheet poster (U.S.)* - **p. 428**

AFFICHE FORMAT 4 M X 3 M , *4 m x 3 m poster (F.), 32-sheet poster (U.K.)* - **p. 427**

AFFICHE FORMAT 6 M X 2,60 M (U.K.), *24-sheet poster (U.K.)* - **p. 437**

AFFICHE FORMAT 6 M X 3 M (U.K.), *forty-eight sheet poster (U.K.)* - **p. 232**

AFFICHE FORMAT 6,50 M X 3 M (U.S.), *thirty-sheet poster (U.S.)* - **p. 427**

AFFICHE SUSPENDUE, *hanger, hanging sign* - **p. 247**

AFFICHE SUSPENDUE GÉANTE, *giant hanging sign (P.O.S.)* - **p. 239**

AFFICHES CARTONNÉES DANS LES RAMPES D'ESCALIERS (métro), *escalator cards (Underground) (U.K.)* - **p. 217**

AFFICHEUR, *outdoor advertising contractor, billposting contractor, poster contractor, plant (operator) (U.S.)* - **p. 314**

AGENCE À SERVICE COMPLET, *full-service agency* - **p. 236**

AGENCE DE CRÉATION, *creative agency* - **p. 182**

AGENCE DE MARKETING DIRECT, *direct marketing agency or producer* - **p. 198**

AGENCE DE PUBLICITÉ, *advertising agency* - **p. 107**

AGENCE INTÉGRÉE, *in-house agency* - **p. 257**

AGENCE PHOTOGRAPHIQUE, *(photographic) studio* - **p. 327**

AGENT D'ART, *agent, rep* - **p. 113**

AGRANDISSEMENT, *blow-up, enlargement* - **p. 137**

AGUICHE, *teaser* - **p. 423**

AIDES À LA VENTE, *dealer aids, sales aids* - **p. 190**

ALBUM DE PRESSE, *guard book, scrap book* - **p. 244**

ALIGNEMENT, *alignment* - **p. 115**

AMORCE (cin.), *(film) leader* - **p. 224**

ANALYSE DES MÉDIAS, *media analysis* - **p. 292**

ANALYSE PAR SEGMENTS, *cluster analysis* - **p. 157**

ANAMORPHOSE, *anamorphic image* - **p. 116**

ANGLE (cin.), *camera angle* - **p. 147**

ANIMATEUR(TRICE) COSTUMÉ(E), *trade character* - **p. 431**

ANIMATEUR(TRICE) DE VENTES, *demonstrator* - **p. 193**

ANIMATION, *animation* - **p. 116**

ANIMATION DES VENTES, *sales drive* - **p. 381**

ANIMATION RADIOPHONIQUE DANS UN MAGASIN, *storecast* - **p. 414**

«ANIMATIQUE», *animatic* - **p. 116**

ANNÉE DE MAINTIEN, *going year* - **p. 241**

ANNONCE (publicité), *advertisement* - **p. 106**

ANNONCE ANONYME, *blind advertisement* - **p. 135**

ANNONCE-APPÂT, *bait-and-switch ad* - **p. 129**

ANNONCE AVEC LISTE DES DISTRIBUTEURS LOCAUX, *dealer tie-in* - **p. 191**

ANNONCE BOUCHE-TROU, *filler, plug* - **p. 224**

ANNONCE CLASSÉE, *classified advertisement or ad, classified, small ad, small* - **p. 155**

ANNONCE CLASSÉE GRAND FORMAT, *display classified, semi-display classified* - **p. 201**

ANNONCE CODÉE, *keyed advertisement* - **p. 266**

ANNONCE COLLECTIVE, *tie-in advertisement* - **p. 428**

ANNONCE COMPARATIVE, *comparative advertisement* - **p. 163**

ANNONCE COMPARATIVE AGRESSIVE, DÉNIGRANTE, *knocking copy, disparaging copy* - **p. 267**

ANNONCE FINANCIÈRE, *financial advertisement* - **p. 226**

ANNONCE GRATUITE, *free advertisement, plug* - **p. 233**

ANNONCE GROUPÉE, *composite advertisement* - **p. 165**

ANNONCE ISOLÉE, *solus position (U.K.), solus advertisement* - **p. 403**

ANNONCE-MYSTÈRE, *teaser* - **p. 423**

ANNONCE PEU VISIBLE, *buried advertisement* - **p. 145**

ANNONCE PLEIN PAPIER, *bleed (page) advertisement* - **p. 135**

ANNONCE PLEINE PAGE, *full-page advertisement, whole-page advertisement* - **p. 235**

ANNONCE-PRESSE, *press advertisement, display (ed) advertisement* - **p. 339**

ANNONCE SUR UN QUART DE PAGE, *quarter page advertisement* - **p. 358**

ANNONCES DE RECRUTEMENT, *job advertising, recruitment advertising* - **p. 263**

ANNONCES EN DAMIER, *checkerboard* - **p. 153**

ANNONCEUR, *advertiser* - **p. 106**

ANNUAIRE, *annual, directory, yearbook* - **p. 117**

ANNUEL (journal), *annual* - **p. 117**

ANNULER UNE PARUTION, *to kill* - **p. 267**

ANTIOPE, *Antiope* - **p. 117**

APLAT, *solid* - **p. 403**

APPEL À L'ÉMOTION, *emotional appeal* - **p. 215**

APPRÊT (papier), *finish* - **p. 226**

APPROBATION (films T.V.), *copy clearance* - **p. 176**

APPROCHE PERSONNALISÉE, *you approach* - **p. 454**

APRÈS TEXTE, *following reading matter* - **p. 230**

ARC, *high intensity arc* - **p. 249**

ARGUMENTAIRE, *sales folder, sales portfolio, sales presenter, sales promoter* - **p. 381**

ARGUMENTATION DU VENDEUR, *(sales) pitch* - **p. 382**

ARRÊT SUR IMAGE, *freeze frame, stop action* - **p. 234**

ARRIÈRE DE BUS, *bus rear* - **p. 145**

ARRIÈRE-PLAN, *background* - **p. 128**

ARTICLE BOUCHE-TROU, *filler, plug* - **p. 224**

ARTICLE DE FOND, *feature (article)* - **p. 223**

ARTICLE ENCADRÉ (typ.), *box (typ.)* - **p. 139**

ARTISTES, *talent* - **p. 422**

ARTS GRAPHIQUES, *graphic arts, graphics* - **p. 241**

ASILE-COLIS, *package insert* - **p. 319**

ASPECT GÉNÉRAL (revue, livre, etc.), *format* - **p. 231**

ASSEMBLAGE (cin.), *cutting* - **p. 188**

ATTACHÉ DE PRESSE, *press relations manager* - **p. 340**

ATTITUDE, *attitude* - **p. 124**

AUDIENCE, *audience* - **p. 124**

AUDIENCE CUMULÉE, *cumulative audience, cume, reach* - **p. 186**

AUDIENCE DUPLIQUÉE, *duplicated audience* - **p. 208**

AUDIENCE NON DUPLIQUÉE, *net audience, net readership, unduplicated audience* - **p. 304**

AUDIENCE UTILE, *target audience* - **p. 423**

AUDIOVISUEL (adj.), *audiovisual (adj.)* - **p. 126**

AUDITORIUM, *recording studio* - **p. 366**

AU POINT (phot.), *in focus* - **p. 256**

AUTOCOLLANT (n.), *sticker* - **p. 412**

AUTO-CONCURRENCE, *cannibalism* - **p. 148**

AUTODISCIPLINE, *voluntary controls* - **p. 448**

AUTOPOSITIF (phot.), *autopositive* - **p. 126**

AUTO-PUBLICITÉ, *blurb* - **p. 137**

AVANCÉE DE RAYON, *(shelf) extender* - **p. 394**

AVANT BUS, *busfront* - **p. 145**

AVANT-PREMIÈRE, *preview* - **p. 341**

AXE, *concept* - **p. 167**

AXE DE LA CAMPAGNE, *copy platform* - **p. 176**

«BACK CARD» (matériel de PLV), *back card* - **p. 128**

BAISSE DE PRIX, *price cut, price off* - **p. 341**

BANC DE REPRODUCTION, *process camera* - **p. 345**

BANC-TITRE, *title stand* - **p. 430**

BANDE DE CONTRÔLE DE DENSITÉ, *print control strip* - **p. 343**

BANDE DE FRÉQUENCE, *channel* - **p. 152**

BANDE-ÉTIQUETTE ADHÉSIVE, *shelf tape* - **p. 394**

BANDEROLE, *banner, streamer* - **p. 130**

BANDE SON, *soundtrack* - **p. 403**

BANDE SON MAGNÉTIQUE, *magnetic track* - **p. 281**

BANDE SON OPTIQUE, *optical track* - **p. 313**

BARBES, *deckle-edge* - **p. 191**

BARRE-ROUTE, *head-on position* - **p. 248**

BARRE-ROUTE, *stopper* - **p. 414**

BAS DE CASSE (typ.), *lower case* - **p. 279**

BASE DE CAMPAGNE, *copy platform* - **p. 176**

«BASE LINE», *base line* - **p. 130**

BASE TARIFAIRE (publicité presse), *rate base* - **p. 361**

BECQUET, BÉQUET, *overlay, patch* - **p. 316**

BÉNÉFICE CONSOMMATEUR, *consumer benefit, product benefit* - **p. 346**

BÉNÉFICE PUBLICITAIRE, *brand benefit acceptance* - **p. 140**

BIAIS (stat.), *bias (stat.)* - **p. 132**

BICHROMIE, *two-colour process (2/C)* - **p. 437**

BIEN D'ÉQUIPEMENT, *big ticket item* - **p. 132**

BIENS DE CONSOMMATION, *consumer goods* - **p. 168**

BIENS DE CONSOMMATION COURANTE, *convenience goods* - **p. 173**

BIENS DE CONSOMMATION DURABLES, *consumer durables, hard goods* - **p. 168**

BIENS DE CONSOMMATION NON DURABLES, *consumer non-durables, disposables, single-use goods, soft goods* - **p. 169**

BIENS DE CONSOMMATIONS SEMI-DURABLES, *consumer semi-durables* - **p. 170**

BI-HEBDOMADAIRE, *bi-weekly* - **p. 134**

BI-MENSUEL, *fortnightly* - **p. 231**

BIMESTRIEL, *bi-monthly* - **p. 133**

BLANC (impr.), *space* - **p. 404**

BLANCHET, *blanket* - **p. 134**

BLANCHIR (typ.), *to lead out, to white out* - **p. 270**

«BLIMP» (cin.), *blimp (cin.)* - **p. 135**

BLOC DE PROSPECTUS MIS À LA DISPOSITION DES CLIENTS, *take-one pad, tear pad* - **p. 422**

BOBINE, *web* - **p. 449**

BON À TIRER (B.A.T.), *press proof, machine proof, ready for press, O.K.* - **p. 340**

BON À TIRER APRÈS CORRECTIONS, *ready for press with corrections, O.K. w/c* - **p. 364**

BON-CADEAU, *gift-coupon* - **p. 239**

BON DE RÉDUCTION, *coupon, (cash) premium coupon or voucher* - **p.** 180

BON DE RÉDUCTION À L'INTÉRIEUR D'UN PAQUET, *in-pack coupon* - **p.** 257

BON DE RÉDUCTION SUR L'EMBALLAGE DU PRODUIT, *on-pack price reduction* - **p.** 311

BONIMENT, *puff, puffery (U.S.)* - **p.** 356

BON MARCHÉ (adj.), *cheap* - **p.** 153

BON-RÉPONSE, *(reply) coupon* - **p.** 370

BORD À LA CUVE (impr.), *deckle-edge* - **p.** 191

BOUCHER UN CLICHÉ, *to opaque* - **p.** 311

BOUCHE-TROU, *filler, plug* - **p.** 224

BOUCLE (cin.), *film loop* - **p.** 224

BOUILLON, *unsold copies* - **p.** 442

BOUT À BOUT (cin.), *cutting* - **p.** 188

«BRAINSTORMING», *brainstorming* - **p.** 139

«BRIEF», «BRIEFING», *brief* - **p.** 142

BRISTOL, *Bristol board or paper* - **p.** 142

BROCHAGE, *binding* - **p.** 133

BROCHAGE SANS PIQÛRE, *perfect binding, adhesive binding* - **p.** 324

BROCHER, *to bind* - **p.** 133

BROCHURE, *brochure, pamphlet* - **p.** 143

BROMURE, *bromide print* - **p.** 144

BRUITAGES, *sound effects* - **p.** 403

BUDGET DE PUBLICITÉ (annonceur), *appropriation, advertising allocation, advertising budget* - **p.** 118

BUDGET D'UN ANNONCEUR (géré par une agence), *account* - **p.** 102

BULLE (bande dessinée), *speech bubble* - **p.** 407

BULLETIN, *bulletin* - **p.** 144

BUS MAILING, *co-op mailing* - **p.** 174

CACHE, *mask* - **p.** 288

CACHE (pour trucages optiques), *matte* - **p.** 290

CACHE CONTRE CACHE, *matte effects* - **p.** 291

CADEAU DE BIENVENUE, DE CRÉATION DE TRAFIC, *traffic-builder* - **p.** 433

CADEAU OFFERT PAR UN VENDEUR EN PORTE-À-PORTE, *door opener* - **p.** 203

CADEAU-PRIME, *advertising novelty, advertising specialty (U.S.)* - **p.** 110

CADEAU PUBLICITAIRE, *giveaway, give-away* - **p.** 240 advertising novelty, advertising specialty (U.S.) - **p.** 110

CADENCE DE PARUTION, *frequency of issue* - **p.** 235

CADREUR, *cameraman* - **p. 148**

CAHIER, *signature* - **p. 398**

CAHIER PUBLICITAIRE, *advertising section* - **p. 111**

CALENDRIER DE CAMPAGNE, *media schedule, (advertising) schedule, date plan, (air)time schedule, (radio, T.V.)* - **p. 295**

CALENDRIER D'INSERTIONS, *media schedule, insertion schedule, advertising schedule, date plan* - **p. 295**

CALIBRER, *to cast off* - **p. 151**

CALLIGRAPHIE, *calligraphy* - **p. 147**

CAMÉRA ENREGISTRANT LA DILATATION DES PUPILLES, *eye observation camera* - **p. 220**

«CAMÉRAMAN», *cameraman* - **p. 148**

CAMPAGNE D'AFFICHAGE MASSIVE, *heavyweight poster campaign* - **p. 248**

CAMPAGNE DE PUBLICITÉ, CAMPAGNE PUBLICITAIRE, *advertising campaign, advertising drive* - **p. 108**

CAMPAGNE-MYSTÈRE, *teaser campaign* - **p. 424**

CAMPAGNE PLURI-MÉDIAS, *media-mix, mixed media* - **p. 294**

CAMPAGNE PUBLICITAIRE ÉTALÉE DANS LE TEMPS, *drip* - **p. 205**

CAMPAGNE RÉGIONALE, *zoned campaign* - **p. 455**

CAMPAGNE «TEASING», *teaser campaign* - **p. 424**

CANAL DE DISTRIBUTION, *channel of distribution* - **p. 152**

CANAL (T.V.), *channel* - **p. 152**

«CANNIBALISATION», *cannibalism* - **p. 148**

CAPITALE (typ.), *capital letter* - **p. 148**

CARACTÈRE (d'imprimerie), *type* - **p. 437**

CARACTÈRE (lettre), *type face, typeface* - **p. 437**

CARACTÈRE ALLONGÉ, CONDENSÉ, *condensed type* - **p. 167**

CARACTÈRE DEMI-GRAS, *bold type, heavy type* - **p. 138**

CARACTÈRE ÉTROIT, *condensed type* - **p. 167**

CARACTÈRE EXTRA-GRAS, *extra bold type, extra heavy type* - **p. 219**

CARACTÈRE GRAS, *bold type, heavy type* - **p. 138**

CARACTÈRE LARGE, *expanded type* - **p. 218**

CARACTÈRE MAIGRE, *light (face) type* - **p. 273**

CARACTÈRE NORMAL, *standard type* - **p. 412**

CARACTÈRE ROMAIN, *roman face* - **p. 375**

CARACTÈRES, *print* - **p. 343**

CARACTÈRES ABÎMÉS, CASSÉS, *batters, battered type* - **p. 131**

CARACTÈRES DE LABEUR, *body type* - **p. 138**

CARACTÈRES DE TITRE, *display type* - **p. 202**

CARACTÈRES DIGITALISÉS, *digitised type* - **p. 196**

CARTE À GRATTER, *scraperboard* - **p. 386**

CARTE DE FIDÉLITÉ, *stamp card* - **p. 411**

CARTE-RÉPONSE, *reply card* - **p. 369**

CARTE «T», *postage-paid tear-out enquiry card* - **p. 333**

CARTES D'INFORMATIONS GROUPÉES, *action cards (U.S.)* - **p. 103**

CARTON, *board, cardboard* - **p. 137**

CARTON (cin.), *title card (cin.)* - **p. 430**

CARTOUCHE, *cartridge* - **p. 149**

CARTOUCHE (impr.), *cartouche* - **p. 149**

CASSER LES PRIX, *to cut prices* - **p. 187**

CASTING, *casting* - **p. 150**

CATALOGUE, *catalogue, catalog (U.S.)* - **p. 151**

CATÉGORIE SOCIO-PROFESSIONNELLE, *socio-economic group, social class (U.S.)* - **p. 402**

CENTIMÈTRE-COLONNE, *single column centimetre (S.C.C.)* - **p. 399**

CENTRALE D'ACHAT D'ESPACE, *media broker, space broker* - **p. 293**

CHAÎNE (T.V.), *channel, network* - **p. 152**

CHAMP (phot.), *field (phot.)* - **p. 224**

CHARGÉ (adj.), *busy* - **p. 146**

CHARIOT DE TRAVELLING, *dolly (cin.)* - **p. 203**

CHARTE GRAPHIQUE, *house style, corporate style* - **p. 251**

CHASSE (typ.), *set size* - **p. 392**

«CHASSEUR DE PRIMES», *coupon clipper* - **p. 180**

CHÂSSIS D'IMPRIMERIE, chase - p. 153

CHEF DE CONCEPTION, copy chief, copy director - p. 175

CHEF DE FABRICATION, production manager - p. 347

CHEF DE GROUPE (agence), account controller, account director, account manager, account supervisor - p. 102

CHEF DE PRODUIT, product manager, brand manager - p. 348

CHEF DE PUBLICITÉ (agence), account executive, account handler, account man - p. 102

CHEF DE PUBLICITÉ DE SUPPORT OU DE MÉDIA, advertisement director - p. 106

CHEF DE RÉDACTION, copy chief, head of copy - p. 175

CHEF DES VENTES, sales director, sales manager - p. 381

CHEF DU SERVICE D'ÉTUDE ET DE RECHERCHE (marketing), market research department - p. 287

CHEF DU SERVICE PUBLICITÉ (annonceur), advertising manager - p. 109

CHEMINÉE (impr.), river (print.) - p. 374

CHIFFRE D'AFFAIRES TOTAL D'UNE AGENCE DE PUBLICITÉ, billing - p. 133

CHIFFRE DE DIFFUSION COMMUNIQUÉ PAR LA PUBLICATION, publisher's statement - p. 356

CHIFFRES DE DIFFUSION SERVANT DE BASE À L'ÉTABLISSEMENT DES TARIFS PUBLICITAIRES (publicité presse), rate base - p. 361

CHOIX DES MÉDIAS OU SUPPORTS, media selection - p. 296

CIBA, Cibachrome print - p. 154

CIBLE, target, target group, target market - p. 423

CICERO, 12-point size - p. 436

CINÉMA, cinema - p. 154

CINÉMA, film-making - p. 225

CIRCULATION (presse), readership, reading figures - p. 363

CIRCULATION PIÉTONNIÈRE, pedestrian traffic flow - p. 323

CLICHÉ, block, (engraving) plate, cut (U.S.) - p. 136; stereotype - p. 412

CLICHÉ (phot.), negative (phot.) - p. 304

CLICHÉ À FOND PERDU, bleed - p. 134

CLICHÉ D'APLAT, tint block - p. 429

CLICHÉ D'IMPRESSION COULEURS, process plate - p. 345

CLICHÉ EN CAOUTCHOUC, rubber plate - p. 376

CLICHÉ NOIR AU BLANC, reverse plate - p. 374

CLICHÉ SIMILI, halftone, half-tone - p. 246

CLICHÉ SIMILI À BLANCS NON TRAMÉS, drop-out halftone - p. 205

CLICHÉ TRAIT, line engraving, line block, line cut (U.S.) - p. 274

CLICHÉ TRAIT-SIMILI COMBINÉ, combination halftone, combination plate, combination cut (U.S.), combine - p. 160

CLICHEUR, block-maker, photoengraver, process engraver - p. 136

CLIENT D'UNE AGENCE DE PUBLICITÉ DIRECTE, mailer - p. 281

CLIENT POTENTIEL, prospect, potential customer, prospective customer - p. 352

«CLIP», clip - p. 156

CODE TEMPOREL, time code - p. 429

CODER (une annonce), to key - p. 265

COLLAGE, collage - p. 158

COLLATIONNER, to collate - p. 159

COLLERETTE, bottle hanger, collarette, crowner - p. 139

COLLER UN FILM, UNE BANDE, to splice - p. 407

COLLOTYPIE, collotype, photogelatin process - p. 159

COLLURE, splice - p. 407

COLONNE, column - p. 160

COLOPHON, colophon - p. 159

COLOR KEY, Color Key - p. 159

COMMANDITAIRE, sponsor - p. 408

COMMANDITER, to sponsor - p. 409

COMMERCIALISATION, marketing - p. 284

COMMERCIALISER, to market - p. 283

COMMISSION D'AGENCE, *agency commission* - **p. 112**

COMMUNICATION, *communication* - **p. 163**

COMMUNICATION DE MASSE, *mass communication* - **p. 289**

COMMUNIQUÉ, *bulletin* - **p. 144**

COMMUNIQUÉ DE PRESSE, *news release, press release* - **p. 306**

COMPARAISONS DES MÉDIAS, *intermedia comparisons* - **p. 260**

COMPARAISONS ENTRE PLUSIEURS SUPPORTS D'UN MÊME MÉDIA, *intramedia comparisons* - **p. 261**

COMPORTEMENT DES CONSOMMATEURS, *consumer behaviour* - **p. 168**

COMPOSÉ PAR LE JOURNAL, *paper-set* - **p. 321**

COMPOSER, *to set (type)* - **p. 392**

COMPOSER LARGE, *to keep out* - **p. 265**

COMPOSER SERRÉ, *to keep in* - **p. 265**

COMPOSEUSE (machine), *typesetting machine, typesetter, compositor* - **p. 439**

COMPOSITEUR, *compositor, typesetter* - **p. 439**

COMPOSITION (typographique), *typesetting, setting (up), composition* - **p. 439**

COMPOSITION DE L'AUDIENCE, *audience composition* - **p. 124**

COMPOSITION MÉCANIQUE, *machine composition* - **p. 280**

COMPOSITION PROGRAMMÉE, *electronic composition, computer-assisted composition* - **p. 214**

COMPTAGE DE CIRCULATION, *traffic count* - **p. 433**

CONCENTRATION DE L'ACTIVITÉ PROMOTIONNELLE SUR UNE PARTIE DE L'ANNÉE, *seasonal concentration* - **p. 387**

CONCEPT, *concept* - **p. 167**

CONCEPT MARKETING, *marketing concept* - **p. 284**

CONCEPTEUR GRAPHIQUE, *art director, artistic director (A.D.)* - **p. 121**

CONCEPTEUR-RÉDACTEUR, *copywriter* - **p. 177**

CONCEPTION ARTISTIQUE, *styling* - **p. 416**

CONCOURS, *competition, contest* - **p. 171**

CONCOURS DE VENTE, *sales contest* - **p. 380**

CONCURRENCE, *competition* - **p. 164**

CONCURRENCE NE JOUANT PAS SUR LE(S) PRIX, *non-price competion* - **p. 307**

CONCURRENT, *competitor* - **p. 164**

CONDITIONNEMENT, *packaging* - **p. 319**

CONDITIONNEMENT RÉUTILISABLE, *re-usable (container) pack, incentive pack, premium pack* - **p. 373**

CONFUS, *busy* - **p. 146**

CONNAISSANCE, *cognition* - **p. 158**

CONSEIL EN RELATIONS PUBLIQUES, *public relations consultant* - **p. 355**

CONSERVATEUR, *laggard* - **p. 268**

CONSOMMATEUR, *consumer* - **p. 167**

CONSOMMATEURS PRÉCOCES, *early adopters, pioneers* - **p. 210**

CONSUMÉRISME, *consumerism* - **p. 168**

CONTACT, *contact, opportunity to see (O.T.S.) or to hear (O.T.H.), exposure, impression* - **p. 312**

CONTENEUR, *container* - **p. 170**

CONTEXTE, *background* - **p. 128**

CONTINUITÉ (dans l'utilisation d'un thème, d'une idée, etc.), *continuity* - **p. 171**

CONTRASTE, *contrast* - **p. 172**

CONTRE-PLONGÉE (cin.), *low angle shot* - **p. 279**

CONTRE TEXTE, *next matter, next to reading matter* - **p. 306**

CONTRETYPE, *copy print* - **p. 176**

CONTRÔLE DES QUESTIONNAIRES (études de marché), *editing (market research)* - **p. 211**

CONTRÔLER (radio, T.V.), *to monitor* - **p. 300**

CONTRÔLEUR DE PARUTION, *voucher clerk* - **p. 448**

COORDINATION DE LA PUBLICITÉ, *coordinated advertising* - **p. 174**

CO-PARRAINAGE, CO-PATRONNAGE, CO-SPONSORING, *co-sponsorship, cosponsorship* - **p. 178**

COPIE (d'un film), *print* - **p. 343**

COPIE (duplicata), *dupe, duplicate* - **p. 208**

COPIE (impr.), *copy (print)* - **p. 175**

COPIE ANNOTÉE, *type mark up (T.M.U.)* - **p. 438**

COPIE COMBINÉE, *double print* - **p. 205**

COPIE COTÉE, *type mark up (T.M.U.)* - **p. 438**

COPIE D'ANTENNE, *release print, air print* - **p. 368**

COPIE D'ÉTALONNAGE, *answer print* - **p. 117**

COPIE D'ÉTALONNAGE OPTIQUE, *optical, optical answer print* - **p. 313**

COPIE DE TRAVAIL (cin.), *cutting copy, workprint* - **p. 451**

COPIE ZÉRO, COPIE 0, *married print* - **p. 288**

COPY-STRATÉGIE, *copy strategy* - **p. 176**

COQUILLE, *misprint, literal* - **p. 298**

CORPS DE LA LETTRE, *type size* - **p. 439**

CORPS DE L'ANNONCE, *body copy, body text (U.S.)* - **p. 138**

CORRECTEUR, *proofreader* - **p. 351**

CORRECTION D'AUTEUR, *author's alteration (A.A.), author's correction* - **p. 126**

CO-SPONSORING D'ÉMISSIONS, *participation sponsorship (U.S.)* - **p. 322**

CÔTÉ DE BUS (affichage), *bus side* - **p. 146**

COUCHE SENSIBLE, *emulsion* - **p. 215**

COULEUR D'ACCOMPAGNEMENT, *second colour, spot colour, spot color (U.S.)* - **p. 388**

COULEUR SPÉCIALE, *special colour* - **p. 405**

COULEURS COMPLÉMENTAIRES, *complementary colours* - **p. 165**

COULEURS PRIMAIRES, *primary colours* - **p. 342**

COUP DE PUBLICITÉ, COUP DE PUB, *publicity stunt* - **p. 355**

COUPLAGE, *combination rate* - **p. 161**

COUPLÉ, *combined* - **p. 161**

COUPON DE RÉDUCTION, *coupon, (cash) premium coupon, (cash) premium voucher* - **p. 180**

COUPONING, *couponing* - **p. 180**

COUPONNAGE, *couponing* - **p. 180**

COUPON-RÉPONSE, *reply coupon* - **p. 370**

COUPURE (cin.), *cut* - **p. 187**

COUPURE, DE PRESSE, *press cutting, press clipping (U.S.)* - **p. 339**

COUREUR DE BONNES AFFAIRES, *cherry-picker* - **p. 154**

COURTIER EN FICHIERS, *list broker* - **p. 275**

COÛT AU MILLE, *cost per thousand (C.P.T.)* - **p. 179**

COÛT D'UNE LIGNE PAR MILLION DE LECTEURS (U.S.), *milline rate (U.S.)* - **p. 298**

COÛT MAXIMAL D'UNE LIGNE (U.S.), *maxiline, maximil* - **p. 291**

COÛT MINIMAL D'UNE LIGNE (U.S.), *miniline, minimil* - **p. 298**

COÛT PAR COMMANDE, *cost per order* - **p. 179**

COÛT PAR RAPPORT AU NOMBRE DE RÉPONSES, *cost per reply, cost per return* - **p. 179**

COUVERTURE, *cover, coverage (by a medium)* - **p. 181**

COUVERTURE BRUTE, *gross coverage, gross impression* - **p. 242**

COUVERTURE D'AFFICHAGE, *showing* - **p. 396**

COUVERTURE DE LA MÊME QUALITÉ QUE LES PAGES DE TEXTE, *self-cover* - **p. 389**

COUVERTURE DU MARCHÉ, *market coverage* - **p. 284**

COUVERTURE INTENSIVE D'UN SECTEUR, *blanket coverage* - **p. 134**

COUVERTURE NETTE, *net coverage* - **p. 304**

CRAYONNÉ, *rough layout, simple layout, visual* - **p. 376**

CRÉATEUR D'ESTHÉTIQUE INDUSTRIELLE, *designer* - **p. 195**

CRÉATIF, *creative* - **p. 182**

CRÉATIVITÉ, *creativity* - **p. 183**

CROIX DE REPÈRES, *register mark(s)* - **p. 368**

CROMALIN, *Cromalin* - **p. 183**

CROQUIS, *thumbnail* - **p. 428**

CUL DE BUS, *bus rear* - **p. 145**

CYAN, *cyan* - **p. 188**

CYCLE DE VIE DU PRODUIT, *product life cycle* - **p. 347**

DATE D'ENVOI OBLIGATOIRE, *assigned mailing date, mail date* - **p. 123**

DATE DE PARUTION, *publication date* - **p. 353**

DATE LIMITE, *deadline, closing date* - **p. 190**

DATE LIMITE D'ANNULATION, *cancellation date* - **p. 148**

DATE LIMITE DE REMISE DU DOCUMENT, *copy date, copy deadline* - **p. 176**

«DAY-AFTER RECALL» (D.A.R.), *day-after recall (D.A.R.)* - **p. 189**

DÉBOUCHÉ, *outlet* - **p. 315**

DÉCOR, *set* - **p. 392**

DÉCOUPAGE, *cut-out* - **p. 187**

DÉCOUPAGE (cin.), *shooting script* - **p. 395**

DÉDUPLICATION (publicité directe), *duplication elimination, dupe elimination, purge and merge* - **p. 208**

DÉFINITION (phot.), *definition (phot.)* - **p. 192**

DÉGRESSIF SUR LA FRÉQUENCE DES ANNONCES, *frequency discount* - **p. 234**

DÉGRESSIF SUR LE NOMBRE D'INSERTIONS, *space discount* - **p. 404**

DÉGRESSIF SUR LE TEMPS ACHETÉ, *time discount* - **p. 429**

DÉGRESSIF SUR LE VOLUME, *quantity discount, volume discount* - **p. 358**

DÉGUSTATION, *sampling demonstration* - **p. 384**

DÉLAI D'ANNULATION, *cancellation period* - **p. 148**

DEMANDE DE RENSEIGNEMENTS, *inquiry* - **p. 258**

DEMANDE EFFECTIVE, RÉELLE, *effective demand* - **p. 213**

DÉMARCHE MARKETING, *marketing concept* - **p. 284**

DÉMARQUE, *mark-down* - **p. 283**

DEMI-PAGE, *half-page* - **p. 245**

DEMI-PARC, DEMI-RÉSEAU, *half run, half showing, half service* - **p. 246**

DEMI-TEINTE, DEMI-TON, *continuous tone* - **p. 172**

DÉMONSTRATEUR, TRICE, *demonstrator* - **p. 193**

DÉMONSTRATION, *demonstration* - **p. 193**

DENSITOMÈTRE, *densitometer* - **p. 194**

DÉPENSES PUBLICITAIRES PAR UNITÉ DE VENTE, *case rate* - **p. 150**

DÉPLIANT, *folder, booklet* - **p. 230**

DÉPLIANT GRAND FORMAT, *broadsheet, broadsize* - **p. 143**

«DÉPLIANTS LIBRE-SERVICE», *« take-one » (pad), tear-pad* - **p. 422**

DERNIÈRE PAGE, *back cover, back page, fourth cover, outside back cover* - **p. 128**

DESIGN, *design* - **p. 194**

DESIGNER, *designer* - **p. 195**

DESSIN AU FIL, *line drawing* - **p. 274**

DESSIN AU LAVIS, *wash drawing* - **p. 449**

DESSIN AU TRAIT, *line drawing* - **p. 274**

DESSINATEUR, *designer* - **p. 195**

DESSINATEUR, *visualiser, layout artist* - **p. 447**

DÉSYNCHRONISATION PONCTUELLE, *audio-video split* - **p.** 125

DÉTAILS TECHNIQUES (insertion), *technical, copy instruction (C.I.)* - **p.** 424

DÉTOURER, *to block out, to crop* - **p.** 137

DEUX FILMS PUBLICITAIRES TOURNÉS EN MÊME TEMPS, *back-to-back (n.)* - **p.** 129

DEUX MESSAGES CONSÉCUTIFS, GROUPÉS (radio, T.V.), *back-to-back (n.)* - **p.** 129

DEUXIÈME DE COUVERTURE, *second cover, inside front cover* - **p.** 388

DÉVELOPPEMENT (phot.), *developing* - **p.** 195

DEVIS, *estimate* - **p.** 217

DIA-DIRECT, *R type, (type) R print* - **p.** 376

DIAPORAMA, *film strip* - **p.** 225

DIAPOSITIVE, *transparency, tranny, slide* - **p.** 434

DIAPOSITIVE COULEURS, *colour transparency* - **p.** 160

DIFFÉRENCIATION DES PRODUITS, *product differentiation* - **p.** 346

DIFFUSER (radio, T.V.), *to broadcast* - **p.** 142

DIFFUSEUR, *diffuser* - **p.** 196

DIFFUSION, *circulation* - **p.** 155

DIFFUSION DIRECTE PAR SATELLITE, *direct broadcasting by satellite (D.B.S.)* - **p.** 197

DIFFUSION GRATUITE CONTRÔLÉE, *controlled circulation* - **p.** 172

DIFFUSION HORS-CIBLE, INUTILE, *waste circulation* - **p.** 449

DIFFUSION PAYÉE, *paid circulation* - **p.** 320

DIRECTEUR ARTISTIQUE, *art director, artistic director (A.D.)* - **p.** 121

DIRECTEUR COMMERCIAL, *sales director, sales manager* - **p.** 381

DIRECTEUR DE CASTING, *casting director* - **p.** 150

DIRECTEUR DE CLIENTÈLE, *account controller, account director, account manager, account supervisor* - **p.** 102

DIRECTEUR DE CRÉATION, *creative director, head of art* - **p.** 183

DIRECTEUR DE LA COMMUNICATION (annonceur), *advertising manager, advertising director, publicity manager* - **p.** 109

DIRECTEUR DE LA PROMOTION DES VENTES, *sales promotion manager* - **p.** 383

DIRECTEUR DE LA PUBLICITÉ (support), *advertisement director* - **p.** 106

DIRECTEUR DES MÉDIAS, *media director* - **p.** 294

DIRECTEUR DES RELATIONS PUBLIQUES, *public relations manager, public relations officer* - **p.** 355

DIRECTEUR DES VENTES, *sales director, sales manager* - **p.** 381

DIRECTEUR DU MARKETING, *marketing manager, marketing director* - **p.** 285

«DIRECT RESPONSE ADVERTISING» (publicité directe), *direct response advertising* - **p.** 199

DISSONANCE COGNITIVE, *cognitive dissonance* - **p.** 158

DISTANCE DE MISE AU POINT, *depth of focus* - **p.** 194

DISTRIBUTEUR EN PORTE-À-PORTE, *door-to-door distributor* - **p.** 203

DISTRIBUTION ARTISTIQUE, *casting* - **p.** 150

DISTRIBUTION D'ÉCHANTILLONS GRATUITS, *sampling* - **p.** 383

DISTRIBUTION DE FRÉQUENCE, *door-to-door distribution, house-to-house distribution* - **p.** 203

DISTRIBUTION SÉLECTIVE EN PORTE-À-PORTE, *mail-drops* - **p.** 281

DIVERSIFICATION DES PRODUITS OFFERTS AUX POINTS DE VENTE, *scrambled merchandising, mixed merchandising* - **p.** 386

DOCUMENT DE PUBLICITÉ DIRECTE, *mailer, mailing piece* - **p.** 281

DOCUMENT (D'EXÉCUTION), DOC., *artwork, mechanical, camera-ready artwork* - **p.** 122

DOCUMENTAIRE, *documentary (film), industrial film, P.R. film, sponsored film* - **p.** 202

DOCUMENTATION COMMERCIALE, PUBLICITAIRE, *sales literature* - **p.** 381

DONNÉES DE BASE, *background* - **p.** 128

DONNER DE L'AIR (typ.), *to lead out, to white out* - **p. 270**

DONNER LE BON À TIRER (B.A.T.), *to pass for press* - **p. 322**

«DOOR-OPENER», *door-opener* - **p. 203**

DOS COLLÉ, *adhesive binding* - **p. 104**

DOUBLAGE, *dub, dubbing, overdubbing* - **p. 206**

DOUBLE-BANDE, *double head* - **p. 204**

DOUBLE COLONNE, *double column (D/C, D.C.)* - **p. 204**

DOUBLE COPIE, *double print* - **p. 205**

DOUBLE COURONNE, *double crown* - **p. 204**

DOUBLE DEMI-PAGE, *half-page spread* - **p. 245**

DOUBLE PAGE, *spread, double (page) spread, two pages facing bleed into gutter, double truck* - **p. 411**

DOUBLE PAGE CENTRALE, *centre-spread, center-spread (U.S.)* - **p. 152**

DOUBLE 4 X 3, *double 4 m x 3 m poster (F.)* - **p. 204**

DOUBLE TON, *duotone* - **p. 207**

DOUBLON, *dittogram, doublet* - **p. 202**

DOUZE (typ.), *12-point size (typ.)* - **p. 436**

DUPLI, *dupe* - **p. 208**

DUPLICATA, *duplicate* - **p. 208**

DUPLICATION D'AUDIENCE, *duplication* - **p. 208**

DURABLE, *intransient* - **p. 261**

DURÉE D'EXPOSITION À UN MESSAGE, *retention time* - **p. 372**

«DYE TRANSFER», DYE TRANSFERT, *dye transfer* - **p. 209**

ÉCART-TYPE, *standard deviation* - **p. 411**

ÉCHANGE-MARCHANDISES, *barter* - **p. 130**

ÉCHANTILLON, *sample* - **p. 383**

ÉCHANTILLON ALÉATOIRE, *random sample, probability sample* - **p. 361**

ÉCHANTILLON GRATUIT, *free sample* - **p. 234**

ÉCHANTILLON PAR QUOTA, *quota sample* - **p. 359**

ÉCHANTILLON PAR ZONE, *area sample* - **p. 121**

ÉCHANTILLON REPRÉSENTATIF, *cross section* - **p. 185**

ÉCHANTILLON STRATIFIÉ, *stratified sample* - **p. 415**

ÉCHANTILLONNAGE, *sampling* - **p. 383**

ÉCHANTILLONS COMPARABLES, ÉCHANTILLONS JUMEAUX, ÉCHANTILLONS PROVENANT D'UN MÊME UNIVERS, *matched samples* - **p. 290**

ÉCHELLE DE GRIS, *grey scale* - **p. 242**

ÉCLAIRAGE EN HAUTE VALEUR, *high-key lighting* - **p. 249**

ÉCLAIREMENT DE BASE, *high key* - **p. 249**

ÉCLATÉ, *flag* - **p. 227**

ÉCRAN, *screen* - **p. 386**

ÉCRAN DE VISUALISATION, *visual display unit (V.D.U.)* - **p. 447**

ÉCRAN PUBLICITAIRE, *break, commercial break, commercial slot, adjacency (U.S.)* - **p. 141**

ÉDITER, *to publish* - **p. 355**

ÉDITEUR, *publisher* - **p. 356**

ÉDITION, *publishing, edition, printed material* - **p. 211**

ÉDITORIAL, *editorial, leader* - **p. 211**

EFFET DIFFÉRÉ DE LA PUBLICITÉ, *delayed response (effect)* - **p. 193**

EFFETS SONORES, *sound effects* - **p. 403**

EFFETS VISUELS, *optical effects, opticals* - **p. 313**

EFFICACE, *effective* - **p. 213**

EFFICACITÉ-COÛT, *cost-effectiveness* - **p. 178**

EGO, *ego* - **p. 213**

EKTA, EKTACHROME, *Ektachrome* - **p. 213**

EKTACOLOR, *Ektacolor* - **p. 214**

EMBALLAGE, *pack, package* - **p. 318**

EMBALLAGE À POIGNÉE, *handy pack* - **p. 246**

EMBALLAGE ATTRACTIF, *silent salesman* - **p. 398**

EMBALLAGE BULLE, EMBALLAGE SOUS COQUE PLASTIQUE, *blister pack, bubble card, skin-pack* - **p. 136**

EMBALLAGE FACTICE, *dummy pack, mock-up* - **p. 207**

EMBALLAGE FACTICE GÉANT, *enlarged pack (P.O.S.), jumbo pack* - **p. 217**

EMBALLAGE GROUPÉ, *combi-pack* - **p. 161**

EMBALLAGE MULTIPLE, *multiple pack, cluster pack* - **p. 302**

EMBALLAGE PORTANT UNE RÉDUCTION DE PRIX, *flash pack, money-off pack, price-off pack, price pack, cents-off (U.S.)* - **p. 228**

EMBALLAGE PRÉSENTOIR, *display pack, display package, display cabinet, display case (U.S.)* - **p. 202**

EMBALLAGE PRIME, *premium pack* - **p. 337**

EMBALLAGE SOUS FILM RÉTRACTABLE, *shrink-pack, shrink-wrapping* - **p. 397**

EMBALLAGE SPÉCIAL, *deal pack* - **p. 191**

ÉMETTRE (radio, T.V.), *to broadcast* - **p. 142**

ÉMISSION, *broadcast, programme, program (U.S.)* - **p. 142**

ÉMISSION EN DIFFÉRÉ, *delayed broadcast (D.B.), recorded broadcast* - **p. 192**

ÉMISSION EN DIRECT, *live programme, live program (U.S.)* - **p. 277**

ÉMISSION PRÉENREGISTRÉE, *delayed broadcast, recorded broadcast* - **p. 192**

ÉMISSIONS COMMANDITÉES, *sponsored radio/television* - **p. 409**

EMPATTEMENT, *serif* - **p. 391**

EMPLACEMENT COULOIR, *corridor site* - **p. 178**

EMPLACEMENT D'AFFICHAGE, *hoarding site* - **p. 250**

EMPLACEMENT D'AFFICHAGE AU-DESSUS DES GLACES DANS UN BUS, *bulkhead (U.K.)* - **p. 144**

EMPLACEMENT D'AFFICHAGE PARALLÈLE À L'AXE DE CIRCULATION, *parallel* - **p. 321**

EMPLACEMENT D'UNE ANNONCE, *positioning, advertisement position(ing)* - **p. 333**

EMPLACEMENT EXCLUSIF, *solus advertisement, solus position (U.K.)* - **p. 403**

EMPLACEMENT INDÉTERMINÉ (au choix de la station de radio ou T.V.), *run-of-schedule (R.O.S.), floating time* - **p. 378**

EMPLACEMENT INDÉTERMINÉ (au choix du journal), *run-of-paper (R.O.P.)* - **p. 378**

EMPLACEMENT ISOLÉ, *solus position (U.K.), island position (U.S.)* - **p. 403**

EMPLACEMENT PRÉFÉRENTIEL POUR UN SPOT T.V., *fixed spot (U.K.)* - **p. 227**

EMPLACEMENT PRÉFÉRENTIEL, PRIVILÉGIÉ, *special position, preferred position* - **p. 406**

EMPLACEMENT QUAI, *platform site* - **p. 331**

ÉMULSION, *emulsion* - **p. 215**

ENCADRÉ (n.) (impr.), *box (print)* - **p. 139**

ENCART, *insert, inset* - **p. 258**

ENCART À L'EXTÉRIEUR DU COLIS, *outsert* - **p. 316**

ENCART À VOLETS, *gatefold* - **p. 238**

ENCART BROCHÉ, *tip-on* - **p. 429**

ENCART-COLIS, *stuffer* - **p. 416**

ENCART COLLÉ, *tip-on* - **p. 429**

ENCART LIBRE, *free standing insert (F.S.I.)* - **p. 234**

ENCARTAGE, *inserting, insetting* - **p. 258**

ENCRE PARFUMÉE, *scented ink* - **p. 385**

EN DIRECT (radio, T.V.), *live* - **p. 276**

ENQUÊTE, *survey* - **p. 419**

ENQUÊTE D'AUDIENCE, *audience survey* - **p. 125**

ENQUÊTE OCCASIONNELLE, PONCTUELLE, *ad hoc survey* - **p. 105**

ENQUÊTE PAR TÉLÉPHONE, *telephone survey* - **p. 424**

ENQUÊTE PERMANENTE, *continuous survey* - **p. 172**

ENQUÊTE SORTIE DE CAISSES, *hall test* - **p. 246**

ENQUÊTE SUR LE TERRAIN, *fieldwork* - **p. 224**

ENQUÊTEUR, *interviewer* - **p. 261**

ENREGISTREMENT DIRECT, *sync sound, direct recording* - **p. 420**

ENREGISTREMENT SUR VIDÉO-CASSETTE, *video cassette recording (V.C.R.)* - **p. 445**

ENSEIGNE, *sign* - **p. 397**

ENSEIGNE D'UN STAND D'EXPOSITION, *facia, fascia* - **p. 221**

EN-TÊTE, *letter-head, letterhead* - **p. 271**

ENTREPRENEUR-DÉCORATEUR DE STANDS D'EXPOSITION, *exhibition stand designer and constructor* - **p. 218**

ENTREPRISE SPÉCIALISÉE DANS LA RÉALISATION DES DOCUMENTS DE PUBLICITÉ DIRECTE, *lettershop* - **p. 272**

ENTRETIEN AVEC QUESTIONNAIRE PRÉ-ÉTABLI, *structured interview* - **p. 415**

ENTRETIEN EN PROFONDEUR, *depth interview* - **p. 194**

ENTRETIEN NON DIRECTIF, *unstructured interview* - **p. 442**

ENVELOPPE EN POLYÉTHYLÈNE, *poly bag* - **p. 332**

ENVELOPPE-RÉPONSE, *reply envelope, return envelope* - **p. 370**

ENVELOPPE «T», *postage-paid reply envelope, reply-paid envelope* - **p. 333**

ENVOI (publicité directe), *direct mail shot, mailing shot, mailshot* - **p. 198**

ÉPHÉMÈRE, *transient* - **p. 434**

ÉPREUVE (impr.), *proof, pull* - **p. 351**

ÉPREUVE (phot.), *photoprint, print* - **p. 328**

ÉPREUVE À LA BROSSE, *galley, galley proof* - **p. 238**

ÉPREUVE COULEURS, *colour proof* - **p. 160**

ÉPREUVE DÉFINITIVE, *final (proof)* - **p. 225**

ÉPREUVE DE PHOTOGRAVURE, *block pull, block-maker's proof* - **p. 137**

ÉPREUVE DE REPRODUCTION, *repro(duction) proof, repro pull* - **p. 370**

ÉPREUVE EN NOIR ET BLANC, *black and white, B & W, B/W, mono(chrome), mono(tone) (U.S.)* - **p. 300**

ÉPREUVE EN PLACARD, *galley, galley proof* - **p. 238**

ÉPREUVE GUIDE SUR TRANSPARENT, *celluloid proof* - **p. 151**

ÉPREUVE SANS FAUTES, *clean proof* - **p. 156**

ÉPREUVE SUR PAPIER COUCHÉ, *enamel proof, slick* - **p. 400**

ÉPREUVE SUR PAPIER GLACÉ, *glossy (print)* - **p. 240**

ÉPREUVE VAN DYCK, *Van Dyke* - **p. 444**

ÉPREUVES DE TOURNAGE, *rushes, dailies* - **p. 379**

ERREUR DE COMPOSITION, *misprint, literal* - **p. 298**

ERREUR DE L'IMPRIMEUR, *printer's error (P.E.)* - **p. 344**

ESPACE PUBLICITAIRE (presse et affichage), *(advertising) space* - **p. 111**

ESPACE PUBLICITAIRE (radio, T.V.), *airtime* - **p. 115**

ESPACEMENT DES MESSAGES CONCURRENTS, *competitive separation* - **p. 164**

ESPACER (LES LETTRES), *to letterspace* - **p. 272**

ESQUISSE, *rough layout, simple layout, visual* - **p. 376**

ESSAI, *trial* - **p. 436**

ESTAMPAGE, *embossing* - **p. 215**

ESTHÉTIQUE D'UN SUPPORT, *cosmetic* - **p. 178**

ESTHÉTIQUE INDUSTRIELLE, *design* - **p. 194**

ESTIMATION DU NOMBRE DE CONTACTS PAR FRANC INVESTI, *valued impressions per pound* - **p. 444**

ÉTABLIR, *to establish* - **p. 217**

ÉTAGÈRE À CRÉMAILLÈRE, *rack* - **p. 360**

ÉTAGÈRE DE GONDOLE, *shelf* - **p. 393**

ÉTALAGE, *display* - **p. 200**

ÉTALAGE (réalisation d'), *window dressing* - **p. 451**

ÉTALAGE D'ATTRACTION, *spectacular display* - **p. 407**

ÉTALAGE ITINÉRANT, MOBILE, *travelling display, traveling display (U.S.)* - **p. 435**

ÉTALAGISTE, *display artist, window dresser* - **p. 451**

ÉTIQUETTE, *label, tag* - **p. 268**

ÉTIQUETTE ADHÉSIVE AUTOCOLLANTE, *self-adhesive label, self-sticking label* - **p. 389**

ÉTIQUETTE CHESHIRE, *Cheshire label* - **p. 154**

ÉTIQUETTE D'OFFRE SPÉCIALE, *price-off label, money-off label* - **p. 241**

ÉTIQUETTE INFORMATIVE, *informative label* - **p. 257**

ÉTIQUETTE MOBILE, *swing tag, corded tag* - **p. 420**

ÉTIQUETTE PARLANTE, *self-explanatory label* - **p. 389**

ÉTIQUETTE PORTE-PRIX, *price tag* - **p. 341**

ÉTIQUETTE PROMOTIONNELLE DE GONDOLE, *shelf talker, shelf wobbler* - **p. 394**

ÊTRE LE PRINCIPAL ANNONCEUR (dans un support, une région), *to dominate (a medium, an area)* - **p. 203**

ÉTUDE, *survey* - **p. 419**

ÉTUDE DE COMPORTEMENT, *behavioural research* - **p. 131**

ÉTUDE DE MARCHÉ, *market study, market survey* - **p. 288**

ÉTUDE DE MÉMORISATION, *recall survey* - **p. 365**

ÉTUDE DE MOTIVATIONS, *motivation(al) research* - **p. 302**

ÉTUDE DE RAPPEL SPONTANÉ, *recall survey* - **p. 365**

ÉTUDE DE RECONNAISSANCE (du message), *recognition survey* - **p. 366**

ÉTUDE DES MÉDIAS, *media research* - **p. 295**

ÉTUDE DES SUPPORTS PUBLICITAIRES, *media research* - **p. 295**

ÉTUDE D'IDENTIFICATION (du message), *recognition survey* - **p. 366**

ÉTUDE MULTI-CLIENTS, *omnibus survey, multi-client survey* - **p. 310**

ÉTUDES CONSOMMATEURS, *consumer research* - **p. 169**

ÉTUDES DE MARCHÉ, *market research* - **p. 287**

ÉVOLUTION D'UN PRODUIT, *product development* - **p. 346**

«EXÉ», *paste up, pasteup* - **p. 322**

EXÉCUTER, *to paste up* - **p. 323**

EXÉCUTION, *paste up, pasteup* - **p. 322**

EXÉCUTION (FAIRE L'), *to paste up* - **p. 323**

EXEMPLAIRE, *copy, issue* - **p. 175**

EXEMPLAIRE GRATUIT, *complimentary copy* - **p. 165**

EXPOSANT, *exhibitor* - **p. 218**

EXPOSER, *to display* - **p. 200**

EXPOSITION, *display* - **p. 200**

EXPOSITION (phot.), *exposing, exposure (phot.)* - **p. 219**

EXPOSITION (salon), *exhibition, show* - **p. 396**

EXPOSITION MAXIMALE (produit), *maximum brand exposure* - **p. 291**

EXPOSITION RÉELLE TOTALE, *total effective exposure (T.E.E.)* - **p. 430**

EXTÉRIEUR(S), *location* - **p. 277**

EXTRAIT (cin.), *clip (cin.)* - **p. 156**

EYE CAMERA, *eye-movement camera, eye camera* - **p. 219**

FABRICATION, *production* - **p. 347**

FACE DERNIÈRE DE TEXTE, *facing last editorial page* - **p. 221**

FACE ÉDITORIAL, *facing leader* - **p. 222**

FACE PREMIÈRE DE TEXTE, *facing first editorial page* - **p. 221**

FACE SOMMAIRE, *facing contents* - **p. 221**

FACE TEXTE, *facing matter (F/M), facing text* - **p. 222**

«FACING», *facing* - **p. 221**

FAC-SIMILÉ, *fac-simile, facsimile* - **p. 222**

FACTEURS D'ATTENTION, *attention factors* - **p. 123**

FACTEURS «M», *M factors* - **p. 297**

FACTICE (n.), *mock-up, dummy pack* - **p. 207**

FAIRE LE REPÉRAGE, *to register (typ.)* - **p. 368**

FAIRE PASSER UN MESSAGE PUBLICITAIRE (radio, T.V.), *to air a commercial* - **p. 114**

FAIRE SUIVRE SANS ALINÉA, *to run on, to run in (typ.)* - **p. 378**

FAIRE UN PANORAMIQUE (cin., T.V.), *to pan* - **p. 320**

FAVORISER, *to develop* - **p. 195**

FAX, *fax* - **p. 223**

FER À DROITE, *ranged right, flush right* - **p. 361**

FER À GAUCHE, *ranged left, flush left* - **p. 361**

FERMETURE EN FONDU, *fade out* - **p. 222**

FERMETURE PAR VOLET, *wipe* - **p. 451**

FERRO, *Ozalid, blueprint* - **p. 317**

FEUILLE (cin.), *flat* - **p. 228**

FEUILLES DE GARDE, *endsheets* - **p. 216**

FEUILLETON, *serial* - **p. 391**

FICHIER D'ADRESSES, *mailing list* - **p. 282**

FICHIER DE COMPILATION, *compiled list* - **p. 164**

FIDÉLISATION, *continuity promotion* - **p. 171**

FIDÉLITÉ À LA MARQUE, *brand loyalty* - **p. 140**

FILET (typ.), *rule (typ.)* - **p. 376**

FILET DE BORDURE, *border rule* - **p. 139**

FILET GRAS-MAIGRE, *shaded rule* - **p. 393**

FILET MAT, *thick rule* - **p. 427**

FILETS DOUBLES, *double rules* - **p. 205**

FILM AUTOPOSITIF, *autopositive film* - **p. 126**

FILM D'ANIMATION, *frame animation, stop motion (U.S.)* - **p. 233**

FILM D'ENTREPRISE, *documentary (film), industrial film, P.R. film, sponsored film* - **p. 202**

FILM DIAPOSITIF, *transparency* - **p. 434**

FILM D'INFORMATION PUBLICITAIRE, *documentary (film), industrial film, P.R. film, sponsored film* - **p. 202**

FILM FIXE, *film strip* - **p. 225**

FILM INVERSIBLE (phot.), *reversal film* - **p. 373**

FILM LITH, *lith film* - **p. 276**

FILM ORTHOCHROMATIQUE, *ortho film, orthochromatic film* - **p. 314**

FILM PUBLICITAIRE, *commercial, cinema advertisement* - **p. 162**

FILTRE (phot.), *filter (phot.)* - **p. 225**

FILTRE COLORÉ, FILTRE DE SÉLECTION, *colour filter* - **p. 159**

FILTRER, *to screen* - **p.** 387

FIXATIF, *fixative* - **p.** 227

FIXER (phot.), *to fix* - **p.** 227

FLAN (impr.), *flong (print.)* - **p.** 229

FLANC DE BUS, *bus side* - **p.** 146

«FLASHBACK», *cutback, flashback* - **p.** 228

FLASH PUBLICITAIRE, *commercial flash* - **p.** 162

FLÈCHE, *arrow* - **p.** 121

«FLIP-CHART», *flip-chart* - **p.** 229

«FLOATING TIME», *run-of-schedule, floating time* - **p.** 378

FLOU ARTISTIQUE (cin.), *soft focus* - **p.** 402

FLUCTUATION DE L'AUDIENCE (T.V.), *audience flow* - **p.** 125

FLUX DE CLIENTÈLE, *traffic* - **p.** 432

FOIRE COMMERCIALE, *show, trade fair* - **p.** 396

«FOLDER-TEST», *folder-test* - **p.** 230

FOLIO, *folio* - **p.** 230

FOLIOTAGE, *pagination* - **p.** 320

FOLIOTER, *to page* - **p.** 319

FONCTION RÉPONSE, *response function* - **p.** 371

FOND, *background* - **p.** 128

FOND DE RAME, *end card* - **p.** 216

FOND DE VOITURE, *end card* - **p.** 216

FOND PERDU, *bleed-off* - **p.** 135

FONDRE (ENCHAÎNER) (son), *to cross fade* - **p.** 184

FOND SONORE, *background* - **p.** 128

FONDU, *dissolve (n.)* - **p.** 202

FONDU AU NOIR, *fade out* - **p.** 222

FONDU ENCHAÎNÉ (cin.), *cross dissolve, lap dissolve (U.S.)* - **p.** 184

FONDU ENCHAÎNÉ SONORE, *cross fading* - **p.** 184

FONDU SONORE, *fade in, fade out* - **p.** 222

FORCE DE CORPS (impr.), *point size* - **p.** 332

FORCE DE PERSUASION, *persuasiveness* - **p.** 325

FORCE 1 (affichage), *100 gross rating points daily, 100 showing* - **p.** 252

FORGER UN NÉOLOGISME, *to coin a word* - **p.** 158

FORMAT (livre, film), *format* - **p.** 231

FORMAT À L'ITALIENNE, *landscape* - **p.** 268

FORMAT À LA FRANÇAISE, *portrait, mini-page* - **p.** 333

FORMAT DES AFFICHES, *poster size* - **p.** 335

FORMAT PLEIN PAPIER, *bleed page* - **p.** 135

FORMATS DE PAPIER : SÉRIE A, *A series of paper sizes* - **p.** 123

FORME (d'impression), *forme, form (U.S.)* - **p.** 231

FORME DE PRÉSENTATION (revue, émission), *format* - **p.** 231

FRACTION DE PAGE, *fractional page space* - **p.** 232

FRANC BORD, *bleed-off* - **p.** 135

FREELANCE, *freelance, free lance* - **p.** 233

FRONT DE VENTE, *facing* - **p.** 221

GADGET PUBLICITAIRE, *advertising gimmick* - **p. 109**

GAGNER (une ligne), *to run back* - **p. 377**

GALVANO, *electro* - **p. 214**

GALVANOTYPE, *electrotype* - **p. 215**

GAMME DE GRIS CONTINUE (impr.), *grey scale (print.)* - **p. 242**

GAMME D'ÉPREUVES, D'ESSAIS, *progressive proofs, progressives* - **p. 350**

GAMME DE PRODUITS, *product range* - **p. 349**

GARANTIE DE L'INDICE D'ÉCOUTE, *guarantee home ratings (G.H.R.) (U.K.)* - **p. 244**

GARANTIE DE NON-PROXIMITÉ DE MESSAGES CONCURRENTS, *(product) protection* - **p. 349**

GARANTIE DU NOMBRE DE CONTACTS, *guarantee home impressions (G.H.I.) (U.K.)* - **p. 243**

GAUFRAGE, *embossing* - **p. 215**

GÉNÉRATION, *generation, G-spool* - **p. 239**

GEVAPROOF (marque), *Gevaproof (trademark)* - **p. 239**

«GIMMICK», *(advertising) gimmick* - **p. 109**

GLISSIÈRE PORTE-ÉTIQUETTE, *shelf strip* - **p. 394**

GOMMAGE, *gumming* - **p. 244**

GOMMER, *to gum out* - **p. 244**

GONDOLE, *gondola* - **p. 241**

GONDOLE À CRÉMAILLÈRE, *rack* - **p. 360**

GONFLAGE, *enlargement printing* - **p. 217**

GRADATION, *grading* - **p. 241**

GRAISSE (impr.), *weight (print.)* - **p. 450**

GRAMMAGE, *substance* - **p. 417**

GRAND ANGLE, *wide-angle lens* - **p. 450**

GRAND PANNEAU (peint.), *bulletin board* - **p. 144**

GRANDS BLANCS, *highlights* - **p. 250**

GRANULATION, *graininess* - **p. 241**

GRAPHIE, *writing* - **p. 452**

GRAPHIQUE, *chart* - **p. 153**

GRAVER, *to engrave* - **p. 216**

GRAVURE, *engraving* - **p. 216**

GRAVURE AU TRAIT, *line engraving, line etching* - **p. 274**

GROS CONSOMMATEUR, *heavy user* - **p. 248**

GROS PLAN (G.P.), *close-up (C.U.)* - **p. 156**

GROSSE TRAME, *coarse screen* - **p. 157**

«GROSS RATING POINT» (G.R.P.), *gross rating point (G.R.P.)* - **p. 242**

GUIDE DES COULEURS, *colour chart, colour guide* - **p. 159**

HABILLAGE (d'un produit), *get-up* - **p. 239**

HABILLAGE TRANSPARENT, *blister pack, bubble card, skin-pack* - **p. 136**

HACHURER, *to hatch* - **p. 247**

HALO, *halation* - **p. 245**

HAMPE ASCENDANTE OU MONTANTE, *ascender* - **p. 122**

HAMPE DESCENDANTE, *descender* - **p. 194**

HAUT DE CASSE, *upper case* - **p. 442**

HAUTES LUMIÈRES, *high key* - **p. 249**

HAUTES LUMIÈRES, *highlights* - **p. 250**

HAUTEUR DE CARACTÈRE, *type high* - **p. 437**

HAUTEUR D'ŒIL, *X-height* - **p. 453**

«HEAVY-UP», *heavy-up* - **p. 248**

HEBDOMADAIRE (publication), *weekly (publication)* - **p. 450**

HÉLIOGRAVURE, *photogravure, heliogravure, gravure, rotogravure* - **p. 327**

HEURE DE FAIBLE ÉCOUTE, *off-peak time* (radio, T.V.) - **p. 309**

HEURE DE GRANDE AUDIENCE, *peak viewing time* - **p. 323**

HEURE DE GRANDE ÉCOUTE, *peak time (band), peak listening time, prime time* - **p. 323**

HEURE DE GRANDE ÉCOUTE (en voiture), *drive time, traffic time* - **p. 205**

HEURE LIMITE, *deadline* - **p. 190**

HONORAIRES, *fee* - **p. 223**

HORS-MÉDIA, *below-the-line advertising, scheme advertising* - **p. 131**

IDÉE DE VENTE, *selling idea* - **p. 390**

IDENTIFICATION, *recognition* - **p. 365**

ILLUSTRATEUR, *illustrator* - **p. 253**

ILLUSTRÉ (adj.), *pictorial* - **p. 328**

ILÔT, *amongst matter* - **p. 116**

IMAGE, *image* - **p. 253**

IMAGE (d'un film), *frame* - **p. 233**

IMAGE ARRÊTÉE, *freeze frame, stop action* - **p. 234**

IMAGE D'ARCHIVES, *library shot, stock shot* - **p. 272**

IMAGE DE L'ENTREPRISE, *corporate image* - **p. 178**

IMAGE DE MARQUE, *brand image* - **p. 140**

IMAGE DU PRODUIT, *product image* - **p. 347**

IMAGE FRACTIONNÉE, *split frame (T.V., cin.), split screen, composite shot (U.S.)* - **p. 407**

IMAGE LATENTE, *latent image* - **p. 269**

IMAGE SECONDAIRE (T.V.), *ghost, double image* - **p. 239**

IMPACT, *impact, effectiveness* - **p. 254**

IMPACT (QUI A UN TRÈS FORT IMPACT), *impactive* - **p. 254**

IMPLANTER, *to establish* - **p. 217**

IMPOSITION, *imposition* - **p. 254**

IMPRESSION, *printing* - **p. 344**

IMPRESSION AU JET D'ENCRE, *ink jet printing* - **p. 257**

IMPRESSION AU LASER, *laser printing* - **p. 269**

IMPRESSION COULEURS, *process printing* - **p. 345**

IMPRESSION EN CREUX, *intaglio printing* - **p. 260**

IMPRESSION EN POLYCHROMIE, *process printing* - **p. 345**

IMPRESSION EN RELIEF, *relief printing* - **p. 368**

IMPRESSION HUMIDE, *wet on wet* - **p. 450**

IMPRESSION SANS IMPACT, *non-impact printing* - **p. 306**

IMPRESSION TYPOGRAPHIQUE, *letterpress* - **p. 271**

IMPRIMÉ, *print, printed matter* - **p. 343**

IMPRIMER, *to print* - **p. 343**

IMPRIMER AU VERSO, *to perfect, to back up* - **p. 324**

IMPRIMER EN OFFSET, *to offset* - **p. 310**

IMPRIMER UNE QUANTITÉ SUPPLÉMENTAIRE PAR RAPPORT À LA QUANTITÉ, *to run on* - **p. 378**

IMPRIMERIE, *printing* - **p. 344**

IMPRIMEUR, *printer* - **p. 343**

IN-PLANO, *broadsheet-sized* - **p. 143**

INCITATION À L'ACHAT, *buying incentive, buying inducement* - **p. 146**

INCITATION À LA VENTE, *sales incentive* - **p. 381**

INDÉPENDANT (n.), *freelance, free lance* - **p. 233**

INDICATIF MUSICAL, *signature (tune), audio logo* - **p. 398**

INDICE D'ÉCOUTE, *rating, audience rating, programme rating* - **p. 362**

INDICE D'ÉCOUTE (T.V.), *television rating (T.V.R.)* - **p. 425**

INFORMATIONS RÉDACTIONNELLES, *editorial publicity, editorial mention, editorial write-up* - **p. 212**

INFORMATIQUE, *electronic data processing* (*E.D.P.*) - **p. 214**

INNOVATEUR, *innovator, early adopter* - **p. 257**

INSERT, *insert shot* - **p. 259**

INSERTION, *insertion* - **p. 258**

INSERTION DANS TOUTES LES ÉDITIONS DU JOUR, *full run* - **p. 235**

INSOLATION (phot.), *exposing, exposure (phot.)* - **p. 219**

INSTALLER, *to establish* - **p. 217**

INTERLETTRAGE, *letterspacing* - **p. 272**

INTERLIGNAGE, *leading* - **p. 270**

INTERLIGNE, *lead* - **p. 270**

INTERNÉGATIF, *interneg, internegative* - **p. 260**

INTERPOSITIF, *interpositive* - **p. 261**

INTERTITRE, *crosshead* - **p. 185**

INTERTYPE, *Intertype* - **p. 261**

INTERVALLE DE CONFIANCE, *standard error, sampling error* - **p. 412**

INTERVIEW DE GROUPE, *group interview* - **p. 243**

INTERVIEWÉ (n.), *respondent, informant* - **p. 371**

INVENDUS (journaux), *unsold copies* - **p. 442**

INVERSION, *reverse* - **p. 373**

ITALIQUES, *italics* - **p. 262**

JETABLES (n.), *disposables, consumer non-durables, single-use goods* - **p. 169**

JEU DE MOTS, *word-play, pun* - **p. 451**

«JINGLE», *jingle* - **p. 263**

JOUR DE DIFFUSION D'UN MESSAGE, *air date* - **p. 114**

JOURNAL, *newspaper* - **p. 305**

JOURNAL D'ENTREPRISE, *house journal, house organ* - **p. 251**

JOURNAL GRAND FORMAT, *broadsheet, broadsize* - **p. 143**

JOURNAL GRATUIT, *freesheet, giveaway paper* - **p. 234**

JOURNAL LUMINEUX, *newscaster* - **p. 305**

JUSTIFICATIF DE DIFFUSION, *transmission certificate (U.K.)* - **p. 434**

JUSTIFICATIF DE PARUTION, *checking copy, tear sheet, voucher copy* - **p. 153**

JUSTIFICATIF D'INSERTION, *certificate of insertion* - **p. 152**

JUSTIFICATION (impr.), *measure, justification (print.)* - **p. 291**

JUSTIFIER (typ.), *to justify (typ.)* - **p. 264**

«KEY LIGHT», *key light* - **p.** 266

LAIZE, *reel width* - **p.** 367
LANCER (produit), *to launch* - **p.** 269
LEADER D'OPINION, *opinion leader, specifier, style leader* - **p.** 312
LECTEUR, *reader* - **p.** 362
LECTEUR OPTIQUE, *optical character reader* (O.C.R.) - **p.** 313
LECTEURS OCCASIONNELS, *tertiary readership* - **p.** 425
LECTORAT, *readership, reading figures* - **p.** 363
LECTORAT PRIMAIRE, *primary readership, primary audience (U.S.)* - **p.** 342
LECTORAT SECONDAIRE, *secondary readership, pass-on readership, pass-along readership (U.S.)* - **p.** 388
LECTORAT TERTIAIRE, *tertiary readership* - **p.** 425
LECTURE D'UN ENREGISTREMENT, *playback, replay* - **p.** 331
LÉ DE 50 CM X 75 CM, *sheet (U.K.)* - **p.** 393
LÉ DE 70 CM X 100 CM, *sheet (U.S.)* - **p.** 393
LÉGENDE, *caption, cutline, legend* - **p.** 148
LETRASET (marque), *Letraset (trademark)* - **p.** 271
LETTERSET, *letterset* - **p.** 272
LETTRAGE, *lettering* - **p.** 271
LETTRE CAPITALE, *capital letter* - **p.** 148
LETTRE INFORMATISÉE, *computer letter* - **p.** 167

LETTRE MINUSCULE, *small letter* - **p.** 401
LETTRE ORNÉE, *swash letter* - **p.** 420
LETTRE PUBLICITAIRE, DE VENTE, *sales letter* - **p.** 381
LETTRES ACCENTUÉES, *display type* - **p.** 202
LETTRES CAPITALES, *upper case* - **p.** 442
LETTRES ÉCRASÉES, *battered type, batters* - **p.** 131
LETTRES MINUSCULES, *lower case* - **p.** 279
«LEURRE PUBLICITAIRE», *bait-and-switch ad* - **p.** 129
LÉZARDE, *river* - **p.** 374
LIGNAGE, *lineage, linage (U.S.)* - **p.** 273
LIGNE AMÉRICAINE, *agate line (U.S.)* - **p.** 112
LIGNE-BLOC, *slug* - **p.** 401
LIGNE CREUSE (impr.), *widow (print.)* - **p.** 450
LIGNE D'ADRESSE, *address line* - **p.** 104
LIGNE DE BASE, *base line* - **p.** 130
LIGNE DE PRODUITS, *product line* - **p.** 348
LIGNE DE REPÈRE, *key (line)* - **p.** 266
LIGNE PLEINE, *full measure line* - **p.** 235
LINÉAIRE DE PRÉSENTATION, *shelf facing, shelf space* - **p.** 394
LINOTYPE, *Linotype* - **p.** 275
«LIST-BROKER», *list-broker* - **p.** 275
LITHOGRAPHIE, *lithography* - **p.** 276
LOCATION DE FICHIERS, *list rental* - **p.** 275
LOGO(TYPE), *logotype, signature* - **p.** 278
LOT, *prize* - **p.** 344
LOTERIE, *lottery* - **p.** 279

MACHINE ROTATIVE RECTO-VERSO, *perfecting press* - **p. 324**

MACULAGE, *offset* - **p. 309**

MACULER, *to smudge* - **p. 402**

MAGASIN D'EXPOSITION, *showroom* - **p. 397**

MAGAZINE, *magazine* - **p. 280**

MAGAZINE DE BORD, *inflight magazine* - **p. 256**

MAGAZINE DE GRANDE DIFFUSION, *consumer magazine* - **p. 169**

MAGAZINE SPÉCIALISÉ, *specialist magazine* - **p. 405**

MAGENTA, *magenta* - **p. 280**

MAGNÉTOSCOPE, *video cassette recorder* (*V.C.R.*) - **p. 445**

«MAILING» (document), *mailing piece, mailer* - **p. 282**

«MAILING» (envoi), *direct mail shot, mailing shot, mailshot* - **p. 198**

MAIN DU PAPIER, *bulk* - **p. 144**

MAJORATION DE PRIX, *premium (price)* - **p. 337**

MAJUSCULE (typ.), *capital letter* - **p. 148**

MANCHETTE, *(front page) headline, banner* - **p. 236**

MANCHETTE PUBLICITAIRE, *ear, ear-piece, ear-space, title corner* - **p. 210**

MANNEQUIN, *model* - **p. 299**

MAPPE, «MAPPING», *mapping* - **p. 283**

MAQUETTE, *model, layout, scamp* - **p. 299**

MAQUETTE DÉFINITIVE, *finished layout, finished rough* - **p. 226**

MAQUETTE D'IMPRIMERIE, *dummy* - **p. 207**

MAQUETTE EN BLANC, *dummy* - **p. 207**

MAQUETTE SONORE, *rough* - **p. 376**

MAQUETTISTE, *paste-up artist, artworker* - **p. 323**

MARBRE (impr.), *stone (print.)* - **p. 413**

MARCHANDISAGE, *merchandising* - **p. 297**

MARCHANDISEUR, *merchandiser* - **p. 297**

MARCHÉ, *outlet* - **p. 315**

MARCHÉ, *market* - **p. 283**

MARCHÉ-TEST, *test-market, pilot-market* - **p. 426**

MARGE À DROITE, *ranged right, flush right* - **p. 361**

MARGE À GAUCHE, *ranged left, flush left* - **p. 361**

MARKETING, *marketing* - **p. 284**

MARKETING DIRECT, *direct marketing* - **p. 198**

MARKETING-MIX, *marketing-mix* - **p. 285**

MARKETING TÉLÉPHONIQUE, *phone marketing, phoning* - **p. 326**

MARQUE, *brand* - **p. 140**

MARQUE DE FABRIQUE, *trademark, tradename* - **p. 431**

MARQUE DÉPOSÉE, *registered trademark* - **p. 368**

MARQUE LEADER, *brand leader* - **p. 140**

MASQUE, *mask* - **p. 288**

MASSIF (n.), *composite site* - **p. 166**

«MASTER», *master* - **p. 289**

MAT, *mat, matt, matte (U.S.), unglazed* - **p. 289**

MATÉRIEL DE PUBLICITÉ DÉTAILLANTS, *dealer aids, sales aids* - **p. 190**

MATÉRIEL DE PUBLICITÉ SUR LE LIEU DE VENTE, DE P.L.V., *point-of-sale material, P.O.S. material* - **p. 332**

MATRAQUAGE PUBLICITAIRE, *saturation advertising, hype and hoopla (U.S.)* - **p. 384**

MATRICE, *matrice, matrix, mat* - **p. 290**

MAUVAIS PAYEUR, *bad debtor, deadbeat (U.S.)* - **p. 129**

MÉDIA (pl.: médias), *medium (pl.: media)* - **p. 296**

MÉDIA D'ACCOMPAGNEMENT, *support medium, secondary medium* - **p. 419**

MÉDIA DE MASSE, *primary medium* - **p. 342**

MÉDIA-MIX, *media-mix, mixed media* - **p. 294**

«MEDIA PLANNER» OU MÉDIA-PLANNEUR, *media planner* - **p. 295**

MÉDIA PLANNING, *media planning* - **p. 295**

MÉDIA PRINCIPAL, *primary medium* - **p. 342**

MÉDIA PUBLICITAIRE, *advertising medium* - **p. 109**

MÉDIA SECONDAIRE, *support medium, secondary medium* - **p. 419**

MÉDIAS CHAUDS, *hot media* - **p. 251**

MÉDIAS ÉLECTRONIQUES, *electronic media* - **p. 214**

MÉDIAS FROIDS, *cool media* - **p. 173**

MÉDIAS LOCAUX, *local media* - **p. 277**

MÉDIAS PUBLICITAIRES, *advertising media* - **p. 109**

MÉDIAS RADIOTÉLÉVISÉS, *broadcast media* - **p. 143**

MÉMOMARQUE, *brand name recall* - **p. 141**

MÉMORISATION, *recall* - **p. 364**

MENSUEL, *monthly* - **p. 301**

MERCATIQUE, *marketing* - **p. 284**

«MERCHANDISER», *merchandiser* - **p. 297**

«MERCHANDISING», *merchandising* - **p. 297**

MESSAGE PUBLICITAIRE, *advertising message* - **p. 110**

MESSAGE PUBLICITAIRE (radio, T.V.), *commercial* - **p. 162**; *spot (announcement) (U.S.)* - **p. 409**

MESSAGE PUBLICITAIRE DIFFUSÉ AU COURS D'UNE ÉMISSION CO-SPONSORISÉE, CO-PARRAINÉE, *participation (announcement) (U.S.)* - **p. 322**

MESSAGE PUBLIPOSTÉ (document), *mailing piece, mailer* - **p. 282**

MESSAGE PUBLIPOSTÉ (envoi), *direct mail shot, mailing shot, mailshot* - **p. 198**

MESURE DE L'IMPACT PUBLICITAIRE, *measure of advertising effectiveness* - **p. 292**

MESURE DE L'IMPACT SUR UN ÉCHANTILLON DE TÉLESPECTATEURS, *television consumer audit* - **p. 425**

MÉTHODE DE SONDAGE PAR SEGMENTS, *cluster sampling* - **p. 157**

MÉTHODE «SCHWERIN», *Schwerin method* - **p. 385**

MÉTHODE DE FIXATION DU BUDGET PUBLICITAIRE, *method of fixing the advertising appropriation* - **p. 297**

METTRE EN PAGE, *to make-up* - **p. 283**

METTRE EN RÉSERVE (impr.), *to reverse out, to save out* - **p. 374**

METTRE EN VALEUR (un produit), *to feature* - **p. 223**

MILLE EN PLUS, MILLE SUPPLÉMENTAIRE, *run-on* - **p. 378**

MILLIMÈTRE-COLONNE, *single column millimetre (S.C.M.)* - **p. 399**

MINITEL, *Minitel* - **p. 298**

MINUSCULE (typ.), *small letter* - **p. 401**

MISE À JOUR DU FICHIER, *list maintenance* - **p. 275**

MISE EN AVANT, *special display* - **p. 405**

MISE EN COMMUN DE FICHIERS, *co-op data base* - **p. 173**

MISE EN COULEUR, *colour chart, colour guide* - **p. 159**

MISE EN PAGE, *make-up* - **p. 282**

MIXAGE, *audio mix* - **p. 125**

MIX PROMOTIONNEL, *promotional mix* - **p. 351**

MOBILE, *mobile* - **p. 299**

MOBILIER URBAIN, *urban furniture* - **p. 443**

MODE DE PRÉSENTATION (revue, livre, émission), *format* - **p. 231**

MODÈLE, *model* - **p. 299**

MODÈLE AIDA, *AIDA model* - **p. 113**

MODÈLE D'ACCEPTATION CROISSANTE DE LA MARQUE, *brand loyalty ladder* - **p. 140**

«MOI» (psy.), *ego (psy.)* - **p. 213**

MOIRÉ, *moiré* - **p. 299**

MONOCHROME, *mono(chrome), mono(tone) (U.S.), black and white (B & W, B/W)* - **p. 300**

MONOTYPE, *Monotype* - **p. 301**

MONTAGE, *montage* - **p. 301**

MONTAGE (audiovisuel), *editing, cutting* - **p. 188**

MONTAGE À SEC, *dry mounting* - **p. 205**

MONTAGE DÉFINITIF, *fine cut* - **p. 226**

MONTER (film), *to edit* - **p. 211**

MONTEUR (cin.), *film editor* - **p. 224**

MORSURE (impr.), *bite (print.)* - **p. 134**

MORSURE EN CREUX, MORSURE D'EFFET, *deep etching* - **p. 192**

MOTIFS D'ACHAT, *buying motives* - **p. 146**

MOTIVATION, *motivation, motive* - **p. 301**

MOTIVATIONS D'ACHAT, *buying motives* - **p. 146**

MOULE, *matrix* - **p. 290**

MOYENS D'ACTION PROMOTIONNELS, *promotional mix* - **p. 351**

MULTIPACK, *multiple pack, cluster pack* - **p. 302**

M.U.P.I. (F.), M.U.P.I. (F.) (see: *public information panels*) - **p. 302**

MUSIQUE D'ARCHIVES, MUSIQUE PRÉ-ENREGISTRÉE, *library music, stock music* - **p. 272**

MUSIQUE DE TRANSITION, *bridge* - **p. 141**

NAGRA (cin.), *Nagra (cin.)* - **p. 303**

NÉGATIF, *negative, neg* - **p. 304**

NÉGATIF DE SÉLECTION, *colour separated negative* - **p. 160**

NÉGATIF INVERSÉ, *reversed negative* - **p. 374**

NÉGATIF PELLICULABLE, *stripping negative* - **p. 415**

NÉGATIF TRAMÉ, *halftone negative, screened negative* - **p. 246**

NÉGOCIATION, «NÉGO», *off-card rate* - **p. 308**

NETTETÉ (phot.), *definition (phot.)* - **p. 192**

NETTOYAGE DU FICHIER, *list-cleaning* - **p. 275**

N.M.P.P., N.M.P.P. - **p. 306**

NOIR ET BLANC, *black and white (B/W)*, *mono(chrome), mono(tone) (U.S.)* - **p.** 300

NOMBRE MOYEN DE LECTEURS D'UN PÉRIODIQUE, *average issue readership* - **p.** 127

NOM DE MARQUE, *brand name* - **p.** 141

NON-DIFFUSION DE MESSAGES CONCURRENTS L'UN APRÈS L'AUTRE, *commercial protection* - **p.** 162

NON-UTILISATION DE LA PROMOTION, *slippage* - **p.** 400

NOTICE TECHNIQUE, *data sheet, specification sheet* - **p.** 189

NOTORIÉTÉ DE LA MARQUE, *brand awareness* - **p.** 140

N.P.A.I., *nixie, gone away* - **p.** 306

NUANCE, *hue* - **p.** 252

NUMÉRO, *issue, copy* - **p.** 262

OBJECTIF (n.), *objective (n.)* - **p.** 308

OBSOLESCENCE, *obsolescence* - **p.** 308

OBSOLESCENCE CALCULÉE, *built-in or planned obsolescence* - **p.** 144

OCCASION D'ENTENDRE (O.D.E.), *opportunity to hear (O.T.H.)* - **p.** 312

OCCASION DE VOIR (O.D.V.), *opportunity to see (O.T.S.)* - **p.** 312

ŒIL DE LA LETTRE, *typeface, type face* - **p.** 437

OFFRE-AMI, *use-the-user, referral premium* - **p.** 443

OFFRE À PRIX RÉDUIT, *money-off offer, reduced price offer* - **p.** 300

OFFRE AUTO-PAYANTE, *self-liquidating, premium (S.L.P.), self-liquidator, premium offer* - **p.** 389

OFFRE CACHÉE, *blind offer, hidden offer, buried offer* - **p.** 133

OFFRE COUPLÉE, *combination offer* - **p.** 161

OFFRE D'ÉCHANTILLONS GRATUITS, OFFRE D'ESSAI, *sampling offer* - **p.** 384

OFFRE DE LANCEMENT, *introductory offer* - **p.** 261

OFFRE DE PARRAINAGE, *use-the-user, referral premium* - **p.** 443

OFFRE DE RÉDUCTION (DE PRIX) CROISÉE, *cross-couponing, cross-ruff* - **p.** 184

OFFRE DE REMBOURSEMENT, *cash refund offer* - **p. 150**

OFFRE DISSIMULÉE, *blind offer, buried offer, hidden offer* - **p. 135**

OFFRE MULTI-PRODUITS, *combi-pack* - **p. 161**

OFFRE PROMOTIONNELLE CROISÉE, *cross-couponing, cross-ruff* - **p. 184**

OFFRE PROMOTIONNELLE DE RÉDUCTION DE PRIX, *coupon offer* - **p. 180**

OFFRE PROMOTIONNELLE SUR L'EMBALLAGE, *boxtop offer* - **p. 139**

OFFRE PROMOTIONNELLE SUR UN PRODUIT, *bonus pack, extra-sized pack, economy pack* - **p. 138**

OFFRE SIGNALÉE SUR L'ÉTIQUETTE, *off-label* - **p. 309**

OFFRE SPÉCIALE, *deal, special offer, special* - **p. 406**

OFFSET, *offset, offset litho, offset lithography, lithography (U.S.)* - **p. 309**

OFFSET SEC, *dry offset printing, letterset* - **p. 206**

OMNIBUS, *omnibus survey, multi-client survey* - **p. 310**

«ONE-SHOT» (publ. directe), *one-shot mailing, solo mailing* - **p. 311**

OPÉRATEUR DE PRISES DE VUES, *cameraman* - **p. 148**

OPÉRATION CADEAU CONTRE REMISE DE TICKETS DE CAISSE, *tape plan, cash-register-tape redemption plan* - **p. 422**

OPÉRATION POINTS-CADEAU, *coupon plan* - **p. 181**

OPÉRATION PROMOTIONNELLE DE LONGUE DURÉE, *continuity promotion* - **p. 171**

ORACLE, *Oracle* - **p. 314**

ORDRE D'INSERTION, *insertion order* - **p. 259**

OREILLE PUBLICITAIRE, *ear, ear-piece, ear (space), title corner* - **p. 210**

ORIFLAMME, *banner, streamer* - **p. 130**

ORIFLAMME MÉTRO, *tube card (U.K.), subway card (U.S.)* - **p. 436**

ORIGINAL (n.), *original (n.), finished art (U.S.)* - **p. 314**

ORIGINAL AU TRAIT, *line original* - **p. 274**

OURS, *masthead* - **p. 289**

OUVERTURE EN FONDU, *fade in* - **p. 222**

OZALID (marque), *Ozalid (trademark), blueprint* - **p. 317**

«PACK-SHOT», *pack-shot* - **p. 319**

PAGE À FOND PERDU, *bleed page* - **p. 135**

PAGE DE COUVERTURE, *cover page* - **p. 181**

PAGE DE PUBLICITÉ (radio), *break, commercial break, commercial slot, adjacency (U.S.)* - **p. 141**

PAGE(S) D'ANNONCES GROUPÉES, *composite page(s)* - **p. 165**

PAGINATION, *pagination* - **p. 320**

PAGINER, *to page* - **p. 319**

PAIRE DE PANNEAUX D'AFFICHAGE SUPERPOSÉS, *double-decker (U.S.)* - **p. 204**

PANCHROMATIQUE (adj.), *panchromatic (adj.)* - **p. 321**

PANEL, *panel* - **p. 321**

PANEL DE CONSOMMATEURS, *consumer panel, consumer jury (U.S.)* - **p. 169**

PANEL DÉTAILLANTS, *dealer audit, retail audit, shop audit, store audit (U.S.)* - **p. 190**

PANNEAU, *board, sign* - **p. 137**

PANNEAU ALVÉOLÉ (P.L.V.), *pegboard* - **p. 324**

PANNEAU À MOUVEMENT ALTERNATIF, *alternating panel board* - **p. 116**

PANNEAU ANIMÉ, *semi-spectacular, animated bulletin board* - **p. 390**

PANNEAU D'AFFICHAGE, *poster site, poster board, poster panel, display (board)* - **p. 334**

PANNEAU D'AFFICHAGE (GRAND FORMAT), *hoarding (U.K.)* - **p.250**; *billboard (U.S.)* - **p. 132**

PANNEAU D'AFFICHAGE ISOLÉ, *solus site (U.K.)* - **p. 403**

PANNEAU D'AFFICHAGE LONGUE CONSERVATION, *long life poster site* - **p. 278**

PANNEAU D'AFFICHAGE PERPENDICULAIRE À LA VOIE FERRÉE, *cross track* - **p. 185**

PANNEAU D'AFFICHAGE SUR UN PIGNON, *gable end* - **p. 238**

PANNEAU GÉANT ANIMÉ, *spectacular* - **p. 406**

PANNEAU MURAL, *wall sign* - **p. 449**

PANNEAU PEINT, *(painted) bulletin, painted panel* - **p. 320**

PANNEAU PEINT FAISANT L'OBJET D'UNE ROTATION PÉRIODIQUE, *rotary bulletin board* - **p. 375**

PANNEAU SPÉCIAL, *supersite, 96-sheet poster site* - **p. 419**

PANNEAU TRANSLUCIDE LUMINEUX, *glow bulletin board* - **p. 240**

PANNEAU TRI-DIMENSIONNEL, *three-dimensional board* - **p. 427**

PANONCEAU AVANT (bus), *front-end display (U.K.)* - **p. 235**

PANORAMIQUE, *pan, panning, pan shot* - **p. 320**

PANORAMIQUE (FAIRE UN), *to pan* - **p. 320**

«PANTRY CHECK», *pantry audit, pantry check, pantry inventory* - **p. 321**

PAPIER AFFICHES, *poster paper, blank paper* - **p. 334**

PAPIER CALANDRÉ, *calendered paper* - **p. 147**

PAPIER CHARBON (impr.), *carbon tissue (print.)* - **p. 149**

PAPIER COQUILLE, *bond paper, deed paper, record paper, bank paper* - **p. 138**

PAPIER COUCHÉ, *art paper, coated paper, stock paper* - **p. 157**

PAPIER COUCHÉ MAT, *dull finish paper, dull-coated paper* - **p. 206**

PAPIER CRISTAL, *glassine* - **p. 240**

PAPIER DE FOND, *blanking paper* - **p. 134**

PAPIER DE TRANSFERT, *carbon issue* - **p. 149**

PAPIER ÉCRITURE, *bank paper, bond paper, deed paper, record paper* - **p. 138**

PAPIER ÉDITION, *antique (finish) paper* - **p. 117**

PAPIER-JOURNAL, *newsprint* - **p. 305**

PAPIER LISSÉ, SATINÉ, *calendered paper* - **p. 147**

PAPIER SURGLACÉ, *supercalendered paper* - **p. 418**

PAQUET PROMOTIONNEL, *merchandise pack* - **p. 297**

PARRAINAGE, *sponsoring, sponsorship, use-the-user, referral* - **p. 409**

PARRAINAGE COLLECTIF D'ÉMISSIONS, *participation sponsorship (U.S.)* - **p. 322**

PARRAINAGE D'ÉMISSIONS À LA RADIO, À LA TÉLÉVISION, *sponsored radio, sponsored television* - **p. 409**

PARRAINER, *to sponsor* - **p. 409**

PART DE MARCHÉ, *market share* - **p. 288**

PART DE MARCHÉ DE LA MARQUE, *brand share* - **p. 141**

PARTICIPATION PUBLICITAIRE (DU PRODUCTEUR), *advertising allowance, key money* - **p. 107**

PASSAGE INDÉTERMINÉ, *run-of-schedule, floating time* - **p. 378**

PASSAGE INDÉTERMINÉ DANS LA JOURNÉE, *run-of-day (R.O.D.)* - **p. 377**

PASSAGE INDÉTERMINÉ DANS LA SEMAINE, *run-of-week (R.O.W.)* - **p. 379**

PASSAGE INDÉTERMINÉ DANS LE MOIS, *run-of-month (R.O.M.)* - **p. 377**

PASSAGER (adj.), *transient* - **p. 434**

PATRONAGE, *sponsoring, sponsorship* - **p. 409**

PATRONAGE COLLECTIF D'ÉMISSIONS, *participation sponsorship (U.S.)* - **p. 322**

PATRONNER, *to sponsor* - **p. 409**

PELLICULAGE, *stripping* - **p. 415**

PELLICULE VIERGE, *(film) stock* - **p. 225**

PÉNÉTRATION, *penetration* - **p. 324**

PERCEPTION, *perception, cognition* - **p. 324**

PERCEPTION DÉCALÉE, *cognitive dissonance* - **p. 158**

«PERCUSSION DE PROMOTIONS», *overkill* - **p. 316**

«PERFECT BINDING», *perfect binding* - **p. 324**

PERFORER, *to perforate* - **p. 324**

PÉRIODICITÉ, *frequency of issue* - **p. 235**

PÉRIODIQUE (n.), *periodical* - **p. 325**

PERSONNAGE PUBLICITAIRE, *trade character* - **p. 431**

PERSONNALISATION, *personalisation* - **p. 325**

PERSONNE ENQUÊTÉE, INTERROGÉE, INTERVIEWÉE, *respondent, informant, interviewee* - **p. 371**

PETITE AFFICHE, *placard* - **p. 329**

PETITE AGENCE CRÉATIVE, *hot shop* - **p. 251**

PETITE(S) ANNONCE(S), *classified advertisement(s) or ad(s), classified(s), small ad(s), small(s)* - **p. 155**

PETITS FONDS, *gutter* - **p. 244**

PHOTO, *photo* - **p. 326**

PHOTOCOMPOSITION, *photocomposition, photosetting, filmsetting* - **p. 326**

PHOTOCOPIE, *photocopy, Xerox* - **p. 326**

PHOTOGRAMME, *frame (cin., T.V.)* - **p. 233**

PHOTOGRAPHIE, *photograph, shot* - **p. 327**

PHOTOGRAPHIE (empruntée au film), *still* - **p. 413**

PHOTOGRAPHIE PUBLICITAIRE, *still* - **p. 413**

PHOTOGRAVEUR, *block maker, process engraver, photoengraver* - **p. 136**

PHOTOGRAVURE, *block making, photoengraving, process engraving, platemaking, process printing* - **p. 136**

PHOTOLITHOGRAPHIE, *photolithography* - **p. 327**

PHOTOMONTAGE, *photomontage, comp* - **p. 327**

PHOTOSTAT, *Photostat* - **p. 328**

PHOTOTITRAGE, *photolettering* - **p. 327**

PHOTOTYPIE, *collotype, photogelatin process* - **p. 159**

PICA, *pica* - **p. 328**

«PIERRE TOMBALE», *tombstone advertisement* - **p. 430**

PIGER (radio, T.V.), *to monitor* - **p. 300**

«PIGGY-BACK», *piggy-back* - **p. 328**

PILE AU SOL, *floor stand* - **p. 229**

PIONNIER, *innovator, early adopter, pioneer* - **p. 257**

PIQUER À CHEVAL, *to saddle-stitch* - **p. 380**

PIQUER À PLAT, *to side-stitch, to side-bind* - **p. 397**

P.I.S.A. (F.), *P.I.S.A. (F.) (see: public information panels)* - **p. 329**

PISTE D'ASSERVISSEMENT, *control track* - **p. 173**

PISTE MAGNÉTIQUE, *magnetic track* - **p. 281**

PLACARD, *placard* - **p. 329**

PLAN (cin.), *shot* - **p. 395**

PLAN AMÉRICAIN, *close medium shot* - **p. 156**

PLAN D'ARCHIVES, *library shot, stock shot* - **p. 273**

PLAN D'ENSEMBLE, PLAN GÉNÉRAL, PLAN LARGE (cin., T.V.), *long shot (L.S.)* - **p. 278**

PLAN DE SITUATION, *public information panel, directional map* - **p. 354**

PLAN DE TRAVAIL CRÉATIF (P.T.C.), *creative brief* - **p. 182**

PLAN MARKETING, *marketing plan* - **p. 286**

PLAN MÉDIAS, *media plan* - **p. 294**

PLAN-PRODUIT, *pack-shot* - **p. 319**

PLAN SERRÉ (cin.), *close-up (C.U.)* - **p. 156**

PLANCHE À CONTOURS, *keyplate* - **p. 267**

PLANCHE DE CONTACT, *contact print, contact sheet* - **p. 170**

PLANIFIER, *to plan* - **p. 329**

PLANNING STRATÉGIQUE, *plans board* - **p. 330**

PLANOGRAPHIE, *planography* - **p. 330**

PLAQUE, *plate* - **p. 330**

PLAQUE-ADRESSE, *addressograph plate* - **p. 104**

PLAQUE ENVELOPPANTE (impr.), *wraparound plate (print.)* - **p. 452**

PLAQUE PHOTOPOLYMÈRE, *photopolymer* - **p. 328**

PLAQUETTE, *brochure* - **p. 143**

PLATEAU (cin.), *set (cin.)* - **p. 392**

PLEIN (typ.), *solid (typ.)* - **p. 403**

PLI ACCORDÉON, *accordion fold, concertina fold, fanfold* - **p. 101**

PLI CROISÉ, *cross-fold, French fold* - **p. 185**

PLI PARAVENT, *accordion fold, concertina fold, fanfold* - **p. 101**

PLI ROULÉ, *rolled fold* - **p. 375**

PLONGÉE (cin.), *high angle shot* - **p. 249**

POINT-CADEAU, *gift-coupon, trading-stamp* - **p. 432**

POINT DE COLLAGE, *splice* - **p. 407**

POINT DE VENTE, *point-of-sale (P.O.S.), point-of-purchase (P.O.P.), outlet* - **p. 332**

POINT D'EXCLAMATION (après un titre), *screamer* - **p. 386**

POINT DIDOT, *Didot point* - **p. 196**

POINT TYPOGRAPHIQUE, *point* - **p. 331**

POINTS DE CONDUITE, *leader(s)* - **p. 270**

POINTS D'INFORMATION, *public information panels* - **p. 354**

POIVRAGE, *graininess* - **p. 241**

POLICE DE CARACTÈRES, *fount, font* - **p. 232**

«POLYBUS», *polybus (U.K.)* - **p. 333**

«POP UP», *pop up* - **p. 333**

PORTE-ANNONCES, *folder* - **p. 230**

PORTE-À-PORTE (distribution en), *door-to-door distribution* - **p. 203**

POSITION D'UNE ANNONCE, *positioning, advertisement position(ing)* - **p. 333**

POSITIONNEMENT DU PRODUIT, *product position(ing)* - **p. 349**

POST-SYNCHRONISATION, *dub, dubbing, overdubbing, lip sync(hronisation)* - **p. 206**

POST-TEST, *post-test(ing)* - **p. 336**

POTENTIEL DE VENTES, *sales potential* - **p. 382**

POTENTIEL DU MARCHÉ, *market potential* - **p. 286**

POUCE-COLONNE, *single column line (S.C.I.)* - **p. 399**

PREMIER MONTAGE (cin.), *rough cut* - **p. 376**

PREMIÈRE DE COUVERTURE, *front cover, outside front cover, first cover* - **p. 235**

PREMIÈRE ÉPREUVE, *first proof* - **p. 227**

PREMIÈRE PAGE, *first page, front cover, front page* - **p. 226**

PREMIÈRES REMONTÉES, *front end, up front response* - **p. 235**

PREMIERS ADEPTES, *early adopters* - **p. 210**

PRÉMONTAGE (cin.), *rought cut (cin.)* - **p. 376**

«PRÉPACK», *prepack display* - **p. 338**

PRÉ-PRODUCTION, *pre-production* - **p. 338**

PRESCRIPTEUR, *opinion leader, specifier, style leader* - **p. 312**

PRÉSENTATEUR, *announcer* - **p. 116**

PRÉSENTATEUR DU JOURNAL PARLÉ, *newscaster, newsreader* - **p. 305**

PRÉSENTATION, *presentation* - **p. 338**

PRÉSENTATION À LA SORTIE, *front-end display* - **p. 235**

PRÉSENTATION AU SOL, *floor display* - **p. 229**

PRÉSENTATION EN UNITÉS DE LIVRAISON, *prepack display* - **p. 338**

PRÉSENTATION EN VRAC, *dump display, jumble display* - **p. 207**

PRÉSENTATION HORS-RAYON, *off-shelf display* - **p. 310**

PRÉSENTER, *to display* - **p. 200**

PRÉSENTOIR, *display* - **p. 200**

PRÉSENTOIR ATTRACTIF, *silent salesman* - **p. 398**

PRÉSENTOIR DE CAISSE DE SORTIE, *check-out stand* - **p. 154**

PRÉSENTOIR-DISTRIBUTEUR DE COMPTOIR, *dispenser* - **p. 200**

PRÉSENTOIR EN VRAC, *bulk basket* - **p. 144**

PRÉSENTOIR EN VRAC (pour un type d'article), *dump bin, dumper* - **p. 207**

«PRESS BOOK», *guard book, scrap book* - **p. 244**

PRESSE, *press* - **p. 339**

PRESSE À BOBINE, *web(-fed) press* - **p. 450**

PRESSE À FEUILLES, *sheet(-fed) press* - **p. 393**

PRESSE LOCALE, *local press, provincial press* - **p. 277**

PRESSE NATIONALE, *national press* - **p. 303**

PRESSE PROFESSIONNELLE, *trade and technical press* - **p. 431**

PRESSE PROFESSIONNELLE (commerçants), *trade press* - **p. 432**

PRESSE PROFESSIONNELLE (professions libérales), *professional press* - **p. 349**

PRESSE QUOTIDIENNE RÉGIONALE (P.Q.R.), *regional daily press* - **p. 367**

PRESSE RÉGIONALE, *regional press* - **p. 367**

PRESSE TECHNIQUE, *technical press* - **p. 424**

PRESTEL, *Prestel* - **p. 340**

PRÉ-TEST, *pre-test(ing)* - **p. 341**

PRÉ-TEST DE SPOT PUBLICITAIRE, *on air pre-testing, on air test* - **p. 310**

PRÉ-TESTER, *to pre-test* - **p. 341**

PREUVE D'ACHAT, *proof of purchase* - **p. 351**

PRIME, *incentive* - **p. 255**

PRIME, *premium, free gift* - **p. 337**

PRIME CONDITIONNEMENT, *container premium* - **p. 170**

PRIME DIFFÉRÉE, *mail-in, on-pack offer* - **p. 281**

PRIME DIFFÉRÉE (par voie postale), *free mail-in (F.M.I.)* - **p. 233**

PRIME EMBALLAGE, *container premium* - **p. 170**

PRIME INCORPORÉE DANS L'EMBALLAGE DU PRODUIT, PRIME «IN-PACK», *in-pack premium* - **p. 258**

PRIME OFFERTE AVEC UN PRODUIT À L'ESSAI, *keeper* - **p. 265**

PRIME «ON-PACK», *on-pack (premium)* - **p. 311**

PRIME PRODUIT EN PLUS, *bonus pack, extra-sized pack, economy size* - **p. 138**

PRIME SUR L'EMBALLAGE DU PRODUIT, *on-pack premium* - **p. 311**

PRISE DE SON, *take* - **p. 422**

PRISE DE VUES, *take, filming, shooting* - **p. 422**

PRISE DE VUES IMAGE PAR IMAGE, *stop frame animation, stop motion (U.S.)* - **p. 413**

PRIX AU NUMÉRO, cover price - **p. 181**

PRIX CASSÉ, price cut, price off - **p. 341**

PRIX (concours), prize - **p. 344**

PROCÉDÉ DE TIRAGE COULEURS, C type, (type) C print - **p. 185**

PROCÉDÉ DIAZO, diazo process - **p. 195**

PRODUCER T.V. DE L'AGENCE, PRODUCTEUR DE L'AGENCE, agency producer, agency T.V. producer - **p. 112**

PRODUCTEUR (cin.), producer - **p. 345**

PRODUCTION, production - **p. 347**

PRODUCTION ASSISTÉE PAR ORDINATEUR, computer-assisted production - **p. 166**

PRODUIT COÛTEUX, big ticket item - **p. 132**

PRODUIT D'APPEL, loss leader - **p. 279**

PRODUIT DE SUBSTITUTION, substitute - **p. 418**

PRODUITS À ACHAT RÉFLÉCHI, RAISONNÉ, shopping goods - **p. 395**

PRODUITS COMPLÉMENTAIRES, complementary goods - **p. 165**

PRODUITS DE CONSOMMATION COURANTE, convenience goods - **p. 173**

PRODUITS SPÉCIALISÉS, specialty goods - **p. 406**

PROFIL DE LA CLIENTÈLE, customer profile - **p. 186**

PROFIL DE L'AUDIENCE, audience composition, audience profile - **p. 124**

PROFIL DU MARCHÉ, market profile - **p. 286**

PROFONDEUR DE CHAMP, depth of field - **p. 194**

PROGRAMME, broadcast, programme, program (U.S.) - **p. 142**

PROGRAMMER, to plan - **p. 329**

PROJETER, to screen - **p. 387**

PROMESSE, (copy) claim - **p. 175**

PROMOTION DES VENTES, sales promotion - **p. 382**

PROMOTION FAISANT APPEL À DES PERSONNAGES CONNUS, personality promotion - **p. 325**

PROMOTION GROUPÉE, group promotion - **p. 243**

PROMOTION INTERNE (dans un magasin), in-store promotion - **p. 260**

PROMOTION «RÉSEAU», dealer incentive, loader or premium - **p. 191**

PROMOUVOIR, to promote - **p. 350**

PROPAGANDE, propaganda - **p. 352**

PROPOSITION EXCLUSIVE DE VENTE, Unique Selling Proposition (U.S.P.) - **p. 442**

PROSPECT, prospect - **p. 352**

PROSPECTION D'UNE NOUVELLE CLIENTÈLE, missionary selling - **p. 299**

PROSPECTUS, leaflet, circular, flier, handbill, handout, giveaway, throwaway - **p. 270**

PSYCHOGRAPHIES, psychographics - **p. 353**

«PUB», ad, advert - **p. 103**

PUBLICATION, publishing - **p. 356**

PUBLICATION HORIZONTALE, horizontal publication - **p. 250**

PUBLICATION VERTICALE, vertical publication - **p. 445**

PUBLICITAIRE (n.), adman, advertising man - **p. 105**

PUBLICITÉ, publicity - **p. 354**

PUBLICITÉ (commerciale), advertising - **p. 107**

PUBLICITÉ AÉRIENNE, aerial advertising - **p. 112**

PUBLICITÉ À FRAIS PARTAGÉS (fabricant/distributeur), vertical advertising, joint advertising, dealer support scheme - **p. 445**

PUBLICITÉ À L'ÉCHELON NATIONAL, national advertising - **p. 303**

PUBLICITÉ ARGUMENTÉE, reason-why (advertisement) - **p. 364**

PUBLICITÉ AU CINÉMA, cinema advertising - **p. 155**

PUBLICITÉ COLLECTIVE, co-operative advertising - **p. 174**

PUBLICITÉ COLLECTIVE (entre annonceurs d'un même type d'industrie), horizontal advertising - **p. 250**

PUBLICITÉ COLLECTIVE (producteur/distributeur), joint advertising, vertical advertising, dealer support scheme - **p. 263**

PUBLICITÉ COMPARATIVE, comparative advertising, comparison advertising - **p. 163**

PUBLICITÉ COMPARATIVE AGRESSIVE, DÉNIGRANTE, *denigratory advertising* - p. 193

PUBLICITÉ CONFORME À LA DÉONTOLOGIE, À L'ÉTHIQUE PUBLICITAIRE, *ethical advertising* - p. 218

PUBLICITÉ D'AMBIANCE, D'ATMOSPHÈRE, *mood advertising* - p. 301

PUBLICITÉ DANS LE MÉTRO, *Underground advertising* - p. 441

PUBLICITÉ DANS LES MOYENS DE TRANSPORT EN COMMUN, *car card advertising* - p. 149

PUBLICITÉ D'ENTRETIEN, *reminder advertising* - p. 369

PUBLICITÉ DE PRODUITS INDUSTRIELS, *industrial advertising* - p. 255

PUBLICITÉ DE PRODUITS PHARMACEUTIQUES AUPRÈS DU CORPS MÉDICAL, *ethical advertising* - p. 218

PUBLICITÉ DE RELANCE, *reminder advertising* - p. 369

PUBLICITÉ DE SATURATION, *admass* - p. 105

PUBLICITÉ DESTINÉE AUX DISTRIBUTEURS, *trade advertising* - p. 431

PUBLICITÉ DIRECTE, *direct advertising* - p. 196

PUBLICITÉ DIRECTE PAR CORRESPONDANCE, *direct mail (advertising), postal publicity* - p. 197

PUBLICITÉ EXTÉRIEURE, *outdoor (and transportation) advertising* - p. 314

PUBLICITÉ FINANCIÈRE, *financial advertising* - p. 226

PUBLICITÉ FLATTEUSE, *blurb* - p. 137

PUBLICITÉ GRAND PUBLIC, *admass, mass advertising, consumer advertising* - p. 105

PUBLICITÉ GRATUITE, *puff (U.K.), puffery* - p. 356

PUBLICITÉ INDUSTRIELLE, DE PRODUITS INDUSTRIELS, *industrial advertising* - p. 255

PUBLICITÉ INFORMATIVE, *informative advertising, soft-sell advertising, educational advertising* - p. 256

PUBLICITÉ INSTITUTIONNELLE, *image advertising, corporate advertising, institutional advertising* - p. 253

PUBLICITÉ MASSIVE, *admass, mass advertising* - p. 105

PUBLICITÉ MÉDIA, *above-the-line advertising, media advertising* - p. 101

PUBLICITÉ MENSONGÈRE, *deceptive advertising* - p. 191

PUBLICITÉ PAR ANNONCES CLASSÉES, *classified advertising* - p. 156

PUBLICITÉ PAR ANNONCES CLASSÉES DE GRAND FORMAT, *display classified advertising* - p. 201

PUBLICITÉ PAR DIAPOSITIVES, *slide advertising* - p. 400

PUBLICITÉ PAR HOMME-SANDWICH, *sandwich-board advertising* - p. 384

PUBLICITÉ PAR INTERMITTENCE, *burst, flighting (U.S.)* - p. 145

PUBLICITÉ PAR LES DÉTAILLANTS, *retail advertising* - p. 372

PUBLICITÉ PAR PETITES ANNONCES, *classified advertising* - p. 156

PUBLICITÉ PAR VAGUES, *flighting (U.S.)* - p. 228

PUBLICITÉ PERSUASIVE, *hard-sell advertising, persuasive advertising* - p. 247

PUBLICITÉ PRESSE, *press advertising, publication advertising* - p. 339

PUBLICITÉ RADIOPHONIQUE, À LA RADIO, *radio advertising* - p. 360

PUBLICITÉ RÉDACTIONNELLE, *editorial advertising* - p. 212

PUBLICITÉ RÉGIONALE, *zoned advertising* - p. 455

PUBLICITÉ SAISONNIÈRE, *seasonal advertising* - p. 387

PUBLICITÉ S.N.C.F., *train advertising* - p. 434

PUBLICITÉ SUBLIMINALE, *subliminal advertising* - p. 417

PUBLICITÉ SUR LE LIEU DE VENTE (P.L.V.), *point-of-sale advertising, point-of-purchase advertising (U.S.)* - p. 332

PUBLICITÉ SUR LES AUTOBUS, *bus advertising* - p. 145

PUBLICITÉ SUR LES BORNES DE PROPRETÉ, *litter bin advertising* - p. 276

PUBLICITÉ SUR LES PARCMÈTRES, *meter advertising* - **p. 297**

PUBLICITÉ SUR RADIO LOCALE, *spot radio* - **p. 410**

PUBLICITÉ SUR UN VÉHICULE DE TRANSPORT, *travelling display, traveling display (U.S.)* - **p. 435**

PUBLICITÉ SUR UNE ANTENNE RÉGIONALE, *spot television* - **p. 410**

PUBLICITÉ TESTIMONIALE, *testimonial advertising* - **p. 426**

PUBLICITÉ TRANSPORTÉE, *package insert* - **p. 319**

PUBLICITÉ TRANSPORTS, *transport(ation) advertising, transit advertising (U.S.)* - **p. 435**

PUBLIER, *to publish* - **p. 355**

PUBLIPOSTAGE, *direct mail (advertising)* - **p. 197**

PUBLIREPORTAGE, *editorial(-style) advertisement, advertorial, reader(-style) advertisement, reading notice (U.S.)* - **p. 211**

QUADRICHROMIE, *four-colour process (4/C)* - **p. 232**

4 X 3 (affiche), *4 m x 3 m poster* - **p. 232**

QUATRIÈME DE COUVERTURE, *back cover, outside back cover, fourth cover* - **p. 128**

QUESTION FERMÉE, *pre-coded question* - **p. 336**

QUESTION OUVERTE, *open end(ed) question* - **p. 311**

QUESTION SUBSIDIAIRE, *tie-breaker* - **p. 428**

QUESTIONNAIRE, *questionnaire* - **p. 359**

QUI N'EST PAS AU POINT (phot.), *out of focus* - **p. 315**

QUOTIDIEN, *daily (newspaper)* - **p. 189**

RABAIS, discount - **p. 199**

RABAT, flap - **p. 227**

RADIO, radio - **p. 360**

RADIODIFFUSION, broadcasting - **p. 142**

RADIO LOCALE, local station - **p. 277**

RAME (papier), ream - **p. 364**

RAPPEL, recall - **p. 364**

RÉACTION, feedback - **p. 223**

RÉACTION, response - **p. 371**

RÉALISATEUR, director - **p. 199**

RÉCENT (fichier), hot-line - **p. 251**

RECETTES, returns - **p. 373**

RECHERCHE COMMERCIALE, marketing intelligence - **p. 285**

RECHERCHE DOCUMENTAIRE, desk research - **p. 195**

RÉCLAME EXAGÉRÉE, puff, puffery - **p. 356**

RECONNAISSANCE, recognition - **p. 365**

RECONNAISSANCE D'UNE AGENCE, (agency) recognition - **p. 112**

RECTO, recto, right-hand side - **p. 367**

RÉDACTEUR, copywriter - **p. 177**

RÉDACTEUR AU MARBRE, stone editor - **p. 413**

REDIFFUSER, to rebroadcast, to rerun - **p. 364**

REDIFFUSION, repeat - **p. 369**

RÉDUCTION, discount - **p. 199**

RÉGIE PUBLICITAIRE, space selling organisation - **p. 405**

RÉGIE PUBLICITAIRE (cin.), cinema advertising contractor - **p. 155**

RÉGIE PUBLICITAIRE INTÉGRÉE, advertisement department - **p. 106**

RÉGION, zone - **p. 455**

RÉGISSEUR DE DISTRIBUTION, casting director - **p. 150**

RÉGLEMENTATION CONCERNANT LA PUBLICITÉ, advertising regulations - **p. 110**

REGROUPEMENT DES ACHATS D'ESPACE, media co-ordination - **p.**

RÉIMPRESSION, reprint - **p. 370**

RÉIMPRIMER, to reprint - **p. 370**

RÉ-INSERTION, repeat - **p. 369**

RELANCE, follow-up or follow up - **p. 231**

RELATIONS CLIENTÈLE, customer relations - **p. 187**

RELATIONS PRESSE, press relations - **p. 340**

RELATIONS PRESSE/PRODUIT, product publicity - **p. 349**

RELATIONS PUBLIQUES (R.P.), public relations (P.R.) - **p. 355**

RELIURE SANS COUTURE, perfect binding, adhesive binding - **p. 324**

REMANIER, to edit - **p. 211**

REMISE, discount - **p. 199**

REMISE SUR LA QUANTITÉ, quantity discount, volume discount - **p. 358**

REMONTÉE DE L'INFORMATION, feedback - **p. 223**

REMONTÉES, redemption - **p. 367**

REMORSURE, deep etching - **p. 192**

REMPLACEMENT D'UNE AFFICHE DÉTÉRIORÉE, renewal - **p. 369**

REMUE-MÉNINGES, *brainstorming* - **p. 139**

RENDEMENT, *returns* - **p. 373**

RENFONCEMENT (d'une ligne), *indent (of a line)* - **p. 255**

RENSEIGNEMENTS TECHNIQUES, *mechanical data* - **p. 292**

RENTABILITÉ, *cost-effectiveness* - **p. 178**

RENVOI (march.), *return* - **p. 373**

RÉPARER UN FILM, UNE BANDE, *to splice* - **p. 407**

REPASSE GRATUITE OU GRACIEUSE, *make-good* - **p. 282**

REPÉRAGE, *register* - **p. 368**

REPÉRAGE (FAIRE LE), *register (to)* - **p. 368**

REPÈRE(S), *register mark(s)* - **p. 368**

RÉPÉTITION, *repetition* - **p. 369**

RÉPÉTITION (cin., T.V.), *dry-run* - **p. 206**

RÉPÉTITION MOYENNE, *average frequency, dry-run* - **p. 126**

REPIQUAGE (impr.), *imprint* - **p. 254**

REPIQUAGE (son.), *rerecording* - **p. 371**

REPIQUER (impr.), *to overprint* - **p. 317**

RÉPLIQUE, *mock-up* - **p. 299**

RÉPONSE, *response* - **p. 371**

REPORT D'OPTIQUE, *optical transfer* - **p. 313**

REPRODUCTION, *reproduction* - **p. 370**

REPROGRAPHIE, *reprographic printing* - **p. 371**

RÉSEAU (radio), *network* - **p. 305**

RÉSEAU D'AFFICHAGE, *network, showing, plant (U.S.)* - **p. 305**

RÉSEAUX PAR GROUPE DE PRODUITS, *key-plans (U.K.)* - **p. 266**

RÉSERVATION D'ESPACE, *space-booking* - **p. 404**

RÉSERVER (impr.), *to save out, to reverse out* - **p. 385**

RÉSERVER UN ESPACE, *to book a space* - **p. 139**

RESPONSABLE DE L'ACHAT D'ESPACE, *media buyer, (air)time buyer, space buyer* - **p. 293**

RESPONSABLE DE LA PUBLICITÉ (annonceur), *publicity executive* - **p. 354**

RESPONSABLE DES RELATIONS PUBLIQUES, *public relations manager or officer* - **p. 355**

RESPONSABLE DU TRAFIC-PLANNING, *traffic controller* - **p. 433**

RETENIR UN ESPACE, *to book a space* - **p. 139**

RETOMBÉES, *spill-over effects, spin-off* - **p. 407**

RETOUCHE, *retouching* - **p. 373**

RETOUCHER, *to retouch* - **p. 373**

RETOUR (march.), *return* - **p. 373**

RETOUR EN ARRIÈRE, *flashback, cutback (U.S.)* - **p. 228**

RÉTROPROJECTION, *background projection* - **p. 129**

RÉUNION DE BOUCLAGE, *review board meeting* - **p. 374**

RÉUNION DE GROUPE, *group discussion* - **p. 243**

RÉUNION DE PRÉ-PRODUCTION, *pre-production meeting, pre-prod* - **p. 338**

RÉUNION DE VENTE, *sales conference* - **p. 380**

RÉVÉLATEUR, *developer* - **p. 195**

REVUE D'ENTREPRISE, *house magazine or organ* - **p. 251**

REVUE GRATUITE, *giveaway magazine* - **p. 240**

RISTOURNE, *rebate* - **p. 364**

ROGNER, *to trim, to crop* - **p. 436**

«ROTAIR», *rotair* - **p. 375**

«ROTASIGN» (U.K.), *rotasign (U.K.)* - **p. 375**

ROTATIVE (n.), *rotary press* - **p. 375**

ROTOGRAVURE, *rotogravure (roto)* - **p. 376**

«ROUGH», *rough layout, simple layout, visual* - **p. 376**

«ROUGHMAN», *visualiser, layout artist* - **p. 447**

ROUTAGE, *dispatching, routing* - **p. 200**

RUBRIQUE, *column* - **p. 160**

«RUSHES», *rushes, dailies* - **p. 379**

SALON (commercial), *show (trade)* - **p. 396**

SANS DATE LIMITE, *till cancelled (T.C.), till countermanded (T.C.), till forbid* - **p. 428**

SANS EMPATTEMENT (caractère), *sans serif* - **p. 384**

«SCANNER», SCANNEUR, *scanner* - **p. 385**

SCÉNARIMAGE, *storyboard* - **p. 414**

SCÉNARISTE, *scriptwriter* - **p. 387**

SCORE D'ATTENTION, *noted or noting score* - **p. 307**

SCORE D'ATTRIBUTION, *seen/associated score* - **p. 388**

SCORE DE MÉMORISATION, *recall score* - **p. 365**

SCORE DE MÉMORISATION ASSISTÉE, SCORE DE RAPPEL ASSISTÉ, *aided recall score* - **p. 114**

SCORE DE RECONNAISSANCE, *recognition score* - **p. 365**

SCORE D'IMPACT, *recall score* - **p. 365**

SCORE D'IMPACT BRUT, *aided recall score* - **p. 114**

SCORE PROUVÉ, *proved recall score* - **p. 352**

SCORE VU/LU, *reading and noting score* - **p. 363**

SCRIPT, *script, continuity* - **p. 387**

SCRIPTE, *script clerk, girl or supervisor, continuity assistant or girl* - **p. 287**

SECONDE ÉPREUVE, *revise* - **p. 374**

SECRÉTAIRE DE PLATEAU, *script clerk, girl or supervisor, continuity assistant or girl* - **p. 387**

SECTEUR, *zone* - **p. 455**

SEGMENTATION DÉMOGRAPHIQUE, *demographics* - **p. 193**

SEGMENTATION DU MARCHÉ, *(market) segmentation* - **p. 288**

SEGMENTATION DU MARCHÉ D'APRÈS DES CRITÈRES PSYCHOLOGIQUES, *psychographics* - **p. 353**

SÉLECTION À L'UNITÉ (AFFICHAGE), *line by line* - **p. 274**

SÉLECTION DES COULEURS, *colour separation* - **p. 160**

SÉLECTIONNER LES COULEURS PAR ÉLECTRONIQUE, *to scan* - **p. 385**

«SELF-MAILER», *self-mailer* - **p. 389**

SEMESTRIEL (journal), *half-yearly* - **p. 246**

SÉRIE (radio, T.V.), *series (radio, T.V.)* - **p. 391**

SÉRIGRAPHIE, *silk screen(ing), serigraphy* - **p. 399**

SERRER (typ.), *to set solid* - **p. 392**

SERVICE APRÈS-VENTE, *after-sales service* - **p. 112**

SERVICE CRÉATION, *art department, creative department* - **p. 183**

SERVICE D'ÉCOUTE, *rating service* - **p. 362**

SERVICE DES ÉTUDES (de marché), *market research department* - **p. 287**

SERVICE FABRICATION, *production department* - **p. 347**

SERVICE LIBRE-RÉPONSE, *free post* - **p. 233**

SERVICE MÉDIAS, *media department* - **p. 293**

SERVICE PRODUCTION, *production department* - **p. 347**

SERVICE PROMOTION DES VENTES, *sales promotion department* - **p. 383**

SERVICE PUBLICITÉ (d'un support), *advertisement department* - **p. 106**

SERVICE PUBLICITÉ INTÉGRÉ (annonceur), *advertising department* - **p. 108**

SERVICE TRAFIC-PLANNING, SERVICE TRAFIC, *traffic department* - **p. 433**

SIGNALISATION, *signs* - **p. 398**

SIGNATURE (message publicitaire), *base line* - **p. 130**

SIGNATURE (reliure), *signature* - **p. 398**

SIGNES DE CORRECTION, *proofreaders' marks, proof reading marks* - **p. 351**

SILHOUETTE DÉCOUPÉE, *cut-out* - **p. 187**

SIMILI, *halftone, half-tone* - **p. 246**

SIMILI (à trame grossière), *quartertone* - **p. 358**

SIMILI À HAUTES LUMIÈRES, *highlight halftone, deep-etched halftone* - **p. 250**

SIMILI CARRÉ, *squared-up half-tone* - **p. 411**

SIMILI DÉGRADÉ, *vignette halftone* - **p. 447**

SIMILI DÉTOURÉ, *outline halftone, silhouette halftone* - **p. 315**

SIMILI DUPLEX, *duotone* - **p. 207**

SIMILIGRAVURE, *halftone, half-tone* - **p. 246**

SLOGAN, *slogan* - **p. 401**

SOCIÉTÉ DE PRODUCTION (cin.), *production company* - **p. 347**

SOCIÉTÉ DE PRODUCTION D'I.T.V. (U.K.), *programme company (U.K.)* - **p. 350**

SOCIÉTÉ D'AFFICHAGE, *outdoor advertising contractor, billposting contractor, poster contractor, plant (operator) (U.S.)* - **p. 314**

SOCIÉTÉ DE PUBLICITÉ EXTÉRIEURE, *outdoor advertising contractor, billposting contractor, poster contractor, plant (operator) (U.S.)* - **p. 314**

SON DIRECT, *sync sound, direct recording* - **p. 420**

SON TÉMOIN, *dub, dubbing, overdubbing, lip synchronisation, lip sync* - **p. 206**

SONAL, *jingle* - **p. 263**

SONDAGE D'OPINION, *opinion research, opinion survey* - **p. 312**

SONDAGE PAR SEGMENTS OU EN GRAPPES, *cluster sampling* - **p. 157**

SONORISATION, *public address system, P.A. system* - **p. 353**

SOUS-EXPOSER, *to under-expose* - **p. 441**

SOUS-TITRE, *subhead(ing), crosshead* - **p. 417**

SOUS-TITRE LATÉRAL, *side-head* - **p. 397**

SOUVENIR, *recall* - **p. 364**

SPEAKER, *announcer* - **p. 116**

SPÉCIALISTE EN ÉTUDES DE MARCHÉ, *market researcher* - **p. 287**

SPÉCIALISTE EN P.L.V., *point-of-sale specialist* - **p. 332**

SPÉCULATIVE (n.), *pitch* - **p. 329**

«SPLIT FRAME», *split frame, split screen, composite shot (U.S.)* - **p. 407**

«SPLIT RUN», *split run* - **p. 408**

«SPLIT RUN TEST», *split run test* - **p. 408**

«SPLIT-TEST», *split-test* - **p. 408**

«SPONSOR», *sponsor* - **p. 408**

«SPONSORING», *sponsoring* - **p. 409**

«SPONSORING» D'ÉMISSIONS À LA RADIO OU À LA TÉLÉVISION, *sponsored radio/television* - **p. 409**

«SPONSORISER», *to sponsor* - **p. 409**

SPOT (radio, T.V.), *commercial* - **p. 162**, *spot (advertisement)* - **p. 409**

SPOT À TARIF RÉDUIT, *discounted spot* - **p. 200**

SPOT GRATUIT, *bonus spot* - **p. 138**

SPOT SUJET À PRÉEMPTION, *pre-empt spot (U.S.)* - **p. 336**

SQUELETTE (impr.), *widow (print.)* - **p. 450**

STAND, *stand, booth* - **p. 411**

STATION EN RÉSEAU, *contractor (U.K.)* - **p. 172**

STENCIL, *stencil* - **p. 412**

STÉRÉOTYPE, *stereotype* - **p. 412**

STIMULANT, *incentive* - **p. 255**

STIMULANT ÉMOTIONNEL À L'ACHAT, *emotional buying trigger* - **p. 215**

«STOCK-SHOT», *library shot, stock-shot* - **p. 273**

STOP-RAYON, *spotter* - **p. 411**

«STOPPER», *stopper* - **p. 414**

«STORE CHECK», *store check (U.S.)* - **p. 414**

STORYBOARD, *storyboard* - **p. 414**

STRATÉGIE, *strategy* - **p. 415**

STRATÉGIE COMMERCIALE, *marketing strategy* - **p.** 286

STRATÉGIE DE COMMUNICATION, *communication strategy* - **p.** 163

STRATÉGIE DE CRÉATION, *creative strategy* - **p.** 183

STRATÉGIE DE PRODUITS, *product mix* - **p.** 348

STRATÉGIE MARKETING, *marketing strategy* - **p.** 286

STRATÉGIE MÉDIAS, *media strategy* - **p.** 296

STRATÉGIE PROMOTIONNELLE, *promotion strategy* - **p.** 351

STRATÉGIE PUBLICITAIRE, *advertising strategy* - **p.** 111

STRATÉGIE PULL, *pull strategy* - **p.** 356

STRATÉGIE PUSH, *push strategy* - **p.** 357

STRATIFICATION, *stratification* - **p.** 415

STUDIO DE CRÉATION, *creative consultancy* - **p.** 182

STUDIO D'ENREGISTREMENT, *recording studio* - **p.** 366

STUDIO D'EXÉCUTION, *artwork studio* - **p.** 122

STUDIO PHOTOGRAPHIQUE, *photographic studio* - **p.** 327

STYLE(S) DE VIE, *lifestyle* - **p.** 273

STYLICIEN, *designer* - **p.** 195

STYLIQUE, *design* - **p.** 194

STYLISME, *styling* - **p.** 416

STYLISTE, *stylist* - **p.** 416

«SUCETTE», «*lollipop*» (*see: public information panel*) - **p.** 354

SUPPLÉMENT, *supplement* - **p.** 419

SUPPORT, *advertising medium* - **p.** 109

SUPPORT, *media owner, media promoter* - **p.** 294

SUPPORTS LOCAUX, *local media* - **p.** 277

SUPPORTS RADIOTÉLÉVISÉS, *broadcast media* - **p.** 143

SUR DEUX COLONNES, *double column (D/C or D.C.)* - **p.** 204

SURCOMMISSION, «SURCOM», *annual discount* - **p.** 117

SUREMBALLAGE DE PROTECTION ET DE PRÉSENTATION, *display outer* - **p.** 202

SUREXPOSER, *to over-expose* - **p.** 316

SURFACE D'IMPRESSION, *type area, printing space* - **p.** 437

SURIMPRESSION, *surprint* - **p.** 419

SURVEILLER (radio, T.V.), *to monitor* - **p.** 300

SUSPENSION PROVISOIRE DE LA PUBLICITÉ, *hiatus, out period* - **p.** 249

SWEEPSTAKE, *sweepstake, sweep* - **p.** 420

SWEEPSTAKE À RÉVÉLATION INSTANTANÉE, *instant winner sweepstake* - **p.** 259

SWEEPSTAKE OÙ TOUT LE MONDE GAGNE, *everybody wins sweepstake* - **p.** 218

SWEEPSTAKE PAR COMPARAISON DES SYMBOLES, *match and win sweepstake* - **p.** 290

SYNCHRONISATION DES LÈVRES, *lip synchronisation, lip sync* - **p.** 275

SYNCHRONISATION SON-IMAGE, *sync sound* - **p.** 420

SYNOPSIS, *synopsis* - **p.** 420

SYNTHÈSE ADDITIVE, *additive colour mixing* - **p.** 104

SYNTHÈSE SOUSTRACTIVE, *subtractive colour mixing* - **p.** 418

SYSTÈME DE RÉMUNÉRATION À LA COMMISSION, *commission system* - **p.** 162

SYSTÈME DE RÉMUNÉRATION AUX HONORAIRES, *fee system* - **p.** 223

SYSTÈME DE ROTATION PÉRIODIQUE (affichage), *rotary scheme* - **p.** 375

TABLEAU, *chart* - **p. 153**

TABLOÏD, *tabloid* - **p. 421**

TACHISTOSCOPE, *tachistoscope, T-scope* - **p. 421**

TACTIQUE, *tactics* - **p. 421**

TALUS DE PIED, *beard* - **p. 131**

TALUS DE TÊTE, *bevel* - **p. 132**

TARIF, *rate card* - **p. 362**

TARIF À LA PAGE, *page rate* - **p. 319**

TARIF DE BASE, *base rate, open rate (U.S.), card rate* - **p. 131**

TARIF DE FAIBLE ÉCOUTE, *off-peak rate* - **p. 309**

TARIF DE FORTE ÉCOUTE (radio, T.V.), *premium rate* - **p. 337**

TARIF DÉGRESSIF, *earned rate* - **p. 210**

TARIF DÉGRESSIF POUR UNE SÉRIE D'INSERTIONS, *series discount, series rate* - **p. 391**

TARIF DÉGRESSIF SUR LA FRÉQUENCE DES ANNONCES, *frequency discount* - **p. 234**

TARIF DÉGRESSIF SUR LE VOLUME, *volume discount* - **p. 448**

TARIF FIXE, *flat rate* - **p. 228**

TARIF GÉNÉRAL, *national advertising rate* - **p. 303**

TARIF LOCAL, *local rate* - **p. 277**

TARIF MAXIMUM GARANTISSANT LE PASSAGE DANS L'ÉCRAN CHOISI (T.V.), *top (fixing) rate (U.K.)* - **p. 430**

TARIF MÉDIA, *French equivalent of B.R.A.D. (British Rate and Data)* - **p. 234**

TARIF MINIMUM, *end rate (U.S.)* - **p. 216**

TARIF NON DÉGRESSIF, *flat rate* - **p. 228**

TARIF RÉAJUSTÉ, *short rate* - **p. 395**

TARIF SAISONNIER, *seasonal rate* - **p. 388**

TARIF UNIQUE, *single-rate card (U.S.)* - **p. 399**

TARIFS PUBLICITAIRES, *advertising rates* - **p. 110**

TAUX DE CIRCULATION, *readers per copy* - **p. 363**

TAUX DE COUVERTURE, *coverage rate* - **p. 181**

TAUX DE LECTURE D'UNE DOUBLE PAGE (par rapport à l'ensemble de la publication), *spread traffic* - **p. 411**

TAUX DE LECTURE D'UNE PAGE (par rapport à l'ensemble de la publication), *page traffic, page exposure* - **p. 319**

TAUX DE NON-UTILISATION (d'une promotion), *slippage rate* - **p. 401**

TAUX DE PÉNÉTRATION, *penetration* - **p. 324**

TAUX DE PERCEPTION, *noted or noting score* - **p. 307**

TAUX DE REMONTÉES, *redemption rate* - **p. 367**

TAUX DE RÉPONSE, *response rate, returns* - **p. 372**

TAUX D'ERREUR PAR RAPPORT À L'UNIVERS, *sampling error* - **p. 384**

TAUX D'OBSERVATION, *noted or noting score* - **p. 307**

« TEASER », *teaser* - **p. 423**

TECHNIQUE DE MÉMORISATION ASSISTÉE, TECHNIQUE DU RAPPEL ASSISTÉ, *aided recall method* - **p. 114**

TEINTE, *hue* - **p. 252**

TEINTE DOMINANTE (peinture, photographie, etc.), *key* - **p. 266**

TEL (impr.), *same size (S.S.)* - **p. 383**

TÉLÉCOPIE, *fax, fac-simile, facsimile* - **p. 223**

TÉLÉCOPIEUR, *telecopier* - **p. 424**

TÉLÉDISTRIBUTION, *cable television, cablecasting* - **p. 147**

TÉLÉMARKETING, *telemarketing, phone marketing, phoning* - **p. 326**

TÉLÉMATIQUE, *information technology, computer-communications* - **p. 256**

TÉLÉTEXTE, *teletext* - **p. 424**

TÉLÉVISION (T.V.), *television (T.V.)* - **p. 425**

TÉLÉVISION LOCALE, *local station* - **p. 277**

TÉLÉVISION PAR CÂBLE, *cable television, cablecasting* - **p. 147**

TÉLÉVISION PAYANTE, À PÉAGE, *pay television* - **p. 323**

TEMPS D'ANTENNE DISPONIBLE, *availability* - **p. 126**

TEST, *test* - **p. 426**

TEST ANONYME, *anonymous product test* - **p. 117**

TEST AVEUGLE, *blind product test* - **p. 136**

TEST BASÉ SUR LE NOMBRE DE RÉPONSES REÇUES, *inquiry test* - **p. 258**

TEST COMPARATIF ENTRE TROIS PRODUITS, *triad, triadic test, triangular test* - **p. 435**

TEST D'ASSOCIATION DE MOTS, *word association test* - **p. 451**

TEST DE CONCEPT, *concept test(ing)* - **p. 167**

TEST DE MÉMORISATION ASSISTÉE, *aided recall test* - **p. 114**

TEST DE MÉMORISATION DIFFÉRÉE, DE MÉMORISATION AU LENDEMAIN, *day after recall (D.A.R.), 24-hour recall* - **p. 189**

TEST DE MÉMORISATION, *recall test* - **p. 365**

TEST DE PERFORMANCE D'UNE ANNONCE OU D'UN SUPPORT (basé sur le nombre de réponses reçues), *inquiry test* - **p. 258**

TEST DE PORTE-ANNONCES, *folder-test* - **p. 230**

TEST DE RAPPEL ASSISTÉ, *aided recall test* - **p. 114**

TEST DE RAPPEL SPONTANÉ, *recall test* - **p. 365**

TEST DE RECONNAISSANCE, *recognition test* - **p. 366**

TEST D'ÉVALUATION, *copy test* - **p. 177**

TEST DU LENDEMAIN, *day after recall (D.A.R.), 24-hour recall* - **p. 189**

«TEST-MARKETING», *test-marketing* - **p. 426**

TEST MONADIQUE, *monadic test* - **p. 300**

TEST PAR PAIRE, *diadic, paired comparison test* - **p. 195**

TEST PROJECTIF, *projective test* - **p. 350**

TEST PROJECTIF AVEC PHRASES À COMPLÉTER, *sentence completion test* - **p. 391**

TESTS DE MARCHÉ, *test-marketing* - **p. 426**

TEST SUR TIRAGE ALTERNÉ, ÉQUIFRACTIONNÉ, *split run test* - **p. 408**

TÊTE DE GONDOLE, *aisle end cap, aisle end display* - **p. 115**

TEXTE D'UNE ANNONCE, *copy, body copy, body text (U.S.)* - **p. 175**

TEXTE EN SUS, *leftover matter, over matter, overset matter* - **p. 316**

TEXTE RÉDACTIONNEL, *editorial matter or content* - **p. 212**

TEXTURE (papier), *finish* - **p. 226**

THÈME PUBLICITAIRE, *advertising theme* - **p. 111**

THERMOGRAVURE, *thermography* - **p. 427**

TIERCE (épreuve), *final (proof)* - **p. 225**

TIMBRAGE EN RELIEF, *die stamping* - **p. 196**

TIMBRE D'ACHAT, TIMBRE-PRIME, TIMBRE-RISTOURNE, *trading stamp* - **p. 432**

«TIME-CODE», *time-code* - **p. 429**

TIRAGE, *(print) run, printing, edition* - **p.344**

TIRAGE ALTERNÉ, *split run* - **p. 408**

TIRAGE À PART, *offprint, reprint, separate copies* - **p. 309**

TIRAGE COULEURS, *colour print* - **p. 160**

TIRAGE ÉQUIFRACTIONNÉ, *split run* - **p. 408**

TIRÉS-À-PART, *offprint, reprint, separate copies* - **p. 309**

TITRE, *head, heading, headline, hed (U.S.)* - **p. 247**

TITRE COURANT, *running head* - **p. 377**

TITRE EXCLAMATIF, *screamer* - **p. 386**

TONALITÉ DOMINANTE (peinture, photographie, etc.), *key* - **p. 266**

TOURNAGE, *filming, shooting* - **p. 395**

TOURNÉE DE MAGASINS, *store check* - **p. 414**

TOURNER (cin.), *shoot (to)* - **p. 395**

TOUT-EN-UN, *self-mailer* - **p. 389**

«TOUTES BOÎTES», *house-to-house delivery* - **p. 252**

«TRAFFIC-BUILDER», *traffic-builder* - **p. 433**

TRAFIC-PLANNING, *traffic(-planning)* - **p. 433**

TRAIT, *line* - **p. 273**

TRAME (impr.), *screen (print.)* - **p. 386**

TRANCHE HORAIRE, *time segment* - **p. 429**

TRANCHE HORAIRE SITUÉE AVANT OU APRÈS L'HEURE DE GRANDE ÉCOUTE, *shoulder time* - **p. 396**

TRANSFER KEY, *Transfer key* - **p. 434**

TRAVELLING, *travelling, traveling (U.S.)* - **p. 435**

TRAVELLING OPTIQUE, *zoom* - **p. 456**

TRÈS GROS PLAN (T.G.P.), *big close-up (B.C.U.)* - **p. 132**

TRICHROMIE, *three-colour process (3/C)* - **p. 427**

TRIMESTRIEL (journal), *quarterly* - **p. 358**

TROISIÈME DE COUVERTURE, *third cover, inside back cover* - **p. 427**

TRUCAGE, *special effect* - **p. 405**

TRUCAGES OPTIQUES, *optical effects, opticals* - **p. 313**

TRUCAGES PAR CACHE OU MASQUE, *matte effects* - **p. 291**

TRUCAGES SONORES, *sound effects* - **p. 403**

TRUQUAGE, *special effect* - **p. 405**

TUNNEL DE PUBLICITÉ, *advertising section* - **p. 111**

T.V. PRODUCER, *agency (T.V.) producer* - **p. 112**

TYPOFFSET, *dry offset printing, letterset* - **p. 206**

TYPOGRAPHE, *typographer* - **p. 439**

TYPOGRAPHIE, *typography, letterpress* - **p. 440**

TYPOGRAPHIE INDIRECTE, *dry offset printing, letterset* - **p. 206**

TYPOLOGIE, *cluster analysis* - **p. 157**

TYPON (impr.), *litho negative or positive* - **p. 276**

TYPO-TRANSFERT, *dry offset printing, letterset* - **p. 206**

UNIQUE SELLING PROPOSITION (U.S.P.), *Unique Selling Proposition (U.S.P.)* - **p.** 442

UNIVERS (stat.), *universe (stat.)* - **p.** 442

«USAGE PULL», *usage pull* - **p.** 443

USURE, *attrition* - **p.** 124

VAGUE DE PUBLICITÉ, *flight, burst* - **p.** 228

VALEUR DE L'EMPLACEMENT (publicité extérieure), *space position value (S.P.V.)* - **p.** 404

VALEUR D'IMPACT, *attention value* - **p.** 124

VENTE À L'UNITÉ (affichage), *line by line* - **p.** 274

VENTE AU DISTRIBUTEUR, *selling-in* - **p.** 390

VENTE DU DISTRIBUTEUR AU CONSOMMATEUR (P.L.V., *merchandising*, etc.), *selling-out* - **p.** 390

VENTE EN RÉSEAUX, *pre-selected campaign (P.S.C.) (U.K.)* - **p.** 338

VENTE EN SÉRIES, *continuity series* - **p.** 171

VENTE GROUPÉE, VENTE JUMELÉE, *banded pack, banded offer, composite package (U.S.)* - **p.** 130

VENTE JUMELÉE, VENTE LIÉE, *tie-in-sale* - **p.** 428 ·

VENTE LIÉE, *tie-in sale* - **p.** 428

VENTE PAR CORRESPONDANCE (V.P.C.), *mail order (M.O.)* - **p.** 282

VENTE PAR TÉLÉPHONE, *telephone selling* - **p.** 424

VERNISSAGE, *varnishing* - **p.** 444

VERSO, *verso, left-hand side, reverse, back* - **p.** 444

VIDÉO (n. et adj.), *video (n. and adj.)* - **p.** 445

VIDÉOGRAPHIE, *videotex* - **p.** 445

VIDÉOGRAPHIE DIFFUSÉE, *broadcast videotex, teletext* - **p.** 143

VIDÉOGRAPHIE INTERACTIVE, *videotex, viewdata, interactive videotex* - **p.** 446

VIEILLISSEMENT, *obsolescence* - **p.** 308

VIGNETTE, *vignette, spot drawing* - **p.** 446

VISA (films T.V.), *copy clearance* - **p.** 176

VISIONNAGE PRÉALABLE, *preview* - **p.** 341

VISIONNER, *screen (to)* - **p.** 387

VISUALISATION (traduction en éléments visuels), *visualization* - **p.** 447

VITESSE DE DÉROULEMENT, *film running speed* - **p.** 225

VITRINE, *display case, display cabinet, showcase* - **p.** 201

«VOICE-OVER», *voice-over, voice off* - **p.** 448

VOIX DANS LE CHAMP, «VOIX IN», *voice in* - **p.** 447

VOIX HORS-CHAMP, «VOIX OFF», *voice-over, voice off* - **p.** 448

XÉROGRAPHIE, *xerography* - **p. 453**

ZIGZAG, *accordion fold, concertina fold, fanfold* - **p. 101**
ZINC (impr.), *zinco (print.)* - **p. 455**

ZONE, *zone* - **p. 455**
ZOOM, *zoom* - **p. 456**

INDEX

ABOVE-THE-LINE ADVERTISING, *publicité média* - **p. 101**

ABRIBUS (F.), *abribus* - **p. 101**

ACCORDION FOLD, *pli accordéon, pli paravent, zigzag* - **p. 101**

ACCOUNT, *budget d'un annonceur (géré par une agence)* - **p. 102**

ACCOUNT CONTROLLER OR DIRECTOR, *chef de groupe, directeur de clientèle (agence)* - **p. 102**

ACCOUNT EXECUTIVE, HANDLER OR MAN, *chef de publicité (agence)* - **p. 102**

ACCOUNT MANAGER, *chef de groupe, directeur de clientèle (agence)* - **p. 102**

ACCOUNT SUPERVISOR, *chef de groupe, directeur de clientèle (agence)* - **p. 102**

ACTION CARDS (U.S.), *cartes d'informations groupées* - **p. 103**

ACTIVE (n.), *actif (n.)* - **p. 103**

AD, *«pub»* - **p. 103**

ADAPTATION, *adaptation publicitaire* - **p. 103**

ADAPTER, ADAPTOR, *adaptateur rédacteur publicitaire* - **p. 103**

ADDITIVE COLOUR MIXING, *synthèse additive* - **p. 104**

ADDRESS LINE, *ligne d'adresse* - **p. 104**

ADDRESSOGRAPH PLATE, *plaque-adresse* - **p. 104**

ADHESIVE BINDING, *brochage sans piqûre, reliure sans couture, dos collé* - **p. 104**

AD HOC SURVEY, *enquête ponctuelle, occasionnelle* - **p. 105**

ADJACENCY (U.S.), *écran* - **p. 105**

ADMAN, *publicitaire (n.)* - **p. 105**

ADMASS (OR AD-MASS), *publicité massive, de saturation, publicité grand public* - **p. 105**

ADSHEL (U.K.), *affiche 1 m x 1,50 m. (zone commerciale), «Adshel»* - **p. 105**

ADVERT, *«pub»* - **p. 105**

ADVERTISEMENT, *annonce* - **p. 106**

ADVERTISEMENT DEPARTMENT, *service de publicité d'un support, régie publicitaire intégrée* - **p. 106**

ADVERTISEMENT DIRECTOR, *chef de publicité d'un support, directeur de la publicité (support)* - **p. 106**

ADVERTISEMENT POSITION, *emplacement, position d'une annonce* - **p. 106**

ADVERTISER, *annonceur* - **p. 106**

ADVERTISING, *publicité (commerciale)* - **p. 107**

ADVERTISING AGENCY, *agence de publicité* - **p. 107**

ADVERTISING ALLOCATION, *budget de publicité (annonceur)* - **p. 107**

ADVERTISING ALLOWANCE, *participation publicitaire (du producteur)* - **p. 107**

ADVERTISING BUDGET, *budget de publicité (annonceur)* - **p. 107**

ADVERTISING CAMPAIGN, *campagne publicitaire, de publicité* - **p. 108**

ADVERTISING DEPARTMENT, *service publicité intégré (annonceur)* - **p. 108**

ADVERTISING DIRECTOR, *directeur de la communication (annonceur), chef du service publicité (annonceur)* - **p. 108**

ADVERTISING DRIVE, *campagne publicitaire, de publicité* - **p.** 109

ADVERTISING GIMMICK, *gadget publicitaire, gimmick* - **p.** 109

ADVERTISING MAN, *publicitaire (n.)* - **p.** 109

ADVERTISING MANAGER, *directeur de la communication (annonceur), chef du service publicité (annonceur)* - **p.** 109

ADVERTISING MEDIA (pl.), *supports, médias publicitaires* - **p.** 109

ADVERTISING MEDIUM, *support (publicitaire), média publicitaire* - **p.** 109

ADVERTISING MESSAGE, *message publicitaire* - **p.** 110

ADVERTISING NOVELTY, *cadeau publicitaire, cadeau-prime* - **p.** 110

ADVERTISING RATES, *tarifs publicitaires* - **p.** 110

ADVERTISING REGULATIONS, *réglementation concernant la publicité* - **p.** 110

ADVERTISING SCHEDULE, *calendrier de campagne, calendrier d'insertions* - **p.** 110

ADVERTISING SECTION, *cahier publicitaire, tunnel de publicité* - **p.** 111

ADVERTISING SPACE, *espace publicitaire* - **p.** 111

ADVERTISING SPECIALTY (U.S.), *cadeau publicitaire, cadeau-prime* - **p.** 111

ADVERTISING STRATEGY, *stratégie publicitaire* - **p.** 111

ADVERTISING THEME, *thème publicitaire* - **p.** 111

ADVERTISING VEHICLE, *support publicitaire* - **p.** 111

ADVERTORIAL, *publireportage* - **p.** 111

AERIAL ADVERTISING, *publicité aérienne* - **p.** 112

AFTER-SALES SERVICE, *service après-vente* - **p.** 112

AGATE LINE (U.S.), *ligne américaine* - **p.** 112

AGENCY COMMISSION, *commission d'agence* - **p.** 112

AGENCY PRODUCER, AGENCY T.V. PRODUCER, *producteur de l'agence, T.V. producer, producer T.V.* - **p.** 112

AGENCY RECOGNITION, *reconnaissance d'une agence* - **p.** 112

AGENT, *agent d'art* - **p.** 113

AIDA MODEL (ATTENTION, INTEREST, DESIRE, ACTION), *modèle AIDA (attention, intérêt, désir, action)* - **p.** 113

AIDED RECALL METHOD, *technique du rappel assisté, de mémorisation assistée* - **p.** 114

AIDED RECALL SCORE, *score de rappel assisté, score de mémorisation assistée, score d'impact brut* - **p.** 114

AIDED RECALL TEST, *test de mémorisation assistée, de rappel assisté* - **p.** 114

AIR A COMMERCIAL (TO), *faire passer un message publicitaire (radio, T.V.)* - **p.** 114

AIRBRUSH, *aérographe* - **p.** 114

AIR DATE, *jour de diffusion d'un message* - **p.** 114

AIR PRINT, *copie d'antenne* - **p.** 115

AIRTIME, *espace publicitaire (radio, T.V.)* - **p.** 115

AIRTIME BUYER, *responsable de l'achat d'espace (radio, T.V.), acheteur d'espace (radio, T.V.)* - **p.** 115

AIRTIME BUYING, *achat d'espace (radio, T.V.)* - **p.** 115

AIRTIME SCHEDULE, *calendrier de campagne (radio, T.V.)* - **p.** 115

(AISLE) END CAP OR DISPLAY, *tête de gondole* - **p.** 115

ALIGNMENT, *alignement* - **p.** 115

ALTERNATING PANEL BOARD, *panneau à mouvement alternatif* - **p.** 116

AMONGST MATTER, *îlot* - **p.** 116

ANAMORPHIC IMAGE, *anamorphose* - **p.** 116

ANIMATED BULLETIN BOARD, *panneau animé* - **p.** 116

ANIMATIC (cin.), *« animatique » (cin.)* - **p.** 116

ANIMATION, *animation* - **p.** 116

ANNOUNCER, *speaker, présentateur* - **p.** 116

ANNUAL, *annuaire* - **p.** 117

ANNUAL (adj.), *annuel* - **p.** 117

ANNUAL DISCOUNT, *sur-commission, surcom* - **p.** 117

ANONYMOUS PRODUCT TEST, *test anonyme* - **p.** 117

ANSWER PRINT, *copie d'étalonnage* - **p.** 117

ANTIOPE, *Antiope* - **p.** 117

ANTIQUE (FINISH) PAPER, *papier édition* - **p.** 117

APPROPRIATION, *budget de publicité (annonceur)* - **p.** 118

AREA SAMPLE, *échantillon par zone* - **p.** 121

ARROW, *flèche* - **p.** 121

ART BUYER, *acheteur d'art* - **p.** 121

ART DEPARTMENT, *service de création* - **p.** 121

ART DIRECTOR, *directeur artistique, concepteur graphique* - **p.** 121

ARTISTIC DIRECTOR, *directeur artistique, concepteur graphique* - **p.** 122

ART PAPER, *papier couché* - **p.** 122

ARTWORK, *document d'exécution* - **p.** 122

ARTWORKER, *maquettiste* - **p.** 122

ARTWORK STUDIO, *studio d'exécution* - **p.** 122

ASCENDER (typ.), *hampe ascendante ou montante* - **p.** 122

«A» SERIES OF PAPER SIZES, *formats de papier de série «A»* - **p.** 123

ASSIGNED MAILING DATE, *date d'envoi obligatoire* - **p.** 123

ATTENTION FACTORS (T.V.), *facteurs d'attention (T.V.)* - **p.** 123

ATTENTION VALUE, *valeur d'impact* - **p.** 124

ATTITUDE, *attitude* - **p.** 124

ATTRITION, *usure* - **p.** 124

AUDIENCE, *audience* - **p.** 124

AUDIENCE COMPOSITION, *composition, profil de l'audience* - **p.** 124

AUDIENCE FLOW (T.V., radio), *fluctuation de l'audience (T.V., radio)* - **p.** 125

AUDIENCE PROFILE, *profil de l'audience* - **p.** 125

AUDIENCE RATING, *indice d'écoute* - **p.** 125

AUDIENCE SURVEY, *enquête d'audience* - **p.** 125

AUDIO LOGO, *indicatif musical* - **p.** 125

AUDIO MIX, *mixage* - **p.** 125

AUDIO-VIDEO SPLIT, *désynchronisation ponctuelle* - **p.** 125

AUDIOVISUAL (adj.), *audiovisuel (adj.)* - **p.** 126

AUTHOR'S ALTERATION OR CORRECTION, *correction d'auteur* - **p.** 126

AUTOPOSITIVE FILM, *film autopositif* - **p.** 126

AVAILABILITY (radio, T.V.), *temps d'antenne disponible* - **p.** 126

AVERAGE FREQUENCY, *répétition moyenne* - **p.** 126

AVERAGE ISSUE READERSHIP, *nombre moyen de lecteurs d'un périodique* - **p.** 127

BACK, *verso* - **p.** 128

BACK CARD (P.O.S. material), *« back card »* *(matériel de P.L.V.)* - **p.** 128

BACK COVER OR PAGE, *quatrième de couverture, dernière page* - **p.** 128

BACKGROUND, *arrière-plan, fond, fond sonore, contexte, données de base, acquis* - **p.** 128

BACKGROUND PROJECTION, *rétroprojection* - **p.** 129

BACK-TO-BACK, *deux messages groupés, consécutifs, deux films publicitaires tournés en même temps* - **p.** 129

BACK-UP (TO) (print.), *imprimer au verso* - **p.** 129

BAD DEBTOR, *mauvais payeur* - **p.** 129

BAIT-AND-SWITCH AD, *« annonce-appât », « leurre publicitaire »* - **p.** 129

BANDED OFFER OR PACK, *vente groupée, vente jumelée* - **p.** 130

BANK PAPER, *papier écriture, papier coquille* - **p.** 130

BANNER, *manchette (presse), banderole, oriflamme* - **p.** 130

BARTER, *échange-marchandises* - **p.** 130

BASE LINE, *ligne de base, « base line », signature (C.G.L.F.)* - **p.** 130

BASE RATE, *tarif de base* - **p.** 131

BATTERED TYPE, BATTERS, *lettres écrasées* - **p.** 131

BEARD, *talus de pied* - **p.** 131

BEHAVIOURAL RESEARCH, *étude de comportement* - **p.** 131

BELOW-THE-LINE ADVERTISING, *hors-média* - **p.** 131

BEVEL (print.), *talus de tête* - **p.** 132

BIAS (stat.), *biais (enquêtes par sondage)* - **p.** 132

BIG CLOSE-UP (B.C.U.), *très gros plan (T.G.P.)* - **p.** 132

BIG TICKET ITEM, *produit coûteux, bien d'équipement* - **p.** 132

BILL, *affiche* - **p.** 132

BILLBOARD (U.S.), *panneau grand format* - **p.** 132

BILLBOARD ADVERTISING (U.S.), *affichage (publicité par)* - **p.** 133

BILLING, *chiffre d'affaires total d'une agence de publicité* - **p.** 133

BILLPOSTING, *affichage* - **p.** 133

BILLPOSTING CONTRACTOR, *société d'affichage, afficheur* - **p.** 133

BILLSTICKING, *affichage* - **p.** 133

BI-MONTHLY, *bimestriel* - **p.** 133

BIND (TO), *brocher* - **p.** 133

BINDING, *brochage* - **p.** 133

BINGO CARD, *carte service lecteur* - **p.** 133

BITE (print.), *morsure (impr.)* - **p.** 134

BI-WEEKLY, *bi-hebdomadaire* - **p.** 134

BLACK AND WHITE (B & W, B/W), *noir et blanc, épreuve en noir et blanc* - **p.** 134

BLANKET, *blanchet* - **p.** 134

BLANKET COVERAGE, *couverture intensive d'un secteur* - **p.** 134

BLANK PAPER, *papier affiches* - **p.** 134

BLANKING PAPER, *papier de fond* - **p. 134**

BLEED, *cliché à fond perdu* - **p. 134**

BLEED (PAGE) ADVERTISEMENT, *annonce plein papier* - **p. 135**

BLEED-OFF, *fond perdu, franc bord* - **p. 135**

BLEED PAGE, *page à fond perdu, format plein papier* - **p. 135**

BLEED POSTER, *affiche à franc bord* - **p. 135**

BLIMP, *« blimp »* - **p. 135**

BLIND ADVERTISEMENT, *annonce anonyme* - **p. 135**

BLIND OFFER, *offre cachée, dissimulée* - **p. 135**

BLIND PRODUCT TEST, *test aveugle, test anonyme* - **p. 136**

BLISTER PACK, *emballage bulle, emballage sous coque plastique, habillage transparent (C.F.L.F.)* - **p. 136**

BLOCK, *cliché* - **p. 136**

BLOCK-MAKER, *photograveur, clicheur* - **p. 136**

BLOCK-MAKER'S PROOF, *épreuve de photogravure* - **p. 136**

BLOCK-MAKING, *photogravure* - **p. 136**

BLOCK OUT (TO), *détourer* - **p. 137**

BLOCK PULL, *épreuve de photogravure* - **p. 137**

BLOW-UP, *agrandissement* - **p. 137**

BLUEPRINT, *ferro, Ozalid* - **p. 137**

BLURB, *autopublicité, publicité flatteuse* - **p. 137**

BOARD, *carton, panneau* - **p. 137**

BODY COPY, BODY TEXT (U.S.), *corps de l'annonce, texte de l'annonce* - **p. 138**

BODY TYPE, *caractère(s) de labeur* - **p. 138**

BOLD TYPE, *caractère gras ou demi-gras* - **p. 138**

BOND PAPER, *papier coquille, papier écriture* - **p. 138**

BONUS PACK, *prime produit en plus, offre promotionnelle sur un produit* - **p. 138**

BONUS SPOT, *spot gratuit* - **p. 138**

BOOK SPACE (TO), *retenir, réserver un espace* - **p. 139**

BOOKLET, *dépliant* - **p. 139**

BOOTH, *stand* - **p. 139**

BORDER RULE, *filet de bordure* - **p. 139**

BOTTLE HANGER, *collerette* - **p. 139**

BOX (print), *encadré (n.) (impr.)* - **p. 139**

BOXTOP OFFER, *offre promotionnelle sur l'emballage* - **p. 139**

BRAINSTORMING, *brainstorming, remue-méninges (C.G.L.F.)* - **p. 139**

BRAND, *marque* - **p. 140**

BRAND AWARENESS, *notoriété de la marque* - **p. 140**

BRAND BENEFIT ACCEPTANCE, *bénéfice publicitaire* - **p. 140**

BRAND IMAGE, *image de marque* - **p. 140**

BRAND LEADER, *marque leader* - **p. 140**

BRAND LOYALTY, *fidélité à la marque* - **p. 140**

BRAND MANAGER, *chef de produit* - **p. 141**

BRAND NAME, *nom de marque* - **p. 141**

BRAND NAME RECALL, *mémomarque (C.G.L.F.)* - **p. 141**

BRAND SHARE, *part de marché de la marque* - **p. 141**

BREAK, *écran publicitaire, « page de publicité » (radio)* - **p. 141**

BRIDGE, *musique de transition* - **p. 141**

BRIEF, *brief, briefing* - **p. 142**

BRISTOL BOARD OR PAPER, *bristol* - **p. 142**

BRITISH RATE AND DATA (B.R.A.D.), *équivalent britannique de Tarif Média* - **p. 142**

BROADCAST, *émission* - **p. 142**

BROADCAST (TO), *diffuser, émettre (radio, T.V.)* - **p. 142**

BROADCASTING, *radiodiffusion, télévision* - **p. 142**

BROADCAST MEDIA, *médias radiotélévisés, supports radiotélévisés* - **p. 143**

BROADCAST VIDEOTEX, *vidéographie diffusée* - **p. 143**

BROADSHEET, *journal grand format, dépliant grand format* - **p. 143**

BROADSHEET-SIZED, *in plano* - **p. 143**

BROADSIDE, *journal grand format, dépliant grand format* - **p. 143**

BROCHURE, *brochure, plaquette* - **p. 143**

BROMIDE PRINT, *bromure* - **p. 144**

BUBBLE CARD, *emballage bulle* - **p. 144**

BUILT-IN OBSOLESCENCE, *obsolescence calculée* - **p. 144**

BULK, *main du papier* - **p. 144**

BULK BASKET, *présentoir en vrac* - **p. 144**

BULKHEAD (U.K.), *emplacement d'affichage au-dessus des glaces dans un bus* - **p. 144**

BULLETIN, *bulletin, communiqué, panneau peint* - **p. 144**

BULLETIN BOARD, *grand panneau (peint)* - **p. 144**

BURIED ADVERTISEMENT, *annonce peu visible* - **p. 145**

BURIED OFFER, *offre cachée, dissimulée* - **p. 145**

BURST, *vague de publicité* - **p. 145**

BUS ADVERTISING, *publicité sur les autobus* - **p. 145**

BUS FRONT OR BUSFRONT, *avant bus* - **p. 145**

BUS REAR, *arrière de bus, cul de bus* - **p. 145**

BUS SHELTER, *abribus* - **p. 145**

BUS SIDE, *flanc de bus, côté de bus* - **p. 146**

BUSY, *chargé, confus* - **p. 146**

BUYING INCENTIVE OR INDUCEMENT, *incitation à l'achat* - **p. 146**

BUYING MOTIVES, *motifs d'achat, motivations d'achat* - **p. 146**

CABLECASTING, CABLE TELEVISION, *télévision par câble, télédistribution* - **p. 147**

CALENDERED PAPER, *papier calandré, lissé, satiné* - **p. 147**

CALLIGRAPHY, *calligraphie* - **p. 147**

CAMERA ANGLE, *angle (cin.)* - **p. 147**

CAMERAMAN, *cadreur, opérateur de prises de vue, «cameraman»* - **p. 148**

CAMERA-READY ARTWORK (cin.), *document d'exécution (cin.)* - **p. 148**

CANCELLATION DATE, *date-limite d'annulation* - **p. 148**

CANCELLATION PERIOD, *délai d'annulation* - **p. 148**

CANNIBALISM, *«cannibalisation», auto-concurrence* - **p. 148**

CAPITAL LETTER (print.), *majuscule (impr.), (lettre) capitale (typ.)* - **p. 148**

CAPTION, *légende* - **p. 148**

CAR CARD ADVERTISING, *publicité dans les moyens de transport en commun* - **p. 149**

CARBON TISSUE (print.), *papier charbon (impr.), papier de transfert* - **p. 149**

CARD, *affiche cartonnée* - **p. 149**

CARDBOARD, *carton* - **p. 149**

CARD RATE, *tarif de base* - **p. 149**

CARTOUCHE (print.), *cartouche (impr.)* - **p. 149**

CARTRIDGE, *cartouche* - **p. 149**

CASE RATE, *dépenses publicitaires par unité de vente* - **p. 150**

CASH PREMIUM COUPON, *bon de réduction* - **p. 150**

CASH REFUND OFFER, *offre de remboursement* - **p. 150**

CASH-REGISTER-TAPE REDEMPTION PLAN, *opération cadeau contre remise de tickets de caisse* - **p. 150**

CASTING, *distribution artistique (C.G.L.F.), casting* - **p. 150**

CASTING DIRECTOR, *régisseur de distribution (C.G.L.F.), directeur de casting* - **p. 150**

CAST OFF (TO), *calibrer* - **p. 151**

CATALOG (U.S.), *catalogue* - **p. 151**

CATALOGUE, *catalogue* - **p. 151**

CATCHLINE, CATCHPHRASE, *accroche* - **p. 151**

CEEFAX (U.K.), *Ceefax* - **p. 151**

CELLULOID PROOF, *épreuve guide sur transparent* - **p. 151**

CENTER-SPREAD (U.S.), *double page centrale* - **p. 151**

CENTRE-SPREAD, *double page centrale* - **p. 152**

CENTS-OFF (U.S.), *emballage portant une réduction de prix* - **p. 152**

CERTIFICATE OF INSERTION, *justificatif d'insertion* - **p. 152**

CHANNEL (RADIO, T.V.), *canal (T.V.), bande de fréquence (radio), chaîne (T.V.), station (radio)* - **p. 152**

CHANNEL OF DISTRIBUTION, *canal de distribution* - **p. 152**

CHART, *graphique, tableau* - **p. 153**

CHASE (print.), *châssis d'imprimerie* - **p. 153**

CHEAP, *bon marché* - **p. 153**

CHECKERBOARD, *annonces en damier* - **p. 153**

CHECKING COPY, *justificatif de parution* - **p. 153**

CHECK-OUT STAND, *présentoir de caisse de sortie* - **p. 154**

«CHERRY PICKER», «*coureur de bonnes affaires*», «*acheteur opportuniste*» - **p. 154**

CHESHIRE LABEL (trademark), *étiquette Cheshire (marque)* - **p. 154**

CIBACHROME PRINT (trademark), *Ciba (marque)* - **p. 154**

CINEMA, *cinéma* - **p. 154**

CINEMA ADVERTISEMENT, *film publicitaire (cin.)* - **p. 155**

CINEMA ADVERTISING, *publicité au cinéma* - **p. 155**

CINEMA ADVERTISING CONTRACTOR, *régie publicitaire (cin.)* - **p. 155**

CIRCULAR, *prospectus* - **p. 155**

CIRCULATION, *diffusion* - **p. 155**

CLAIM, *promesse* - **p. 155**

CLASSIFIED ADVERTISEMENTS OR ADS, *petites annonces, annonces classées* - **p. 155**

CLASSIFIED ADVERTISING, *publicité par petites annonces, publicité par annonces classées* - **p. 156**

CLASSIFIEDS, *petites annonces, annonces classées* - **p. 156**

CLEAN PROOF, *épreuve sans fautes* - **p. 156**

CLIP (cin.), *extrait (cin.)*, «*clip*» - **p. 156**

CLIPPING (U.S.), *coupure de presse* - **p. 156**

CLOSE-MEDIUM SHOT, *plan américain* - **p. 156**

CLOSE-UP, *gros plan (G.P.), plan serré (C.G.L.F.)* - **p. 156**

CLOSING DATE, *date limite* - **p. 156**

CLUBBING OFFER, *abonnements groupés* - **p. 157**

CLUSTER ANALYSIS, *analyse par segments, typologie* - **p. 157**

CLUSTER PACK, *emballage multiple, multipack* - **p. 157**

CLUSTER SAMPLING, *sondage par segments* - **p. 157**

COARSE SCREEN (print.), *grosse trame (impr.)* - **p. 157**

COATED PAPER OR STOCK, *papier couché* - **p. 157**

COGNITION, *connaissance, perception* - **p. 158**

COGNITIVE DISSONANCE, *perception décalée, dissonance cognitive* - **p. 158**

COIN A WORD (TO), *forger un néologisme* - **p. 158**

COLLAGE, *collage* - **p. 158**

COLLARETTE, *collerette* - **p. 159**

COLLATE (TO), *collationner* - **p. 159**

COLLOTYPE, *phototypie, collotypie* - **p. 159**

COLOPHON, *colophon, achevé d'imprimer* - **p. 159**

COLOR KEY, *Color Key (marque)* - **p. 159**

COLOUR CHART OR GUIDE, *guide des couleurs, mise en couleur* - **p. 159**

COLOUR FILTER, *filtre coloré, filtre de sélection* - **p. 159**

COLOUR PRINT, *tirage couleurs* - **p. 160**

COLOUR PROOF, *épreuve couleurs* - **p. 160**

COLOUR SEPARATION, *sélection des couleurs* - **p. 160**

COLOUR TRANSPARENCY, *diapositive couleurs* - **p. 160**

COLUMN, *colonne, rubrique* - **p. 160**

COMBINATION (HALF-TONE), *cliché trait-simili combiné* - **p. 160**

COMBINATION CUT (U.S.), *cliché trait-simili combiné* - **p. 161**

COMBINATION OFFER, *offre couplée* - **p. 161**

COMBINATION PLATE, *cliché trait-simili combiné* - **p. 161**

COMBINATION RATE, *couplage* - **p. 161**

COMBINE, *cliché trait-simili combiné* - **p. 161**

COMBINED, *couplé (adj.)* - **p. 161**

COMBI-PACK, *emballage groupé, offre multi-produits* - **p. 161**

COMMERCIAL, *message publicitaire (cin., radio, T.V.), « spot », film publicitaire* - **p. 162**

COMMERCIAL BREAK, *écran publicitaire, « page de publicité » (radio)* - **p. 162**

COMMERCIAL FLASH, *« flash » publicitaire* - **p. 162**

COMMERCIAL PROTECTION, *non-diffusion de messages concurrents l'un derrière l'autre (T.V., radio)* - **p. 162**

COMMERCIAL SLOT, *écran de publicité, « page de publicité » (radio)* - **p. 162**

COMMISSION SYSTEM, *système de rémunération à la commission* - **p. 162**

COMMUNICATION, *communication* - **p. 163**

COMMUNICATION STRATEGY, *stratégie de communication* - **p. 163**

COMPUNICATIONS, COMPUTER-COMMUNICATIONS, *télématique* - **p.166**

COMP, *photomontage* - **p. 163**

COMPARATIVE ADVERTISEMENT, *annonce comparative* - **p. 163**

COMPARATIVE ADVERTISING, *publicité comparative* - **p. 163**

COMPARISON ADVERTISING, *publicité comparative* - **p. 164**

COMPETITION, *concurrence, concours* - **p. 164**

COMPETITIVE SEPARATION, *espacement des messages concurrents* - **p. 164**

COMPETITOR, *concurrent* - **p. 164**

COMPILED LIST, *fichier de compilation* - **p. 164**

COMPLEMENTARY COLOURS, *couleurs complémentaires* - **p. 165**

COMPLEMENTARY GOODS, *produits complémentaires* - **p. 165**

COMPLIMENTARY COPY, *exemplaire gratuit* - **p. 165**

COMPOSITE ADVERTISEMENT, *annonce groupée* - **p. 165**

COMPOSITE PACKAGE (U.S.), *vente groupée (produits différents)* - **p. 165**

COMPOSITE PAGES, *pages d'annonces groupées* - **p. 165**

COMPOSITE SHOT (U.S.), *image fractionnée* - **p. 166**

COMPOSITE SITE, *massif* - **p. 166**

COMPOSITION, *composition* - **p. 166**

COMPOSITOR, *compositeur, composeuse* - **p. 166**

COMPUTER-ASSISTED COMPOSITION, *composition programmée* - **p. 166**

COMPUTER-ASSISTED DESIGN, *conception assistée par ordinateur* - **p. 166**

COMPUTER-ASSISTED PRODUCTION, *production assistée par ordinateur* - **p. 166**

COMPUTER LETTER, *lettre informatisée* - **p. 167**

CONCEPT, *axe, concept* - **p. 167**

CONCEPT TEST(ING), *test de concept* - **p. 167**

CONCERTINA FOLD, *pli accordéon, pli paravent, zigzag* - **p. 167**

CONDENSED TYPE, *caractère condensé, étroit, allongé* - **p. 167**

CONSUMER, *consommateur* - **p. 167**

CONSUMER ADVERTISING, *publicité grand public* - **p. 168**

CONSUMER BEHAVIOUR, *comportement des consommateurs* - **p. 168**

CONSUMER BENEFIT, *bénéfice consommateur* - **p. 168**

CONSUMER DURABLES, *biens de consommation durables* - **p. 168**

CONSUMER GOODS, *biens de consommation* - **p. 168**

CONSUMERISM, *consumérisme* - **p. 168**

CONSUMER JURY (U.S.), *panel de consommateurs* - **p. 169**

CONSUMER MAGAZINE, *magazine de grande diffusion* - **p. 169**

CONSUMER NON-DURABLES, *biens de consommation non durables, «jetables»* - **p. 169**

CONSUMER PANEL, *panel de consommateurs* - **p. 169**

CONSUMER RESEARCH, *études consommateurs* - **p. 169**

CONSUMER SEMI-DURABLES, *biens de consommations semi-durables* - **p. 170**

CONTACT, *contact* - **p. 170**

CONTACT PRINT, CONTACT SHEET, *planche de contact* - **p. 170**

CONTAINER, *conteneur* - **p. 170**

CONTAINER PREMIUM, *prime emballage, prime conditionnement* - **p. 170**

CONTEST, *concours* - **p. 171**

CONTINUITY, *script, continuité* - **p. 171**

CONTINUITY ASSISTANT, CONTINUITY GIRL, *scripte, secrétaire de plateau* - **p. 171**

CONTINUITY PROMOTION, *opération promotionnelle de longue durée, fidélisation* - **p. 171**

CONTINUITY SERIES, *vente en séries* - **p. 171**

CONTINUOUS RESEARCH, *enquête permanente* - **p. 172**

CONTINUOUS TONE (illustration), *demi-teinte, demi-ton (illustration en)* - **p. 172**

CONTRACTOR (U.K.) (radio, T.V.), *station en réseau (radio, T.V.)* - **p. 172**

CONTRAST, *contraste* - **p. 172**

CONTROLLED CIRCULATION, *diffusion gratuite contrôlée* - **p. 172**

CONTROL TRACK, *piste d'asservissement* - **p. 173**

CONVENIENCE GOODS, *biens de consommation courante, produits de consommation courante* - **p. 173**

COOL MEDIA, *médias froids* - **p. 173**

CO-OP DATABASE, *mise en commun de fichiers* - **p. 173**

CO-OPERATIVE ADVERTISING, *publicité collective* - **p. 174**

CO-OP MAILING, *bus mailing* - **p. 174**

COORDINATED ADVERTISING, *coordination de la publicité* - **p. 174**

COPY, *texte d'une annonce, exemplaire (d'une publication), copie* - **p. 175**

COPY ADAPTATION, *adaptation publicitaire* - **p. 175**

COPY ADAPTER, COPY ADAPTOR, *adaptateur rédacteur publicitaire* - **p. 175**

COPY CHIEF, *chef de rédaction, chef de conception* - **p. 175**

COPY CLAIM, *promesse* - **p. 175**

COPY CLEARANCE, *visa, approbation (T.V.)* - **p. 176**

COPY DATE, COPY DEADLINE, *date limite de remise des documents* - **p. 176**

COPY INSTRUCTION (C.I.), *détails techniques* - **p. 176**

COPY PLATFORM, *axe de la campagne, base de campagne (C.G.L.F.)* - **p. 176**

COPY PRINT, *contretype* - **p. 176**

COPY STRATEGY, *«copy-stratégie»* - **p. 176**

COPY TEST, *test d'évaluation* - **p. 177**

COPYWRITER, *rédacteur, concepteur-rédacteur* - **p. 177**

CORDED TAG, *étiquette mobile* - **p. 177**

CORNER CARD, *accroche sur enveloppe* - **p. 178**

CORPORATE ADVERTISING, *publicité institutionnelle* - **p. 178**

CORPORATE IMAGE, *image de marque, image de l'entreprise* - **p. 178**

CORPORATE STYLE, *charte graphique* - **p. 178**

CORRIDOR SITE, *emplacement couloir* - **p. 178**

COSMETIC, *esthétique d'un support* - **p. 178**

COSPONSORSHIP OR CO-SPONSORSHIP, *co-patronnage, co-parrainage, co-sponsoring* - **p. 178**

COST-EFFECTIVENESS, *efficacité-coût, rentabilité* - **p. 178**

COST PER ORDER (or inquiry), *coût par commande* - **p. 179**

COST PER REPLY OR RETURN, *coût par rapport au nombre de réponses* - **p. 179**

COST PER THOUSAND, *coût au mille* - **p. 179**

COUPON, *bon-réponse, coupon-réponse, bon de réduction, coupon de réduction* - **p. 180**

COUPON CLIPPER, *« chasseur de primes »* - **p. 180**

COUPONING, *couponing, couponnage* - **p. 180**

COUPON OFFER, *offre promotionnelle de réduction de prix* - **p. 180**

COUPON PLAN, *opération points-cadeau* - **p. 181**

COVER, *couverture (pages de)* - **p. 181**

COVERAGE, *couverture* - **p. 181**

COVERAGE RATE, *taux de couverture* - **p. 181**

COVER PAGE, *page de couverture* - **p. 181**

COVER PRICE, *prix au numéro* - **p. 181**

C PRINT, *procédé de tirage couleurs* - **p. 182**

CREATIVE, *créatif* - **p. 182**

CREATIVE AGENCY, *agence de création* - **p. 182**

CREATIVE BRIEF, *plan de travail créatif* - **p. 182**

CREATIVE CONSULTANCY, *studio de création* - **p. 182**

CREATIVE DEPARTMENT, *service de création* - **p. 183**

CREATIVE DIRECTOR, *directeur de création* - **p. 183**

CREATIVE STRATEGY, *stratégie de création* - **p. 183**

CREATIVITY, *créativité* - **p. 183**

CROMALIN (trademark), *Cromalin (marque)* - **p. 183**

CROP (TO), *détourer, rogner* - **p. 184**

CROSS-COUPONING, *offre promotionnelle croisée, offre de réduction croisée* - **p. 184**

CROSS DISSOLVE (n.) (cin.), *fondu enchaîné (n.) (cin.)* - **p. 184**

CROSS FADE (TO), *fondre (enchaîner) (son)* - **p. 184**

CROSS FADING, *fondu enchaîné sonore* - **p. 184**

CROSS-FOLD, *pli croisé* - **p. 185**

CROSS-HEAD, *intertitre, sous-titre* - **p. 185**

CROSS-RUFF, *offre promotionnelle croisée, offre de réduction (de prix) croisée* - **p. 185**

CROSS SECTION, *échantillon représentatif* - **p. 185**

CROSS TRACK (POSTER), *panneau d'affichage perpendiculaire à la voie ferrée* - **p. 185**

CROWNER, *collerette* - **p. 185**

C TYPE, *procédé de tirage couleurs* - **p. 185**

CUME, *audience cumulée* - **p. 186**

CUMULATIVE AUDIENCE, *audience cumulée* - **p. 186**

CUMULATIVE REACH, *audience cumulée* - **p. 186**

CUSTOMER PROFILE, *profil de la clientèle* - **p. 186**

CUSTOMER RELATIONS, *relations clientèle* - **p. 187**

CUT, *coupure (cin.), cliché* - **p. 187**

CUTBACK, *« flashback »* - **p. 187**

CUTLINE, *légende* - **p. 187**

CUT-OUT, *découpage, silhouette découpée* - **p. 187**

CUT PRICES (TO), *casser les prix* - **p. 187**

CUTTING, *assemblage (cin.), montage, bout à bout* - **p. 188**

CUTTING COPY, *copie de travail* - **p. 188**

CYAN, *cyan* - **p. 188**

DAILIES, *épreuves de tournage, « rushes »* - **p. 189**

DAILY (publication), *quotidien* - **p. 189**

DATA SHEET, *notice technique* - **p. 189**

DATE PLAN, *calendrier de campagne, calendrier d'insertions* - **p. 189**

DAY AFTER RECALL (D.A.R.), *test de mémorisation différée, test de mémorisation au lendemain, test du lendemain (T.D.L.) (C.G.L.F.), « day-after recall » (D.A.R.)* - **p. 189**

DEADBEAT (U.S.), *mauvais payeur* - **p. 190**

DEADLINE, *date limite, heure limite* - **p. 190**

DEAL, *offre spéciale* - **p. 190**

DEALER AIDS, *aides à la vente, matériel de publicité/détaillants* - **p. 190**

DEALER AUDIT, *panel détaillants* - **p. 190**

DEALER INCENTIVE, LOADER OR PREMIUM, *promotion « réseau »* - **p. 191**

DEALER SUPPORT SCHEMES, *publicité à frais partagés (fabricant/distributeur)* - **p. 191**

DEALER TIE-IN, *annonce avec liste des distributeurs locaux* - **p. 191**

DEAL PACK, *emballage spécial* - **p. 191**

DECEPTIVE ADVERTISING, *publicité mensongère* - **p. 191**

DECKLE-EDGE (print.), *bord à la cuve, barbes (impr.)* - **p. 191**

DECOY, *adresse piège* - **p. 192**

DEED PAPER, *papier coquille, papier écriture* - **p. 192**

DEEP-ETCHED HALFTONE, *simili à hautes lumières* - **p. 192**

DEEP ETCHING, *morsure en creux, remorsure, morsure d'effet* - **p. 192**

DEFINITION, *netteté, définition* - **p. 192**

DELAYED BROADCAST, *émission en différé, émission préenregistrée* - **p. 192**

DELAYED RESPONSE (EFFECT), *effet différé de la publicité* - **p. 193**

DEMOGRAPHICS, *segmentation démographique* - **p. 193**

DEMONSTRATION, *démonstration* - **p. 193**

DEMONSTRATOR, *démonstrateur, animateur de ventes* - **p. 193**

DENIGRATORY ADVERTISING, *publicité comparative agressive, dénigrante* - **p. 193**

DENSITOMETER, *densitomètre* - **p. 194**

DEPTH INTERVIEW, *entretien en profondeur* - **p. 194**

DEPTH OF FIELD (D/P), *profondeur de champ* - **p. 194**

DEPTH OF FOCUS, *distance de mise au point* - **p. 194**

DESCENDER (print.), *hampe descendante* - **p. 194**

DESIGN, *design, esthétique industrielle, stylique (C.G.L.F.)* - **p. 194**

DESIGNER, *dessinateur, designer, créateur d'esthétique industrielle, stylicien (C.G.L.F.)* - **p. 195**

DESK RESEARCH, *recherche documentaire* - **p. 195**

DEVELOPER, *révélateur* - **p. 195**

DEVELOPING (phot.), *développement (phot.)* - **p. 195**

DIADIC, *test par paire* - **p. 195**

DIAZO PROCESS, *procédé diazo* - **p. 195**

DIDOT POINT, *point Didot* - **p. 196**

DIE STAMPING, *timbrage en relief* - **p. 196**

DIFFUSER (phot.), *diffuseur (phot.)* - **p. 196**

DIGITISED TYPE, *caractères digitalisés* - **p. 196**

DIRECT ADVERTISING, *publicité directe* - **p. 196**

DIRECT BROADCASTING BY SATELLITE, *diffusion directe par satellite* - **p. 197**

DIRECTIONAL MAP, *plan de situation* - **p. 197**

DIRECT MAIL (ADVERTISING), *publicité directe par correspondance, publipostage* - **p. 197**

DIRECT MAIL AGENCY OR PRODUCER, *agence de marketing direct* - **p. 198**

DIRECT MAIL SHOT, *« mailing », message publiposté (C.G.L.F.), envoi* - **p. 198**

DIRECT MARKETING, *marketing direct* - **p. 198**

DIRECTOR (cin.), *réalisateur* - **p. 199**

DIRECTORY, *annuaire* - **p. 199**

DIRECT RECORDING, *enregistrement direct, son direct* - **p. 199**

DIRECT RESPONSE ADVERTISING, *« direct response advertising », publicité directe* - **p. 199**

DISCOUNT, *rabais, remise, réduction* - **p. 199**

DISCOUNTED SPOT, *spot à tarif réduit* - **p. 200**

DISPARAGING COPY, *annonce comparative agressive, dénigrante* - **p. 200**

DISPATCHING, *routage* - **p. 200**

DISPENSER, *présentoir-distributeur de comptoir* - **p. 200**

DISPLAY, *étalage, exposition, présentoir, panneau d'affichage* - **p. 200**

DISPLAY (TO), *présenter, exposer* - **p. 200**

DISPLAY(ED) ADVERTISEMENT OR AD, *annonce-presse* - **p. 201**

DISPLAY ARTIST, *étalagiste* - **p. 201**

DISPLAY BOARD, *panneau d'affichage* - **p. 201**

DISPLAY CABINET OR CASE, *vitrine, emballage-présentoir* - **p. 201**

DISPLAY CLASSIFIED, *annonce classée grand format* - **p. 201**

DISPLAY CLASSIFIED ADVERTISING, *publicité par annonces classées de grand format* - **p. 201**

DISPLAY OUTER, *suremballage de protection et de présentation* - **p. 202**

DISPLAY PACK OR PACKAGE, *emballage-présentoir* - **p. 202**

DISPLAY TYPE, *caractères de titre* - **p. 202**

DISPOSABLES, *biens de consommation non durables, « jetables »* - **p. 202**

DISSOLVE (n.) (cin.), *fondu (n.) (cin.)* - **p. 202**

DITTOGRAM, *doublon* - **p. 202**

DOCUMENTARY (FILM), *documentaire, film d'information publicitaire, film d'entreprise* - **p. 202**

DOLLY (cin.), *chariot de travelling* - **p. 203**

DOMINATE (TO) (a medium, an area), *être le principal annonceur (dans un support, une région)* - **p. 203**

DOOR-OPENER, *cadeau offert par un vendeur en porte-à-porte, « door-opener »* - **p. 203**

DOOR-TO-DOOR DISTRIBUTION, *(distribution en) porte-à-porte* - **p. 203**

DOOR-TO-DOOR DISTRIBUTOR, *distributeur en porte-à-porte* - **p. 203**

DOUBLE COLUMN, *double colonne, sur deux colonnes* - **p. 204**

DOUBLE CROWN (U.K.), *double couronne (50 x 75 cm)* - **p. 204**

DOUBLE-DECKER (U.S.), *paire de panneaux d'affichage superposés (U.S.)* - **p. 204**

DOUBLE 4 M X 3 M POSTER (F.), *double 4 x 3* - **p. 204**

DOUBLE HEAD (cin.), *double bande (cin.)* - **p. 204**

DOUBLE IMAGE, *image secondaire* - **p. 204**

DOUBLE-PAGE SPREAD, *double page* - **p. 204**

DOUBLE PRINT (print.), *copie combinée, double copie* - **p. 205**

DOUBLE RULES, *filets doubles* - **p. 205**

DOUBLE SPREAD OR TRUCK, *double page* - **p. 205**

DOUBLET, *doublon* - **p. 205**

DRIP, *campagne publicitaire étalée dans le temps* - **p. 205**

DRIVE TIME (car radio), *heure de grande écoute (en voiture)* - **p. 205**

DROP-OUT HALFTONE, *cliché simili à blancs non tramés* - **p. 205**

DRY MOUNTING, *montage à sec* - **p. 205**

DRY OFFSET PRINTING, *offset sec, typographie indirecte, letterset, typoffset, typo-transfert* - **p. 206**

DRY-RUN (cin., T.V.), *répétition (cin., T.V.)* - **p. 206**

DUB, DUBBING, *post-synchronisation, son témoin, doublage* - **p. 206**

DULL-COATED, DULL FINISH PAPER, *papier couché mat* - **p. 206**

DUMMY, *maquette d'imprimerie, maquette en blanc* - **p. 207**

DUMMY NAME, *adresse piège* - **p. 207**

DUMMY PACK, *emballage factice, factice (n.)* - **p. 207**

DUMP BIN, *présentoir en vrac (pour un seul type d'article)* - **p. 207**

DUMP DISPLAY, *présentation en vrac* - **p. 207**

DUMPER, *présentoir en vrac (pour un type d'article)* - **p. 207**

DUOTONE, *double ton, simili duplex* - **p. 207**

DUPE, *dupli* - **p. 208**

DUPE ELIMINATION (direct mail), *déduplication (publicité directe)* - **p. 208**

DUPLICATE, *copie, duplicata* - **p. 208**

DUPLICATED AUDIENCE, *audience dupliquée* - **p. 208**

DUPLICATION, *duplication d'audience* - **p. 208**

DUPLICATION ELIMINATION (direct mail), *déduplication (publicité directe)* - **p. 208**

DYE TRANSFER, *dye transfer, dye-transfert* - **p. 209**

EAR, EAR-PIECE, EAR-SPACE, *oreille publicitaire, manchette publicitaire* - **p. 210**

EARLY ADOPTERS, *consommateurs précoces, pionniers* - **p. 210**

EARNED RATE, *tarif dégressif* - **p. 210**

ECONOMY SIZE, *prime produit en plus, offre promotionnelle sur un produit* - **p. 210**

EDIT (TO), *monter (un film)* - **p. 211**

EDITING (audiovisual), *montage (audiovisuel)* - **p. 211**

EDITING (market research), *contrôle des questionnaires (études de marché)* - **p. 211**

EDITION, *édition* - **p. 211**

EDITORIAL (N.), *éditorial (n.)* - **p. 211**

EDITORIAL(-STYLE) ADVERTISEMENT, *publireportage* - **p.** 212

EDITORIAL ADVERTISING, *publicité rédactionnelle* - **p.** 212

EDITORIAL CONTENT OR MATTER, *texte rédactionnel* - **p.** 212

EDITORIAL MENTION, *informations rédactionnelles* - **p.** 212

EDITORIAL PUBLICITY, *informations rédactionnelles* - **p.** 212

EDITORIAL WRITE-UP, *informations rédactionnelles* - **p.** 213

EDUCATIONAL ADVERTISING, *publicité informative* - **p.** 213

EFFECTIVE (advertising), *efficace* - **p.** 213

EFFECTIVE DEMAND, *demande effective, réelle* - **p.** 213

EFFECTIVENESS, *impact* - **p.** 213

EGO (psy.), *ego, moi (psy.)* - **p.** 213

EKTACHROME (trademark), *Ektachrome (marque)* - **p.** 213

EKTACOLOR (trademark), *Ektacolor (marque)* - **p.** 214

ELECTRO, *galvano* - **p.** 214

ELECTRONIC COMPOSITION, *composition programmée* - **p.** 214

ELECTRONIC DATA PROCESSING (E.D.P.), *informatique* - **p.** 214

ELECTRONIC MEDIA, *médias électroniques* - **p.** 214

ELECTROTYPE, *galvanotype* - **p.** 215

EMBOSSING, *gaufrage, estampage* - **p.** 215

EMOTIONAL APPEAL, *appel à l'émotion* - **p.** 215

EMOTIONAL BUYING TRIGGER, *stimulant émotionnel à l'achat* - **p.** 215

EMULSION (phot.), *émulsion, couche sensible (phot.)* - **p.** 215

ENAMEL PROOF, *épreuve sur papier couché* - **p.** 215

END (AISLE) CAP OR DISPLAY, *tête de gondole* - **p.** 216

END CARD, *fond de voiture, fond de rame* - **p.** 216

END LINE, *accroche* - **p.** 216

END RATE (U.S.), *tarif minimum* - **p.** 216

ENDSHEETS, *feuilles de garde* - **p.** 216

ENGRAVE (TO), *graver* - **p.** 216

ENGRAVING, *gravure, cliché* - **p.** 216

ENLARGED PACK (P.O.S.), *emballage factice géant (P.L.V.)* - **p.** 217

ENLARGEMENT, *agrandissement* - **p.** 217

ENLARGEMENT PRINTING (phot.), *gonflage (phot.)* - **p.** 217

ESCALATOR CARDS (Underground) (U.K.), *affiches cartonnées dans les rampes d'escaliers (métro)* - **p.** 217

ESTABLISH (TO), *établir, implanter, installer* - **p.** 217

ESTIMATE, *devis* - **p.** 217

ETHICAL ADVERTISING, *publicité de produits pharmaceutiques auprès du corps médical, publicité conforme à l'éthique, à la déontologie publicitaire* - **p.** 218

EVERYBODY WINS SWEEPSTAKE, *sweepstake où tout le monde gagne* - **p.** 218

EXHIBITION, *exposition* - **p.** 218

EXHIBITION STAND DESIGNER AND CONSTRUCTOR, *entrepreneur-décorateur de stands d'exposition* - **p.** 218

EXHIBITOR, *exposant* - **p.** 218

EXPANDED TYPE, *caractère large* - **p.** 218

EXPOSING (phot.), *exposition, insolation (phot.)* - **p.** 219

EXPOSURE, *contact, exposition, insolation (phot.)* - **p.** 219

EXTRA BOLD TYPE, EXTRA HEAVY TYPE, *caractère extra-gras* - **p.** 219

EXTRA-SIZED PACK, *prime produit en plus, offre promotionnelle sur un produit* - **p.** 219

EYE CAMERA, *« eye camera »* - **p.** 219

EYE-CATCHING, *accrocheur* - **p.** 219

EYE-MOVEMENT CAMERA, *« eye camera »* - **p.** 219

EYE OBSERVATION CAMERA, *caméra enregistrant la dilatation des pupilles* - **p.** 220

FACIA, *enseigne d'un stand d'exposition* - **p. 221**

FACING, *«facing», front de vente* - **p. 221**

FACING CONTENTS, *face sommaire* - **p. 221**

FACING FIRST EDITORIAL PAGE, *face première de texte* - **p. 221**

FACING LAST EDITORIAL PAGE, *face dernière de texte* - **p. 221**

FACING LEADER, *face éditorial* - **p. 222**

FACING MATTER, FACING TEXT, *face texte* - **p. 222**

FAC-SIMILE OR FACSIMILE, *fac-similé, télécopie, fax* - **p. 222**

FADE IN, *fondu sonore (radio), ouverture en fondu (cin., T.V.)* - **p. 222**

FADE OUT, *fondu sonore (radio), fondu au noir (cin., T.V.), fermeture en fondu* - **p. 222**

FANFOLD, *pli paravent* - **p. 223**

FASCIA, *enseigne d'un stand d'exposition* - **p. 223**

FAX, *télécopie, fax* - **p. 223**

FEATURE (ARTICLE), *article de fond* - **p. 223**

FEATURE (TO), *mettre en valeur (un produit)* - **p. 223**

FEE, *honoraires* - **p. 223**

FEE SYSTEM, *système de rémunération aux honoraires* - **p. 223**

FEEDBACK, *réaction, remontée de l'information* - **p. 223**

FIELD (phot.), *champ (phot.)* - **p. 224**

FIELDWORK, *enquête sur le terrain* - **p. 224**

FILLER, *article ou annonce bouche-trou* - **p. 224**

FILM EDITOR, *monteur* - **p. 224**

FILMING, *tournage, prises de vue* - **p. 224**

FILM LEADER, *amorce (cin.)* - **p. 224**

FILM LOOP, *boucle* - **p. 224**

FILM-MAKING, *cinéma* - **p. 225**

FILM RUNNING SPEED (cin.), *vitesse de déroulement (cin.)* - **p. 225**

FILM SETTING, *photocomposition* - **p. 225**

FILM STOCK (cin.), *pellicule vierge (cin.)* - **p. 225**

FILM STRIP, *film fixe, diaporama* - **p. 225**

FILTER, *filtre* - **p. 225**

FINAL (PROOF), *épreuve définitive, tierce (typ.)* - **p. 225**

FINANCIAL ADVERTISEMENT, *annonce financière* - **p. 226**

FINANCIAL ADVERTISING, *publicité financière* - **p. 226**

FINE CUT (cin., T.V.), *montage définitif (cin., T.V.)* - **p. 226**

FINISH, *texture, apprêt (papier)* - **p. 226**

FINISHED LAYOUT, FINISHED ROUGH, *maquette définitive* - **p. 226**

FIRST COVER OR PAGE, *première de couverture, première page* - **p. 226**

FIRST PROOF, *première (épreuve)* - **p. 227**

FIX (TO) (phot.), *fixer (phot.)* - **p. 227**

FIXATIVE, *fixatif* - **p. 227**

FIXED SPOT (T.V.) (U.K.), *emplacement préférentiel (pour un spot T.V.)* - **p. 227**

FLAG, *éclaté* - **p. 227**

FLAP, *rabat* - **p. 227**

FLASHBACK, *retour en arrière (C.G.L.F.) «flash-back»* - **p. 228**

FLASH PACK, *emballage portant une réduction de prix* - **p. 228**

FLAT (cin.), *feuille (cin.)* - **p. 228**

FLAT RATE, *tarif fixe, tarif non dégressif* - **p. 228**

FLIER, *prospectus* - **p. 228**

FLIGHTING (U.S.), *publicité par vagues, publicité par intermittence* - **p. 228**

FLIGHT, *vague de publicité* - **p. 228**

FLIP-CHART, *«flip-chart»* - **p. 229**

FLOATING TIME, *emplacement indéterminé (radio, T.V.), floating time* - **p. 229**

FLONG (print.), *flan (impr.)* - **p. 229**

FLOOR DISPLAY, *présentation au sol* - **p. 229**

FLOOR STAND, *pile au sol* - **p. 229**

FLUSH LEFT, *marge à gauche, fer à gauche* - **p. 229**

FLUSH RIGHT, *marge à droite, fer à droite* - **p. 229**

FLY POSTING (U.K.), *affichage sauvage* - **p. 230**

FOLDER, *dépliant, porte-annonces (C.G.L.F.)* - **p. 230**

FOLDER-TEST, *test de porte-annonces (C.G.L.F.), «folder test»* - **p. 230**

FOLIO, *folio* - **p. 230**

FOLLOWING READING MATTER, *après texte* - **p. 230**

FOLLOW-UP OR FOLLOW UP, *relance* - **p. 231**

FONT, *police de caractères* - **p. 231**

FORM (U.S.), *forme d'impression* - **p. 231**

FORMAT, *format (impr., cin.), aspect général (revue, livre), forme, mode de présentation (revue, émission)* - **p. 231**

FORME (U.K.), *forme (d'impression)* - **p. 231**

FORTNIGHTLY, *bi-mensuel* - **p. 231**

FORTY-EIGHT SHEET POSTER (U.K.), *affiche de 6 m x 3 m* - **p. 232**

FOUNT (typ.), *fonte, police de caractères* - **p. 232**

FOUR-COLOUR PROCESS, *quadrichromie* - **p. 232**

4 M X 3 M POSTER, *«4 x 3»* - **p. 232**

FOUR-SHEET POSTER (U.K.), *affiche de format 1 m x 1,50 m* - **p. 232**

FOURTH COVER, *quatrième de couverture* - **p. 232**

FRACTIONAL PAGE SPACE, *fraction de page* - **p. 232**

FRAME (cin.), *image (d'un film), photogramme* - **p. 233**

FREE ADVERTISEMENT, *annonce gratuite* - **p. 233**

FREE GIFT, *prime* - **p. 233**

FREELANCE, FREE LANCE, *«freelance», indépendant (n.)* - **p. 233**

FREE MAIL-IN, *prime différée (par voie postale)* - **p. 233**

FREE POST, *service libre-réponse* - **p. 233**

FREE SAMPLE, *échantillon gratuit* - **p. 234**

FREE SHEET OR FREESHEET, *journal gratuit* - **p. 234**

FREE STANDING INSERT (F.S.I.), *encart libre* - **p. 234**

FREEZE FRAME, *arrêt sur image, image arrêtée* - **p. 234**

FRENCH FOLD, *pli croisé* - **p. 234**

FREQUENCY DISCOUNT, *dégressif sur le volume, la fréquence des annonces* - **p. 234**

FREQUENCY DISTRIBUTION, *distribution de fréquence* - **p. 234**

FREQUENCY OF ISSUE, *périodicité, cadence de parution* - **p. 235**

FRONT COVER OR PAGE, *première de couverture, première page* - **p. 235**

FRONT END, *premières remontées* - **p. 235**

FRONT-END DISPLAY, *présentation à la sortie, panonceau avant (bus) (U.K.)* - **p. 235**

FRONT-PAGE HEADLINE, *manchette* - **p. 236**

FULL MEASURE LINE, *ligne pleine* - **p. 236**

FULL-PAGE ADVERTISEMENT, *annonce pleine page* - **p. 236**

FULL RUN, *insertion dans toutes les éditions du jour, affichage dans l'ensemble du parc ou du réseau (transports)* - **p. 236**

FULL-SERVICE AGENCY, *agence à service complet* - **p. 236**

FULL SHOWING, *insertion dans toutes les éditions du jour, affichage dans l'ensemble du parc ou du réseau (transports)* - **p. 237**

GABLE END, *panneau d'affichage sur un pignon* - **p. 238**

GALLEY, GALLEY PROOF, *épreuve à la brosse, en placard* - **p. 238**

GATEFOLD, *encart à volets* - **p. 238**

GENERATION, *génération* - **p. 239**

GET-UP, *habillage (d'un produit)* - **p. 239**

GEVAPROOF (trademark), *Gevaproof (marque)* - **p. 239**

GHOST (T.V.), *image secondaire (T.V.)* - **p. 239**

GIANT HANGING SIGN (P.O.S.), *affiche suspendue géante* - **p. 239**

GIFT-COUPON, *bon-cadeau, point-cadeau* - **p. 239**

GIVEAWAY, *cadeau publicitaire, prospectus* - **p. 240**

GIVEAWAY MAGAZINE, *revue gratuite* - **p. 240**

GIVEAWAY PAPER, *journal gratuit* - **p. 240**

GLASSINE, *papier cristal* - **p. 240**

GLOSSY (print), *épreuve sur papier glacé* - **p. 240**

GLOW BULLETIN BOARD, *panneau translucide lumineux* - **p. 240**

GOING YEAR, *année de maintien* - **p. 241**

GONDOLA, *gondole* - **p. 241**

GONE AWAY (n.), N.P.A.I. *(n'habite pas à l'adresse indiquée)* - **p. 241**

GRADING, *gradation* - **p. 241**

GRAININESS (phot.), *granulation (phot.), poivrage* - **p. 241**

GRAPHIC ARTS, GRAPHICS, *arts graphiques* - **p. 241**

GRAVURE, *héliogravure* - **p. 242**

GREY SCALE, *échelle de gris (T.V.), échelle de gris, gamme de gris continue (impr.)* - **p. 242**

GROSS COVERAGE, GROSS IMPRESSION, *couverture brute* - **p. 242**

GROSS RATING POINT (G.R.P.), *gross rating point* - **p. 242**

GROUP DISCUSSION, *réunion de groupe* - **p. 243**

GROUP INTERVIEW, *interview de groupe* - **p. 243**

GROUP PROMOTION, *promotion groupée* - **p. 243**

G-SPOOL, *génération* - **p. 243**

GUARANTEE HOME IMPRESSIONS (U.K.), *garantie du nombre de contacts (U.K.)* - **p. 243**

GUARANTEE HOME RATINGS (U.K.), *garantie de l'indice d'écoute* - **p. 244**

GUARD BOOK, *« press book », album de presse* - **p. 244**

GUM OUT (TO), *gommer* - **p. 244**

GUMMING, *gommage* - **p. 244**

GUTTER, *petits fonds* - **p. 244**

HALATION (phot.), *halo* - **p. 245**

HALF-PAGE (advertisement), *demi-page* - **p. 245**

HALF-PAGE SPREAD, *double demi-page* - **p. 245**

HALF RUN, HALF SERVICE, HALF SHOWING, *demi-parc, demi-réseau* - **p. 246**

HALF-TONE OR HALFTONE, *similigravure, cliché simili, simili* - **p. 246**

HALF-YEARLY, *semestriel* - **p. 246**

HALL TEST, *enquête sortie de caisses* - **p. 246**

HANDBILL, HANDOUT, *prospectus (distribué à la main)* - **p. 246**

HANDY PACK, *emballage à poignée* - **p. 246**

HANGER, *affiche suspendue* - **p. 247**

HARD GOODS, *biens de consommation durables* - **p. 247**

HARD-SELL ADVERTISING, *publicité persuasive* - **p. 247**

HATCH (TO), *hachurer* - **p. 247**

HEAD, HEADING, *titre* - **p. 247**

HEADLINE, *titre, manchette* - **p. 247**

HEAD OF ART, *directeur de création* - **p. 247**

HEAD OF COPY, *chef de conception, chef de rédaction* - **p. 248**

HEAD-ON POSITION, *barre-route* - **p. 248**

HEAVY TYPE, *caractère gras ou demi-gras* - **p. 248**

HEAVY-UP, *accroissement temporaire de la pression publicitaire, « heavy-up »* - **p. 248**

HEAVY USER, *gros consommateur* - **p. 248**

HEAVYWEIGHT POSTER CAMPAIGN, *campagne d'affichage massive* - **p. 248**

HED (U.S.), *titre, manchette* - **p. 248**

HELIOGRAVURE, *héliogravure* - **p. 249**

HIATUS (U.S.), *suspension provisoire de la publicité par un annonceur* - **p. 249**

HIDDEN OFFER, *offre cachée, dissimulée* - **p. 249**

HIGH ANGLE SHOT, *plongée* - **p. 249**

HIGH INTENSITY ARC (phot.), *arc (phot.)* - **p. 249**

HIGH KEY, *hautes lumières* - **p. 249**

HIGH-KEY LIGHTING, *éclairage en haute valeur* - **p. 249**

HIGHLIGHT HALFTONE, *simili à hautes lumières* - **p. 250**

HIGHLIGHTS, *hautes lumières (art.), grands blancs (phot.)* - **p. 250**

HOARDING (U.K.), *panneau d'affichage (grand format)* - **p. 250**

HOARDING SITE, *emplacement d'affichage* - **p. 250**

HOOK LINE, *accroche* - **p. 250**

HORIZONTAL ADVERTISING, *publicité collective (entre annonceurs d'un même type d'industrie)* - **p. 250**

HORIZONTAL PUBLICATION, *publication horizontale* - **p. 250**

HOT-LINE (adj.), *récent* - **p. 251**

HOT MEDIA, *médias chauds* - **p. 251**

HOT SHOP, *petite agence créative, « hot shop »* - **p. 251**

HOUSE JOURNAL, MAGAZINE OR ORGAN, *revue d'entreprise, journal d'entreprise* - **p. 251**

HOUSE STYLE, *charte graphique* - **p. 251**

HOUSE-TO-HOUSE DISTRIBUTION, *distribution en porte-à-porte, « toutes boîtes »* - **p. 252**

HUE, *teinte, nuance* - **p. 252**

100 GROSS RATING POINTS DAILY, 100 SHOWING, *force 1 (affichage)* - **p. 252**

HYPE AND HOOPLA (U.S.), *matraquage publicitaire* - **p. 252**

ILLUSTRATOR, *illustrateur* - **p. 253**

IMAGE, *image* - **p. 253**

IMAGE ADVERTISING, *publicité institutionnelle* - **p. 253**

IMPACT, *impact* - **p. 254**

IMPACTIVE, *qui a un très fort impact* - **p. 254**

IMPOSITION, *imposition* - **p. 254**

IMPRESSION, *contact* - **p. 254**

IMPRINT, *repiquage* - **p. 254**

IMPULSE BUYING OR PURCHASE, *achat d'impulsion* - **p. 255**

INCENTIVE, *stimulant, prime* - **p. 255**

INCENTIVE PACK, *conditionnement réutilisable-* **p. 255**

INDENT (of a line), *renfoncement d'une ligne* - **p. 255**

INDUSTRIAL ADVERTISING, *publicité industrielle, publicité de produits industriels* - **p. 255**

INDUSTRIAL FILM, *film d'information publicitaire, film d'entreprise* - **p. 255**

INFLIGHT MAGAZINE, *magazine de bord* - **p. 256**

IN-FOCUS (cin., T.V.), *au point* - **p. 256**

INFORMANT, *interviewé, personne enquêtée, interrogée* - **p. 256**

INFORMATION TECHNOLOGY, *télématique* - **p. 256**

INFORMATIVE ADVERTISING, *publicité informative* - **p. 256**

INFORMATIVE LABEL, *étiquette informative* - **p. 257**

IN-HOUSE AGENCY, *agence intégrée* - **p. 257**

INK JET PRINTING, *impression au jet d'encre* - **p.** 257

INNOVATOR, *innovateur, pionnier* - **p.** 257

IN-PACK COUPON, *bon de réduction à l'intérieur d'un paquet* - **p.** 257

IN-PACK PREMIUM, *prime incorporée dans l'emballage du produit, « prime in-pack »* - **p.** 258

INQUIRY, *demande de renseignements* - **p.** 258

INQUIRY TEST, *test de performance d'une annonce (ou d'un support)* - **p.** 258

INSERT, *encart* - **p.** 258

INSERTING, *encartage* - **p.** 258

INSERTION, *insertion* - **p.** 258

INSERTION ORDER, *ordre d'insertion* - **p.** 259

INSERTION SCHEDULE, *calendrier d'insertions* - **p.** 259

INSERT SHOT (cin.), *insert (cin.)* - **p.** 259

INSET, *encart* - **p.** 259

INSETTING, *encartage* - **p.** 259

INSIDE BACK COVER, *troisième de couverture* - **p.** 259

INSIDE FRONT COVER, *deuxième de couverture* - **p.** 259

INSTANT WINNER SWEEPSTAKE, *sweepstake à révélation instantanée* - **p.** 259

INSTITUTIONAL ADVERTISING, *publicité institutionnelle* - **p.** 260

IN-STORE PROMOTION, *promotion interne (dans un magasin)* - **p.** 260

INTAGLIO PRINTING, *impression en creux* - **p.** 260

INTERACTIVE VIDEOTEX, *vidéographie interactive* - **p.** 260

INTERMEDIA COMPARISONS, *comparaisons des médias* - **p.** 260

INTERNEG, INTERNEGATIVE (phot.), *internégatif (phot.)* - **p.** 260

INTERPOSITIVE, *interpositif* - **p.** 261

INTERTYPE (trademark), *Intertype (marque)* - **p.** 261

INTERVIEWEE, *interviewé, personne enquêtée, interrogée* - **p.** 261

INTERVIEWER, *enquêteur* - **p.** 261

INTRAMEDIA COMPARISONS, *comparaisons entre plusieurs supports d'un même média* - **p.** 261

INTRANSIENT, *durable* - **p.** 261

INTRODUCTORY OFFER, *offre de lancement* - **p.** 261

ISLAND POSITION (U.S.), *emplacement isolé* - **p.** 262

ISSUE, *numéro* - **p.** 262

ITALICS, *italiques* - **p.** 262

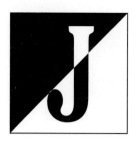

JINGLE, *jingle, sonal (C.G.L.F.)* - **p. 263**

JOB ADVERTISING, *annonces de recrutement* - **p. 263**

JOINT ADVERTISING, *publicité collective à frais partagés* - **p. 263**

JUMBLE DISPLAY, *présentation en vrac* - **p. 263**

JUMBO PACK, *emballage factice géant* - **p. 264**

JUSTIFICATION, *justification* - **p. 264**

JUSTIFY (TO) (typ.), *justifier (typ.)* - **p. 264**

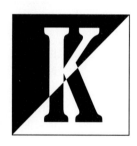

KEEPER, *prime offerte avec un produit à l'essai* - **p. 265**

KEEP IN (TO), *composer serré* - **p. 265**

KEY (TO), *coder (une annonce)* - **p. 265**

KEY (LINE), *ligne de repère* - **p. 266**

KEY (painting and photography, etc.), *accent, teinte, tonalité dominante (peinture, photographie, etc.)* - **p. 266**

KEYED ADVERTISEMENT, *annonce codée* - **p. 266**

KEY LIGHT, *« key light »* - **p. 266**

KEY MONEY, *participation publicitaire (du producteur)* - **p. 266**

KEY-PLANS (U.K.), *réseaux par groupe de produits (affichage) (U.K.)* - **p. 266**

KEYPLATE, *planche à contours* - **p. 267**

KILL (TO), *annuler une parution* - **p. 267**

KNOCKING COPY, *annonce comparative agressive, dénigrante* - **p. 267**

LABEL, *étiquette* - **p. 268**

LAGGARD(S), *conservateur(s)* - **p. 268**

LANDSCAPE, *format à l'italienne* - **p. 268**

LAP DISSOLVE (U.S.), *fondu enchaîné* - **p. 269**

LASER PRINTING, *impression au laser* - **p. 269**

LATE ADOPTERS, *adeptes tardifs* - **p. 269**

LATENT IMAGE (phot.), *image latente (phot.)* - **p. 269**

LAUNCH (TO), *lancer (un produit)* - **p. 269**

LAYOUT, *maquette* - **p. 269**

LAYOUT ARTIST, *dessinateur, « roughman »* - **p. 270**

LEAD, *interligne* - **p. 270**

LEADER, *éditorial, amorce* - **p. 270**

LEADER(S), *points de conduite* - **p. 270**

LEADING, *interlignage* - **p. 270**

LEAD OUT (TO), *blanchir, donner de l'air* - **p. 270**

LEAFLET, *prospectus* - **p. 270**

LEFT-HAND SIDE, *verso* - **p. 271**

LEFTOVER MATTER, *texte en sus* - **p. 271**

LEGEND, *légende* - **p. 271**

LETRASET (trademark), *Letraset (marque)* - **p. 271**

LETTER-HEAD, LETTERHEAD, *en-tête* - **p. 271**

LETTERING, *lettrage* - **p. 271**

LETTERPRESS, *typographie, impression typographique* - **p. 271**

LETTERSET, *letterset, typo(graphie) indirecte, offset sec* - **p. 272**

LETTERSHOP, *entreprise spécialisée dans la réalisation des documents de publicité directe* - **p. 272**

LETTERSPACE (TO) (typ.), *espacer (les lettres)* - **p. 272**

LETTERSPACING, *interlettrage* - **p. 272**

LIBRARY MUSIC, *musique préenregistrée, musique d'archives* - **p. 272**

LIBRARY SHOT, *plan d'archives, image d'archives, « stock shot »* - **p. 272**

LIFESTYLE, *style(s) de vie* - **p. 273**

LIGHTBOX ADVERTISEMENT, *affiche en caisson lumineux* - **p. 273**

LIGHT (FACE) TYPE, *caractère maigre* - **p. 273**

LINAGE, *lignage* - **p. 273**

LINE, *trait* - **p. 273**

LINEAGE, *lignage* - **p. 273**

LINE BLOCK OR CUT (U.S.), *cliché trait* - **p. 274**

LINE BY LINE, *sélection, vente à l'unité (affichage)* - **p. 274**

LINE DRAWING, *dessin au trait, dessin au fil* - **p. 274**

LINE ENGRAVING (print.), *cliché trait (impr.)* - **p. 274**

LINE ETCHING, *gravure au trait* - **p. 274**

LINE ORIGINAL, *original au trait* - **p. 274**

LINOTYPE (trademark), *Linotype (marque)* - **p. 275**

LIP SYNCHRONISATION, *synchronisation des lèvres, post-synchronisation, son témoin* - **p. 275**

LIST BROKER, *courtier en fichiers, « list-broker »* - p. 275

LIST-CLEANING, *nettoyage du fichier* - **p. 275**

LIST MAINTENANCE, *mise à jour du fichier* - p. 275

LIST RENTAL, *location de fichiers* - **p. 275**

LITERAL, *erreur de composition, coquille* - **p. 275**

LITH FILM, *film lith* - **p. 276**

LITHOGRAPHY, *lithographie* - **p. 276**

LITHO NEGATIVE OR POSITIVE, *typon* - p. 276

LITTER BIN ADVERTISING, *publicité sur les bornes de propreté* - **p. 276**

LIVE, *en direct* - **p. 276**

LIVE PROGRAMME, LIVE PROGRAM (U.S.), *émission en direct* - **p. 277**

LOCAL MEDIA, *supports locaux, médias locaux* - p. 277

LOCAL PRESS, *presse locale* - **p. 277**

LOCAL RATE, *tarif local* - **p. 277**

LOCAL STATION, *radio ou télévision locale* - p. 277

LOCATION (cin.), *extérieur(s)* - **p. 277**

LOGO, *logo* - **p. 278**

LOGOTYPE, *logotype* - **p. 278**

LONG LIFE POSTER SITE, *panneau longue conservation* - **p. 278**

LONG SHOT, *plan général, plan d'ensemble, plan large (cin., T.V.)* - **p. 278**

LOOSE INSERT, *encart libre* - **p. 279**

LOSS LEADER, *produit d'appel* - **p. 279**

LOTTERY, *loterie* - **p. 279**

LOW ANGLE SHOT (cin.), *contre-plongée (cin.)* - **p. 279**

LOWER CASE, *bas de casse, lettres minuscules* - **p. 279**

LOW KEY, *accents sombres (peinture, photographie, etc.)* - **p. 279**

MACHINE COMPOSITION, *composition mécanique* - **p. 280**

MACHINE PROOF, *bon à tirer* - **p. 280**

MAGAZINE, *magazine* - **p. 280**

MAGENTA, *magenta* - **p. 280**

MAGNETIC TRACK, *piste, bande son magnétique* - **p. 281**

MAIL DATE, *date d'envoi obligatoire (publicité directe)* - **p. 281**

MAIL DROPS, *distribution sélective en porte-à-porte* - **p. 281**

MAILER, *client d'une agence de publicité directe, « mailing », message publiposté (C.G.L.F.), document de publicité directe* - **p. 281**

MAIL-IN, *prime différée* - **p. 281**

MAILING LIST, *fichier d'adresses* - **p. 282**

MAILING PIECE, *« mailing », message publiposté (C.G.L.F.), document de publicité directe* - **p. 282**

MAILING SHOT OR MAILSHOT, *« mailing », message publiposté (C.G.L.F.), envoi* - **p. 282**

MAIL ORDER, *vente par correspondance* - **p. 282**

MAKE-GOOD, *repasse gratuite ou gracieuse* - **p. 282**

MAKE-UP, *mise en page* - **p. 282**

MAKE-UP (TO), *mettre en page* - **p. 283**

MAPPING, *« mapping », mappe (C.G.L.F.)* - **p. 283**

MARK-DOWN, *démarque* - **p. 283**

MARKET, *marché* - **p. 283**

MARKET (TO), *commercialiser* - **p. 283**

MARKET ACCEPTANCE, *acceptation du produit par le marché* - **p. 284**

MARKET COVERAGE, *couverture du marché* - **p. 284**

MARKETING, *marketing, mercatique (C.G.L.F.), commercialisation (C.G.L.F.)* - **p. 284**

MARKETING CONCEPT, *concept marketing, démarche marketing* - **p. 284**

MARKETING DIRECTOR, *directeur du marketing* - **p. 285**

MARKETING INTELLIGENCE, *recherche commerciale* - **p. 285**

MARKETING MANAGER, *directeur du marketing* - **p. 285**

MARKETING-MIX, *marketing-mix* - **p. 285**

MARKETING PLAN, *plan marketing* - **p. 286**

MARKETING STRATEGY, *stratégie marketing, stratégie commerciale* - **p. 286**

MARKET POTENTIAL, *potentiel du marché* - **p. 286**

MARKET PROFILE, *profil du marché* - **p. 286**

MARKET RESEARCH, *études de marché* - **p. 287**

MARKET RESEARCH DEPARTMENT, *service des études de marché* - **p. 287**

MARKET RESEARCHER, *spécialiste en études de marché* - **p. 287**

MARKET RESEARCH MANAGER, *chef du service d'étude et de recherche* - **p. 287**

MARKET SEGMENTATION, *segmentation du marché* - **p. 288**

MARKET SHARE, *part de marché* - **p. 288**

MARKET STUDY OR SURVEY, *étude de marché* - **p. 288**

MARRIED PRINT (cin.), *copie zéro (cin.)* - **p. 288**

MASK, *cache, masque* - **p. 288**

MASS ADVERTISING, *publicité grand public, publicité massive* - **p. 289**

MASS COMMUNICATION, *communication de masse* - **p. 289**

MASTER, *master* - **p. 289**

MASTHEAD, *ours* - **p. 289**

MAT(T), *mat* - **p. 289**

MAT (U.S.), *matrice* - **p. 290**

MATCH AND WIN SWEEPSTAKE, *sweepstake par comparaison des symboles* - **p. 290**

MATCHED SAMPLES, *échantillons provenant d'un même univers, échantillons jumeaux, comparables* - **p. 290**

MATRICE, MATRIX, *matrice* - **p. 290**

MATTE, *cache (pour trucages optiques)* - **p. 290**

MATTE (U.S.), *mat* - **p. 291**

MATTE EFFECTS, *trucages par cache ou par masque, cache contre cache* - **p. 291**

MAXILINE OR MAXIMIL (U.S.), *coût maximal d'une ligne (U.S.)* - **p. 291**

MAXIMUM BRAND EXPOSURE, *exposition maximale (pour une marque de produits)* - **p. 291**

MEASURE (typ.), *justification (typ.)* - **p. 291**

MEASURE OF ADVERTISING EFFECTIVENESS, *mesure de l'impact publicitaire* - **p. 292**

MECHANICAL, *document d'exécution, doc.* - **p. 292**

MECHANICAL DATA, *renseignements techniques* - **p. 292**

MEDIA ADVERTISING, *publicité média* - **p. 292**

MEDIA ANALYSIS, *analyse des médias* - **p. 292**

MEDIA BROKER, *centrale d'achat d'espace* - **p. 293**

MEDIA BUYER, *responsable de l'achat d'espace* - **p. 293**

MEDIA BUYING, *achat d'espace* - **p. 293**

MEDIA CO-ORDINATION, *regroupement des achats d'espace* - **p. 293**

MEDIA DEPARTMENT, *service médias* - **p. 293**

MEDIA DIRECTOR, *directeur des médias* - **p. 294**

MEDIA-MIX, *média-mix, campagne pluri-médias* - **p. 294**

MEDIA OWNER, *support* - **p. 294**

MEDIA PLAN, *plan médias* - **p. 294**

MEDIA PLANNER, *« media planner », média-planneur* - **p. 295**

MEDIA PLANNING, *média planning* - **p. 295**

MEDIA PROMOTER, *support* - **p. 295**

MEDIA RESEARCH, *étude des médias, des supports publicitaires* - **p. 295**

MEDIA SCHEDULE, *calendrier de campagne ou d'insertions* - **p. 295**

MEDIA SELECTION, *choix des médias ou supports* - **p. 296**

MEDIA STRATEGY, *stratégie médias* - **p. 296**

MEDIUM (pl. : MEDIA), *média (pl. : médias)* - **p. 296**

MERCHANDISE PACK, *paquet promotionnel* - **p. 297**

MERCHANDISER, *merchandiser, marchandiseur* (C.G.L.F.) - **p. 297**

MERCHANDISING, *merchandising, marchandisage* (C.G.L.F.) - **p. 297**

METER ADVERTISING, *publicité sur les parcmètres* - **p. 297**

METHOD OF FIXING THE ADVERTISING APPROPRIATION, *méthode de fixation du budget publicitaire* - **p. 297**

« M » FACTORS, *facteurs « M »* - **p. 297**

MILLINE RATE (U.S.), *coût d'une ligne par million de lecteurs* (U.S.) - **p. 298**

MINILINE OR MINIMIL, *coût minimal de la ligne* (U.S.) - **p. 298**

MINI-PAGE, *format à la française* - **p. 298**

MINITEL, *Minitel* - **p. 298**

MISPRINT, *erreur de composition, coquille* - **p. 298**

MISSIONARY SELLING, *prospection d'une nouvelle clientèle* - **p. 299**

MIXED MEDIA, *média-mix, campagne pluri-médias* - **p. 299**

MIXED MERCHANDISING, *diversification des produits offerts aux points de vente* - **p. 299**

MOBILE, *mobile* - **p. 299**

mock-up, réplique, factice - **p. 299**

MODEL, *modèle, maquette, mannequin* - **p. 299**

MOIRÉ, *moiré* - **p. 299**

MONADIC TEST, *test monadique* - **p. 300**

MONEY-OFF LABEL, *étiquette d'offre spéciale* - **p. 300**

MONEY-OFF OFFER, *offre à prix réduit* - **p. 300**

MONEY-OFF PACK, *emballage portant une réduction de prix* - **p. 300**

MONITOR (TO) (radio, T.V.), *surveiller, contrôler, piger (radio, T.V.)* - **p. 300**

MONO(CHROME), *monochrome, noir et blanc, épreuve en noir et blanc* - **p. 300**

MONO(TONE) (U.S.), *monochrome, noir et blanc, épreuve en noir et blanc* - **p. 301**

MONOTYPE (trademark), *Monotype (marque)* - **p. 301**

MONTAGE, *montage* - **p. 301**

MONTHLY (publication), *mensuel* - **p. 301**

MOOD ADVERTISING, *publicité d'ambiance, d'atmosphère* - **p. 301**

MOTIVATION, *motivation* - **p. 301**

MOTIVATION(AL) RESEARCH, *étude de motivations* - **p. 302**

MOTIVE, *motivation* - **p. 302**

MULTI-CLIENT SURVEY, *étude multi-clients, omnibus* - **p. 302**

MULTIPLE PACK, *emballage multiple, multipack* - **p. 302**

« M.U.P.I. » (F.) M.U.P.I. (*Mobiliers Urbains Plans-Informations*) (F.) - **p. 302**

NAGRA (trademark), *Nagra (marque)* - **p.** 303

NATIONAL ADVERTISING, *publicité à l'échelon national* - **p.** 303

NATIONAL ADVERTISING RATE, *tarif général* - **p.** 303

NATIONAL PRESS, *presse nationale* - **p.** 303

NEGATIVE, *négatif, cliché* - **p.** 304

NET AUDIENCE, *audience non dupliquée* - **p.** 304

NET COVERAGE, *couverture nette* - **p.** 304

NET READERSHIP, *audience non dupliquée* - **p.** 304

NETWORK (OUTDOOR ADVERTISING), *réseau d'affichage* - **p.** 305

NETWORK (radio, T.V.), *réseau, chaîne (T.V.)* - **p.** 305

NEWSCASTER, *présentateur du journal parlé, journal lumineux* - **p.** 305

NEWSPAPER, *journal* - **p.** 305

NEWSPRINT, *papier-journal* - **p.** 305

NEWSREADER, *présentateur du journal parlé* - **p.** 305

NEWS RELEASE, *communiqué de presse* - **p.** 306

NEXT MATTER, NEXT TO READING MATTER, *contre texte* - **p.** 306

NINETY-SIX-SHEET POSTER SITE, *panneau spécial* - **p.** 306

NIXIE (U.S.), *N.P.A.I.* - **p.** 306

N.M.P.P., *N.M.P.P. (Nouvelles Messageries de la Presse Parisienne)* - **p.** 306

NON-IMPACT PRINTING, *impression sans impact* - **p.** 306

NON-PRICE COMPETITION, *concurrence ne jouant pas sur le(s) prix* - **p.** 307

NOTED SCORE, NOTING SCORE, *taux d'observation ou de perception, score d'attention* - **p.** 307

OBJECTIVE (n.), *objectif (n.)* - **p.** 308

OBSOLESCENCE, *obsolescence, vieillissement* - **p.** 308

OFF-CARD RATE, *négociation,* - **p.** 308

OFF-LABEL, *offre signalée sur l'étiquette* - **p.** 309

OFF-PEAK RATE (radio, T.V.), *tarif de faible écoute* - **p.** 309

OFF-PEAK TIME (radio, T.V.), *heure de faible écoute* - **p.** 309

OFFPRINT, *tirés-à-part, tirage à part* - **p.** 309

OFFSET (LITHOGRAPHY), OFFSET LITHO, *offset, maculage* - **p.** 309

OFFSET (TO), *imprimer en offset* - **p.** 310

OFF-SHELF DISPLAY, *présentation hors-rayon* - **p.** 310

O.K., *B.A.T.* - **p.** 310

O.K. W/C, *B.A.T. après corrections* - **p.** 310

OMNIBUS SURVEY, *étude multi-clients, omnibus* - **p.** 310

ON AIR PRE-TESTING, *pré-test de spot publicitaire* - **p.** 310

ON AIR TEST (O.A.T.), *pré-test de spot publicitaire* - **p.** 311

ONE-SHOT MAILING, *« one-shot »* - **p.** 311

ON-PACK, *prime « on-pack »* - **p.** 311

ON-PACK OFFER, *prime différée* - **p.** 311

ON-PACK PREMIUM, *prime « on-pack », prime sur l'emballage du produit* - **p.** 311

ON-PACK PRICE REDUCTION, *bon de réduction sur l'emballage du produit* - **p.** 311

OPAQUE (TO), *boucher un cliché* - **p.** 311

OPEN END(ED) QUESTION, *question ouverte* - **p.** 311

OPEN RATE (U.S.), *tarif de base* - **p.** 312

OPINION LEADER, *leader d'opinion, prescripteur* - **p.** 312

OPINION RESEARCH, OPINION SURVEY, *sondage d'opinion* - **p.** 312

OPPORTUNITY TO SEE OR TO HEAR, *occasion de voir ou d'entendre, contact* - **p.** 312

OPTICAL (ANSWER PRINT), *copie d'étalonnage optique* - **p.** 313

OPTICAL CHARACTER READER, *lecteur optique* - **p.** 313

OPTICAL EFFECTS, *trucages optiques, effets visuels* - **p.** 313

OPTICALS, *trucages optiques, effets visuels* - **p.** 313

OPTICAL TRACK, *bande son optique* - **p.** 313

OPTICAL TRANSFER, *report optique* - **p.** 313

ORACLE, *Oracle* - **p.** 314

ORIGINAL (n.), *original (n.)* - **p.** 314

ORTHOCHROMATIC FILM (phot.), *film orthochromatique* - **p.** 314

OUTDOOR (AND TRANSPORTATION OR TRANSPORT) ADVERTISING, *publicité extérieure* - **p.** 314

OUTLET, *point de vente, débouché, marché* - **p.** 315

OUTLINE HALFTONE, *simili détouré* - **p.** 315

OUT OF FOCUS (phot.), *qui n'est pas au point (phot.)* - **p.** 315

OUT PERIOD, *suspension provisoire de la publicité* - **p.** 315

OUTSERT, *encart à l'extérieur du colis* - **p.** 316

OUTSIDE BACK COVER, *quatrième de couverture* - **p.** 316

OUTSIDE FRONT COVER, *première de couverture* - **p.** 316

OVERDUBBING, *post-synchronisation, son témoin, doublage* - **p.** 316

OVER-EXPOSE (TO), *surexposer* - **p.** 316

OVERKILL, *« percussion de promotions »* - **p.** 316

OVERLAY, *béquet, becquet* - **p.** 316

OVER MATTER, *texte en sus* - **p.** 316

OVERPRINT (TO), *repiquer* - **p.** 317

OVERSET MATTER, *texte en sus* - **p.** 317

OZALID (trademark), *Ozalid (marque), ferro* - **p.** 317

PACK, *emballage* - **p.** 318

PACKAGE, *emballage, achat groupé* - **p.** 318

PACKAGE DEAL, *achat groupé (C.G.L.F.)* - **p.** 318

PACKAGE INSERT, *asile-colis, publicité transportée* - **p.** 319

PACKAGE PLAN (U.S.), *achat groupé* - **p.** 319

PACKAGING, *conditionnement* - **p.** 319

PACK-SHOT, *« pack-shot », plan-produit (C.G.L.F.)* - **p.** 319

PAGE (TO), *paginer, folioter* - **p.** 319

PAGE EXPOSURE, *taux de lecture d'une page (par rapport à l'ensemble de la publication)* - **p.** 319

PAGE RATE, *tarif à la page* - **p.** 319

PAGE TRAFFIC, *taux de lecture d'une page (par rapport à l'ensemble de la publication)* - **p.** 319

PAGINATION, *pagination, foliotage* - **p.** 320

PAID CIRCULATION, *diffusion payée* - **p.** 320

PAINTED BULLETIN OR PANNEL, *panneau peint* - **p.** 320

PAIRED (COMPARISON) TEST, *test par paire* - **p.** 320

PAMPHLET, *brochure* - **p.** 320

PAN, *panoramique (cin., T.V.)* - **p.** 320

PAN (TO), *faire un panoramique (cin., T.V.)* - **p.** 320

PANCHROMATIC (adj.), *panchromatique (adj.)* - **p.** 321

PANEL, *panel* - **p.** 321

PANNING, PAN SHOT, *panoramique (cin., T.V.)* - **p.** 321

PANTRY AUDIT, CHECK OR INVENTORY, *« pantry check »* - **p.** 321

PAPER-SET (adj.), *composé par le journal (adj.)* - **p.** 321

PARALLEL, *emplacement d'affichage parallèle à l'axe de circulation* - **p.** 321

PARTICIPATION (ANNOUNCEMENT) (U.S.), *message diffusé au cours d'une émission co-patronnée* - **p.** 322

PARTICIPATION SPONSORSHIP (U.S.), *co-sponsoring d'émissions, parrainage, patronage collectif d'émission* - **p.** 322

PASS-ALONG READERSHIP (U.S.), *lectorat secondaire* - **p.** 322

PASS FOR PRESS (TO), *donner le bon à tirer (B.A.T.)* - **p.** 322

PASS-ON READERSHIP, *lectorat secondaire* - **p.** 322

PASTE-UP, *exécution* - **p.** 322

PASTE UP (TO), *exécuter, faire l'exécution* - **p.** 323

PASTE-UP ARTIST, *maquettiste* - **p.** 323

PATCH, *béquet, becquet* - **p.** 323

PAY TELEVISION, *télévision payante, télévision à péage* - **p.** 323

PEAK LISTENING TIME, *heure de grande écoute (radio)* - **p.** 323

PEAK TIME (BAND) (radio, T.V.), *heure de grande écoute* - **p.** 323

PEAK VIEWING TIME, *heure de grande audience (T.V.)* - **p.** 323

PEDESTRIAN TRAFFIC FLOW, *circulation piétonnière* - **p.** 323

PEGBOARD, *panneau alvéolé* - **p. 324**

PENETRATION, *pénétration, taux de pénétration* - **p. 324**

PERCEPTION, *perception* - **p. 324**

PERFECT (TO), *imprimer au verso* - **p. 324**

PERFECT BINDING, *brochage sans piqûre, reliure sans couture, dos collé, « perfect binding »* - **p. 324**

PERFECTING PRESS, *machine rotative recto-verso* - **p. 324**

PERFORATE (TO), *perforer* - **p. 324**

PERIODICAL (n.), *périodique (n.)* - **p. 325**

PERMANENT POSTING, *affichage de longue conservation* - **p. 325**

PERSONALISATION, *personnalisation* - **p. 325**

PERSONALITY PROMOTION, *promotion faisant appel à des personnages connus* - **p. 325**

PERSUASIVE ADVERTISING, *publicité persuasive* - **p. 325**

PERSUASIVENESS, *force de persuasion* - **p. 325**

PHONE MARKETING, PHONING, *marketing téléphonique, « télémarketing »* - **p. 326**

PHOTO, *photo* - **p. 326**

PHOTOCOMPOSITION, *photocomposition* - **p. 326**

PHOTOCOPY, *photocopie* - **p. 326**

PHOTOENGRAVER, *photograveur, clicheur* - **p. 326**

PHOTOENGRAVING, *photogravure* - **p. 326**

PHOTOGELATIN PROCESS, *collotypie, phototypie* - **p. 326**

PHOTO(GRAPH), *photo(graphie)* - **p. 327**

PHOTOGRAPHIC STUDIO, *agence, studio photographique* - **p. 327**

PHOTOGRAVURE, *héliogravure, rotogravure* - **p. 327**

PHOTOLETTERING, *phototitrage* - **p. 327**

PHOTOLITHOGRAPHY, *photolithographie* - **p. 327**

PHOTOMONTAGE, *photomontage* - **p. 327**

PHOTOPOLYMER, *plaque photopolymère* - **p. 328**

PHOTOPRINT, *épreuve* - **p. 328**

PHOTOSETTING, *photocomposition* - **p. 328**

PHOTOSTAT (trademark), *Photostat (marque)* - **p. 328**

PICA, *pica* - **p. 328**

PICTORIAL (adj.), *illustré (adj.)* - **p. 328**

PIGGY-BACK OR PIGGYBACK, *« piggy-back »* - **p. 328**

PILOT-MARKET, *marché-test* - **p. 329**

PIONEERS, *pionniers* - **p. 329**

« P.I.S.A. » (F.), *P.I.S.A. (Point d'Information Service Animé)* - **p. 329**

PITCH, *argumentation du vendeur, spéculative (n.)* - **p. 329**

PLACARD, *petite affiche (75 x 50 cm), placard* - **p. 329**

PLAN (TO), *planifier, programmer* - **p. 329**

PLANNED OBSOLESCENCE, *obsolescence calculée* - **p. 330**

PLANOGRAPHY, *planographie* - **p. 330**

PLANS BOARD, *planning stratégique* - **p. 330**

PLANT (U.S.), *réseau d'affichage* - **p. 330**

PLANT (OPERATOR) (U.S.), *société d'affichage, de publicité extérieure, afficheur* - **p. 330**

PLATE, *cliché, plaque* - **p. 330**

PLATEMAKING, *photogravure* - **p. 331**

PLATFORM SITE, *emplacement quai* - **p. 331**

PLAYBACK, *lecture d'un enregistrement* - **p. 331**

PLUG, *annonce publicitaire gratuite, bouche-trou* - **p. 331**

POINT, *point typographique* - **p. 331**

POINT-OF-PURCHASE (P.O.P.), *point de vente* - **p. 331**

POINT-OF-PURCHASE ADVERTISING, *publicité sur le lieu de vente (P.L.V.)* - **p. 331**

POINT-OF-SALE, *point de vente* - **p. 332**

POINT-OF-SALE ADVERTISING, *publicité sur le lieu de vente* - **p. 332**

POINT-OF-SALE MATERIAL, P.O.S. MATERIAL, *matériel de publicité sur le lieu de vente, matériel de P.L.V.* - **p. 332**

POINT-OF-SALE SPECIALIST, *spécialiste en P.L.V. (publicité sur le lieu de vente)* - **p. 332**

POINT SIZE, *force de corps* - **p. 332**

POLY BAG, *enveloppe en polyéthylène* - **p. 332**

POLYBUS (U.K.), *« polybus » (U.K.)* - **p. 333**

POP UP, *« pop up »* - **p. 333**

PORTRAIT, *format à la française* - **p. 333**

POSITIONING, *position, emplacement d'une annonce* - **p. 333**

POSTAGE-PAID REPLY ENVELOPE, *enveloppe « T »,* - **p. 333**

POSTAL PUBLICITY, *publicité directe par correspondance* - **p. 333**

POSTER, *affiche* - **p. 334**

POSTER ADVERTISING, *affichage (publicité par)* - **p. 334**

POSTER BOARD, *panneau d'affichage* - **p. 334**

POSTER CONTRACTOR, *société d'affichage, afficheur, société de publicité extérieure* - **p. 334**

POSTER PANEL, *panneau d'affichage* - **p. 334**

POSTER PAPER, *papier affiches* - **p. 334**

POSTER SITE, *panneau d'affichage* - **p. 334**

POSTER SIZE, *format des affiches* - **p. 335**

POST-TEST(ING), *post-test* - **p. 336**

POTENTIAL CUSTOMER, *client potentiel* - **p. 336**

PRE-CODED QUESTION, *question fermée* - **p. 336**

PRE-EMPT SPOT (U.S.), *spot sujet à préemption* - **p. 336**

PREFERRED POSITION, *emplacement préférentiel* - **p. 336**

PREMIUM, *prime, majoration de prix* - **p. 337**

PREMIUM COUPON, *bon de réduction* - **p. 337**

PREMIUM OFFER, *offre autopayante* - **p. 337**

PREMIUM PACK, *emballage prime* - **p. 337**

PREMIUM PRICE, *majoration de prix* - **p. 337**

PREMIUM RATE (radio, T.V.), *tarif de forte écoute* - **p. 337**

PREMIUM VOUCHER, *bon de réduction* - **p. 337**

PREPACK DISPLAY, *« prépack », présentation en unités de livraison* - **p. 338**

PRE-PRODUCTION (cin.T.V.), *pré-production (cin., T.V.)* - **p. 338**

PRE-PRODUCTION MEETING, *réunion de pré-production* - **p. 338**

PRE-SELECTED CAMPAIGN (U.K.), *vente en réseaux (affichage)* - **p. 338**

PRESENTATION, *présentation* - **p. 338**

PRESS, *presse* - **p. 339**

PRESS ADVERTISEMENT, *annonce-presse* - **p. 339**

PRESS ADVERTISING, *publicité presse* - **p. 339**

PRESS CLIPPING (U.S.), *coupure de presse* - **p. 339**

PRESS CUTTING, *coupure de presse* - **p. 339**

PRESS PROOF, *bon à tirer (B.A.T.)* - **p. 340**

PRESS RELATIONS, *relations presse* - **p. 340**

PRESS RELATIONS MANAGER, *attaché de presse* - **p. 340**

PRESS RELEASE, *communiqué de presse* - **p. 340**

PRESTEL, *Prestel* - **p. 340**

PRE-TEST(ING), *pré-test* - **p. 341**

PRE-TEST (TO), *pré-tester* - **p. 341**

PREVIEW, *visionnage préalable, avant-première* - **p. 341**

P.R. FILM, *documentaire, film d'information publicitaire, film d'entreprise* - **p. 341**

PRICE CUT, PRICE OFF, *baisse de prix* - **p. 341**

PRICE-OFF LABEL, *étiquette d'offre spéciale* - **p. 241**

PRICE (OFF) PACK, *emballage portant une réduction de prix* - **p. 341**

PRICE TAG, *étiquette porte-prix* - **p. 341**

PRIMARY AUDIENCE (U.S.), *lectorat primaire* - **p. 342**

PRIMARY COLOURS, *couleurs primaires* - **p. 342**

PRIMARY MEDIUM, *média principal, média de base* - **p. 342**

PRIMARY READERSHIP, *lectorat primaire* - **p. 342**

PRIME TIME, *heure de grande écoute* - **p. 342**

PRINT, *caractères, imprimé, épreuve (phot.), copie (film)* - **p. 343**

PRINT (TO), *imprimer* - **p. 343**

PRINT CONTROL STRIP, *bande de contrôle de densité* - **p. 343**

PRINTED MATERIAL, *édition publicitaire* - **p. 343**

PRINTED MATTER, *imprimé* - **p. 343**

PRINTER, *imprimeur* - **p. 343**

PRINTER'S ERROR, *erreur de l'imprimeur* - **p. 344**

PRINTING, *impression, imprimerie, tirage* - **p. 344**

PRINTING SPACE, *surface d'impression* - **p.** 344

PRINT MEDIA, *supports imprimés* - **p.** 344

PRINT RUN, *tirage* - **p.**344

PRIZE, *prix, lot* - **p.** 344

PROBABILITY SAMPLE, *échantillon aléatoire* - **p.** 345

PROCESS CAMERA (cin.), *banc de reproduction (cin.)* - **p.** 345

PROCESS ENGRAVER, *photogravreur, clicheur* - **p.** 345

PROCESS ENGRAVING, *photogravure* - **p.** 345

PROCESS PLATE, *cliché d'impression couleurs* - **p.** 345

PROCESS PRINTING, *impression couleurs, impression en polychromie* - **p.** 345

PRODUCER, *producteur (cin.), producteur de l'agence, T.V. producer, producer T.V.* - **p.** 345

PRODUCT ACCEPTANCE, *acceptation du produit par le marché* - **p.** 346

PRODUCT BENEFIT, *bénéfice consommateur* - **p.** 346

PRODUCT DEVELOPMENT, *évolution d'un produit* - **p.** 346

PRODUCT DIFFERENTIATION, *différenciation des produits* - **p.** 346

PRODUCT IMAGE, *image du produit* - **p.** 347

PRODUCTION, *fabrication, production (cin., T.V.)* - **p.** 347

PRODUCTION COMPANY, *société de production (cin.)* - **p.** 347

PRODUCTION DEPARTMENT, *service fabrication, service production* - **p.** 347

PRODUCTION MANAGER, *chef de fabrication* - **p.** 347

PRODUCT LIFE CYCLE, *cycle de vie d'un produit* - **p.** 347

PRODUCT LINE, *ligne de produits* - **p.** 348

PRODUCT MANAGER, *chef de produit* - **p.** 348

PRODUCT MIX, *stratégie de produits* - **p.** 348

PRODUCT POSITION(ING), *positionnement du produit* - **p.** 349

PRODUCT PROTECTION, *garantie de non-proximité de messages concurrents* - **p.** 349

PRODUCT PUBLICITY, *relations presse/produit* - **p.** 349

PRODUCT RANGE, *gamme de produits* - **p.** 349

PROFESSIONAL PRESS, *presse professionnelle (professions libérales)* - **p.** 349

PROGRAM(ME), *émission, programme* - **p.** 350

PROGRAMME COMPANY (U.K.), *société de production d'(I.T.V.)* - **p.** 350

PROGRAM(ME) RATING, *indice d'écoute* - **p.** 350

PROGRESSIVE PROOFS OR PROGRESSIVES, *gamme d'épreuves, d'essais* - **p.** 350

PROJECTIVE TEST, *test projectif* - **p.** 350

PROMOTE (TO), *promouvoir* - **p.** 350

PROMOTIONAL MIX, *mix promotionnel, moyens d'action promotionnels* - **p.** 351

PROMOTION STRATEGY, *stratégie promotionnelle* - **p.** 351

PROOF, *épreuve* - **p.** 351

PROOF OF PURCHASE, *preuve d'achat* - **p.** 351

PROOFREADER, *correcteur* - **p.** 351

PROOFREADERS' MARKS, PROOF READING MARKS, *signes de correction* - **p.** 351

PROP, *accessoire* - **p.** 352

PROPAGANDA, *propagande* - **p.** 352

PROPERTY MAN, *accessoiriste* - **p.** 352

PROSPECT, *prospect, client potentiel* - **p.** 352

PROSPECTIVE CUSTOMER, *client potentiel* - **p.** 352

PROTECTION, *garantie de non-proximité de messages concurrents* - **p.** 352

PROVED RECALL SCORE, *score prouvé* - **p.** 352

PROVINCIAL PRESS (U.K.), *presse locale* - **p.** 353

PSYCHOGRAPHICS, *psychographies* - **p.** 353

PUBLIC-ADDRESS SYSTEM, *sonorisation* - **p.** 353

PUBLICATION ADVERTISING, *publicité presse* - **p.** 353

PUBLICATION DATE, *date de parution* - **p.** 353

PUBLIC INFORMATION PANELS, *plans de situation, points d'information* - **p.** 354

PUBLICITY, *publicité (en général)* - **p.** 354

PUBLICITY EXECUTIVE, *responsable de la publicité (annonceur)* - **p.** 354

PUBLICITY MANAGER, *directeur de la communication (annonceur), chef du service publicité (annonceur)* - **p. 354**

PUBLICITY STUNT, *coup de publicité, de pub* - **p. 355**

PUBLIC RELATIONS, *relations publiques* - **p. 355**

PUBLIC RELATIONS CONSULTANT, *conseil en relations publiques* - **p. 355**

PUBLIC RELATIONS MANAGER OR OFFICER, *directeur, responsable des relations publiques* - **p. 355**

PUBLISH (TO), *publier, éditer* - **p. 355**

PUBLISHER, *éditeur* - **p. 356**

PUBLISHER'S STATEMENT, *chiffre de diffusion communiqué par la publication* - **p. 356**

PUBLISHING, *publicitation, édition* - **p. 356**

PUFF (U.K.), *boniment, réclame exagérée, publicité gratuite* - **p. 356**

PUFFERY, *publicité gratuite* - **p. 356**

PULL, *épreuve* - **p. 356**

PULL STRATEGY, *stratégie pull* - **p. 356**

PUN, *jeu de mots* - **p. 357**

PURGE AND MERGE, *déduplication (publicité directe)* - **p. 357**

PUSH STRATEGY, *stratégie push* - **p. 357**

QUAD CROWN POSTER (U.K.), *affiche de 75 cm x 100 cm* - **p. 358**

QUANTITY DISCOUNT, *remise sur la quantité, dégressif sur le volume* - **p. 358**

QUARTER-PAGE ADVERTISEMENT, *annonce-presse sur un quart de page* - **p. 358**

QUARTERTONE, *simili (à trame grossière)* - **p. 358**

QUESTIONNAIRE, *questionnaire* - **p. 359**

QUOTA SAMPLE, *échantillon par quota* - **p. 359**

RACK, *étagère à crémaillère, gondole à crémaillère* - **p. 360**

RADIO, *radio* - **p. 360**

RADIO ADVERTISING, *publicité radiophonique, à la radio* - **p. 360**

RANDOM SAMPLE, *échantillon aléatoire* - **p. 361**

RANGED LEFT, *fer à gauche, marge à gauche* - **p. 361**

RANGED RIGHT, *fer à droite, marge à droite* - **p. 361**

RATE BASE, *base tarifaire, chiffres de diffusion servant de base à l'établissement des tarifs publicitaires (publicité-presse)* - **p. 361**

RATE CARD, *tarif* - **p. 362**

RATING, *indice d'écoute* - **p. 362**

RATING SERVICE, *service d'écoute* - **p. 362**

REACH, *audience cumulée* - **p. 362**

READER, *lecteur* - **p. 362**

READER(-STYLE) ADVERTISEMENT, *publireportage* - **p. 363**

READER SERVICE CARD OR READERS' ENQUIRY CARD, *carte service lecteur* - **p. 363**

READERSHIP, *lectorat, circulation* - **p. 363**

READERS PER COPY, *taux de circulation* - **p. 363**

READING AND NOTING SCORE, *score vu/lu* - **p. 363**

READING FIGURES, *lectorat, circulation* - **p. 363**

READING NOTICE (U.S.), *publireportage* - **p. 364**

READY FOR PRESS WITH CORRECTIONS, *bon à tirer après corrections* - **p. 364**

REAM, *rame (de papier)* - **p. 364**

REASON-WHY (ADVERTISEMENT), *publicité argumentée* - **p. 364**

REBATE, *ristourne* - **p. 364**

REBROADCAST (TO), *rediffuser* - **p. 364**

RECALL, *rappel, souvenir, mémorisation* - **p. 364**

RECALL SCORE, *score de mémorisation spontanée, score d'impact* - **p. 365**

RECALL SURVEY, *étude de mémorisation, de rappel spontané* - **p. 365**

RECALL TEST, *test de mémorisation, de rappel spontané* - **p. 365**

RECOGNITION, *identification, reconnaissance, reconnaissance d'une agence* - **p. 365**

RECOGNITION SCORE, *score de reconnaissance* - **p. 365**

RECOGNITION SURVEY, *étude d'identification, de reconnaissance* - **p. 366**

RECOGNITION TEST, *test de reconnaissance* - **p. 366**

RECORDED BROADCAST, *émission pré-enregistrée* - **p. 366**

RECORDING STUDIO, *studio d'enregistrement, auditorium* - **p. 366**

RECORD PAPER, *papier coquille, papier écriture* - **p. 366**

RECRUITMENT ADVERTISING, *annonces de recrutement* - **p. 367**

RECTO, *recto* - **p. 367**

REDEMPTION, *remontées* - **p. 367**

REDEMPTION RATE, *taux de remontées* - **p. 367**

REDUCED PRICE OFFER, *offre à prix réduit* - **p. 367**

REEL WIDTH, *laize* - **p. 367**

REFERRAL PREMIUM, *offre-ami, offre de parrainage* - **p. 367**

REGIONAL PRESS, *presse régionale* - **p. 367**

REGISTER, *repérage* - **p. 368**

REGISTER (TO) (typ.), *faire le repérage (typ.)* - **p. 368**

REGISTER MARK(S), *repère(s), croix de repères* - **p. 368**

REGISTERED TRADEMARK, *marque déposée* - **p. 368**

RELEASE PRINT, *copie d'antenne* - **p. 368**

RELIEF PRINTING, *impression en relief* - **p. 368**

REMINDER ADVERTISING, *publicité d'entretien, publicité de relance* - **p. 369**

RENEWAL, *remplacement d'une affiche détériorée* - **p. 369**

REP, *agent d'art* - **p. 369**

REPEAT, *ré-insertion, rediffusion* - **p. 369**

REPETITION, *répétition* - **p. 369**

REPLAY, *lecture d'un enregistrement* - **p. 369**

REPLY CARD, *carte-réponse* - **p. 369**

REPLY COUPON, *coupon-réponse* - **p. 370**

REPLY ENVELOPE, *enveloppe-réponse* - **p. 370**

REPLY-PAID ENVELOPE, *enveloppe « T »* - **p. 370**

REPRINT, *réimpression, « retirage », tirés-à-part, tirage à part* - **p. 370**

REPRINT (TO), *réimprimer* - **p. 370**

REPRODUCTION, *reproduction* - **p. 370**

REPRODUCTION PROOF, *épreuve de reproduction* - **p. 370**

REPROGRAPHIC PRINTING, *reprographie* - **p. 371**

REPRO PROOF OR PULL, *épreuve de reproduction* - **p. 371**

RERECORDING (sound), *repiquage (son.)* - **p. 371**

RERUN (TO), *rediffuser (cin., T.V.)* - **p.371**

RESPONDENT, *interviewé, personne interrogée, personne enquêtée* - **p. 371**

RESPONSE, *réponse, réaction* - **p. 371**

RESPONSE FUNCTION, *fonction réponse* - **p. 371**

RESPONSE RATE, *taux de réponse* - **p. 372**

RETAIL ADVERTISING, *publicité par les détaillants* - **p. 372**

RETAIL AUDIT, *panel détaillants* - **p. 372**

RETENTION TIME, *durée d'exposition à un message* - **p. 372**

RETOUCH (TO), *retoucher* - **p. 373**

RETOUCHING, *retouche* - **p. 373**

RETURN(S), *taux de réponse, recettes, rendement, retour, renvoi* - **p. 373**

RETURN ENVELOPE, *enveloppe-réponse* - **p. 373**

REUSABLE (CONTAINER) PACK, *conditionnement réutilisable* - **p. 373**

REVERSAL FILM, *film inversible* - **p. 373**

REVERSE (phot.), *inversion (phot.)* - **p. 373**

REVERSE, *verso* - **p. 374**

REVERSE OUT (TO), *mettre en réserve, réserver* - **p. 374**

REVERSE PLATE, *cliché noir au blanc* - **p. 374**

REVIEW BOARD MEETING, *réunion de bouclage* - **p. 374**

REVISE, *seconde épreuve* - **p. 374**

RIGHT-HAND SIDE, *recto* - **p. 374**

RIVER, *cheminée, lézarde* - **p. 374**

ROLLED FOLD, *pli roulé* - **p. 375**

ROMAN FACE, *caractère romain* - **p. 375**

ROTAIR, *« rotair »* - **p. 375**

ROTARY BULLETIN BOARD, *panneau peint faisant l'objet d'une rotation périodique* - **p. 375**

ROTARY PRESS, *rotative (n.)* - **p. 375**

ROTARY SCHEME (U.K.), *système de rotation périodique (affichage) (U.K.)* - **p. 375**

ROTASIGN (U.K.), *« rotasign » (U.K.)* - **p. 375**

ROTOGRAVURE (ROTO), *rotogravure* - **p. 376**

ROUGH (radio), *maquette sonore* - **p. 376**

ROUGHT CUT (cin.), *premier montage, prémontage (cin.)* - **p. 376**

ROUGH LAYOUT, *crayonné, esquisse, « rough »* - **p. 376**

ROUTING, *routage* - **p. 376**

R PRINT OR R TYPE, *dia-direct* - **p. 376**

RUBBER PLATE, *cliché en caoutchouc* - **p. 376**

RULE (typ.), *filet (typ.)* - **p. 376**

RUN, *tirage* - **p. 377**

RUN BACK (TO), *gagner (ligne)* - **p. 377**

RUN IN (TO), *faire suivre sans alinéa* - **p. 377**

RUNNING HEAD, *titre courant* - **p. 377**

RUN-OF-DAY (R.O.D.), *passage indéterminé dans la journée (radio, T.V.)* - **p. 377**

RUN-OF-MONTH (R.O.M.), *passage indéterminé dans le mois (radio, T.V.)* - **p. 377**

RUN-OF-PAPER, *emplacement indéterminé (au choix du journal)* - **p. 378**

RUN-OF-SCHEDULE, *passage indéterminé, « floating time »* - **p. 378**

RUN ON (TO), *faire suivre sans alinéa, imprimer une quantité supplémentaire par rapport à la quantité demandée (mille supplémentaire, mille en plus)* - **p. 378**

RUSHES, *« rushes », épreuves de tournage (C.G.L.F.)* - **p. 379**

SADDLE-STITCH (TO), *piquer à cheval* - **p. 380**

SALES AIDS, *aides à la vente* - **p. 380**

SALES CONFERENCE, *réunion de vente* - **p. 380**

SALES CONTEST, *concours de vente* - **p. 380**

SALES DIRECTOR, *directeur, chef des ventes* - **p. 381**

SALES DRIVE, *animation des ventes* - **p. 381**

SALES FOLDER, *argumentaire* - **p. 381**

SALES INCENTIVE, *incitation à la vente* - **p. 381**

SALES LETTER, *lettre publicitaire, de vente* - **p. 381**

SALES LITERATURE, *documentation publicitaire, commerciale* - **p. 381**

SALES MANAGER, *directeur des ventes, chef des ventes* - **p. 381**

SALES PITCH, *argumentation (du vendeur)* - **p. 382**

SALES PORTFOLIO, *argumentaire* - **p. 382**

SALES POTENTIAL, *potentiel de ventes* - **p.** 382

SALES PRESENTER OR PROMOTER, *argumentaire* - **p.** 382

SALES PROMOTION, *promotion des ventes* - **p.** 382

SALES PROMOTION DEPARTMENT, *service promotion des ventes* - **p.** 383

SALES PROMOTION MANAGER, *directeur de la promotion des ventes* - **p.** 383

SAME SIZE, *tel* - **p.** 383

SAMPLE, *échantillon* - **p.** 383

SAMPLING, *échantillonnage, distribution d'échantillons gratuits* - **p.** 383

SAMPLING DEMONSTRATION, *dégustation* - **p.** 384

SAMPLING ERROR, *taux d'erreur par rapport à l'univers, intervalle de confiance* - **p.** 384

SAMPLING OFFER, *offre d'essai, offre d'échantillons gratuits* - **p.** 384

SANDWICH-BOARD ADVERTISING, *publicité par homme-sandwich* - **p.** 384

SANS SERIF, *sans empattement (caractère)* - **p.** 384

SATURATION ADVERTISING, *matraquage publicitaire* - **p.** 384

SAVE OUT (TO), *mettre en réserve, réserver* - **p.** 385

SCAMP, *maquette* - **p.** 385

SCAN (TO) (print.), *sélectionner les couleurs par électronique (impr.)* - **p.** 385

SCANNER, *« scanner », scanneur* - **p.** 385

SCENARIO, *scénario* - **p.** 385

SCENTED INK, *encre parfumée* - **p.** 385

SCHEDULE, *calendrier de campagne* - **p.** 385

SCHEME ADVERTISING, *publicité hors-média* - **p.** 385

SCHWERIN METHOD, *méthode « Schwerin »* - **p.** 385

SCRAMBLED MERCHANDISING, *diversification des produits offerts aux points de vente* - **p.** 386

SCRAPBOOK, *album de presse* - **p.** 386

SCRAPERBOARD, *carte à gratter* - **p.** 386

SCREAMER, *point d'exclamation (après un titre), titre exclamatif* - **p.** 386

SCREEN, *écran, trame (impr.)* - **p.** 386

SCREEN (TO), *filtrer, projeter (cin.), visionner (cin.)* - **p.** 387

SCRIPT, *script* - **p.** 387

SCRIPT CLERK, GIRL OR SUPERVISOR, *scripte, secrétaire de plateau* - **p.** 387

SCRIPTWRITER, *scénariste* - **p.** 387

SEASONAL ADVERTISING, *publicité saisonnière* - **p.** 387

SEASONAL CONCENTRATION, *concentration de l'activité promotionnelle sur une partie de l'année* - **p.** 387

SEASONAL RATE, *tarif saisonnier* - **p.** 388

SECONDARY MEDIUM, *média d'accompagnement, média secondaire* - **p.** 388

SECONDARY READERSHIP, *lectorat secondaire* - **p.** 388

SECOND COLOUR, *couleur d'accompagnement* - **p.** 388

SECOND COVER, *deuxième de couverture* - **p.** 388

SEEN/ASSOCIATED SCORE, *score d'attribution* - **p.** 388

SEGMENTATION, *segmentation du marché* - **p.** 389

SELF-ADHESIVE LABEL, *étiquette autocollante* - **p.** 389

SELF-COVER, *couverture de la même qualité que les pages de texte* - **p.** 389

SELF-EXPLANATORY LABEL, *étiquette parlante* - **p.** 389

SELF-LIQUIDATING PREMIUM, SELF-LIQUIDATOR, *offre auto-payante* - **p.** 389

SELF-MAILER, *tout-en-un, « self-mailer »* - **p.** 389

SELF-STICKING LABEL, *étiquette autocollante* - **p.** 390

SELLING IDEA, *idée de vente* - **p.** 390

SELLING-IN, *vente au distributeur* - **p.** 390

SELLING-OUT, *vente du distributeur au consommateur (P.L.V., merchandising, etc.)* - **p.** 390

SEMI-DISPLAY CLASSIFIED, *annonce classée grand format* - **p.** 390

SEMI-SPECTACULAR, *panneau animé* - **p.** 390

SENTENCE COMPLETION TEST, *test projectif avec phrases à compléter* - **p.** 391

SEPARATE COPIES, *tirés-à-part, tirage à part* - **p.** 391

SERIAL, *feuilleton* - **p.** 391

SERIES (radio, T.V.), *série (radio, T.V.)* - **p.** 391

SERIES DISCOUNT OR RATE, *tarif dégressif pour une série d'insertions* - **p.** 391

SERIF, *empattement* - **p.** 391

SERIGRAPHY, *sérigraphie* - **p.** 392

SET, *décor, plateau* - **p.** 392

SET (TO) (type), *composer* - **p.** 392

SET SIZE, *chasse* - **p.** 392

SET SOLID (TO), *serrer, resserrer (typ.)* - **p.** 392

SETTING-UP (print.), *composition (impr.)* - **p.** 392

SHADED RULE, *filet gras-maigre* - **p.** 393

SHEET (U.K.), *lé de 50 cm x 75 cm* - **p.** 393

SHEET (U.S.), *lé de 70 cm x 100 cm* - **p.** 393

SHEET(-FED) PRESS, *presse à feuilles* - **p.** 393

SHELF, *étagère de gondole* - **p.** 393

SHELF CARD, *affiche de rayon* - **p.** 393

SHELF EXTENDER, *avancée de rayon* - **p.** 394

SHELF FACING, SHELF SPACE, *linéaire de présentation* - **p.** 394

SHELF STRIP, *glissière porte-étiquette* - **p.** 394

SHELF TALKER, *étiquette promotionnelle de gondole* - **p.** 394

SHELF TAPE, *bande étiquette adhésive* - **p.** 394

SHELF WOBBLER, *étiquette promotionnelle de gondole* - **p.** 394

SHOOT (TO) (cin.), *tourner (cin.)* - **p.** 395

SHOOTING, *tournage, prises de vue* - **p.** 395

SHOOTING SCRIPT, *découpage (cin.)* - **p.** 395

SHOP AUDIT, *panel détaillants* - **p.** 395

SHOPPING GOODS, *produits à achat réfléchi, raisonné* - **p.** 395

SHORT RATE, *tarif réajusté* - **p.** 395

SHOT, *photographie, plan* - **p.** 395

SHOULDER TIME (radio, T.V.), *tranche horaire située avant ou après l'heure de grande écoute* - **p.** 396

SHOW, *salon, exposition, foire* - **p.** 396

SHOWCARD, *affiche cartonnée* - **p.** 396

SHOWCASE, *vitrine* - **p.** 396

SHOWING, *couverture d'affichage, réseau d'affichage* - **p.** 396

SHOWROOM, *magasin d'exposition* - **p.** 397

SHRINK-PACK, SHRINK-WRAPPING, *emballage sous film rétractable* - **p.** 397

SIDE-BIND (TO), *piquer à plat* - **p.** 397

SIDE-HEAD, *sous-titre latéral* - **p.** 397

SIDE-STITCH (TO), *piquer à plat* - **p.** 397

SIGN, *enseigne, panneau* - **p.** 397

SIGNATURE, *logotype, indicatif, cahier, signature (reliure)* - **p.** 398

SIGNATURE TUNE, *indicatif musical* - **p.** 398

SIGNS, *signalisation* - **p.** 398

SILENT SALESMAN, *présentoir, emballage attractif* - **p.** 398

SILHOUETTE HALFTONE, *simili détouré* - **p.** 398

SILK SCREEN(ING), *sérigraphie* - **p.** 399

SIMPLE LAYOUT, *« rough », crayonné, esquisse* - **p.** 399

SINGLE COLUMN CENTIMETRE, *centimètre-colonne* - **p.** 399

SINGLE COLUMN INCH (S.C.I.), *pouce-colonne* - **p.** 399

SINGLE COLUMN MILLIMETRE, *millimètre-colonne* - **p.** 399

SINGLE-RATE CARD, *tarif unique* - **p.** 399

SINGLE-USE GOODS, *biens de consommation non durables, « jetables »* - **p.** 399

SIXTEEN-SHEET POSTER, *affiche format 2 m x 3 m (U.K.)* - **p.** 400

SKIN-PACK, *emballage bulle* - **p.** 400

SLEEPER, *adresse piège* - **p.** 400

SLICK, *épreuve sur papier couché* - **p.** 400

SLIDE, *diapositive* - **p.** 400

SLIDE ADVERTISING, *publicité par diapositives* - **p.** 400

SLIPPAGE, *non-utilisation de la promotion* - **p.** 400

SLIPPAGE RATE, *taux de non-utilisation (d'une promotion)* - **p.** 401

SLOGAN, *slogan* - **p.** 401

SLUG, *ligne-bloc* - **p.** 401

SMALL AD(S) (U.K.), *petite(s) annonce(s), annonce(s) classée(s)* - **p. 401**

SMALL LETTER (typ.), *minuscule* - **p. 401**

SMALLS (U.K.), *petites annonces, annonces classées* - **p. 401**

SMUDGE (TO), *maculer* - **p. 402**

SOCIAL CLASS (U.S.), SOCIO-ECONOMIC GROUP (U.K.), *catégorie socio-professionnelle* - **p. 402**

SOFT FOCUS, *flou artistique (cin.)* - **p. 402**

SOFT GOODS, *biens de consommation non durables* - **p. 402**

SOFT-SELL ADVERTISING, *publicité informative* - **p. 402**

SOLID, *plein, aplat* - **p. 403**

SOLO-MAILING, *« one-shot »* - **p. 403**

SOLUS ADVERTISEMENT, SOLUS POSITION (U.K.), *annonce isolée, emplacement isolé, exclusif* - **p. 403**

SOLUS SITE (U.K.), *panneau d'affichage isolé* - **p. 403**

SOUND EFFECTS, *trucages sonores, effets sonores, bruitages* - **p. 403**

SOUNDTRACK, *bande son* - **p. 403**

SPACE, *espace* - **p. 404**

SPACE (print.), *blanc (impr.)* - **p. 404**

SPACE-BOOKING, *réservation d'espace* - **p. 404**

SPACE BROKER, *centrale d'achat d'espace* - **p. 404**

SPACE BUYER, *responsable de l'achat d'espace, acheteur d'espace (presse, affichage)* - **p. 404**

SPACE BUYING, *achat d'espace* - **p. 404**

SPACE DISCOUNT, *dégressif sur le nombre d'insertions* - **p. 404**

SPACE POSITION VALUE, *valeur de l'emplacement (affichage)* - **p. 404**

SPACE SELLING ORGANISATION, *régie publicitaire* - **p. 405**

SPECIAL, *offre spéciale* - **p. 405**

SPECIAL COLOUR, *couleur spéciale* - **p. 405**

SPECIAL DISPLAY, *mise en avant* - **p. 405**

SPECIAL EFFECT, *trucage ou truquage* - **p. 405**

SPECIALIST MAGAZINE, *magazine spécialisé* - **p. 405**

SPECIAL OFFER, *offre spéciale* - **p. 406**

SPECIAL POSITION, *emplacement privilégié, préférentiel* - **p. 406**

SPECIALTY (U.S.), *cadeau publicitaire, cadeau-prime* - **p. 406**

SPECIALTY GOODS, *produits spécialisés* - **p. 406**

SPECIFICATION SHEET, *notice technique* - **p. 406**

SPECIFIER, *prescripteur* - **p. 406**

SPECTACULAR (U.K.), *panneau géant animé (n.)* - **p. 406**

SPECTACULAR DISPLAY, *étalage d'attraction* - **p. 407**

SPEECH BUBBLE, *bulle (bande dessinée)* - **p. 407**

SPEEDED-UP MOTION, *accéléré (n.)* - **p. 407**

SPILL-OVER EFFECTS, SPIN-OFF, *retombées* - **p. 407**

SPLICE, *collure, point de collage* - **p. 407**

SPLICE (TO), *coller, réparer un film, une bande* - **p. 407**

SPLIT FRAME (T.V., cin.), *image fractionnée, « split frame »* - **p. 407**

SPLIT RUN, *split run, tirage alterné ou équifractionné (C.G.L.F.)* - **p. 408**

SPLIT RUN TEST, *« split run test », test sur tirage alterné ou équifractionné* - **p. 408**

SPLIT SCREEN, *image fractionnée, « split frame »* - **p. 408**

SPLIT-TEST, *« split-test »* - **p. 408**

SPONSOR, *commanditaire (C.G.L.F.), « sponsor »* - **p. 408**

SPONSOR (TO), *commanditer, parrainer, patronner (C.G.L.F.), « sponsoriser »* - **p. 409**

SPONSORED FILM, *film d'information publicitaire, film d'entreprise* - **p. 409**

SPONSORED RADIO/TELEVISION, *parrainage ou « sponsoring » d'émissions à la radio ou à la télévision, émissions commanditées (C.G.L.F.)* - **p. 409**

SPONSORING, SPONSORSHIP, *« sponsoring », parrainage, patronage (C.G.L.F.)* - **p. 409**

SPOT (ADVERTISEMENT), *spot, message publicitaire (radio, T.V.), (C.G.L.F.)* - **p. 409**

SPOT COLOUR, SPOT COLOR (U.S.), *couleur d'accompagnement* - **p. 410**

SPOT DRAWING, *vignette* - **p. 410**

SPOT RADIO, *publicité sur radio locale* - **p. 410**

SPOT TELEVISION, *publicité sur une chaîne régionale* - **p. 410**

SPOTTER, *stop-rayon* - **p. 411**

SPREAD, *double page* - **p. 411**

SPREAD TRAFFIC, *taux de lecture d'une double page (par rapport à l'ensemble de la publication)* - **p. 411**

SQUARED-UP HALF-TONE, *simili carré* - **p. 411**

STAMP CARD, *carte de fidélité* - **p. 411**

STAND, *stand* - **p. 411**

STANDARD DEVIATION (stat.), *écart-type (stat.)* - **p. 411**

STANDARD ERROR (stat.), *intervalle de confiance (stat.)* - **p. 412**

STANDARD TYPE, *caractère normal* - **p. 412**

STENCIL, *stencil* - **p. 412**

STEREOTYPE, *stéréotype, cliché* - **p. 412**

STICKER, *autocollant, adhésif (n.)* - **p. 412**

STILL, *photographie (empruntée au film), photographie publicitaire* - **p. 413**

STOCK, *pellicule vierge* - **p. 413**

STOCK MUSIC, *musique d'archives* - **p. 413**

STOCK SHOT, *plan d'archives* - **p. 413**

STONE (print.), *marbre (impr.)* - **p. 413**

STONE EDITOR, *rédacteur au marbre* - **p. 413**

STOP ACTION, *arrêt sur image, image arrêtée* - **p. 413**

STOP FRAME ANIMATION, STOP MOTION (U.S.), *prise de vues image par image, film d'animation* - **p. 413**

STOPPER, *« stopper », barre-route* - **p. 414**

STORE AUDIT (U.S.), *panel détaillants* - **p. 414**

STORECAST, *animation radiophonique dans un magasin* - **p. 414**

STORE CHECK, *« store check », tournée de magasins* - **p. 414**

STORYBOARD, *storyboard, scénarimage (C.G.L.F.)* - **p. 414**

STRATEGY, *stragégie* - **p. 415**

STRATIFICATION, *stratification* - **p. 415**

STREAMER, *banderole, oriflamme* - **p. 415**

STRIPPING, *pelliculage* - **p. 415**

STRUCTURED INTERVIEW, *entretien avec questionnaire pré-établi* - **p. 415**

STUDIO, *agence, studio photographique, studio d'exécution* - **p. 416**

STUFFER, *encart-colis* - **p. 416**

STYLE LEADER, *prescripteur* - **p. 416**

STYLING, *stylisme* - **p. 416**

STYLIST, *styliste* - **p. 416**

SUBHEAD(ING), *sous-titre* - **p. 417**

SUBLIMINAL ADVERTISING, *publicité subliminale* - **p. 417**

SUBSCRIBER, *abonné* - **p. 417**

SUBSCRIPTION, *abonnement* - **p. 417**

SUBSTANCE, *grammage* - **p. 417**

SUBSTITUTE, *produit de substitution* - **p. 418**

SUBTRACTIVE COLOUR MIXING, *synthèse soustractive* - **p. 418**

SUBWAY CARD (U.S.), *oriflamme métro* - **p. 418**

SUPERCALENDERED PAPER, *papier surglacé* - **p. 418**

SUPERSITE, *panneau spécial* - **p. 419**

SUPPLEMENT (press), *supplément (press)* - **p. 419**

SUPPORT MEDIUM, *média d'accompagnement, média secondaire* - **p. 419**

SURPRINT, *surimpression* - **p. 419**

SURVEY, *enquête, étude* - **p. 419**

SWASH LETTER, *lettre ornée* - **p. 420**

SWEEPSTAKE, *« sweepstake »* - **p. 420**

SWING TAG, *étiquette mobile* - **p. 420**

SYNC SOUND, *son direct, enregistrement direct, synchronisation son-image* - **p. 420**

SYNOPSIS, *synopsis* - **p. 420**

TABLOID (N.), *tabloïd (n.)* - **p. 421**

TACHISTOSCOPE, *tachistoscope* - **p. 421**

TACTICS, *tactique* - **p. 421**

TAG, *étiquette* - **p. 422**

TAILOR (TO), *adapter* - **p. 422**

TAKE, *prise de vues, prise de son* - **p. 422**

«TAKE-ONE» (PAD), *bloc de prospectus mis à la disposition des clients, «dépliants libre-service»* - **p. 422**

TALENT, *artistes* - **p. 422**

TAPE PLAN, *opération cadeau contre remise de tickets de caisse* - **p. 422**

TARGET, *cible* - **p. 423**

TARGET AUDIENCE, *audience utile* - **p. 423**

TARGET GROUP, TARGET MARKET, *cible* - **p. 423**

TEAR SHEET, *justificatif de parution* - **p. 423**

TEASER, *annonce-mystère, aguiche (C.G.L.F.), «teaser»* - **p. 423**

TEASER CAMPAIGN, *campagne-mystère, campagne «teasing»* - **p. 424**

TECHNICAL, *détails techniques* - **p. 424**

TECHNICAL PRESS, *presse spécialisée, presse technique* - **p. 424**

TELECOPIER, *télécopieur* - **p. 424**

TELEMARKETING, *télémarketing* - **p. 424**

TELEPHONE SELLING, *vente par téléphone* - **p. 424**

TELEPHONE SURVEY, *enquête par téléphone* - **p. 424**

TELETEXT, *télétexte, vidéographie diffusée* - **p. 424**

TELEVISION, *télévision* - **p. 425**

TELEVISION ADVERTISING, *publicité télévisée, à la télévision* - **p. 425**

TELEVISION CONSUMER AUDIT, *mesure de l'impact sur un échantillon de téléspectateurs* - **p. 425**

TELEVISION RATING *indice d'écoute (T.V.)* - **p. 425**

TERTIARY READERSHIP, *lectorat tertiaire, lecteurs occasionnels* - **p. 425**

TEST, *test* - **p. 426**

TESTIMONIAL ADVERTISING, *publicité testimoniale* - **p. 426**

TEST-MARKET, *marché-test* - **p. 426**

TEST-MARKETING, *tests de marché, «test-marketing»* - **p. 426**

THERMOGRAPHY, *thermogravure* - **p. 427**

THICK RULE, *filet mat* - **p. 427**

THIRD COVER, *troisième de couverture* - **p. 427**

30-SHEET POSTER (U.S.), *affiche de 6,50 m x 3 m (environ)* - **p. 427**

32-SHEET POSTER (U.K.), *(affiche) 4 x 3* -**p. 427**

THREE-COLOUR PROCESS, *trichromie* - **p. 427**

THREE-DIMENSIONAL BOARD, *panneau tri-dimensionnel* - **p. 427**

THREE-SHEET POSTER (U.S.), *affiche de 3,60 m x 1,20 m* - **p. 428**

THROWAWAY, *prospectus* - **p. 428**

THUMBNAIL (n.), *croquis* - **p. 428**

TIE-BREAKER, *question subsidiaire* - **p. 428**

TIE-IN ADVERTISEMENT, *annonce collective* - **p. 428**

TIE-IN-SALE, *vente jumelée, vente liée* - **p. 428**

TILL CANCELLED, TILL COUNTERMANDED OR FORBID, *sans date limite, à durée indéterminée* - **p. 428**

TIME-CODE (cin.), *code temporel (C.G.L.F.), «time-code» (cin.)* - **p. 429**

TIME DISCOUNT, *dégressif sur le temps acheté* - **p. 429**

TIME SCHEDULE, *calendrier de campagne (radio, T.V.)* - **p. 429**

TIME SEGMENT, *tranche horaire* - **p. 429**

TINT BLOCK, *cliché d'aplat* - **p. 429**

TIP-IN, *encart broché* - **p. 429**

TIP-ON, *encart collé, carte collée* - **p. 429**

TITLE CARD (cin.), *carton (cin.)* - **p. 430**

TITLE CORNER, *oreille publicitaire, manchette publicitaire* - **p. 430**

TITLE STAND, *banc-titre* - **p. 430**

TOMBSTONE ADVERTISEMENT (U.S.), *«pierre tombale»* - **p. 430**

TOP (FIXING) RATE (T.V.) (U.K.), *tarif maximum garantissant le passage dans l'écran choisi (T.V.)* - **p. 430**

TOTAL EFFECTIVE EXPOSURE, *exposition réelle totale* - **p. 430**

TRADE ADVERTISING, *publicité destinée aux distributeurs* - **p. 431**

TRADE AND TECHNICAL PRESS, *presse professionnelle* - **p. 431**

TRADE-CHARACTER, *personnage publicitaire, animateur(trice) costumé(e)* - **p. 431**

TRADE FAIR, *foire commerciale* - **p. 431**

TRADEMARK (OR TRADE-MARK), *marque de fabrique* - **p. 431**

TRADENAME, *marque de fabrique* - **p. 431**

TRADE PRESS, *presse professionnelle (commerçants)* - **p. 432**

TRADE SHOW, *salon commercial* - **p. 432**

TRADING-STAMP, *point-cadeau, timbre-prime, timbre-ristourne, timbre d'achat* - **p. 432**

TRAFFIC, *flux de clientèle, trafic-planning* - **p. 432**

TRAFFIC-BUILDER, *«traffic-builder», cadeau de bienvenue, cadeau de création de trafic* - **p. 433**

TRAFFIC CONTROLLER, *responsable du trafic-planning* - **p. 433**

TRAFFIC COUNT, *comptage de circulation* - **p. 433**

TRAFFIC DEPARTMENT, *service trafic-planning, service trafic* - **p. 433**

TRAFFIC PLANNING, *trafic-planning* - **p. 433**

TRAFFIC TIME (car radio), *heure de grande écoute (en voiture)* - **p. 433**

TRAIN ADVERTISING, *publicité S.N.C.F.* - **p. 434**

TRANNY, *diapositive* - **p. 434**

TRANSFER KEY (trademark), *Transfer key (marque)* - **p. 434**

TRANSIENT, *passager, éphémère* - **p. 434**

TRANSIT ADVERTISING (U.S.), *publicité transport* - **p. 434**

TRANSMISSION CERTIFICATE (U.K.), *justificatif de diffusion* - **p. 434**

TRANSPARENCY, *film diapositif, diapositive* - **p. 434**

TRANSPORT(ATION) ADVERTISING, *publicité transport, affichage transport* - **p. 435**

TRAVELLING, TRAVELING (U.S.), *travelling* - **p. 435**

TRAVELLING DISPLAY, *étalage mobile, itinérant, publicité sur un véhicule de transport* - **p. 435**

TRIAD (TRIADIC TEST), *test comparatif entre trois produits* - **p. 435**

TRIAL, *essai* - **p. 436**

TRIANGULAR TEST, *test comparatif entre trois produits* - **p. 436**

TRIM (TO), *rogner* - **p. 436**

T-SCOPE, *tachistoscope* - **p. 436**

TUBE CARD (U.K.), *affiche dans les voitures du métro, oriflamme métro* - **p. 436**

12-POINT SIZE, *douze, cicero* - **p. 436**

24-HOUR RECALL, *test de mémorisation différée, «day-after recall» (D.A.R.)* - **p. 436**

24-SHEET POSTER (U.S.), *affiche de 6 m x 2,60 m (environ)* - **p. 437**

TWO-COLOUR PROCESS *bichromie* - **p. 437**

TWO PAGES FACING BLEED INTO GUTTER, *double page* - **p. 437**

TYPE, *caractère (d'imprimerie)* - **p. 437**

TYPE AREA, *surface d'impression* - **p. 437**

TYPE C PRINT, *procédé de tirage couleurs* - **p. 437**

TYPE FACE OR TYPEFACE, *œil de la lettre, caractère, lettre* - **p. 437**

TYPE R PRINT, *dia-direct* - **p. 438**

TYPESETTER, *compositeur, composeuse* - **p. 438**

TYPESETTING, *composition (typ.)* - **p. 439**

TYPESETTING MACHINE, *composeuse* - **p. 439**

TYPE SIZE, *corps de la lettre* - **p. 439**

TYPOGRAPHER, *typographe* - **p. 439**

TYPOGRAPHY, *typographie* - **p. 440**

UNDER-EXPOSE (TO), *sous-exposer* - **p. 441**

UNDERGROUND ADVERTISING, *publicité dans le métro* - **p. 441**

UNDUPLICATED AUDIENCE, *audience non dupliquée* - **p. 441**

UNGLAZED, *mat* - **p. 441**

UNIQUE SELLING PROPOSITION, *« Unique Selling Proposition », proposition exclusive de vente* - **p. 442**

UNIVERSE (stat.), *univers (stat.)* - **p. 442**

UNSOLD COPIES, *invendus, bouillon* - **p. 442**

UNSTRUCTURED INTERVIEW, *entretien non directif* - **p. 442**

UP-FRONT RESPONSE, *premières remontées* - **p. 442**

UPPER CASE, *haut de casse, lettres capitales* - **p. 442**

URBAN FURNITURE, *mobilier urbain* - **p. 443**

USAGE PULL, *« usage pull »* - **p. 443**

USE-THE-USER, *offre-ami, parrainage,* - **p. 443**

VALUED IMPRESSIONS PER POUND (U.K.), *estimation du nombre de contacts par franc investi* - **p. 444**

VAN DYKE (trademark), *épreuve Van Dyck* - **p. 444**

VARNISHING, *vernissage* - **p. 444**

VERSO, *verso* - **p. 444**

VERTICAL ADVERTISING, *publicité à frais partagés (distributeur)* - **p. 445**

VERTICAL PUBLICATION, *publication verticale* - **p. 445**

VIDEO (n. and adj.), *vidéo (n. et adj.)* - **p. 445**

VIDEO CASSETTE RECORDER *magnétoscope* - **p. 445**

VIDEO CASSETTE RECORDING *enregistrement sur vidéo-cassette* - **p. 445**

VIDEOTEX, *vidéographie* - **p. 445**

VIEWDATA, *vidéographie interactive* - **p. 446**

VIGNETTE, *vignette* - **p. 446**

VIGNETTE HALFTONE, *simili dégradé* - **p. 447**

VISUAL, *« rough », crayonné, esquisse* - **p. 447**

VISUAL DISPLAY UNIT *écran de visualisation* - **p. 447**

VISUALISER, VISUALIZER *dessinateur, « roughman »* - **p. 447**

VISUALIZATION, *visualisation (traduction en éléments visuels)* - **p. 447**

VOICE IN, *« voix in », voix dans le champ (C.G.L.F.)* - **p. 447**

VOICE OFF, *« voix off », voix hors-champ (C.G.L.F.), « voice over »* - **p. 448**

VOICE-OVER (C.G.L.F.), *« voix off », voix hors-champ, « voice over »* - **p. 448**

VOLUME DISCOUNT, *remise sur la quantité, dégressif sur le volume (publicité)* - **p. 448**

VOLUNTARY CONTROLS, *autodiscipline* - **p. 448**

VOUCHER (COPY), *justificatif de parution* - **p. 448**

VOUCHER CLERK, *contrôleur de parution* - **p. 448**

WALL SIGN, *panneau mural* - **p. 449**

WASH DRAWING, *dessin au lavis* - **p. 449**

WASTE CIRCULATION, *diffusion inutile, hors-cible* - **p. 449**

WEB, *bobine* - **p. 449**

WEB(-FED) PRESS, *presse à bobine* - **p. 450**

WEEKLY (PUBLICATION), *hebdomadaire (journal)* - **p. 450**

WEIGHT (print.), *graisse (impr.)* - **p. 450**

WET ON WET, *impression humide* - **p. 450**

WHITE OUT (TO), *blanchir (typ.)* - **p. 450**

WHOLE-PAGE ADVERTISEMENT, *annonce pleine page* - **p. 450**

WIDE-ANGLE LENS, *grand angle* - **p. 450**

WIDOW (print.), *ligne creuse, squelette (impr.)* - **p. 450**

WINDOW DRESSER, *étalagiste* - **p. 451**

WINDOW DRESSING, *étalage (réalisation d')* - **p. 451**

WINDOW POSTER, *affiche de vitrine* - **p. 451**

WIPE, *fermeture par volet* - **p. 451**

WORD ASSOCIATION TEST, *test d'association de mots* - **p. 451**

WORD-PLAY, *jeu de mots* - **p. 451**

WORKPRINT (cin.), *copie (de) travail (cin.)* - **p. 451**

WRAPAROUND PLATE (print.), *plaque enveloppante (impr.)* - **p. 452**

WRITING, *graphie, écriture* - **p. 452**

XEROGRAPHY, *xérographie* - **p. 453**

XEROX (trademark), *photocopie* - **p. 453**

X-HEIGHT, *hauteur d'œil* - **p. 453**

YEARBOOK, *annuaire (organismes, universités, etc.)* - **p. 454**

YOU APPROACH, *approche personnalisée* - **p. 454**

ZINCO (print.), *zinc (impr.)* - **p. 455**

ZONE, *région, zone, secteur* - **p. 455**

ZONED ADVERTISING, *publicité régionale* - **p. 455**

ZONED CAMPAIGN, *campagne régionale* - **p. 455**

ZOOM, *zoom, travelling optique* - **p. 456**

ANGLAIS ■ ENGLISH

DÉFINITIONS

FRANÇAIS ■ FRENCH

**above-the-line
advertising**

▶ **publicité média**: ensemble des activités publicitaires couvertes par les cinq médias traditionnels – la presse, la télévision, la radio, le cinéma, l'affichage – sur lesquelles l'agence perçoit une commission. ◆ *Voir*: **publicité hors-média.**

Advertising in the five traditional media (press, T.V., radio, cinema, outdoor/transportation) for which a commission is payable to the recognised advertising agency. ◆ *Syn.*: **media advertising.** ◆ *See*: **below-the-line advertising.**

abribus (F.)

▶ abribus.

See: **urban furniture.**

accordion fold

▶ **pli accordéon, pli paravent, zigzag:** feuille dont les plis se chevauchent comme dans un accordéon, de façon à obtenir un dépliant grand format lorsqu'on l'ouvre.
Les autres plis les plus courants sont:
• le pli croisé ou «French fold»;
• le pli roulé.

P1	P4
P2	P3

French fold
Pli croisé

Alternate, accordion-like folds in a sheet of material that unfolds into a broadsheet. ◆ *Syn.*: **concertina fold, fanfold.** The most common other folds are: • the French fold or cross-fold; • the rolled fold.

account

▶ **budget d'un annonceur (géré par une agence):** client d'une agence de publicité.

The client of an advertising agency.

account controller or director

▶ chef de groupe, directeur de clientèle (agence).

See: account executive.

account executive, handler or man

▶ **chef de publicité (agence):** cadre, dans une agence, chargé de la liaison entre l'agence et ses clients.
«Le chef de publicité informe le personnel de l'agence de la politique et des besoins du client, et présente au client les propositions et les idées de l'agence...» On distingue: • le chef de publicité qui ne s'occupe que d'un ou de deux budgets; • le chef de groupe et le directeur de clientèle, qui ont davantage de clients et supervisent l'action de plusieurs chefs de publicité – les différents titres correspondant à des niveaux de responsabilité différents.

An executive in an advertising agency, maintaining liaison between the agency and its clients.
«The account executive interprets the policy and the needs of the client to the agency staff, presents the agency proposals and ideas to the client...». *D.M.C.*, 6. • He is variously called account man, account handler. • The account controller, director, manager or supervisor controls groups of accounts and supervises the work of several account executives. ◆ *N.B.*: the different titles indicate degrees of responsibility.

account manager

▶ chef de groupe, directeur de clientèle (agence).

See: account executive.

account supervisor

▶ chef de groupe, directeur de clientèle (agence).

See: account executive.

action cards (U.S.) ▶ **cartes d'information groupées :** paquet de cartes comprenant une annonce et un coupon-réponse, envoyé par des régies spécialisées à des clients appartenant à des fichiers spécifiques (abonnés à un support, clientèle de la vente par correspondance, etc.).

A pack of cards including an advertisement and a reply coupon sent by a specialised advertising organisation to prospects from specific lists (subscribers to magazines, dailies, mail-order customers, etc.).

active (n.) ▶ **actif (n.) :** personne sur un fichier ayant effectué un achat dans un laps de temps donné (généralement un an).

An individual on a list who has made a purchase within a specified period of time (usually a year).

ad ▶ « pub ».

See : **advertisement.**

adaptation ▶ **adaptation publicitaire :** transposition dans une autre langue d'un message publicitaire original, en tenant compte de l'environnement culturel, linguistique et social concerné. Son objectif est de véhiculer le message publicitaire d'un pays à un autre en lui conservant tout son impact, quel que soit le marché-cible.

Transposition of advertising or promotional copy into another language with due consideration to the different cultural, social and linguistic environment. The purpose of adaptation is to convey an advertising message to a new target market, while preserving all the impact of the original. ◆ *Syn. :* **copy adaptation.**

adapter, adaptor ▶ **adaptateur rédacteur publicitaire :** concepteur et/ou rédacteur chargé de l'adaptation des messages publicitaires d'une langue source à une langue cible. ◆ *Voir :* **adaptation, concepteur-rédacteur.**

A copywriter responsible for adapting advertising and promotional copy from its original language to a different one. ◆ *Syn :* **copy adapter or adaptor.** ◆ *See :* **adaptation, copywriter.**

additive colour mixing ▶ **synthèse additive :** moyen de reproduction des couleurs par le mélange des lumières. En faisant converger trois faisceaux lumineux de couleurs différentes, bleu, vert et rouge, on obtient un point de lumière blanche, dont l'intensité est supérieure à celle de chaque faisceau pris séparément. ◆ *Voir :* **synthèse soustractive.**

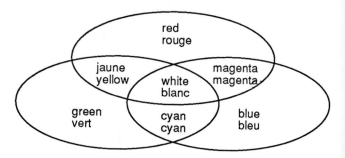

A means of reproducing colours by mixing lights. The convergence of three beams of different colours, e.g. blue, green and red, results in a white-light spot whose intensity is higher than that of each separate beam. ◆ *See :* **subtractive colour mixing.**

address line ▶ **ligne d'adresse :** partie de l'annonce ou du document promotionnel sur lequel figure l'adresse de l'annonceur. ◆ *Voir :* **assise, « base line ».**

The part of an advertisement or promotional piece showing the address of the advertiser. ◆ *See :* **base line.**

addressograph plate ▶ **plaque-adresse :** cliché typographique servant à imprimer des adresses sur des enveloppes à l'aide d'un ruban encré.

A letterpress plate used for printing addresses on envelopes through an inked ribbon.

adhesive binding ▶ **brochage sans couture, reliure sans couture, dos collé.**

See : **perfect binding.**

ad hoc survey

▶ enquête ponctuelle, occasionnelle: étude d'un sujet spécifique à un moment donné. ◆ *Voir*: **enquête permanente.**

The survey of a specific subject at a given time. ◆ *See*: **continuous research.**

adjacency (U.S.)

▶ écran.

See: **break.**

adman

▶ publicitaire (n.).

See: **advertising man.**

admass (or ad-mass)

▶ 1) **publicité massive, de saturation:** «Usage systématique et exagéré des moyens de communication de masse (télévision, radio, journaux, etc.) par les entreprises industrielles et commerciales, pour leur publicité...»
▶ 2) **publicité grand public.**

1) «The systematic and excessive use of the mass-media (television, radio, newspapers, etc.) by commercial and industrial firms for powerful advertising...». *L.D.C.E.*, 12. ◆ *Syn.*: **mass advertising.**
2) Advertising geared to the general public. ◆ *Syn*: mass advertising.

Adshel (U.K.)

▶ affiche 1 x 1,50 m. (zone commerciale), «Adshel»: Adshel est le nom d'une société d'affichage souvent utilisé pour désigner les affiches 1 x 1,50 m dans les centres commerciaux, les rues commerçantes et les abribus.

A poster contractor. Often used as shorthand for a four-sheet poster in a shopping precinct, a high street or bus shelter.

advert

▶ «pub».

See: **advertisement.**

advertisement

▶ **annonce :** tout message publicitaire véhiculé par un support imprimé. ◆ *Voir :* **message publicitaire, spot, film publicitaire.**

Any advertising message carried by a print communications medium. ◆ *Abbr. :* **ad, advert.** ◆ *See :* **advertising message, commercial.**

advertisement department

▶ **service de publicité d'un support, régie publicitaire intégrée :** dans le domaine de la communication, service chargé de vendre de l'espace publicitaire soit aux agences, soit directement aux annonceurs.

That part of an organisation in the communication business responsible for selling advertising space or time, either to agencies or direct to clients.

advertisement director

▶ **chef de publicité d'un support, directeur de la publicité (support) :** personne responsable de la vente d'espace, sous toutes ses formes, aux services médias des agences de publicité ou aux annonceurs. ◆ *Voir :* **directeur de la communication (annonceur).**

The executive responsible for selling space, airtime, sites or other media facilities to advertising agency media departments or to advertisers. ◆ *See :* **advertising manager.**

advertisement position

▶ **emplacement, position d'une annonce.**

See : **positioning.**

advertiser

▶ **annonceur :** personne ou société qui utilise la publicité et qui, par conséquent, la paie : fabricant, importateur, détaillant, service public, etc. ◆ *N.B. :* Au Royaume-Uni, le mot *advertiser* figurant dans les termes et conditions des tarifs, désigne la personne ou la société qui effectue une réservation autrement que par l'intermédiaire d'un agent publicitaire.

A person or a firm using advertising and, therefore, paying for it : manufacturer, importer, retailer, official department, etc.
◆ *N.B. :* In the U.K., in the terms and conditions of rate cards, the word *advertiser* means a person or a company making a booking other than through an advertising agent.

advertising

▶ **publicité (commerciale)**: ensemble des moyens destinés à informer le public et à le convaincre d'acheter un bien ou un service. Son but est d'«…adresser aux clients potentiels recherchés, le message le plus convaincant possible, aux moindres frais.» Pour B. Brochand et I. Lendrevie, «…il n'est pas de meilleure définition de la publicité qu'elle-même.» L.P., 2.

All the means of making a product or service known to the public in order to persuade them to buy. Its objective is to present «…the most persuasive possible message to the right prospects for the lowest possible cost»… I.P.A.. For B. Brochand and I. Lendrevie, «…there is no better definition of advertising than itself».

advertising agency

▶ **agence de publicité**: prestataire de services qui conçoit, planifie, produit les campagnes et achète l'espace publicitaire pour le compte d'annonceurs. L'agence peut fournir tout ou partie d'une gamme de services variés: conseil en marketing et communication; conception, fabrication, etc.

A service organisation which researches, plans, produces campaigns and buys space on behalf of advertisers. An agency can offer a part or the full range of marketing services: communication and marketing consultancy, design, production, etc.

advertising allocation

▶ budget de publicité (annonceur).

See: **appropriation.**

advertising allowance

▶ **participation publicitaire (du producteur)**: avantage en argent ou en nature concédé par le producteur au distributeur qui accepte de faire de la publicité pour l'un de ses produits. ◆ *Voir*: **publicité collective.**

An allowance in cash, as a discount or as an extra product given by a manufacturer to a retailer for advertising one of his products. ◆ *Syn*: **key money.** ◆ *See*: **co-op advertising.**

advertising budget

▶ budget de publicité (annonceur).

See: **appropriation.**

advertising campaign ▶ **campagne publicitaire, de publicité:** programme publicitaire coordonné, conçu pour atteindre un objectif déterminé. Une campagne de publicité s'organise autour: • d'un objectif publicitaire, • d'un thème, • d'une cible, • d'un plan-médias. Elle s'échelonne sur une période de temps donné et elle est couverte par une série de médias bien déterminée. Deux critères permettent de distinguer une campagne d'une simple série d'annonces sans rapport: • la même approche visuelle: même format, même type de photo, mêmes couleurs, mêmes illustrations, etc. • la même approche verbale: même slogan, même jingle, etc.

Néanmoins, une même campagne peut s'articuler sur plusieurs médias. «Une campagne, en ce sens, est un combat mené par l'annonceur pour gagner l'attention d'une partie de son marché».

A coordinated advertising programme planned to achieve a defined objective. An advertising campaign includes: • an advertising objective, • a theme, • a target, • a media plan. It is spread over a given length of time and over a fixed range of media. There are two criteria that distinguish a campaign from a mere series of unrelated advertisements: • similarity of visual approach: same size, same kind of photo, same colour arrangement; • similarity of verbal approach: same slogan, same jingle, etc.

Nevertheless, several media can be used for the same campaign. «An advertising campaign ..., in a sense, is a battle that the advertiser fights to capture the minds of a portion of the target market». *E.O.A., 439.* ◆ *Syn.:* **advertising drive.**

advertising department ▶ **service publicité intégré (annonceur):** service responsable de la publicité dans une société. Le service publicité travaille généralement en collaboration avec une agence de publicité ou d'autres services extérieurs; plus rarement, dans certaines sociétés, il assure lui-même toute la fonction publicitaire.

A company's department responsible for advertising. The advertising department would usually employ an advertising agency or similar outside specialists. In some instances, companies handle the advertising themselves.

advertising director ▶ **directeur de la communication (annonceur), chef du service publicité (annonceur).**

See: **advertising manager.**

advertising drive

▶ campagne publicitaire, de publicité.

See: advertising campaign.

advertising gimmick

▶ gadget publicitaire, gimmick : tout objet ou toute idée donnant un air nouveau à un produit ou une promotion et visant à attirer l'attention.

A trick device to attract attention : any idea or object giving an air of novelty to a product or promotion.

advertising man

▶ publicitaire (n.) : toute personne s'occupant de publicité.

Any person dealing with advertising. ◆ *Syn.* : **ad-man.**

advertising manager

▶ directeur de la communication (annonceur), chef du service publicité (annonceur) : personne recrutée par un annonceur pour prendre en charge la publicité. Il travaille généralement en liaison avec une agence de publicité ou des prestataires extérieurs.

A person employed by an advertiser to be responsible for advertising. He usually works in liaison with an advertising agency or other outside services. ◆ *Syn.* : **publicity manager, advertising director.**

advertising media (pl.)

▶ supports, médias publicitaires.

See: advertising medium.

advertising medium

▶ **1) support (publicitaire) :** tout élément capable de véhiculer un message publicitaire : un magazine, une station de radio, etc.

▶ **2) média publicitaire :** ensemble de supports relevant d'un même moyen de communication. On distingue cinq médias principaux : • la presse : – la presse quotidienne régionale et la presse quotidienne nationale, – la presse magazine, – la presse technique et professionnelle, – la presse gratuite ; • la télévision, • l'affichage, • la radio, • le cinéma.

1) Any vehicle used to carry an advertising message, such as a magazine or a radio station. ◆ *Syn.* : **advertising vehicle.**

2) A group of advertising vehicles within the same means of communication. There are five main media: • the press: – newspapers: regional or national daily papers; – magazines; – free distribution newspapers; • television, • outdoor and transportation advertising, • radio, • cinema.

advertising message

▶ **message publicitaire**: tout élément de communication, écrit ou verbal, destiné à faire connaître un produit ou un service.
◆ *Voir*: **publicité.**

Any spoken or written communication intended to make known a product or service. ◆ *See*: **advertising.**

advertising novelty

▶ 1) **cadeau publicitaire**: petit cadeau de faible valeur (calendrier, crayon-bille, porte-clefs, etc.) portant le nom de l'annonceur et parfois un message publicitaire, offert gratuitement.
▶ 2) **cadeau-prime**: le même cadeau offert à l'occasion d'un ou de plusieurs achats.

1) A small item of little value (e.g. calendars, pencils, keyrings, etc.) carrying the advertiser's name and sometimes a message' given free of charge.
2) When given to a person buying one or several products, it is called *cadeau-prime*. ◆ *Syn.*: **advertising specialty (U.S.)**

advertising rates

▶ **tarifs publicitaires**: prix pratiqués par les supports publicitaires pour l'achat d'espace.

Charges made by the media for buying time or space.

advertising regulations

▶ **réglementation concernant la publicité**: «Contrôle de la publicité exercé par le gouvernement, les associations professionnelles et les supports.» ◆ *Voir*: **autodiscipline.**

«Controls imposed upon advertising by the government, trade associations, media owners». G.M.T., 9 ◆ *See*: **voluntary controls.**

advertising schedule

▶ **calendrier de campagne, calendrier d'insertions.**

See: **media schedule.**

advertising section ▶ **cahier publicitaire, tunnel de publicité:** ensemble de pages consécutives dans un magazine consacrées uniquement à la publicité.

That part of a magazine in which most advertisements are concentrated.

advertising space ▶ **espace publicitaire:** surface – c'est-à-dire pages de publications et emplacements d'affichage (y compris ceux dans ou sur les moyens de transport) – et temps susceptibles d'être achetés par un annonceur, généralement par l'intermédiaire du service médias d'une agence de publicité. En anglais, le terme *space* ne désigne que la surface allouée à la publicité, et il faut employer le mot *airtime* quand on veut parler du temps réservé à la publicité (à la radio ou à la télévision).

The advertising surface – i.e. pages of a publication, outdoor and transportation sites – which can be purchased by an advertiser, usually through an advertising agency media department. When referring to the time allocated to advertising on radio and television, the term *airtime* is preferred. The French term *espace* applies to both space and airtime. ◆ *See:* **airtime.**

advertising specialty (U.S.) ▶ **cadeau publicitaire, cadeau-prime.**

See: **advertising novelty.**

advertising strategy ▶ **stratégie publicitaire:** projet exhaustif de toutes les activités mises en jeu pour atteindre un objectif publicitaire donné.

A comprehensive plan describing all the activities involved for achieving a particular advertising objective.

advertising theme ▶ **thème publicitaire:** sujet principal choisi pour une campagne.

The primary subject of a campaign.

advertising vehicle ▶ **support publicitaire.**

See: **advertising medium.**

advertorial ▶ **publireportage.**

See: **editorial advertisement.**

aerial advertising

▶ **publicité aérienne :** publicité réalisée par les procédés suivants : écriture dans le ciel, remorquage de banderoles et publicité sur les dirigeables.

Advertising mainly consisting of skywriting, trailing of banners and advertising on airships.

after-sales service

▶ **service après-vente :** service mis à la disposition d'un client ayant acheté un produit. Il comprend généralement les réparations, la fourniture des pièces détachées, ainsi qu'un certain nombre de révisions et d'opérations d'entretien.

A service available to a customer who has purchased a product. It usually includes repairs, the supply of spares and a number of servicing and maintenance operations.

agate line (U.S.)

▶ **ligne américaine :** unité de mesure américaine utilisée dans la vente d'espace publicitaire dans les journaux ; c'est une ligne d'une hauteur de 6 mm environ sur une colonne de large.

An American unit of measurement used to cost advertising space in newspapers ; equal to 1/4 inch in depth by one column in width.

agency commission

▶ **commission d'agence.**

See : **commission system.**

agency producer,
agency T.V. producer

▶ **producteur de l'agence, T.V. producer, producer T.V. :** personne responsable, dans une agence de publicité, du budget de production d'un film publicitaire et de son suivi.

In an advertising agency, the person responsible for the costing, budgeting and control of commercials.

agency recognition

▶ **reconnaissance d'une agence :** en Grande-Bretagne et aux Etats-Unis, les agences doivent être reconnues par les organisations représentant les médias pour obtenir des supports la commission qui leur est due. L'objectif de cette procédure est de protéger les médias contre les éventuelles pertes qu'ils pourraient subir du fait d'agences en difficultés financières. Les agences souhaitant être reconnues doivent donc remplir certaines conditions financières et respecter la loi et les règlements relatifs à la publicité. En France, le titre Intermédia peut ouvrir aux agences qui en sont titulaires, le droit de bénéficier des conditions de vente que chaque support peut prévoir en leur faveur. Le titre Intermédia est délivré aux agences publicitaires qui exercent avec régularité cette activité, suivant les critères définis par la Chambre de Commerce Internationale.

In the U.K. and the U.S., advertising agencies have to be granted recognition by media organisations to be entitled to receive commissions from media owners. The objective of this procedure is to protect media owners from possible losses incurred by defaulting agencies. Agencies seeking recognition must comply with various financial requirements and with existing legislation and regulations related to advertising.
In France, the *titre Intermédia (Intermedium title)* entitles the agencies which hold it to benefit from the sales terms that every medium can offer to them. It is delivered to the agencies which perform their activities in accordance with the law, i.e. according to the criteria defined by the International Chamber of Commerce.

agent ▶ **agent d'art:** personne qui représente et vend les services de photographes, illustrateurs, acteurs, mannequins professionnels, les voix, etc. ◆ *Voir:* **acheteur d'art.**

An individual who represents professional photographers, illustrators, actors, models, voice-overs, etc. ◆ *Syn:* **rep.** ◆ *See:* **art buyer.**

AIDA model (attention, interest, desire, action) ▶ **modèle AIDA (attention, intérêt, désir, action):** modèle traduisant les étapes progressives que la publicité va faire franchir à l'individu dans son comportement d'achat. Le consommateur apprend à connaître le produit, puis le désire et enfin l'achète.

A model showing the progressive steps of consumer behaviour resulting from advertising. The consumer gets to know the product, then wants it and finally buys it.

aided recall method ▶ technique du rappel assisté, de mémorisation assistée: technique de recherche visant à mesurer la mémorisation ou l'impact d'une annonce, les personnes interrogées étant aidées par des éléments de rappel. ◆ *Voir*: **étude de mémorisation, de rappel spontané.**

A research technique intended to measure the recall of an advertisement or a series of advertisements, the respondents being aided by prompting. ◆ *See*: **recall survey.**

aided recall score ▶ score de rappel assisté, score de mémorisation assistée, score d'impact brut: pourcentage de l'échantillon interrogé capable de se souvenir d'une annonce, grâce à une incitation susceptible de lui rappeler le message. ◆ *Voir*: **technique du rappel assisté.**

The percentage of respondents able to recall an advertisement with a prompt as a memory stimulus. ◆ *See*: **aided recall method.**

aided recall test ▶ test de mémorisation assistée, de rappel assisté.

See: **aided recall method.**

air a commercial (to) ▶ faire passer un message publicitaire (radio, T.V.): diffuser un message publicitaire à la télévision ou à la radio.

To broadcast a television or radio commercial.

airbrush ▶ aérographe: «Instrument projetant par pression l'encre ou les colorants liquides, et permettant d'obtenir des dégradés très fins.»

«A device for applying» ink, paint, etc., «by means of an atomizer, making possible subtle gradations of tone...». *D.A.T.*, 6.

air date ▶ jour de diffusion d'un message: date prévue pour la diffusion d'un message publicitaire à la radio ou à la télévision.

A scheduled broadcast date for a T.V. or radio commercial.

air print ▶ copie d'antenne.

See: release print.

airtime ▶ espace publicitaire (radio, T.V.) : en publicité, temps d'antenne pouvant être acheté à la radio ou à la télévision. En France, le mot espace publicitaire englobe également la surface allouée à la publicité dans les médias imprimés.

In advertising, time that can be purchased on broadcasting media. ◆ *N.B.:* The French phrase, *espace publicitaire*, also includes advertising space. ◆ *See:* advertising space.

airtime buyer ▶ responsable de l'achat d'espace (radio, T.V.), acheteur d'espace (radio, T.V.).

See: media buying.

airtime buying ▶ achat d'espace (radio, T.V.).

See: media buying.

airtime schedule ▶ calendrier de campagne (radio, T.V.).

See: media schedule.

(aisle) end cap or display ▶ tête de gondole : dans un supermarché, présentation promotionnelle de marchandises à l'extrémité d'une rangée d'étagères, et perpendiculairement à celle-ci. ◆ *Voir:* gondole.

A mass display of merchandise at the end of a row of shelves and perpendicular to it in a supermarket. ◆ *See:* gondola.

alignment ▶ alignement : disposition des lettres selon la même ligne rigoureusement horizontale, ou selon une même verticale à droite et/ou à gauche.

The position of type, either on the same horizontal line, or set flush right and/or left.

alternating panel board ▶ **panneau à mouvement alternatif :** panneau à lamelles permettant d'exposer des annonces différentes, grâce au mouvement des lamelles.

A slatted board which moves to show different advertisements.

amongst matter ▶ **îlot :** annonce placée au milieu de textes rédactionnels.

An advertisement situated «among» editorial matter.

anamorphic image ▶ **anamorphose :** image déformée par un procédé optique cylindrique. Ce procédé sert généralement en publicité à la déformation des lettres.

An image distorted by a cylindrical optical means. This device is mainly used to create new styles of letters.

animated bulletin board ▶ **panneau animé.**

See : **bulletin board.**

animatic (cin.) ▶ **«animatique» (cin.) :** ébauche de spot publicitaire – généralement sous une forme animée – réalisée pour un pré-test ou pour être soumise à l'approbation du client (lors d'une présentation, par exemple).

A rough commercial, usually made for research or client approval (e.g. in a pitch). Normally made in an animated form.

animation ▶ **animation :** création d'un effet de mouvement sur des objets statiques, surtout en ce qui concerne les dessins animés.

The creation of an effect of movement in static objects, especially in relation to cartoons.

announcer ▶ **speaker, présentateur :** personne qui présente les invités, annonce les programmes, etc., à la télévision ou à la radio.

A person who introduces guests, delivers programmes, news, etc., on television or radio. ◆ *See :* **newscaster (U.K.).**

annual ► annuaire.

See: **directory.**

annual (adj.) ► annuel.

See: **frequency of issue.**

annual discount ► **sur-commission, surcom.:** commission supplémentaire éventuellement perçue par l'agence, en fonction de la quantité totale d'espace achetée au support considéré pendant l'année.

An extra discount the agency may receive in consideration of total time/space purchased from the relevant medium over a year.

anonymous product test ► test anonyme.

See: **blind product test.**

answer print ► copie d'étalonnage: première copie d'un film avant étalonnage son et image.

The first complete print of a film before it is corrected for synchronisation.

Antiope ► **Antiope:** système français de vidéographie diffusée géré par T.D.F. (Télédiffusion de France). Le nom est un acronyme pour *Acquisition Numérique et Télévisualisation d'Images Organisées en Pages d'Écriture.*

A French videotex system provided by T.D.F. (*Télédiffusion de France*). The name is an acronym for *l'Acquisition Numérique et Télévisualisation d'Images Organisées en Pages d'Écriture.* (The Numerical Acquisition and Televisual Display of Images Organised into Pages of Text).

antique (finish) paper ► **papier édition:** papier rugueux, utilisé essentiellement pour les prospectus et les livres.

A rough-surfaced paper used mainly for leaflets and books.

▶ **budget de publicité (annonceur):** ensemble du budget consacré par un annonceur à la publicité, sur une période de temps déterminée ou pour une campagne donnée. Les dépenses qui entrent dans le budget de publicité sont: • l'espace dans les mass-médias: presse, télévision, radio, cinéma, affichage; • les dépenses dans les autres moyens de communication: publicité directe, publicité sur le lieu de vente, conditionnement du produit, matériel de merchandising, publicité à l'étranger, promotion «réseau»; • frais techniques: photographies, illustrations, typographie, gravure, clichés, production radio, télévision et cinéma, conception du conditionnement, etc. • frais d'exploitation: salaires du personnel, loyers, commissions et honoraires versés au agences, etc.

Sont parfois incluses dans ce budget les dépenses suivantes: échantillons, bons de réduction, démonstrations, foires, expositions, primes, etc.

Méthodes de fixation du budget publicité de l'annonceur:

1) Fixation du budget par l'agence (ou méthode idéale): le budget est établi à partir du projet proposé au client par l'agence.

2) Méthode arbitraire ou des ressources disponibles: méthode intuitive, qui n'est basée sur aucun calcul sérieux. L'annonceur dépense ce qu'il peut ou ce qu'il est prêt à payer.

3) Méthode globalisante: méthode qui tient compte de tous les facteurs et de toutes les influences possibles, comme: • les conditions du marché, • les problèmes de vente du produit, • la distribution, • les influences régionales ou saisonnières, • la disponibilité et l'adéquation des médias, etc.

4) Méthode de fixation du budget au prorata du profit réalisé: le budget est établi à partir des bénéfices passés. On ne tient pas compte des ventes futures.

5) Méthode de fixation du budget au prorata des unités de vente prévues. Le budget est calculé en pourcentage de tous les coûts de production et de distribution, ainsi que du bénéfice par unité. En multipliant par le nombre d'unités prévues, on obtient le budget total.

6) Méthode de fixation du budget au prorata des ventes prévues.

7) Méthode de fixation du budget au prorata des ventes réalisées: le budget est établi à partir du chiffre d'affaires réalisé. Une variation de cette méthode consiste à dépenser en publicité les mêmes sommes que dans le passé, mais en procédant à des ajustements pour couvrir les frais variables (inflation, par exemple).

8) Méthode de fixation du budget en fonction du coût par client à gagner: le budget est calculé sur la base du coût par client à gagner (pour une entreprise qui veut augmenter sa part de marché d'un nombre donné de clients).

9) Méthode de fixation du budget par égalisation concurrentielle : il y a une variation de cette méthode, qui est la fixation du budget par comparaison avec les dépenses publicitaires totales effectuées par toutes les entreprises commercialisant le même groupe de produits.

10) Méthode de recherche opérationnelle : le budget est calculé à partir d'une échelle montrant différents coûts pour différentes quantités d'un produit, et donnant un certain bénéfice net. Mais le modèle n'est qu'une abstraction et ne garantit pas de résultats précis.

11) Méthodes estimatives : • en fonction de l'âge du produit : lors du lancement d'un nouveau produit par exemple, le coût de la publicité est très élevé au début et diminue au fur et à mesure que se développent les ventes. • en fonction de l'élasticité de l'offre et de la demande : cette méthode se base sur les courbes de l'offre et de la demande pour déterminer le point au-delà duquel la dépense en publicité n'est plus rentable. • en fonction de l'objectif à atteindre : méthode qui consiste à définir d'abord l'objectif et à évaluer ensuite les dépenses nécessaires à sa réalisation. N.B. : en anglais, *target sum* and *task approach* sont des termes souvent interchangeables, mais le second est surtout utilisé pour un objectif à plus court terme ou plus spécifique, comme le lancement d'un produit ou une campagne régionale particulière. Si l'objectif poursuivi est une couverture médias, on utilise *cost of exposure*. • en fonction de la théorie de l'utilité marginale : cette méthode applique la théorie de l'utilité marginale, et suppose que l'ensemble des objectifs de la société est rempli, si les objectifs marketing le sont aussi. • méthode fondée sur une répartition par médias, produits, services ou autres : le budget est calculé à partir de sommes attribuées aux différents médias, ou par produits ou rayons, ou encore par services, etc., dans une société, et totalisées pour déterminer le budget global.

The total budget allocated to advertising by an advertiser for a specific period of time or a particular campaign. The expenditure covered by the advertising budget includes : • space or airtime in the media : press, radio, television, cinema, outdoor and transportation ; • money spent in other media : direct mail, point-of-sale advertising, product packaging, merchandising material, export advertising, dealer aids ; • production costs : photography, artwork, letterpress, engraving plates, radio, T.V. or cinema commercial production costs, packaging design, etc. ; • running costs : staff salaries, rents, commissions and fees paid to advertising agencies, etc.

The expenses sometimes included in the appropriation relate to samples, coupons, demonstrations, fairs, exhibitions, premiums, etc. ◆ *Syn* : **advertising allocation or budget.**

Method of fixing the advertising appropriation:

1) Quantification or ideal method: the appropriation is based on a scheme proposed to the client by the advertising agency.

2) Arbitrary, affordable, rule-of-thumb method: an intuitive method, not based on any serious calculation. The advertiser spends what he can afford or what he is prepared to pay.

3) Composite or eclectic method: a method which considers all possible factors and influences such as: • market conditions, • selling problems of product, • distribution, • regional or seasonal influences, • appropriate and available media, etc.

4) Residual of previous year's surplus method: the advertising appropriation is taken out of past profits. There is no consideration of future sales.

5) Unit, case, sales ratio, sales volume or standard cost method: the advertising appropriation is based on a percentage of total cost of production and distribution plus profit per unit. In multiplying by the number of units to be produced, the total appropriation is found.

6) Percentage of anticipated turnover method.

7) Percentage of previous turnover or historical method: the appropriation is based on the previous turnover. A variation is the historical method, i.e. spending the same amount on advertising as in the past, but with adjustments to cover changing costs (e.g. inflation).

8) Cost per head of population method: the appropriation is worked out on the basis of the cost per customer to be gained (when the firm wishes to increase its market share by a given number of customers).

9) Competitors or competitive advertising method: A variation is the comparison with total product group advertising method.

10) Marketing model or operational research method: the appropriation is based on a scale showing different costs for different quantities of a product resulting in a certain net profit. But the model is only an abstraction and does not guarantee precise results.

11) Evaluation methods: • New product investment or payout method: for example, when a new product is launched, the cost of advertising is very heavy at first, but declines as sales increase. • Elasticity method: based on supply-and-demand curves to determine the point beyond which advertising expenditure is non-economic. • Target sum, cost of exposure, task approach: a method whereby an objective is determined first, then the cost of advertising to achieve it estimated. N.B.: *target* and *task approach* are often interchangeable terms, but the latter applies particularly to more short-term or more specific objectives such

as a product launch or a particular regional campaign. If the objective sought is weight of media coverage, the term *cost of exposure* is used. • Corporate evaluation method: this method applies the theory of marginal utility and assumes that overall corporate objectives are achieved if marketing objectives are also achieved. • Build-up method: the advertising appropriation is based on allocations made to different media, or by products, departments or divisions within a company, etc., the total making up the budget.

area sample

▶ **échantillon par zone** : échantillon de population sélectionné par secteur géographique.

A population sample selected by geographical sector.

arrow

▶ **flèche** : matériel de publicité sur le lieu de vente constitué par une flèche en carton, destiné à attirer l'attention des clients sur une promotion ou une offre spéciale.

A point-of-sale item consisting of a cardboard arrow used to attract customer attention to a promotional effort or a special offer.

art buyer

▶ **acheteur d'art** : personne chargée, dans une agence de publicité, de trouver, de négocier et de louer les services de photographes, d'illustrateurs ou de dessinateurs, les voix, etc.

In an advertising agency, the person responsible for sourcing, negotiating and hiring photographers, illustrators, designers, voice-overs. ◆ *See:* **agent.**

art department

▶ service de création.

See: **creative department.**

art director

▶ **directeur artisitique, concepteur graphique** : personne chargée de donner une forme visuelle à une idée créative, et donc, responsable de tous les éléments graphiques de la communication (crayonné, illustration, typographie). Le directeur artistique choisit et supervise également les artistes extérieurs.

The individual responsible for the visual side of a creative idea and therefore in charge of all graphic elements in the advertisement (layout, visual, typography). The art director also chooses and supervises outside artists. ◆ *Syn.*: **artistic director.** ◆ *Abbr.*: **A.D.**

artistic director

▶ directeur artistique, concepteur graphique.

See: **art director.**

art paper

▶ papier couché.

See: **coated paper.**

artwork

▶ document d'exécution: maquette d'une annonce ou d'un imprimé sur laquelle tous les éléments – titres, illustrations, texte – ont été arrangés, collés et mis en place pour la reproduction.

A layout of an advertisement or printed matter with all elements, i.e. headlines, visuals, text, etc., pasted in precise position and ready for reproduction. ◆ *Syn*: **mechanical, camera-ready artwork.**

artworker

▶ maquettiste.

See: **paste-up artist.**

artwork studio

▶ studio d'exécution.

See: **studio.**

ascender (typ.)

▶ hampe ascendante ou montante: en typographie, trait d'écriture vertical s'élevant au-dessus de l'œil de la lettre; le b, le d et le l ont des hampes ascendantes. ◆ *Voir*: **hampe descendante.**

In typography, the stroke rising above the x height of a lowercase letter; b, d and l have ascenders. ◆ *See*: **descender.**

«A» series of paper sizes

▶ **formats de papier de série «A»**: série de formats de papier standard pour tout ce qui est papeterie et documents imprimés.
A0 1189 mm x 841 mm
A1   841 mm x 594 mm
A2   594 mm x 420 mm
A3   420 mm x 297 mm
A4   297 mm x 210 mm
A5   210 mm x 148 mm
A6   148 mm x 105 mm
A7   105 mm x 74 mm
A8   74 mm x 52 mm
A9   52 mm x 37 mm
A10   37 mm x 26 mm

A range of standard paper sizes for all kinds of stationery and printed matter.
A0 1189 mm x 841 mm
A1   841 mm x 594 mm
A2   594 mm x 420 mm
A3   420 mm x 297 mm
A4   297 mm x 210 mm
A5   210 mm x 148 mm
A6   148 mm x 105 mm
A7   105 mm x 74 mm
A8   74 mm x 52 mm
A9   52 mm x 37 mm
A10   37 mm x 26 mm

assigned mailing date

▶ **date d'envoi obligatoire**: date à laquelle l'utilisateur d'un fichier doit envoyer son mailing, avec l'accord préalable du propriétaire.

The date on which the user of a list must mail a specific list, with the prior approval of the list owner. ◆ Syn. : **mail date.**

attention factors (T.V.)

▶ **facteurs d'attention (T.V.)**: série de facteurs appliqués à l'audience pour tenir compte de la distraction due aux autres activités effectuées par les spectateurs tout en regardant la télévision, comme manger, tricoter, lire, etc.

A series of factors applied to the audience to allow for the distraction of other activities while viewing television, e.g. eating, knitting, reading, etc.

attention value ▶ **valeur d'impact:** force d'attraction d'un message, c'est-à-dire la mesure dans laquelle il a été remarqué.

The extent to which an advertisement has been noticed.

attitude ▶ **attitude:** état d'esprit vis-à-vis d'une entreprise, d'une marque, d'un produit ou d'un service.

A state of mind towards a firm, a brand, a product or a service.

attrition ▶ **usure:** amenuisement progressif de la fidélité d'un consommateur à un produit, une marque, etc.

The gradual wearing away of customer loyalty to a product, a brand, etc.

audience ▶ **audience:** ensemble des personnes exposées à un support donné. «Le terme audience a un sens passif et n'implique pas nécessairement que l'on prête 'attention' à l'annonce.»
Le même numéro d'une publication étant susceptible d'être lu par plusieurs personnes, l'audience est généralement supérieure à la diffusion. Exemple: en 1979 pour *Sélection du Reader's Digest* les chiffres étaient: • diffusion: 1 122 316 exemplaires; • audience: 5 465 000 lecteurs. ◆ *Voir:* **diffusion.**

A group of people exposed to a given medium. «Audience is a passive word and does not necessarily imply 'attention' to an advertisement». G.M.T., 14.
Because the same copy of a publication may be read by several people, the readership figure generally exceeds the circulation figure. For instance, in 1979, the figures for the French *Sélection du Reader's Digest* were as follows: • circulation: 1,122,316 copies; • audience: 5,465,000 readers. ◆ *See:* **circulation.**

audience composition ▶ **composition, profil de l'audience:** description de l'audience d'un support en fonction de différents critères (critères socio-économiques, styles de vie, etc.), permettant d'évaluer dans quelle mesure le support est adapté à l'audience visée. ◆ *Voir:* **audience.**

The description of the audience of a particular medium according to different criteria (socio-economic criteria, lifestyles, etc.), so as to evaluate the suitability of that medium to the target audience. ◆ *Syn.*: **audience profile.** ◆ *See*: **audience.**

audience flow (T.V., radio)

▶ **fluctuation de l'audience (T.V., radio):** gain ou perte d'audience pendant ou après une émission.

The increase or decrease of audience during or after a programme.

audience profile

▶ **profil de l'audience.**

See: **audience composition.**

audience rating

▶ **indice d'écoute.**

See: **rating.**

audience survey

▶ **enquête d'audience:** enquête périodiquement effectuée par le C.E.S.P. en France et les J.I.C.N.A.R.S., J.I.C.P.A.S., J.I.C.R.A.R. et B.A.R.B. en Grande-Bretagne, pour mesurer l'audience des médias. ◆ *Voir*: **études médias.**

A survey periodically conducted by the J.I.C.N.A. R.S., J.I.C.P. A.S., J.I.C.R. A.R. and B.A.R.B. in the U.K. and the C.E.S.P. in France to measure media readership and audience. ◆ *See*: **media research.**

audio logo

▶ **indicatif musical.**

See: **signature tune.**

audio mix

▶ **mixage:** «En production cinématographique, combinaison par électronique de deux ou plusieurs éléments sonores sur une seule bande, généralement synchronisée avec l'image.»

«In filming, the electronic combination of two or more sound elements into a single track, usually synchronised with a picture projection». *D.O.I.T., 20.*

audio-video split

▶ **désynchronisation ponctuelle:** brève interruption de la synchronisation entre le son et l'image, dans un film.

A limited cut in the synchronisation between the sound and the images in a film.

audiovisual (adj.)

▶ **audiovisuel (adj.):** qui concerne à la fois l'image et le son. Terme s'appliquant généralement aux systèmes combinant le son et l'image sur cassettes, films, etc.

Concerning both images and sound. It usually applies to those sound and visual devices using cassettes, film strips, etc.

author's alteration or correction

▶ **correction d'auteur:** toute modification apportée à une épreuve par l'auteur lui-même ou en son nom, et ne résultant donc pas d'une erreur de l'imprimeur. ◆ *Voir:* **erreur de l'imprimeur.**

Any alteration made on a proof by the author himself or on his behalf, and not due to a printer's error. ◆ *Abbr.:* **A.A.** ◆ *See:* **printer's error.**

autopositive film

▶ **film autopositif:** film permettant d'obtenir un positif à partir d'un original, sans passer par un négatif.

A film that provides a positive image of an original without the intervening negative stage.

availability (radio, T.V.)

▶ **temps d'antenne disponible:** période de temps offerte à la publicité par une station ou une chaîne.

A period of time offered by a station or network for advertising.

average frequency

▶ **répétition moyenne:** nombre moyen d'occasions qu'aura un individu appartenant à l'audience couverte par un support donné, d'être en contact avec ce dernier. ◆ *Voir:* **occasion de voir (O.D.V.).**

The average number of opportunities a member of the audience covered will have for exposure to a given medium. ◆ *See:* **opportunity to see (O.T.S.).**

average issue readership ▶ **nombre moyen de lecteurs d'un périodique :** nombre de personnes déclarant avoir lu ou regardé un ou plusieurs exemplaires d'une publication, dans le laps de temps s'écoulant entre deux parutions.

The number of people who claim to have read or looked at one or more copies of a publication during a period equal to the interval at which the publication appears.

back ▶ verso.

See: **verso.**

back card (P.O.S. material) ▶ «back card» (matériel de P.L.V.): grande affiche publicitaire se plaçant derrière un présentoir, et le surmontant de façon à attirer les clients.

A large advertising poster designed to fit on the back or top of a display bin to attract customers.

back cover or page ▶ quatrième de couverture, dernière page.

See: **cover.**

background
▶ 1) **arrière-plan, fond:** partie qui se trouve en second plan sur une image ou une photo.
▶ 2) **fond sonore:** effets sonores accompagnant le message principal d'une annonce.
▶ 3) **contexte, données de base, acquis:** éléments de base ou expérience acquise entourant une campagne de publicité ou un plan marketing.

1) The remoter part of an illustration, photograph, etc.

2) Sound effects supporting the primary message of a commercial.

3) Basic information or previous experience relating to an advertising campaign or a marketing plan.

background projection ▶ **rétroprojection**: technique qui permet de filmer une scène réelle devant un écran transparent, sur lequel est projeté, par l'arrière, un décor ou une autre action en mouvement.

A technique making it possible to film real action in front of a translucent screen on which still or moving images are projected from the rear.

back-to-back ▶ 1) **deux messages groupés, consécutifs**: deux messages publicitaires diffusés l'un à la suite de l'autre. Ces messages groupés sont généralement le fait d'une société, qui désire vendre des produits similaires ou complémentaires.
▶ 2) **deux films publicitaires tournés en même temps**: le terme *back-to-back* s'applique également au fait de tourner, en même temps, deux films publicitaires différents.

1) Two different commercials that are broadcast one directly after the other. Often, back-to-back commercials are used by a company which wants to sell similar or complementary products.
2) The term is also used for shooting two commercials at the same time.

back up (to) (print.) ▶ imprimer au verso.

See: **perfect (to).**

bad debtor ▶ **mauvais payeur**: client qui commande à crédit et ne paie pas sa facture à échéance, sans aucune raison.

A credit customer who, with no just cause, has not paid for his order at the end of the billing series. ◆ *Syn.*: **deadbeat (U.S.).**

bait-and-switch ad ▶ «**annonce-appât**», «**leurre publicitaire**»: annonce ayant pour but d'attirer le client dans un magasin par un article d'appel, dont on lui dira qu'il est épuisé, pour le diriger vers un produit plus onéreux.

An advertisement that offers an item at a low price to attract customers into a store where they will be told that the product has been sold out, and switched to a more expensive one.

banded offer or pack

▶ **vente groupée, vente jumelée :** offre spéciale portant sur deux ou plusieurs produits, vendus en un seul lot, sans être forcément similaires ou complémentaires.

A special offer combining two or several products, which are not necessarily similar or related, in one integral unit. ◆ *See :* **composite package (U.S.), tie-in sale.**

bank paper

▶ **papier écriture, papier coquille.**

See : **bond paper.**

banner

▶ 1) **manchette (presse).**

▶ 2) **banderole, oriflamme :** bande de papier ou de tissu, longue et étroite, accrochée en hauteur.

1) *See :* (front-page) headline.
2) A long, narrow piece of paper or fabric held aloft. ◆ *Syn. :* **streamer.**

barter

▶ **échange-marchandises :** paiement par l'annonceur de l'espace publicitaire au moyen de marchandises.

The supplying of products by an advertiser as payment for advertising space.

base line

▶ 1) **ligne de base :** en typographie, ligne horizontale sur laquelle s'aligne l'œil de toutes les lettres de bas de casse. «Normalement, les lettres sans hampes descendantes sont placées sur la ligne de base.»

▶ 2) **«base line», signature (C.G.L.F.) :** mot, groupe de mots ou phrase, accompagné en général du logo de l'annonceur, ayant pour but de définir le positionnement de l'entreprise ou du produit. ◆ *Voir :* **ligne d'adresse.**

1) In typesetting, a horizontal line on which the bodies of all the lower-case letters align. «Normally, characters without descenders are positioned on the base line». *D.O.I.T., 30.*

2) A word, group of words or phrase, usually placed close to the advertiser's logo, for the purpose of defining the positioning of the company or product. ◆ *See*: **address line.**

base rate

▶ **tarif de base**: prix pratiqués, par un support, pour différents types et différents formats de messages publicitaires, sans tenir compte des réductions possibles.

Charges made for various types and sizes of advertisements by a communication medium without regard to an eventual discount. ◆ *Syn.*: **card rate, open rate (U.S.).**

battered type, batters

▶ **lettres écrasées**: lettres endommagées ou cassées inutilisables pour l'impression.

Damaged or broken letters not suitable for printing.

beard

▶ **talus de pied**: en typographie, espace libre sur l'embase de plomb en bas des lettres.

In typesetting, the space going from the base line of the typeface to the lower limit of the body.

behavioural research

▶ **étude de comportement**: en publicité, recherche sur la nature et les causes des comportements d'achat et de consommation.

In advertising, research into the nature and causes of buying and consuming behaviour.

below-the-line advertising

▶ **hors-média**: ensemble des activités publicitaires non couvertes par les cinq médias traditionnels, et s'apparentant davantage à la promotion des ventes. Il s'agit de la publicité directe, de la publicité sur le lieu de vente (ou P.L.V.), des foires et exposi-tions, des actions de merchandising, sponsoring, etc. Ce type de publicité peut d'ailleurs être effectué par l'annonceur lui-même. ◆ *Voir*: **publicité média.**

All advertising activities apart from the traditional five media, mainly sales promotion. These include direct mail, point-of-sale advertising, fairs and exhibitions, merchandising, sponsorship, etc. This kind of advertising can be handled by the advertiser himself. ◆ *Syn.* : **scheme advertising.** ◆ *See* : **above-the-line advertising.**

bevel (print.) ▶ **talus de tête** : en typographie, espace libre sur l'embase de plomb en haut des lettres.

In typesetting, the space going from the top of the typeface to the upper limit of the body.

bias (stat.) ▶ **biais (enquêtes par sondage)** : inexactitude dans les résultats d'une enquête effectuée sur un échantillon de population. Cette inexactitude peut résulter de la non-représentativité de l'échantillon, ou de l'influence exercée par l'enquêteur au niveau des réponses.

The inaccuracy in sample survey results. It may be due to the use of an unrepresentative sample or to the influence of the interviewer upon responses.

big close-up (B.C.U.) ▶ **très gros plan (T.G.P.)**

See : **close-up.**

big ticket item ▶ **produit coûteux, bien d'équipement** : article plutôt onéreux, comme les articles d'ameublement et les appareils ménagers.

A rather expensive product such as furnishings and household appliances.

bill ▶ **affiche.**

See : **poster.**

billboard (U.S.) ▶ **panneau grand format** : aux U.S.A., le terme *billboard* désigne les très grands panneaux d'environ 7,62 x 3,65 m, utilisés pour les affiches de 6 x 2,60 m. ◆ *Voir* : **format des affiches.**

In the U.S, a large outdoor advertising structure (12' x 25') used for 24-sheet posters. ◆ *See* : **bulletin board, poster size.**

billboard advertising (U.S.) ▶ affichage (publicité par).

See: outdoor and transportation advertising.

billing ▶ chiffre d'affaires total d'une agence de publicité: volume d'affaires global traité par une agence, dans un laps de temps donné (généralement un an).

The total volume of business handled by an agency during a specified period (usually a year).

billposting ▶ affichage: collage des affiches sur les supports prévus à cet effet.

The sticking or posting of posters on to structures which are built for that purpose. ◆ *Syn.*: **billsticking**.

billposting contractor ▶ société d'affichage, afficheur.

See: outdoor and transportation advertising.

billsticking ▶ affichage.

See: billposting.

bi-monthly ▶ bimestriel.

See: frequency of issue.

bind (to) ▶ brocher: assembler les pages d'un livre ou d'une autre publication.

To fasten together the sheets of a book or the like.

binding ▶ brochage.

See: bind (to).

bingo card ▶ carte service lecteur: carte T brochée, insérée dans un magazine, et regroupant les différents annonceurs figurant dans le magazine, afin de stimuler les demandes de renseignements de la part des lecteurs, en leur facilitant la démarche.

A postage-paid card bound into a magazine, containing a list of the advertisers appearing in the magazine, each with a key number. The purpose of the reader service card is to stimulate enquiries by making it easy for readers to request more information. ◆ *Syn.* : **reader's enquiry card, reader service card.**

bite (print.)
► **morsure (impr.)** : gravure d'un cliché, par application d'un acide.

The etching of a plate by application of an acid.

bi-weekly
► **bi-hebdomadaire.**
See : **frequency of issue.**

black and white (B & W, B/W)
► **noir et blanc, épreuve en noir et blanc.**
See : **monochrome.**

blanket
► **blanchet.**
See : **offset.**

blanket coverage
► **couverture intensive d'un secteur** : publicité intensive sur un secteur donné, sans sélection préalable d'une cible spécifique.

Saturation advertising in a given area without prior selection of a specific target audience.

blank paper
► **papier affiches.**
See : **poster paper.**

blanking paper
► **papier de fond** : papier vierge encadrant une illustration, une affiche, etc.

A paper without writing, print or other marks framing an illustration, a poster, etc.

bleed
► **cliché à fond perdu** : cliché sans marge. ◆ *Voir* : **page à fond perdu.**

A printing plate without any margin. ◆ *See* : **bleed page.**

bleed (page)
advertisement

▶ **annonce plein papier:** annonce imprimée sur toute la page, jusqu'à l'extrême bord de la feuille, sans la marge habituelle. «L'annonce plein papier bénéficie non seulement d'un espace plus important, mais aussi d'un impact plus grand.»

An advertisement which uses the entire page area and whose printing runs to the extreme edge of the paper, instead of having the usual margin. «In addition to providing more message space, a bleed ad offers greater impact». *E.O.A., 182.*

bleed-off

▶ **fond perdu, franc bord.**

See: **bleed page.**

bleed page

▶ **page à fond perdu, format plein papier:** page imprimée sur toute sa surface, sans marge.

A printed page where the printing runs to the edge of the paper.

bleed poster

▶ **affiche à franc bord:** affiche sans bordure blanche.

A poster without a white border.

blimp

▶ **«blimp»:** caisson dans lequel est isolée la caméra en vue d'éviter que le bruit qu'elle émet ne perturbe l'enregistrement.

A casing in which a camera is placed in order to isolate the sound of the camera itself and prevent it from interfering with the sound recording.

blind advertisement

▶ **annonce anonyme:** annonce dans laquelle le nom de l'annonceur est volontairement omis. Ex.: dans les offres d'emplois, lorsqu'une société préfère ne pas révéler son identité.

An advertisement in which the name of the advertiser is voluntarily omitted. Ex.: in the «situations vacant», when a firm does not wish to reveal its identity.

blind offer

▶ **offre cachée, dissimulée:** offre dissimulée dans le texte d'une annonce, de façon à mesurer le degré d'attention des lecteurs.

An offer hidden in the body copy of an advertisement to measure reader attention. ◆ *Syn.:* **buried offer, hidden offer.**

blind product test ▶ **test aveugle, test anonyme**: test dans lequel on demande aux participants d'évaluer des produits non identifiés par leur marque.

A test in which respondents are asked to evaluate products that are not identified by brand. ◆ *Syn.*: **anonymous product test.**

blister pack ▶ **emballage bulle, emballage sous coque plastique, habillage transparent (C.G.L.F.)**: emballage constitué par une feuille de plastique transparent, moulée en forme de bulle, renfermant le ou les articles.

A package consisting of a sheet of transparent plastic moulded in the form of a «blister» enclosing the item(s). ◆ *Syn.*: **bubble card, skin-pack.**

block ▶ **cliché**: forme d'impression typographique en métal, caoutchouc ou matière synthétique, portant en relief le texte et les illustrations à imprimer.

In letterpress printing, a plate of metal, rubber or plastic on which words and illustrations have been engraved for printing. ◆ *Syn.*: **engraving, cut (U.S.)**

block-maker ▶ **photograveur, clicheur**: personne qui réalise les films et les clichés – trait, simili ou trait-simili combiné – pour la reproduction des dessins ou des photographies en quadrichromie.

A person who produces line, halftone and combined line and halftone plates, for the reproduction of drawings and photographs in the four-colour process. ◆ *Syn.*: **process engraver, photoengraver.**

block-maker's proof ▶ épreuve de photogravure.

See: **block pull.**

block-making ▶ **photogravure**: fabrication, par procédés photographiques, de planches gravées utilisables pour l'impression typographique.

The process of making letterpress printing plates by photographic methods. ◆ *Syn.*: **process engraving, platemaking, photoengraving, process printing.**

136

block out (to) ▶ **détourer:** masquer, sur une photo ou un négatif, tous les éléments qu'on ne souhaite pas y voir figurer.

To mask unwanted parts of a photographic negative or print.
◆ *Syn.*: **to crop.**

block pull ▶ **épreuve de photogravure:** «Épreuve soigneusement imprimée à partir d'une plaque, permettant de vérifier la précision et la qualité de la reproduction, avant de réaliser l'impression.»

«A carefully printed proof from a block to enable the accuracy and quality of reproduction to be checked before the printing order is executed». G.M.T., 21. ◆ *Syn.*: **block-maker's proof.**

blow-up ▶ **agrandissement.**

See: **enlargement.**

blueprint ▶ **ferro, Ozalid.**

See: **Ozalid.**

blurb ▶ **1) autopublicité:** brève description d'un livre imprimée par l'éditeur en couverture, ou sur l'une des toutes premières pages.
▶ **2) publicité flatteuse:** le texte n'étant pas dénué de parti pris, le mot anglais *blurb* est devenu synonyme de publicité flatteuse.

1) A publisher's brief description of a book printed on the cover or on one of the very first pages.
2) Having the connotation of bias, blurb has become synonymous with self-praising copy.

board ▶ **1) carton:** papier rigide et épais.

▶ **2) panneau:** plaque de bois ou métal sur laquelle on peut afficher des messages.

1) A thick stiff paper. ◆ *Syn.*: **cardboard.**
2) A flat piece of hard material (wood or metal) for notices.

body copy, body text (U.S.)

▶ corps de l'annonce, texte de l'annonce.

See: copy.

body type

▶ caractère(s) de labeur : caractères utilisés pour la composition des textes.

Small type used for setting text.

bold type

▶ caractère gras ou demi-gras.

See: type.

bond paper

▶ papier coquille, papier écriture : papier fort utilisé pour les articles de papeterie (enveloppes, etc.).

A strong paper used for stationery, documents, envelopes, etc.
◆ *Syn.* : **bank paper, deed paper, record paper.**

bonus pack

▶ prime produit en plus, offre promotionnelle sur un produit : produit spécialement emballé pour être offert aux consommateurs en plus grande quantité, mais au prix de vente habituel du paquet normal : il peut s'agir soit d'un paquet géant, soit d'un paquet normal accompagné d'un plus petit paquet en prime.

A specially-packaged product designed to provide consumers with extra content, but sold at the usual price for the standard pack. It can be either a larger pack (economy size) or a standard pack with a smaller package of the same product. ◆ *Syn.* : **extra-sized pack, economy size.**

bonus spot

▶ spot gratuit : spot offert gratuitement, par exemple en contrepartie d'un achat groupé ou pour réparer une erreur dans une transmission antérieure.

A free spot given by a station or a company, e.g. for the purchase of a package or because of a shortcoming in a previous transmission.

book space (to)
▶ **retenir, réserver un espace:** acheter, à l'avance, de l'espace publicitaire dans un support.

To buy space or airtime in advance with an advertising medium.

booklet
▶ **dépliant.**
See: **folder, brochure.**

booth
▶ **stand.**
See: **stand.**

border rule
▶ **filet de bordure.**
See: **rule.**

bottle hanger
▶ **collerette:** affichette publicitaire ou promotionnelle dans laquelle on a découpé un trou pour l'enfiler autour du goulot d'une bouteille.

A promotional or advertising card with a die-cut hole which fits over the neck of a bottle. ◆ *Syn.:* **collarette, crowner.**

box (print.)
▶ **encadré (n.) (impr.):** texte entouré d'un cadre de filets.

Text in an enclosed frame of rules.

boxtop offer
▶ **offre promotionnelle sur l'emballage:** «Cadeau, bon de réduction ou prime offerte au client, contre remise d'un couvercle ou d'une étiquette du paquet.»

«An offer to a consumer of a gift, coupon refund, or premium in return for a boxtop or label from the package of a product». D.A.T., 18.

brainstorming
▶ **brainstorming, remue-méninges (C.G.L.F.):** technique de stimulation de l'imagination, dont le but est de faire surgir le maximum d'idées. Dans un brainstorming, il est interdit de critiquer, pendant la séance, les idées émises par les participants, ces dernières n'étant jugées qu'une fois la session terminée.

A technique for prodding creativity and generating the greatest number of ideas from members of a group. In brainstorming, no critical evaluation of ideas expressed at the session is allowed, these being evaluated when the session is over.

brand ▶ **marque:** appellation du produit, généralement enregistrée à l'Institut de la Propriété Industrielle, afin d'en réserver l'usage à son propriétaire.
◆ *Voir:* **marque de fabrique.**

A product name, usually registered at the Patent Office, to limit its use to its owner. ◆ *See:* **trademark.**

brand awareness ▶ **notoriété de la marque:** faculté qu'ont les clients potentiels de reconnaître ou de se souvenir d'une marque.

The extent to which potential buyers recognise or recall a brand.

brand benefit acceptance ▶ **bénéfice publicitaire (C.G.L.F.):** mesure de la contribution de la publicité aux modifications possibles de l'image de marque d'un produit ou d'une société.

The extent to which advertising may have changed the image of a product or a company.

brand image ▶ **image de marque.**
See: **image.**

brand leader ▶ **marque leader:** marque de produit détenant la plus grosse part du marché.

The product brand which has the greatest share of the market.

brand loyalty ▶ **fidélité à la marque:** fait pour les consommateurs de continuer à acheter une marque particulière et de refuser les produits de substitution ou les produits concurrents.
• **modèle d'acceptation croissante de la marque:** « Acceptation croissante de la marque par le consommateur, allant de la connaissance plus ou moins parfaite de la marque, à une préférence pour celle-ci, et enfin à la fidélité à cette dernière. »

The willingness of consumers to continue consumption of a particular brand and refuse substitutes or competitive products.
• **brand loyalty ladder**: «The progression of customer acceptance from brand awareness, to brand knowledge, brand preference and, finally, brand loyalty». *D.M.C.*, 9.

brand manager

▶ chef de produit.

See: **product manager.**

brand name

▶ nom de marque.

See: **brand.**

brand name recall

▶ mémomarque (**C.G.L.F.**): mesure de la mémorisation d'une marque.

The extent to which a brand name has been remembered.

brand share

▶ part de marché de la marque: proportion du marché détenue par un produit (ex: la lessive en poudre) de marque donnée (ex: Dash), en termes de chiffre d'affaires ou de quantités vendues.

The portion of the market for a product (e.g. washing powder) held by a brand (e.g. Dash), expressed in money or number of units sold.

break

▶ écran publicitaire, «page de publicité» (radio): période de temps, pendant laquelle les messages publicitaires sont diffusés à la télévision ou à la radio. Les spots T.V. peuvent être transmis soit entre deux émissions, soit au cours d'une émission qui sera interrompue à cet effet.

The time slots in television or radio when commercials are transmitted. T.V. commercials are transmitted not only between programmes [commercial slot, adjacency (U.S.)] but also during programme interruptions (commercial break). ◆ *Syn.*: **commercial break, commercial slot, adjacency (U.S.).**

bridge

▶ musique de transition: musique ou bruitage diffusé entre deux parties d'un programme de télévision ou de radio.

Music or sound effects between two parts of a television or radio programme.

brief

▶ **brief, briefing:** résumé des principaux objectifs et des principales instructions en vue de la création d'une campagne. «Le briefing média doit être la possibilité d'un premier échange d'idées entre les différentes composantes de l'agence, en associant notamment l'équipe de création.» *L.P., 214.*

A summary of the main marketing objectives and instructions required for the creation of a campaign. «The media brief should provide a first exchange of ideas between different departments of an agency, and especially with the creative team».

Bristol board or paper

▶ **bristol:** papier rigide à la surface lisse, idéal pour réaliser les documents d'exécution.

A stiff paper with a smooth surface, ideal for artwork.

British Rate And Data (B.R.A.D.)

▶ **Tarif Média:** publication mensuelle donnant les tarifs des supports et autres informations techniques. 61, avenue Victor Hugo, 75016 Paris.

A monthly publication which lists media rates and other technical data. Maclean-Hunter Ltd, 35-39 Maddox Street, London W1A 2BS.

broadcast

▶ **émission.**

See: **broadcast (to).**

broadcast (to)

▶ **diffuser, émettre (radio, T.V.):** transmettre un message au public, par l'intermédiaire d'une station de radio ou de télévision.

To transmit a message to the public over television or radio.

broadcasting

▶ **radiodiffusion, télévision:** «Transmission de paroles ou de musique (ou d'images) au moyen de la radio (ou de la télévision).»

«The action or activity of sending out sound (or images) by means of radio (or television)». *L.D.O.C., 127.*

broadcast media

▶ **médias radiotélévisés, supports radiotélévisés:** la radio et la télévision que les annonceurs peuvent actuellement utiliser à des fins commerciales.

Radio and television outlets open to advertisers.

broadcast videotext

▶ **vidéographie diffusée.**

See: teletext.

broadsheet

▶ **1) journal grand format:** journal à grands feuillets. Ce terme désigne généralement les journaux ayant un format approximatif de 559 mm x 381 mm comme *Le Figaro*. ◆ *Voir:* **tabloïd**
▶ **2) dépliant grand format:** imprimé publicitaire formé d'une seule grande feuille pliée une ou deux fois.

1) A large format newspaper. A broadsheet is usually a newspaper with a page size approximately 15″ x 22″ (559 mm x 381 mm) (e.g. the *Daily Telegraph*). ◆ *Syn.:* **broadside.** ◆ *See:* **tabloid.**
2) A piece of promotional print consisting of a single large sheet with one or two folds.

broadsheet-sized

▶ **in plano.**

See: broadsheet.

broadside

▶ 1) journal grand format.

▶ 2) dépliant grand format.

See: broadsheet.

brochure

▶ **brochure, plaquette:** livret ou document donnant des informations sur un ou plusieurs produits ou services, ou sur une société.
◆ *N.B.:* le terme *plaquette* a souvent une nuance de prestige.
◆ *Voir:* **dépliant.**

Generally a thin book giving information on a product (or products), a service (or services) or a company. ◆ *N.B.:* the word usually has a prestige connotation.
◆ *Syn.:* **pamphlet.** ◆ *See:* **folder.**

bromide print ▶ **bromure:** papier positif ou négatif, généralement au trait.

A positive or negative – usually line – photoprint.

bubble card ▶ **emballage bulle.**

See: **blister pack.**

built-in obsolescence ▶ **obsolescence calculée.**

See: **obsolescence.**

bulk ▶ **main du papier:** épaisseur d'un papier d'impression en fonction de son grammage.

The thickness of a printing paper measured in terms of gsm (grams per square metre).

bulk basket ▶ **présentoir en vrac:** panier métallique servant à présenter en vrac un ou plusieurs produits.

A metal basket for a bulk display of one or several products.
◆ *See:* **dump bin.**

bulkhead (U.K.) ▶ emplacement d'affichage au-dessus des glaces dans un autobus.

«Advertisement position above windows inside buses».
D.M.C., 11.

bulletin ▶ **1) bulletin:** toute feuille d'information émise au sein d'une société, d'une association, d'un groupe, etc.
▶ **2) communiqué:** bulletin d'information de dernière minute.
▶ **3) panneau peint.** ◆ *Voir:* **panneau publicitaire peint.**

1) Any newssheet circulating within a company, an association, a group, etc.
2) A short late-breaking news report. ◆ *See:* **painted bulletin.**

bulletin board ▶ **grand panneau (peint):** panneau d'affichage de grand format, isolé, généralement peint, et très souvent éclairé. Ce type de panneaux existe en plusieurs versions: • animé (avec un effet de perspective); • panneau translucide lumineux (éclairé par transparence).

A large solus poster site, usually bearing painted panels, often floodlit. There are several versions: • animated (e.g. with a three-dimensional effect); • glow bulletin board (made to glow by means of a backlighted translucent surface).

buried advertisement

▶ **annonce peu visible:** annonce-presse entourée d'autres messages publicitaires, et passant donc inaperçue.

A press advertisement surrounded by other advertising, and, consequently, not attracting attention.

buried offer

▶ offre cachée, dissimulée.

See: blind offer.

burst

▶ vague de publicité.

See: flight, flighting.

bus advertising

▶ **publicité sur les autobus:** emplacements d'affichage sur les autobus; il s'agit essentiellement des avants, des arrières et des flancs de bus.

Poster sites available on buses, i.e. fronts, rears and sides of buses.

bus front or busfront

▶ avant bus.

See: bus advertising.

bus rear

▶ arrière de bus, cul de bus.

See: bus advertising.

bus shelter

▶ abribus.

See: urban furniture.

bus side

► flanc de bus, côté de bus.

See : **bus advertising.**

busy

► **chargé, confus** : trop détaillé. «On dit d'une illustration qu'elle est trop chargée, quand elle renferme trop de détails qui s'annihilent les uns les autres.»

Having too many details. «A picture is said to be busy when it contains too much conflicting detail». *D.M.C., 11.*

buying incentive or inducement

► **incitation à l'achat** : procédé visant à pousser le consommateur à acheter un produit ou un service. Il s'agit, le plus souvent, d'une réduction de prix ou d'un cadeau.

A stimulus to a consumer to purchase a product or service, usually in the form of a discount or a gift.

buying motives

► **motifs d'achat, motivations d'achat** : ensemble des raisons pour lesquelles une personne achète un produit. Ces raisons «...sont généralement complexes et comprennent des critères logiques comme le prix, la qualité et la livraison, mais aussi des considérations subjectives, souvent difficiles à situer et encore plus à mesurer, telles que le prestige, l'image de marque, la couleur, la forme et le conditionnement.»

All reasons why a person buys a product. Such reasons «...are usually complex and comprise logical criteria such as price, quality and delivery, but also highly subjective considerations, often difficult to locate, let alone measure, such as prestige, brand image, colour, shape and packaging». *G.M.T., 27-28.*

cablecasting, cable television

▶ **télévision par câble, télédistribution** : télévision n'utilisant qu'une seule antenne pour capter les signaux, qui sont ensuite retransmis dans les foyers par un câble.

Television using a single antenna to pick up broadcast signals, which are then distributed to households by cable. ◆ *Abbr.* : **C.A.T.V.**

calendered paper

▶ **papier calandré, lissé, satiné** : « Papier à l'aspect lisse et brillant, obtenu en le traitant à la vapeur, et en le faisant passer entre des cylindres (calandres) d'acier et de coton compressé. » • **papier surglacé** : « Papier à l'aspect très brillant, obtenu par calandrages répétés. »

« Paper with a smooth, glossy finish created by treating it with steam and passing it between rollers (calenders) of steel and compressed cotton ». *D.A.T., 24.* • **supercalendered paper** : « Paper that has a high degree of gloss from repeated calenderings ». *D.A.T., 24.*

calligraphy

▶ **calligraphie** : art de dessiner les caractères de l'écriture.

The art of producing beautiful lettering or handwriting.

camera angle

▶ **angle (cin.)** : position de la caméra par rapport au sujet filmé.

The position of the camera with regard to the filmed subject.

cameraman ▶ cadreur, opérateur de prises de vues, «caméraman» : opérateur chargé de la caméra pour le tournage de films à la télévision ou au cinéma.

A person who operates the camera in film-making or television.

camera-ready artwork (cin.) ▶ document d'exécution (cin.).

See : **artwork**.

cancellation date ▶ date limite d'annulation.

See : **cancellation period**.

cancellation period ▶ délai d'annulation : période pendant laquelle la réservation faite pour un message publicitaire peut être annulée sans frais.

The period during which the booking for an advertisement can be cancelled free of charge.

cannibalism ▶ «cannibalisation», auto-concurrence : gain de part de marché par un nouveau produit, mais au détriment des autres articles vendus par le même fabricant ou la même société.

The gain of market share by a new product, but at the expense of the other products sold by the same manufacturer or company.

capital letter (print.) ▶ majuscule (impr.), (lettre) capitale : lettre imprimée ou écrite en grand (A, B, C). ◆ *Voir* : **haut de casse**.

A letter printed or written in its large form (A, B, C). ◆ *See* : **upper case**.

caption ▶ légende : brève description du contenu d'une illustration ou d'un graphique. On la trouve souvent sous l'illustration ou le graphique.

A short description of the content of an illustration or diagram (usually underneath it). ◆ *Syn.* : **legend, cutline**.

car card advertising ▶ **publicité dans les moyens de transport en commun:** panneaux dans les rames de métro et dans les autobus, et oriflammes situés au plafond des voitures.

Advertising cards for display inside public transportation vehicles (Underground, buses).

carbon tissue (print.) ▶ **papier charbon (impr.), papier de transfert:** papier pourvu d'une couche de gélatine sensibilisée, utilisé après insolation pour préparer le cylindre ou le cliché hélio.

A light-sensitive, gelatin-coated paper used, after exposure, for the preparation of the cylinder or plate in the photogravure process.

card ▶ affiche cartonnée.

See: **showcard.**

cardboard ▶ carton.

See: **board (1).**

card rate ▶ tarif de base.

See: **base rate.**

cartouche (print.) ▶ cartouche (impr.): bordure ou cadre orné d'enjolivures.

A decorated border.

cartridge ▶ cartouche: boîte contenant généralement une bande magnétique enregistrée. Ex.: au Royaume-Uni, on envoie aux stations deux cartouches de chaque spot radio.

A container usually holding a recorded magnetic tape. Ex.: two cartridges of each radio commercial are sent to British radio stations.

case rate

▶ **dépenses publicitaires par unité de vente:** chiffre permettant de déterminer le budget publicitaire pour une marque, obtenu en divisant le montant total du budget marketing (publicité, promotion, etc.) par le nombre d'unités vendues. «Par exemple, une marque avec un budget de 500 000 dollars et un volume de 100 000 unités aurait 5 dollars de dépenses publicitaires par unité.»

A figure to determine the advertising appropriation for a brand, obtained by dividing the total annual marketing budget (advertising, promotion, etc.) by the number of cases sold. «For example, a brand with a $500,000 budget and a volume of 100,000 cases would have a case rate of $5.00». *P.M.A.A. Glossary, 2.*

cash premium coupon

▶ **bon de réduction.**

See: **coupon.**

cash refund offer

▶ **offre de remboursement:** remboursement d'une certaine somme d'argent au client, contre l'envoi d'une ou plusieurs preuves d'achat (étiquette ou autre).

The refund of a certain amount of money offered to the buyer for mailing in one or several proofs of purchase (labels or the like).

cash-register-tape redemption plan

▶ **opération cadeau contre remise de tickets de caisse.**

See: **tape plan.**

casting

▶ **distribution artistique** (C.G.L.F.), **casting:** sélection des acteurs, des mannequins ou des voix pour un film publicitaire ou une prise de vues.

The act of selecting actors, models or voice-overs for a commercial or photographic shoot.

casting director

▶ **régisseur de distribution** (C.G.L.F.), **directeur de casting:** personne chargée de trouver et de proposer un choix d'acteurs pour un casting.

◆ *Voir*: **casting.**

The person responsible for proposing suitable actors for a casting. ◆ *See*: **casting.**

cast off (to)

► **calibrer**: évaluer l'espace que prendra le texte une fois composé.

To evaluate how much space the copy will take when typeset.

catalog (U.S.)

► **catalogue.**

See: **catalogue.**

catalogue

► **catalogue**: document imprimé décrivant et indiquant le prix d'une gamme ou d'un certain nombre de produits. ◆ *Syn.*: **catalog (U.S.).**

A publication containing descriptions and prices of a number or a range of products.

catchline, catchphrase

► **accroche.**

See: **end line.**

Ceefax (U.K.)

► **Ceefax**: au Royaume-Uni, service télétexte de la B.B.C. ◆ *Voir*: **télétexte, Oracle, Antiope.**

In the U.K., brand name for B.B.C. teletext. ◆ *See*: **teletext, Oracle, Antiope.**

celluloid proof

► **épreuve guide sur transparent**: impression d'une plaque couleurs sur une feuille transparente, utilisée ensuite pour contrôler le repérage.

An impression of a colour plate on a transparent sheet used as a means of checking the register.

center-spread (U.S.)

► **double page centrale.**

See: **centre-spread.**

151

centre-spread ▶ **double page centrale :** double page du milieu dans un journal, un magazine, etc. La double page centrale est généralement très prisée car elle a deux avantages : sa taille et son emplacement. En effet, un magazine, par exemple, tend naturellement à s'ouvrir au milieu.

A double-page spread in the centre of a newspaper, magazine, etc. The centre-spread is usually regarded as desirable because it enjoys the advantages of both size and position, because a magazine, for instance, tends to fall open at the centre. ◆ *Syn. :* **center-spread (U.S.).**

cents-off (U.S.) ▶ **emballage portant une réduction de prix**

See : **flash pack.**

certificate of insertion ▶ **justificatif d'insertion :** «Certificat émis par les éditeurs ou leurs imprimeurs, pour confirmer que l'insertion des encarts libres a bien eu lieu.»

«A certificate issued by publishers or their printers to confirm that loose inserts have been inserted». *A.J.D., 4.*

channel (radio, T.V.) ▶ **1) canal (T.V.), bande de fréquence (radio) :** bande de fréquence spécialement attribuée à une chaîne de télévision ou une station de radio.
▶ **2) chaîne (T.V.), station (radio) :** le terme *channel* est souvent utilisé pour désigner la station de radio ou la chaîne de télévision elle-même.
◆ *Voir :* **chaîne.**

1) A particular frequency band assigned to a television channel or radio station.
2) Often used as a synonym for a television or radio station.
◆ *See :* **network.**

channel of distribution ▶ **canal de distribution :** différentes étapes dans l'acheminement des produits du producteur au grossiste, du grossiste au distributeur, et du distributeur au consommateur final.

The different stages goods go through, from producer to wholesaler to retailer to consumer.

chart

▶ **graphique, tableau:** document présentant un sujet quelconque sous forme de schéma, courbe, etc. afin de le faire comprendre plus facilement.

A document showing a subject in the form of a picture, graph, etc., so as to make it easily understood.

chase (print.)

▶ **châssis d'imprimerie:** cadre métallique enserrant la composition.

A metal frame in which type, plates, etc., are locked up.

cheap

▶ **bon marché:** de prix peu élevé. *Cheap* est «souvent évité dans le langage des affaires britannique, car il a tendance à être associé dans l'esprit des consommateurs à une qualité médiocre; on utilise à la place les adjectifs *inexpensive* (peu coûteux), *competitive* (concurrentiel) ou les expressions *sale price*(prix de solde) ou *bargain* (prix exceptionnel).»

Low in price. «Usually avoided in business, because it tends to be associated in the minds of consumers with inferior goods; alternatives are *inexpensive* and *competitive*, or the use of the expression *sale price*, or *bargain*. G.M.T., 33.

checkerboard

▶ **annonces en damier:** annonces, dans un magazine, placées en diagonale les unes par rapport aux autres.

Advertisements in a magazine placed in diagonal opposition.

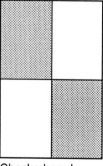

Checkerboard
Annonces en damier

checking copy

▶ **justificatif de parution:** exemplaire intégral du journal ou du magazine contenant l'annonce, adressé à l'agence et à l'annonceur, pour leur prouver que celle-ci a bien été insérée. ◆ *Abr.* : **justif.**

A copy of the entire newspaper or magazine which contains the advertisement, sent to the advertising agency and to the advertiser as evidence of its publication. ◆ *Syn.* : **voucher copy.** ◆ *See* : **tear sheet.**

check-out stand

▶ **présentoir de caisse de sortie :** rayonnage placé à proximité des caisses de sortie, présentant de petits articles comme des chocolats, lames de rasoir, piles, etc., dans le but de stimuler les achats impulsifs de dernière minute par les clients qui font la queue pour payer.

The shelving next to the check-out point displaying small items like chocolates, razor blades, batteries, etc., and designed to attract last-minute purchases by impulsive customers queueing up to pay.

«cherry picker»

▶ **«coureur de bonnes affaires», «acheteur opportuniste» :** consommateur qui n'achète que les produits d'appel ou les articles vendus temporairement à prix réduit.

A consumer who only buys loss-leaders or items which are temporarily sold at a reduced price.

Cheshire label (trademark)

▶ **étiquette Cheshire (marque) :** étiquette-adresse – provenant de paravents informatiques – conçue pour être mécaniquement découpée et collée sur une correspondance.

A specially prepared paper used to reproduce names and addresses to be mechanically cut and affixed to a mailing piece.

Cibachrome print (trademark)

▶ **Ciba (marque) :** «Épreuve couleurs de grande qualité tirée sur papier à partir d'une diapositive.» ◆ *Voir* : **dia direct.**

«A high quality direct positive colour print from a transparency». A.J.D., 4. ◆ *Abbr.* : **Ciba.** ◆ *See* : **type R print.**

cinema

▶ **cinéma :** 1) art de réaliser des films. (En anglais : *film-making*). 2) salle de spectacle où l'on projette des films.

A theatre in which motion pictures are shown.

cinema advertisement ▶ **film publicitaire (cin.)**: message publicitaire projeté sous forme de film au cinéma. ◆ *Voir*: **spot publicitaire.**

An advertising commercial shown in a cinema. ◆ *See*: **commercial.**

cinema advertising ▶ **publicité au cinéma**: publicité sur les écrans de cinéma.

Advertising on cinema screens.

cinema advertising contractor ▶ **régie publicitaire (cinéma)**: société assurant la vente de l'espace publicitaire au cinéma. Ex.: Circuit A et Médiavision en France, Pearl & Dean et Rank Screen Advertising au Royaume-Uni. ◆ *N.B.*: pour les autres médias, l'anglais utilise: **space selling organisation.**

A company responsible for selling cinema advertising space. Ex.: Circuit A and Médiavision in France, Pearl & Dean and Rank Screen Advertising in the U.K. ◆ *See*: **space selling organisation.**

circular ▶ **prospectus**: imprimé publicitaire adressé par la poste, inséré dans un colis ou distribué à la main.

A printed advertising sheet circulated by mail, inserted in packages or distributed by hand. ◆ *Syn.*: **flier** ◆ *See*: **handbill, handout.**

circulation ▶ **diffusion**: nombre d'exemplaires d'une publication effectivement vendus.

The number of copies of a publication actually sold.

claim ▶ **promesse.**

See: **copy claim.**

classified advertisements or ads ▶ **petites annonces, annonces classées**: annonces brèves, rédigées en quelques lignes et sans alinéa, groupées par catégories, en fonction de ce qui est offert ou demandé, sous des titres tels que: offres d'emplois, ventes d'immeubles d'habitation, etc.

Small' run-on advertisements of a few lines, grouped together under headings such as «situations vacant», «houses for sale», etc. ◆ *Syn.*: **classifieds, small ads, smalls.**

classified advertising ▶ publicité par petites annonces, publicité par annonces classées.

See: **classified advertisements.**

classifieds ▶ petites annonces, annonces classées.

See: **classified advertisements.**

clean proof ▶ épreuve sans fautes: épreuve après corrections.

A corrected proof.

clip (cin.) ▶ extrait (cin.), «clip»: prise de vues ou séquence tirée d'un film.

A shot or sequence of shots from a complete film.

clipping (U.S.) ▶ coupure de presse.

See: **press cutting.**

close-medium shot ▶ plan américain: plan montrant le sujet de la tête à mi-cuisses (longueur des vestes américaines au début du cinéma).

A shot showing the subject from the head to the thigh (i.e. length of American jackets in the early days of cinema).

close-up ▶ gros plan (G.P.) (C.G.L.F.), plan serré (C.G.L.F.): plan consacré à un objet ou à un visage, ou à un détail de l'un d'entre eux.

A shot in which a single object or face, or a detail of an object or face, appears. ◆ *Abbr.*: **C.U.**

closing date ▶ date limite.

See: **deadline.**

clubbing offer

▶ **abonnements groupés:** offre d'abonnement à deux ou plusieurs publications à prix réduit.

A subscription offer to two or more publications at a reduced price.

cluster analysis

▶ **analyse par segments, typologie:** «Technique mathématique sophistiquée, visant à reconstituer, à partir d'un ensemble de données (portant généralement sur des produits ou des personnes), des groupes ou segments ayant des traits caractéristiques communs.» ◆ *Voir:* **sondage par segments ou en grappes.**

«A sophisticated mathematical technique for grouping together data (usually on products or people) into clusters with similar characteristics». *Glossary of Market Research Terminology, I.S.B.A. Publication, 10.* ◆ *See:* **cluster sampling.**

cluster pack

▶ **emballage multiple, multipack.**

See: **multiple pack.**

cluster sampling

▶ **sondage par segments:** sondage effectué sur des échantillons choisis dans des segments ou groupes, souvent sélectionnés géographiquement (ex: villes ou localités proches les unes des autres) de façon à réduire les frais de déplacement des enquêteurs.

A sampling in which sample units are chosen from small groups or clusters, often chosen geographically (such as close localities or towns) in order to reduce the travelling costs of interviewers.

coarse screen (print.)

▶ **grosse trame (impr.):** trame dont le nombre de points est égal ou inférieur à 100 par ligne au pouce, ou à 40 par ligne au cm.

A screen with 100 or fewer dots per linear inch or 40 or fewer per linear centimetre.

coated paper or stock

▶ **papier couché:** papier soigneusement fini, recouvert d'une couche de colle et de sulfate de baryum, afin de faire ressortir la finesse de l'impression. «Les couvertures des magazines sont faites d'un papier (plus) lourd, appelé papier couché.»

A smoothly finished paper with a coating of glue and barium sulphate, used for fine printing. «Magazine covers are made of a heavier paper known as coated stock». *E.O.A., 410.* ◆ *Syn.* : **art paper.**

cognition

▶ 1) **connaissance** : «Fait ou faculté de connaître, percevoir, concevoir, par opposition à l'émotion et à la volonté. »
▶ 2) **perception** : le terme *cognition* est improprement utilisé en anglais pour désigner la perception.

1) «The action or faculty of knowing, perceiving, conceiving, as opposed to emotion and volition». *The Concise Oxford Dictionary, 1964, 232.*
2) Loosely used as a synonym for perception. ◆ *See* : **perception.**

cognitive dissonance

▶ **perception décalée, dissonance cognitive** : état de conflit mental entre la connaissance ou les croyances d'un individu et son comportement ; dans ce cas, le sujet cherche à réduire cette distorsion, en modifiant ses attitudes ou ses opinions. «En marketing, l'inquiétude surgissant avant ou après un achat, quant à l'opportunité d'un choix particulier – généralement en ce qui concerne des articles plutôt onéreux – pourrait être un exemple de dissonance cognitive. »

A state of mental conflict between an individual's knowledge or beliefs and his behaviour, wherein the subject tries to reduce this dissonance by changing his attitudes or his opinions. «In marketing, an example of cognitive dissonance would be pre- or post-purcase anxiety as to the advisability of a particular choice, usually for more expensive goods». *G.M.T., 36.*

coin a word (to)

▶ **forger un néologisme** : fabriquer un mot dans un but particulier, par exemple un nom de marque.

To invent a word for a special purpose, e.g. a trade name.

collage

▶ **collage** : forme d'art consistant à coller, sur une surface, des formes découpées des objets, des images, etc.

An art form consisting of applying paper, objects, pictures, etc., onto a surface.

collarette ▶ collerette.

See: bottle hanger.

collate (to) ▶ collationner: mettre en ordre consécutif les pages d'un ouvrage imprimé.

To assemble a printed work in page order.

collotype ▶ phototypie, collotypie: procédé d'impression au moyen de gélatine, utilisé plus particulièrement pour la reproduction d'œuvres d'art.

A printing process using gelatin as a printing surface, used especially for fine art reproduction. ◆ *Syn.:* photogelatin process.

colophon ▶ colophon, achevé d'imprimer: paragraphe final d'un livre, mentionnant les différentes personnes ayant contribué au livre, la date à laquelle l'impression a été achevée, ainsi que d'autres indications du même type.

The final paragraph of a book describing the contribution made by various persons, the date when printing was completed and similar matters.

Color Key (trademark) ▶ Color Key (marque): film coloré permettant d'obtenir des combinaisons de couleurs à partir d'un document en noir et blanc.

A colour film used to obtain colour combinations from a black and white original.

colour chart or guide ▶ guide des couleurs, mise en couleur: «Ébauche préparée par un dessinateur, à partir d'un original en noir et blanc, pour servir de guide à la préparation des clichés couleurs.»

«A sketch prepared by an artist as a guide in preparing colour plates from black and white copy». *D.A.T., 32.*

colour filter ▶ filtre coloré, filtre de sélection: matériel coloré transparent, placé entre l'objectif et l'illustration couleurs pour obtenir les négatifs de sélection. En photographie, il sert à absorber ou atténuer la lumière.

Tinted transparent material placed between the camera lens and the colour illustration to produce colour separation negatives. In photography, the filter is used to absorb or reduce the quantity of light.

colour print ▶ **tirage couleurs**: «Reproduction positive en couleurs, soit sur papier photographique, soit sous forme imprimée.»

«A positive full-colour reproduction on photographic paper or in printed form». *D.A.T.*, 32.

colour proof ▶ **épreuve couleurs**: épreuve tirée à partir de clichés couleurs. ◆ *Voir*: **épreuve.**

A proof made from colour plates. ◆ *See*: **proof.**

colour separation ▶ **sélection des couleurs**: «Opération consistant à photographier un original couleurs à travers des filtres colorés, de façon à obtenir une gamme de trois ou quatre négatifs de sélection servant de base à la copie des formes d'impression.»

«A photographic process whereby the colours in the original are filtered to produce a set of three or four negatives» (or *contones*) «from which printing plates are made». *G.M.T.*, 37.

colour transparency ▶ **diapositive couleurs**: image photographique positive en couleurs sur support transparent.

A transparent, full-colour photographic positive image.

column ▶ 1) **colonne**: partie d'une page délimitée verticalement par un petit espace.
▶ 2) **rubrique**: article paraissant régulièrement, et traitant d'un sujet précis dans un journal, comme la rubrique littéraire ou celle des spectacles.

1) A part of a page separated from the others by a narrow vertical space.
2) An article that regularly appears on a set subject in a newspaper, such as the literary or the entertainments column.

combination (half-tone) ▶ **cliché trait-simili combiné**: cliché combinant à la fois la gravure au trait et la similigravure. ◆ *Voir*: **cliché trait, similigravure.**

A printing block which combines both line and half-tone etching. ◆ *Syn.*: **combination plate, combination cut (U.S.), combine.**

◆ *See*: **line engraving, half-tone.**

combination cut (U.S.) ► cliché trait-simili combiné.

See: **combination (half-tone).**

combination offer ► offre couplée: offre proposant un article à prix d'appel, avec un cadeau en plus. Ex.: magazine proposé à un prix inférieur au prix de l'abonnement seul, avec en plus un cadeau.

An offer combining a premium together with a loss-leader price. Ex.: a magazine offered at a lower cost than that of the subscription alone, plus a premium.

combination plate ► cliché trait-simili combiné.

See: **combination (half-tone).**

combination rate ► couplage: tarif, généralement réduit, pour l'achat d'espace ou de temps dans deux ou plusieurs publications, stations, etc. appartenant à la même société ou au même groupe.

A rate, usually discounted, for the buying of advertising space or airtime in two or more publications, stations, etc., under the same ownership.

combine ► cliché trait-simili combiné.

See: **combination (half-tone).**

combined ► couplé (adj.): groupés deux par deux; ce terme concerne plus particulièrement les publications (on parle, par exemple, de numéros couplés).

In pairs, particularly as far as publications are concerned (e.g. combined issues).

combi-pack ► emballage groupé, offre multi-produits: paquet contenant deux ou plusieurs articles différents, généralement proposé à un prix avantageux. ◆ *Voir*: **emballage multiple.**

A package containing two or more different retail items, usually offered at an attractive price. ◆ *See*: **multiple pack.**

commercial

▶ message publicitaire (cin, radio, T.V.), «spot», film publicitaire : message publicitaire diffusé à la télévision, à la radio ou au cinéma.
◆ *Voir* : **annonce.**

An advertising message broadcast on TV, radio or in a cinema.
◆ *See* : **advertisement.**

commercial break

▶ écran publicitaire, «page de publicité» (radio).

See : **break.**

commercial flash

▶ «flash» publicitaire : message publicitaire très bref.

A very short advertising message.

commercial protection

▶ non-diffusion de messages concurrents l'un derrière l'autre (T.V., radio).

See : **product protection.**

commercial slot

▶ écran publicitaire, «page de publicité» (radio).

See : **break.**

commission system

▶ système de rémunération à la commission : système où l'agence reçoit des supports une commission proportionnelle à l'espace qui leur est acheté. Le taux de commission est généralement de 15 % sur le tarif brut et rétrocédé à l'agence par les supports; par exemple, si une agence facture 1 000 francs à un client le passage d'un annonce, elle déduira la commission de 15 % et remettra le reste, soit 850 francs, au support. Ce système comprend, en outre, la rémunération de l'agence, par le client, pour ses conseils (stratégie, média planning, etc.) et la création, hormis les frais techniques engagés pour la réalisation du travail (document d'exécution, travaux de photographie, d'imprimerie, etc.). En facturant ses frais, l'agence ajoute sa commission, soit 17,65 % sur leur montant net. (Les 17,65 % sur le prix net payé par le client équivalent à 15 % sur le prix brut, soit au même pourcentage que celui qu'elle touche des supports). ◆ *Voir* : **système de rémunération aux honoraires.**

A system whereby the agency receives a commission from the media in consideration of space/time purchases. The commission rate is usually 15 % on the gross, paid back to the agency by the media; e.g. if an agency bills its client £1,000 for the cost of running an advertisement, it will deduct a commission of 15 % and remit the remainder, or £850, to the media owner. Moreover, the system includes the agency's remuneration from its clients, for consultancy (strategy, media planning, etc.) and creative services except charges for work and materials (artwork, photography, printing, etc.). In charging such expenses, the agency adds its commission, i.e. 17,65 % to the net cost. (The 17,65 % on net cost makes the charge to the client equivalent to the 15 % on gross, which is the same percentage it earns on media). ◆ See: **fee system.**

communication ▶ communication.

See: **mass communication.**

communication strategy ▶ **stratégie de communication:** ensemble des décisions majeures portant sur la définition des choix fondamentaux de la communication, les objectifs à atteindre et les moyens mis en œuvre.

All the major decisions relevant to the definition of the fundamental choices of the communication, the objectives to be reached and the means involved to attain these objectives.

comp ▶ photomontage.

See: **photomontage.**

comparative advertisement ▶ annonce comparative.

See: **comparative advertising.**

comparative advertising ▶ **publicité comparative:** publicité attirant l'attention sur les performances du produit de l'annonceur, par rapport à celles de produits concurrents. Elle est interdite en France, étroitement réglementée au Royaume-Uni, et autorisée aux Etats-Unis. Au Royaume-Uni, le *British Code of Advertising Practice* stipule «les points de comparaison doivent porter sur des faits susceptibles d'être justifiés et choisis loyalement; en particulier, la base de comparaison doit être la même pour tous les produits comparés...»

Advertising that draws attention to the performances of the advertiser's product against those of competitive products. Comparison advertising is forbidden in France, strictly controlled in the U.K. and permissible in the U.S. In the U.K., the *British Code of Advertising Practice* states: «Points of comparison should be based on facts which can be substantiated and should not be unfairly selected. In particular, the basis of comparison should be the same for all the products being compared ...». ◆ *Syn.* : **comparison advertising.**

comparison advertising ▶ publicité comparative

See: **comparative advertising.**

competition ▶ 1) **concurrence:** rivalité existant entre entreprises sur le même marché, chacune essayant d'augmenter sa part du marché ou ses bénéfices.
▶ 2) **concours.** ◆ *Voir:* «**contest**».

1) The state of rivalry between business concerns in the same market, each trying to gain a larger share of the market or greater profits.
See: **contest.**

competitive separation ▶ **espacement des messages concurrents:** espace ou temps qui sépare, dans un support, un message publicitaire d'un autre qui lui fait directement concurrence. ◆ *Voir:* **garantie de non-proximité de messages concurrents.**

Media space or airtime that separates a given advertising message from a directly competitive one. ◆ *See:* **product protection.**

competitor ▶ **concurrent:** rival sur un marché donné.

A rival in a given market.

compiled list ▶ **fichier de compilation:** noms et adresses provenant de sources différentes – annuaires, abonnements, journaux, etc. –, utilisés pour établir un fichier de personnes ayant un même centre d'intérêt.

Names and addresses derived from different sources – directories, subscriptions, newspapers, etc. – to set up a list of people with interests in common.

complementary colours ▶ **couleurs complémentaires :** dans la composition spectrale, couleurs qui, additionnées, reconstituent la lumière blanche, c'est-à-dire le cyan (associé au rouge), le magenta (associé au vert) et le jaune (associé au bleu). Par contre, ces trois couleurs sont primaires à l'impression, puisqu'elles constituent, avec le noir, les encres de base. ◆ *Voir :* **couleurs primaires.**

In optics, those colours which give the effect of white when combined, e.g. cyan (+ red), magenta (+ green), yellow (+ blue). In printing, these are the primary colours, as they are the basic inks together with black. ◆ *See :* **primary colour.**

complementary goods ▶ **produits complémentaires :** biens ou produits entre lesquels il existe une telle corrélation que l'augmentation de la demande pour l'un se répercute généralement sur l'autre. Ex. : appareils de photo et pellicules.

Goods or products with such closely interrelated characteristics that an increase in demand for one usually leads to an increase in demand for the other. Ex. : cameras and films.

complimentary copy ▶ **exemplaire gratuit :** numéro d'une publication offert gracieusement.

An issue of a magazine that is given away free of charge.

composite advertisement ▶ **annonce groupée :** annonce pour plusieurs produits de même type.

An advertisement for several allied products.

composite package (U.S.) ▶ **vente jumelée (produits différents) :** suremballage en une seule unité de vente de deux ou plusieurs produits différents.

A special offer combining two or several different products in one integral unit. ◆ *Syn. :* **banded offer, banded pack.**

composite pages ▶ **pages d'annonces groupées :** dans certaines publications, pages réservées à la publicité de produits ou services spécifiques. «Les pages d'annonces groupées renforcent l'attrait de certaines annonces de très petit format, qui passeraient beaucoup plus inaperçues si elles étaient disséminées dans le journal. »

Pages in some publications devoted to advertisements for specific products or services. « The composite pages increase the appeal of quite small advertisements which would be less noticeable if scattered throughout the journal. » *D.M.C., 18.*

composite shot (U.S.) ► image fractionnée.

See: **split frame.**

composite site ► **massif:** emplacement d'affichage composé de plusieurs panneaux successifs (ex.: dans le métro).

A poster site made up of several adjacent panels (e.g. in the Underground).

composition ► composition.

See: **typesetting.**

compositor ► 1) compositeur.
► 2) composeuse.

See: **typesetter.**

compunications, computer-communications ► télématique.

See: **information technology.**

computer-assisted composition ► composition programmée.

See: **electronic composition.**

computer-assisted design ► **conception assistée par ordinateur:** création des documents d'exécution sur ordinateur. ◆ *Abr.:* **C.A.O.** ◆ *Voir:* **document d'exécution.**

The creation of artwork using a computer. ◆ *Abbr.* : **C.A.D.**
◆ *See* : **artwork.**

computer-assisted production

▶ **production assistée par ordinateur** : réalisation des documents d'exécution sur ordinateur. ◆ *Voir* : **document d'exécution.**
◆ *Abr.* : **P.A.O.**

The production of artwork using a computer. ◆ *Abbr.* : **C.A.O.**
◆ *See* : **artwork.**

computer letter

▶ **lettre informatisée** : «Lettre promotionnelle personnalisée, imprimée par ordinateur.»

«A promotional letter produced by a computer and containing personalisation». A.J.D., 25.

concept

▶ **axe, concept** : idée exprimée en peu de mots et visant à promouvoir un produit ou un service.

A briefly stated idea for the promotion of a product or service.

concept test(ing)

▶ **test de concept** : technique de recherche visant à tester l'accueil d'un nouveau concept sur le marché, ainsi que la réaction des consommateurs vis-à-vis de celui-ci.

A research technique used to test the acceptability of a new product concept in the market and consumer reaction to it.

concertina fold

▶ **pli accordéon, pli paravent, zigzag.**

See : **accordion fold**

condensed type

▶ **caractère condensé, étroit, allongé.**

See : **type.**

consumer

▶ **consommateur** : particulier qui achète des biens et services pour son usage personnel.

An individual who buys goods and services for personal use.

consumer advertising. ▶ publicité grand public.

See: **mass advertising.**

consumer behaviour ▶ comportement des consommateurs : habitudes et modèles d'achat des consommateurs.

Buying habits or patterns of consumers.

consumer benefit ▶ bénéfice consommateur.

See: **product benefit.**

consumer durables ▶ **biens de consommation durables :** biens acquis par le consommateur pour faire usage pendant une période de temps relativement longue, comme les machines à laver, les voitures, etc.
◆ *Voir:* **biens de consommation non durables.**

Goods purchased by the consumer for use over a relatively long period, e.g. washing machines, cars, etc. ◆ *Syn.:* **hard goods, white goods (U.S.).** ◆ *See:* **consumer non-durables.**

consumer goods ▶ **biens de consommation :** biens qui satisfont directement les besoins des consommateurs, et sont destinés à leur consommation ou à leur usage personnel. Ex. : produits alimentaires, vêtements, articles ménagers, etc.

Goods that satisfy consumer needs directly and are intended for personal use or consumption. Ex. : food, clothing, household goods, etc.

consumerism ▶ **consumérisme :** 1) à l'origine, prise de conscience du rapport qualité/prix suscitée dans l'esprit des consommateurs par Ralph Nader, puis par les associations de consommateurs.
2) mouvement général et groupes de pression visant à défendre les intérêts des consommateurs.

1) Originally, the price and quality consciousness that was initiated among consumers by Ralph Nader and subsequently, by consumer organisations.
2) Public movement and pressure groups campaigning for the interests of consumers.

consumer jury (U.S.) ▶ panel de consommateurs.

See: consumer panel.

consumer magazine ▶ **magazine de grande diffusion:** magazine destiné au grand public, par opposition à la presse spécialisée. ◆ *Voir:* **presse spécialisée.**

A magazine intended for the general public, as opposed to the trade and technical press. ◆ *See:* **trade and technical press.**

consumer non-durables ▶ **Biens de consommation non durables, «jetables» (n.):** «biens consommés ou utilisés peu de temps après avoir été achetés, comme les produits alimentaires, les boissons, le tabac ...»
◆ *Voir:* **biens de consommation durables.**

«Those consumer goods that are consumed, or used up, soon after they are bought, such as food, drink and tobacco ...». *L.D.B.E, 119.*
◆ *Syn.:* **single-use goods, soft goods, disposables.**

consumer panel ▶ **panel de consommateurs:** groupe de consommateurs sélectionnés et régulièrement interrogés pour fournir des informations sur leurs habitudes d'achat et leurs modèles de consommation.

A group of consumers selected and interviewed at regular intervals to provide information on purchasing habits and consumption patterns.
◆ *Syn.:* **consumer jury (U.S.).**

consumer research ▶ **études consommateurs:** recherche des besoins, des goûts, des habitudes d'achat et des motivations des consommateurs par diverses techniques telles que les interviews, les tests, les enquêtes etc.

Finding out the desires, expectations, tastes, buying habits and motivations of consumers through the use of various techniques, such as interviews, tests, surveys, etc.

consumer semi-durables ► **biens de consommation semi-durables:** biens acquis par le consommateur pour une utilisation allant d'un à trois ans, tels que la porcelaine, la verrerie et certains types de vêtements.
◆ *Voir:* **biens de consommation durables et non durables.**

Goods purchased by the consumer for use over one to three years, such as household china and glass, and some kinds of clothing. ◆ *See:* **consumer durables, consumer non-durables.**

contact ► **contact.**

See: **opportunity to see.**

contact print, contact sheet ► **planche de contact:** épreuve photographique, tirée par contact, à partir de l'ensemble des négatifs d'un film, permettant ainsi de sélectionner une ou plusieurs photos.

A print showing all the negatives from one film together, used for selecting one or several photographs.

container ► **conteneur:** «Grande caisse métallique de forme et de dimension standard, servant à transporter des marchandises dans des véhicules – camions, trains ou navires – prévus à cet effet.»

«Large metal case of standard shape and size for carrying goods by specially-built road vehicles, railway wagons and ships». *L.D.B.E., 120.*

container premium ► **prime emballage, prime conditionnement:** prime sous forme d'un emballage réutilisable, une fois qu'il est vidé de son contenu: par exemple, une lessive dans un seau métallique pouvant servir, par la suite, de corbeille à papier. Pour l'emballage lui-même, on parle de: **conditionnement réutilisable.**

A premium in the form of a package which can be re-used when its original contents are gone: washing powder, for instance, sold in a bucket which can be used later as a wastepaper basket. The package itself is also known as an **incentive pack or reusable (container) pack.** ◆ *Syn.:* **premium pack.**

contest ▶ **concours :** compétition entre individus (consommateurs, distributeurs, représentants, etc.) pour l'obtention de l'un des prix récompensant les meilleurs résultats. Ex. : concours de dessin ou coloriage pour enfants, concours d'étalage pour les distributeurs, etc. Souvent les concours destinés aux consommateurs sont relativement simples, une question subsidiaire comme la rédaction d'un slogan limitant le nombre des gagnants.

A competition between individuals (consumers, dealers, salesmen, etc.) to win a prize awarded for performance. Ex. : painting and colouring competitions for children, window display contests for dealers, etc. Competitions are usually not too complicated, a tie-breaker such as «slogan writing» reducing the number of prize-winners. ◆ *Syn.* : **competition.**

continuity ▶ 1) *Voir* : script.
2) **continuité :** utilisation répétée d'un même thème ou d'une même idée au cours d'un certain laps de temps.

1) *See* : **script.**
2) The repeated use of a single theme or idea over a certain period of time.

continuity assistant,
continuity girl ▶ scripte, secrétaire de plateau.

See : **script clerk, script girl.**

continuity promotion ▶ **opération promotionnelle de longue durée, fidélisation :** offre promotionnelle se poursuivant pendant un certain laps de temps, pour inciter les consommateurs à effectuer un ou plusieurs achats supplémentaires. ◆ *Voir* : **opération points-cadeau.**

A continuing promotion offer used to induce consumers to make additional purchase(s) of a product. ◆ *See* : **coupon plan.**

continuity series ▶ **vente en séries :** vente promotionnelle, au cours de laquelle une série de produits est vendue et livrée à intervalles réguliers, pendant une période de temps donnée, comme une série de livres.

A promotional programme wherein a series of products is sold and delivered at regular intervals over a period of time, such as a series of books.

continuous research

► **enquête permanente:** recherche effectuée de façon régulière et suivie, révélant ainsi les différentes tendances et les changements. Ex.: panels de consommateurs, contrôle des points de vente. ◆ *Voir:* **enquête ponctuelle, occasionnelle.**

Research studies undertaken on a regular, on-going basis to reveal trends and changing conditions. Ex.: consumer panels, shop or store audit. ◆ *See:* **ad hoc survey.**

continuous tone (illustration)

► **demi-teinte, demi-ton (illustration en):** illustration ou photographie composée de tons en dégradé continu.

Illustrations or photographs that have continuous shading.

contractor (U.K.) (radio, T.V.)

► **station en réseau (radio, T.V.) (U.K.):** société qui détient une franchise de diffusion sur les ondes télévisées ou radiophoniques, plus spécialement dans une zone déterminée.

A company which holds a franchise to broadcast on television or radio, particularly in certain defined areas.

contrast

► **contraste:** opposition entre les couleurs sombres et les couleurs claires, par exemple sur une photographie ou une image à la télévision.

The difference between light and dark colours, as in a photograph or television image.

controlled circulation

► **diffusion gratuite contrôlée:** forme de distribution gratuite de magazines, ceux-ci étant envoyés directement et sans aucun frais, à une liste de personnes sélectionnées par l'éditeur. Les magazines, dont la diffusion est ainsi contrôlée, ne sont pas distribués au hasard, et pour obtenir un certificat de l'«Audit Bureau of Circulation» (U.K.) ou du «Controlled Circulation Audit» (U.S.), la liste des destinataires doit être en grande partie établie à partir des demandes des lecteurs. Concerne généralement la presse technique et professionnelle.

A form of free distribution in which publications are sent direct and free of charge to a list of persons selected by the publisher. Controlled circulation journals are not distributed indiscriminately and to obtain an Audit Bureau of Circulation (U.K.) or

Controlled Circulation Audit (U.S.) certification, the list of addresses has to be substantially based on requests from readers. Usually practised in the trade and technical or professional press.

control track

▶ **piste d'asservissement:** «Piste sonore accessoire le long de la piste principale, servant à contrôler le rythme et le volume du son.»

«A secondary film soundtrack placed alongside the main one, used to control the timing or the volume of the sound». *D.A.T.*, 38.

convenience goods

▶ **biens de consommation courante, produits de consommation courante:** biens de consommation achetés fréquemment en petites quantités, avec un minimum de réflexion. Ex.: cigarettes, journaux, produits alimentaires, produits de beauté, etc.

Consumer goods purchased frequently in small quantities with a minimum of deliberation. Ex.: cigarettes, newspapers, food products, cosmetics, etc.

cool media

▶ **médias froids:** notion développée par Marshall McLuhan: un média est froid quand il ne fournit que peu d'informations et favorise la participation du public, comme la télévision et l'affichage. ◆ *Voir:* **médias chauds.**

A concept developed by Marshall McLuhan: a media is «cool» when it provides very little information and invites participation from the public. Television and outdoor advertising are «cool» media. ◆ *See:* **hot media.**

co-op database

▶ **mise en commun de fichiers:** établissement d'un seul fichier, à partir de deux ou plusieurs listes d'adresses appartenant à des propriétaires différents, qui peuvent alors utiliser la base de données ainsi constituée.

The creation of a single mailing list from two or more lists belonging to different owners who are allowed to use the combined base.

co-operative advertising ▶ **publicité collective**: campagnes de publicité financées en commun par plusieurs annonceurs. On distingue:
1) la publicité collective faite par les annonceurs d'un même type d'industrie ou de commerce, c'est-à-dire la publicité collective faite par des entreprises industrielles, commerciales ou autres, dans le but de promouvoir un produit générique ou un service, plutôt que des marques spécifiques;
2) la publicité collective à frais partagés (producteur/distributeur), c'est-à-dire entre fournisseurs et détaillants, le producteur contribuant aux frais de publicité du détaillant, par exemple sur la base de 50 %, ou lui fournissant gratuitement du matériel publicitaire, tels que des clichés de produits ou des documents d'exécution d'annonces publicitaires comprenant un espace pour l'insertion de son nom et son adresse. ◆ *Voir*: **participation publicitaire (du producteur).**

Advertising schemes financed jointly by several advertisers. There are two forms:
1) horizontal advertising: co-operative advertising by firms in the same industry, trade or business, a generic product or a service being promoted rather than specific brands;
2) vertical advertising, joint advertising or dealer support scheme: co-operative advertising between suppliers and retailers, e.g. the manufacturer subsidising the dealer's advertising on a 50-50 basis or supplying free advertising material, such as blocks of products or artwork of advertisements with a space left for the insertion of his name and address. ◆ *See*: **advertising allowance.**

co-op mailing ▶ **bus mailing**: «Mailing qui comprend, dans la même enveloppe ou le même document d'expédition, deux ou plusieurs offres différentes, les coûts d'expédition étant partagés entre les différents annonceurs, selon un accord préalable.»

«A mailing of two or more offers included in the same envelope or carrier, with each participating mailer sharing mailing costs, according to some predetermined formula». A.D.M.A. *Glossary List of Terms, 1984.*

coordinated advertising ▶ **coordination de la publicité**: «Actions publicitaires et promotionnelles menées dans différents supports, mais centrées sur un seul thème ou un seul motif visuel, de façon à ce que chaque type de message renforce l'impact des autres.»

«Advertising and promotion through various media centred on a single theme or visual motif so that each type of advertisement supports the impact of the others». *D.A.T., 39.*

copy

▶ 1) **texte d'une annonce:** libellé d'une annonce (par opposition au titre). «L'illustration et/ou le titre auront attiré l'attention des clients éventuels. Mais c'est le texte, les mots écrits ou prononcés, qui influenceront, persuaderont – ou tomberont à plat.»

▶ 2) **exemplaire (d'une publication), numéro:** un seul journal ou magazine (issu d'une série).

▶ 3) **copie:** manuscrit donné à un imprimeur.

1) The wording of an advertisement (as distinct from the headline). «The illustration and/or the headline will have captured the prospects' attention... But it is the copy, the written or spoken words, that will influence, persuade – or fall flat». *E.O.A., 336.* ◆ *Syn.:* **body copy, body text (U.S.).**
2) A single example of a newspaper or magazine. ◆ *Syn.:* **issue.**
3) A manuscript supplied to a printer.

copy adaptation

▶ **adaptation publicitaire.**

See: **adaptation.**

copy adapter, copy adaptor

▶ **adaptateur, rédacteur publicitaire.**

See: **adapter.**

copy chief

▶ chef de rédaction, chef de conception.

See: **head of copy.**

copy claim

▶ **promesse:** avantages attribués à un produit ou un service dans une copy-stratégie, ou encore bénéfice unique ou spécifique que pourront en retirer les acheteurs. ◆ *Voir:* **bénéfice consommateur, Unique Selling Proposition.**

A statement in a copy strategy showing the advantages of a product or the unique or outstanding benefit to be obtained by purchasing it.
◆ *See:* **product benefit, Unique Selling Proposition.**

copy clearance ▶ **visa, approbation (T.V.) :** approbation des messages publicitaires télévisés ou radiodiffusés par les autorités compétentes.

The approval of T.V. and radio commercials by the relevant authority.

copy date, copy deadline ▶ **date limite remise des documents :** date à laquelle l'imprimeur doit être en possession des documents à imprimer. Le délai de remise peut être de 6 semaines pour une annonce couleurs dans une revue imprimée en héliogravure, et quelques jours seulement pour un journal imprimé en typographie.

The date by which all material should reach the printer. The copy date for a full-colour advertisement in a magazine printed by photogravure may be six weeks, compared with only a few days for a newspaper printed by letterpress.

copy instruction (C.I.) ▶ **détails techniques :** instructions transmises à un journal, une revue, etc., pour l'insertion d'un message publicitaire.

Technical details issued to a publication for the insertion of an advertisement. ◆ *Syn. :* **technical.**

copy platform ▶ **axe de la campagne, base de campagne (C.G.L.F.) :** thème principal d'une campagne de publicité, servant de base à toute la campagne. Ex. : pour une voiture, l'axe de la campagne peut être la «puissance» associée à la sécurité.

The main theme of an advertising campaign forming the basis upon which the entire campaign will be built. Ex. : for a car, the copy platform might be the experience of «power» combined with safety.

copy print ▶ **contretype :** fac-similé d'une image photographique, obtenu en photographiant cette image.

The photographic copy of an original photograph.

copy strategy ▶ **«copy-stratégie» :** document de travail rédigé par l'agence de publicité, rassemblant tous les éléments nécessaires pour l'élaboration du contenu du message. Ces éléments sont : • la définition de la cible, • la promesse faite au consommateur, • la justification de cette promesse, • le ton de la publicité. ◆ *Voir* : **plan de travail créatif (P.T.C.).**

A work paper written by the advertising agency, with all the elements necessary to build up the contents of the creative strategy. The elements are : • the prospect definition, • the promise offered to the consumer, • the reason-why (a statement that supports the promise), • tone statements. ◆ *See* : **creative brief.**

copy test

▶ **test d'évaluation** : test effectué pour mesurer l'efficacité d'un message publicitaire. Il peut s'agir, par exemple, d'annonces-presse montrées à un échantillon de personnes, ou de spots publicitaires présentés dans une salle de projection privée. « Le test d'évaluation doit tendre à découvrir les réactions du consommateur vis-à-vis d'un message publicitaire ou de l'un de ses éléments ; les questions doivent porter sur la compréhension et l'intérêt du message, l'image du produit, etc. »

A test conducted to measure the effectiveness of an advertisement, e.g. press ads shown to a sample or T.V. commercials shown in-theatre. « The copy test would aim to discover the consumers' reactions to the advertisement or to an element within it ; the questions would cover comprehension, interest, product image, etc. ». *Glossary of Market Research Terminology, I.S.B.A. 11.*

copywriter

▶ **rédacteur, concepteur-rédacteur** : personne, dans une agence de publicité, chargée de créer et de rédiger le texte des annonces. Le rédacteur travaille en étroite collaboration avec le directeur artistique sur la conception et la réalisation des annonces.

In an advertising agency, a person responsible for creating and writing the wording of advertisements. The copywriter works in partnership with an art director to produce advertisements.

corded tag

▶ **étiquette mobile.**

See : **tag, label.**

corner card ▶ **accroche sur enveloppe:** phrase sur l'enveloppe d'un document publicitaire, ayant pour but d'intriguer le destinataire et de le pousser à ouvrir l'enveloppe.

A sentence or phrase on the outside of a mailing piece intended to entice the addressee to open it.

corporate advertising ▶ **publicité institutionnelle.**

See: **image advertising.**

corporate image ▶ **image de marque, image de l'entreprise.**

See: **image.**

corporate style ▶ **charte graphique.**

See: **house style.**

corridor site ▶ **emplacement couloir:** emplacement d'affichage dans les couloirs des gares de métro ou de chemins de fer.

A poster site available in the corridors in Underground or railway stations.

cosmetic ▶ **esthétique d'un support:** «Aspect extérieur d'un support. Concerne plus particulièrement les publications; d'où l'utilisation d'expressions comme leur "faire un lifting".»

«The appearance of a medium, particularly publications: hence the use of such expressions as "giving it a facelift".» G.M.T., 48.

cosponsorship or co-sponsorship ▶ **co-patronnage, co-parrainage, co-sponsoring:** parrainage d'une émission de radio ou de télévision ou d'une manifestation sportive par plusieurs annonceurs.

The sponsorship of a radio or television programme or a sports event by several advertisers.

cost-effectiveness ▶ **efficacité-coût, rentabilité:** fait d'essayer d'atteindre un objectif donné en calculant les dépenses de façon à retirer le rendement maximum.

The process of trying to achieve a given objective by spending money in such a way as to get the highest possible return from it.

cost per order (or inquiry)

▶ **coût par commande :** coût d'une opération promotionnelle divisée par le nombre de commandes (ou de réponses) reçues.

The total cost of a promotion divided by the number of orders (or inquiries) actually received.

cost per reply or return

▶ **coût par rapport au nombre de réponses :** mesure de l'efficacité d'un support publicitaire dans lequel on propose un bon de réduction, un concours, etc., calculée en divisant les dépenses publicitaires et/ou promotionnelles engagées par le nombre de réponses reçues.

The measure of the advertising effectiveness of a medium in which a contest, coupon promotion, etc., is offered; determined by dividing the advertising/promotion cost involved by the number of replies.

cost per thousand

▶ **coût au mille :** méthode de calcul utilisée pour comparer le prix des médias et mesurer leur efficacité en terme de coût. La formule est la suivante : • pour les supports imprimés :

$$\frac{\text{coût de l'insertion x 1000}}{\text{diffusion}}$$

• pour les supports radiotélévisés :

$$\frac{\text{coût de l'annonce x 1000}}{\text{nombre de foyers touchés par un programme donné.}}$$

A means of providing some standardised costing of advertising, used to compare media charges in order to determine their cost-effectiveness.
• For print media, the formula is :

$$\frac{\text{advertisement rate x 1000}}{\text{circulation}}$$

• For broadcast media, the formula is :

$$\frac{\text{advertisement rate x 1000}}{\text{number of homes reached by a given programme}}$$

◆ *Abbr. :* **C.P.T.**

coupon

▶ 1) **bon-réponse, coupon-réponse**: imprimé à remplir par les personnes souhaitant obtenir de plus amples renseignements sur un produit ou un service, passer une commande, ou participer à un concours.

▶ 2) **bon de réduction, coupon de réduction**: bon offert au client et lui donnant droit à une réduction sur un produit en promotion. Il y a différentes sortes de bons: ils peuvent être distribués en porte-à-porte, publiés dans la presse, imprimés sur l'emballage du produit, etc.

1) A printed form to be completed by those wanting to obtain further information on a product or service, place an order, or enter a competition. ◆ *Syn.*: **reply coupon.**
2) A voucher given to the customer to obtain a promoted product at a reduced price. There are several types of coupons: they may be delivered house-to-house, published in the press, printed on the pack, etc.
◆ *Syn.*: **(cash) premium coupon or voucher.**

coupon clipper

▶ «**chasseur de primes**»: personne qui répond à une offre de cadeau gratuit par curiosité, sans avoir sérieusement l'intention d'acheter par la suite.

An individual responding to free offers out of curiosity, with no serious buying intent.

couponing

▶ **couponing, couponnage**: utilisation de coupons afin d'encourager les réponses du public. Un code permet généralement d'identifier le support générateur de la réponse. ◆ *Voir*: **coupon.**

The use of coupons to encourage response. A key usually helps identify the medium producing the response. ◆ *See*: **coupon.**

coupon offer

▶ **offre promotionnelle de réduction de prix**: opération qui consiste à offrir des bons de réduction par courrier, à domicile, dans les journaux ou les magasins, ou même à insérer le bon de réduction dans l'emballage d'un autre produit.

An operation which consists in offering coupons by mail, at home, in newspapers or shops, or even inserting the coupon in the package of another product.

coupon plan

▶ **opération points-cadeau:** opération promotionnelle étalée dans le temps, consistant à proposer aux clients une sélection de cadeaux, contre la remise d'un certain nombre de bons ou d'étiquettes découpés sur un ou plusieurs emballages de produits.

A continuous promotion offering a variety of premiums to customers for collecting coupons, labels, etc., from one or more products. ◆ *See:* **tape plan.**

cover

▶ **couverture (pages de):** «Première et dernière pages d'un magazine pouvant généralement être utilisées dans un but publicitaire...»
• **La page de couverture,** c'est-à-dire la première ou la dernière page d'une publication, fait partie des emplacements publicitaires privilégiés. On distingue: • la première de couverture ou première page, • la deuxième de couverture, • la troisième de couverture, • la quatrième de couverture ou dernière page.

«Outer faces of a magazine usually available for advertising purposes ...». G.M.T., 50.
• **The cover page,** i.e. the front or back page of a publication, constitutes a preferred advertising position, e.g.: • (outside) front cover, first cover or front page, • inside front cover or second cover, • inside back cover or third cover, • (outside) back cover, fourth cover or back page.

coverage

▶ couverture.

See: **market coverage.**

coverage rate

▶ taux de couverture.

See: **market coverage.**

cover page

▶ page de couverture.

See: **cover.**

cover price

▶ **prix au numéro:** prix de vente au détail d'un journal ou d'un magazine. Ce prix figure généralement sur la première de couverture.

The retail selling price of a newspaper or magazine. The cover price is usually shown on the front cover.

C print ▶ **procédé de tirage couleurs.**

See: **C type.**

creative ▶ **créatif:** relatif à la conception, au développement et à l'exécution d'idées publicitaires.

Relating to the process of conceiving, developing and executing advertising ideas.

creative agency ▶ **agence de création:** agence de publicité ayant la réputation de produire une publicité très créative et généralement primée.

An advertising agency with a reputation for producing highly creative and award-winning advertising.

creative brief ▶ **plan de travail créatif:** résumé de tous les éléments se rapportant au travail créatif. Le plan de travail créatif décrit de façon synthétique le contexte et les objectifs publicitaires. Ex: Plan de travail créatif Young and Rubicam: 1. Fait principal. 2. Problème à résoudre par la publicité. 3. Objectif de la publicité. 4. Stratégie de création: • définition de la cible, • principaux concurrents, • promesse, • justification. 5. Contraintes (si nécessaire). ◆ *Abr.:* **P.T.C..**

A synopsis of all the elements relevant to creative work. The creative brief is a synthesis of the advertising context and objectives. Ex.: Young and Rubicam creative brief: 1. Key fact. 2. Problem the advertising must solve. 3. Advertising objective. 4. Creative strategy: • Prospect definition, • Principal competition, • Promise, • Reason why. 5. (If necessary) Mandatories & policy limitations.

creative consultancy ▶ **studio de création:** équipe de créatifs offrant à ses clients des services publicitaires au coup par coup ou à titre permanent.

A specialized creative team providing advertising services for clients on a job-to-job or continuing basis.

creative department ▶ **service de création**: service, dans une agence de publicité, chargé de trouver des concepts de communication, de les exprimer sous forme de textes, d'illustrations, etc., et d'en assurer la concrétisation.

In an advertising agency, the department responsible for developing ideas, expressing them in copy and design and producing the ads or commercials. ◆ *Syn.* : **art department.**

creative director ▶ **directeur de création**: personne à la tête du service création, et dont dépendent les rédacteurs et les directeurs artistiques. Le directeur de création joue également un rôle au niveau du conseil d'administration, en représentant l'agence sur toutes les questions de créativité.

The person who manages and heads up the creative department, supervising copywriters and art directors. He also plays a role at board level, representing the agency on all matters of creativity. ◆ *Syn.* : **head of art.**

creative strategy ▶ **stratégie de création**: établissement des objectifs publicitaires et des moyens de les exprimer dans un message ou une série de messages. «En général, il y a trois stratégies de base: • faire ressortir les caractéristiques du produit et ses avantages pour le consommateur, • renforcer l'image de marque du produit ou de la société, • essayer de positionner le produit dans l'esprit de la cible visée.»

The statement of the advertising goals and the means of expressing them in a message or series of messages. «In general, there are three basic strategies: • to emphasise product features and customer benefits, • to emphasize the product's or company's image, • to attempt to position the product in the minds of the target market». *E.O.A. 543.*

creativity ▶ **créativité**: faculté de produire, ou production, d'idées ou de choses nouvelles et originales.

The ability to produce, or the production of, new and original ideas and items.

Cromalin (trademark) ▶ **Cromalin (marque)**: système d'épreuve chimique permettant de simuler le résultat final de l'impression à partir de films offset (principalement en quadrichromie).

The chemical proofing system which produces a simulated press proof from offset films (usually four colours).

crop (to) ▶ 1) détourer.

▶ 2) rogner.

1) *See*: **(to) block out.**

2) *See*: **(to) trim.**

cross-couponing ▶ **offre promotionnelle croisée, offre de réduction croisée**: technique de merchandising consistant à imprimer sur l'emballage d'un produit ou à insérer dans le paquet, un ou plusieurs bons de réduction valables sur un ou plusieurs autres produits. «L'offre croisée favorise la promotion d'articles plus lents à écouler, peut constituer un système de promotion réciproque, ou peut servir à stimuler la vente d'articles moins courants par une offre de bons de réduction portant sur des articles plus connus.»

The merchandising technique whereby a coupon or an assortment of coupons good for one or more different products are printed on or inserted in a product package. «Cross-couponing helps to promote slower selling lines, can be a reciprocal promotional device, or can stimulate a less popular product by offering a money-off coupon in favour of a popular product». *D.M.C.*, *24.*

cross dissolve (n.) (cin.) ▶ **fondu enchaîné (n.) (cin.)**: remplacement progressif d'une image par une autre. ◆ *Voir*: **fondu, fond enchaîné son.**

The gradual replacement of one scene by another. ◆ *Syn.*: **lap dissolve (U.S.)** ◆ *See*: **dissolve, cross fade (to).**

cross fade (to) ▶ **fondre (enchaîner) (son)**: modifier le volume de deux sons en réduisant l'un tout en augmentant l'autre. ◆ *Voir*: **fondu enchaîné (cin.).**

To change the volume of two sounds so that one is reduced while the other is increased. ◆ *See*: **cross dissolve.**

cross fading ▶ **fondu enchaîné sonore.**

See: **cross fade (to).**

cross-fold

▶ pli croisé.

See: accordion fold.

cross head

▶ intertitre, sous-titre: sous-titre dans le corps du texte. ◆ *Voir:* sous-titre.

A subheading in the body of a text. ◆ *See:* **subheading.**

cross-ruff

▶ offre promotionnelle croisée, offre de réduction (de prix) croisée.

See: **cross-couponing.**

cross section

▶ échantillon représentatif: sélection d'un échantillon de façon à ce qu'il soit représentatif de l'ensemble.

A sample selected in such a way that it is representative of the whole.

cross track (poster)

▶ panneau d'affichage perpendiculaire à la voie ferrée: panneau d'affichage sur le quai de la gare, perpendiculaire à la voie ferrée, et faisant donc face aux voyageurs attendant le train.

A poster site opposite a railway station platform, facing waiting travellers.

crowner

▶ collerette.

See: **bottle hanger.**

C type

▶ procédé de tirage couleurs: système d'épreuve photographique tirée à partir d'un négatif couleurs.

A direct photographic copy from a colour film negative.

cume

▶ audience cumulée.

See: **cumulative audience.**

cumulative audience

▶ **audience cumulée:** ensemble des personnes touchées par les insertions ou diffusions successives d'un message au cours d'une période de temps donnée. Ex.: les lecteurs de deux numéros d'un magazine sont partiellement les mêmes, mais ils se renouvellent aussi en partie. L'audience de deux numéros est donc supérieure à l'audience d'un seul.

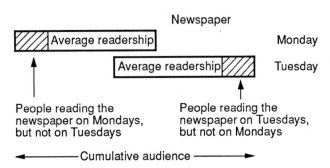

The aggregate of persons reached by successive issues or broadcasts of an advertisement over a given period of time. Ex.: the readers of two issues of the same publication are partly the same, but partly different. The readership figure for two copies is therefore greater than the readership figure for a single issue. ◆ *Syn.*: **cumulative reach, cume, reach.**

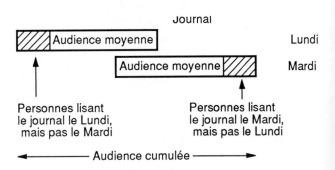

cumulative reach

▶ audience cumulée.

See: **cumulative audience, reach.**

customer profile

▶ **profil de la clientèle:** aspect général de la clientèle divisée en catégories homogènes, en fonction de l'âge, du sexe, des habitudes d'achat, etc.

The structure of the customer population broken down into pertinent categories according to age, sex, shopping habits, etc.

customer relations

▶ **relations clientèle:** activité d'administration des ventes ayant pour objet de maintenir de bons rapports avec les clients.

A sales management activity intended to maintain good relations with customers.

cut

▶ 1) **coupure (cin.):** interruption brutale d'une prise de vues.

▶ 2) **cliché.** ◆ *Voir:* «block».

1) The abrupt interruption of a shot.
2) *See:* **block.**

cutback

▶ «flashback»

See: **flashback.**

cutline

▶ légende.

See: **caption.**

cut-out

▶ **découpage, silhouette découpée:** illustration (ou silhouette) dont l'arrière-plan est découpé (ou à découper).

An illustration (or figure) with the background (to be) cut away.

cut prices (to)

▶ **casser les prix:** vendre à des prix nettement inférieurs à ceux pratiqués par les autres fournisseurs, pour attirer les clients ou forcer les concurrents à baisser leur prix. ● **prix cassé:** prix réduit destiné à attirer la clientèle.

To sell at prices that are much lower than those at which most other suppliers are selling, to attract customers or to force competitors to lower their prices. ● **price cut:** a reduced retail price to attract custom.
◆ *Syn.:* **price off.**

cutting (cin.)

▶ **assemblage (cin.), montage, bout à bout:** première phase du montage au cours de laquelle on procède à la sélection des séquences tournées pour le film.

The first stage in the editing process, in which the sequences for a film are selected. ◆ *See:* **editing.**

cutting copy

▶ **copie de travail.**

See: **workprint.**

cyan

▶ **cyan:** bleu type de l'impression en quadrichromie (les autres couleurs étant le jaune, le magenta et le noir). ◆ *Voir:* **couleurs complémentaires.**

A shade of blue. One of the colours in the four-colour process. (The others being yellow, magenta and black.) ◆ *See:* **complementary colours.**

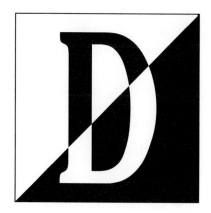

dailies ▶ épreuves de tournage, «rushes».

See: **rushes.**

daily (publication) ▶ quotidien

See: **frequency of issue.**

data sheet ▶ notice technique: imprimé regroupant des informations techniques sur un produit.

A leaflet containing technical information about a product.
◆ *Syn.*: **specification sheet.**

date plan ▶ calendrier de campagne, calendrier d'insertions.

See: **media schedule.**

day-after recall (D.A.R.) ▶ test de mémorisation différée, test de mémorisation au lendemain, test du lendemain (T.D.L.) (C.G.L.F.), day-after recall (D.A.R.): test visant à mesurer la mémorisation d'un message par les interviewés, vingt-quatre heures après qu'ils aient été exposés à ce message.

A test for measuring the respondents' recall the day after they have been exposed to an advertisement. ◆ *Syn.*: **24-hour recall.**

deadbeat (U.S.) ▶ mauvais payeur.

See: **bad debtor.**

deadline ▶ date limite, heure limite: date ou heure à laquelle la phase donnée d'un travail doit être achevée; ceci concerne plus particulièrement le journalisme mais aussi la publicité, la télévision et la radio.
◆ *Voir*: **date de remise des documents.**

The time by which a particular stage of a job must be completed, particularly in journalism but also in advertising and broadcasting. ◆ *Syn.*: **closing date.** ◆ *See*: **copy date.**

deal ▶ offre speciale.

See: **special offer.**

dealer aids ▶ aides à la vente, matériel de publicité/détaillants: tout matériel mis à la disposition du détaillant pour l'aider à écouler ses marchandises (échantillons, appareils distributeurs, prospectus, etc.).

Any material provided to a retailer to help him sell his merchandise (samples, dispensers, leaflets, etc.). ◆ *Syn.*: **sales aids.**

dealer audit ▶ panel détaillants: étude effectuée sur un panel de magasins présélectionnés, visant à obtenir des informations sur les ventes, les tendances de la vente, les stocks, les achats, l'efficacité des promotions et de la P.L.V. (publicité sur le lieu de vente) relatives aux marques, etc. Les détaillants recrutés acceptent de faire contrôler leurs factures et leurs stocks périodiquement, de façon à ce que la part de marché détenue par différentes marques puissent être déterminée à partir des mouvements des produits.

The study of a panel of pre-selected retail outlets providing information on consumer sales, sales trends, stock levels, retailer purchases, display and promotional effectiveness of brands, etc. The recruited retailers agree to have their invoices and stocks audited periodically, so that the share of the market held by different brands can be determined by their movements from the shop. ◆ *Syn.*: **retail audit, shop audit, store audit (U.S.).**

dealer incentive, loader or premium ▶ promotion «réseau»: primes ou avantages offerts au détaillant ou au grossiste contre l'achat de certaines quantités de marchandises, la prestation de certains services, ou la réalisation de certains objectifs.

A premium or advantage given to a retailer or wholesaler in return for the purchase of certain quantities of goods, or services to be supplied, or certain objectives to be fulfilled by him.

dealer support schemes ▶ publicité à frais partagés (fabricant/distributeur).

See: **co-operative advertising.**

dealer tie-in ▶ annonce avec liste des distributeurs locaux: annonce faite par le fabricant dans laquelle on trouve une liste des distributeurs locaux.

An advertisement by a manufacturer containing a list of local dealers.

deal pack ▶ emballage spécial: emballage non habituel, conçu pour une offre spéciale, comme les paquets contenant du produit en plus. ◆ *Voir*: **prime produit en plus.**

A non-regular packaging of a product providing a special sales incentive, e.g. a bonus pack. ◆ *See*: **bonus pack.**

deceptive advertising ▶ publicité mensongère: publicité trompeuse.

Misleading advertising.

deckle-edge (print.) ▶ bord à la cuve, barbes (impr.): bord non rogné d'une feuille de papier.

The untrimmed edge of a sheet of paper.

decoy ▶ **adresse piège :** nom factice inséré dans un fichier dans le but de voir comment il est utilisé.

A fictitious name inserted in a mailing list in order to check on usage of that list. ◆ *Syn.* : **dummy name, sleeper.**

deed paper ▶ **papier coquille, papier écriture.**

See : **bond paper.**

deep-etched halftone ▶ **simili à hautes lumières.**

See : **highlight halftone.**

deep etching ▶ **morsure en creux, remorsure, morsure d'effet :** morsure supplémentaire effectuée sur les clichés, afin d'éliminer les points dans certains zones et accentuer les contrastes.

The additional etching of engravings carried out to erase the small dots in some areas and sharpen the contrasts.

definition ▶ **netteté, définition :** en communication, clarté et précision de la forme, de la couleur et du son utilisés pour reproduire un signal (radio ou TV) ou une photographie. «Cette photo manque de netteté. La netteté de votre radio est excellente. »

In communications, the clarity of shape, colour or sound with which a signal or a photograph is reproduced. «This photograph lacks definition. Your new radio has good definition». *L.D.C.E., 288.*

delayed broadcast ▶ **émission en différé, émission préenregistrée :** émission de radio ou de télévision diffusée postérieurement à la date d'enregistrement.

Television or radio programme broadcast after the recording date.
◆ *Syn.* : **recorded broadcast.** ◆ *Abbr.* : **D.B.**

delayed response (effect)

▶ **effet différé de la publicité**: réaction à une initiative publicitaire se produisant plus tard qu'on ne l'attendait.

The reaction to an advertising initiative arising at a later time than expected.

demographics

▶ **segmentation démographique**: segmentation du marché en fonction de critères démographiques tels que l'âge, le sexe, le statut social, etc.
◆ *Voir*: **psychographies.**

The division of the market into segments according to demographic criteria, e.g. age, sex, social status, etc. ◆ *See*: **psychographics.**

demonstration

▶ **démonstration**: «Méthode de vente consistant à montrer et à expliquer la façon d'utiliser un produit ... dans le but d'inciter les personnes intéressées à l'acheter.»
● **démonstrateur, animateur de ventes**: vendeur chargé d'expliquer à l'acheteur potentiel la façon d'utiliser un produit.

«A method of selling by showing and explaining the use of a product ... with the aim of persuading interested persons to buy it». *L.D.B.E., 149.* ● **demonstrator**: a salesman in charge of explaining the use of a product to the potential buyer.

demonstrator

▶ **démonstrateur, animateur de ventes.**

See: **demonstration.**

denigratory advertising

▶ **publicité comparative agressive, dénigrante**: type de publicité qui, soit directement, soit implicitement, critique et discrédite les produits concurrents. En France, la publicité comparative est interdite; au Royaume-Uni, elle est réglementée, mais les actes de dénigrement sont contraires au *British Code of Advertising Practice.* ◆ *Voir*: **publicité comparative.**

Advertising which criticises or discredits competitive products directly or by implication. In France, comparative advertising is not allowed; in the United Kingdom, it is strictly controlled and acts of denigration are an offence against the *British Code of Advertising Practice.* ◆ *See*: **comparative advertising, knocking copy.**

193

densitometer

▶ **densitomètre :** appareil de mesure de la densité d'un modèle opaque ou transparent d'un film ou d'une épreuve imprimée.

A device used for measuring the density of an opaque or transparent image of a film or a printed proof.

depth interview

▶ **entretien en profondeur :** interview non directif sous forme de conversation non formelle, visant à découvrir des faits qui n'apparaîtraient pas forcément dans les réponses à des questions directes.

A non-directive interview in the form of an informal conversation, intended to find out facts which might not emerge from direct questioning.

depth of field (D/P)

▶ **profondeur de champ :** « En photographie, échelle des distances permettant de photographier le sujet de façon nette. »

« In photography, the distance range of a camera in which objects are considered to be in sharp focus ». *D.O.I.T., 92.*

depth of focus

▶ **distance de mise au point :** en photographie, distance à laquelle on peut éloigner ou rapprocher la caméra du sujet, tout en gardant une image relativement nette.

In photography, the distance a camera may be moved towards or away from a subject, so as to obtain an acceptably sharp focus.

descender (print.)

▶ **hampe descendante :** en typographie, trait d'écriture descendant en-dessous de la ligne de base ; le j, le p et le q ont des hampes descendantes. ◆ *Voir :* **hampe ascendante.**

In typography, a stroke of a lower-case letter dropping below the base line ; j, p, and q have descenders. ◆ *See :* **ascender.**

design

▶ **design, esthétique industrielle, stylique (C.G.L.F.) :** « En marketing, terme générique englobant tous les types de travaux visuels, c'est-à-dire les maquettes, la typographie, le graphisme, les documents définitifs, pour toutes les formes d'application en publicité, les expositions, etc... »

« In marketing, (used as) a generic term embracing all types of visual work, e.g. roughs, typography, graphics, finished art, for all kinds of application-advertising, exhibitions ...». *G.M.T.*, *61*.

designer ▶ **dessinateur, designer, créateur d'esthétique industrielle, stylicien (C.G.L.F.):** personne qui, à titre professionnel, crée et exécute des dessins, modèles, etc.

A professional who creates and executes designs, patterns, etc.

desk research ▶ **recherche documentaire:** étude de toutes les données existantes ou publiées, depuis les documents internes jusqu'à ceux émis par le gouvernement, les associations commerciales, les universités, les banques, les éditeurs, etc., sans procéder à un recueil sur le terrain.

The study of existing or published data ranging from internal reports to those published by the government, trade associations, universities, banks, publishers, etc., without recourse to data collection in the field.

developer ▶ **révélateur.**

See: **developing.**

developing (phot.) ▶ **développement (phot.):** action de faire apparaître des images photographiques latentes sur film ou sur papier, à l'aide d'une solution chimique (ou révélateur).

The process of bringing forth latent photographic images on film or paper by the use of a chemical solution (developer).

diadic ▶ **test par paire:** test dans lequel on questionne le participant sur deux produits, deux emballages, deux annonces, etc. plutôt qu'un seul.

A test in which the informant is asked to test two products, packs, advertisements, etc. rather than one. ◆ *See:* **paired (comparison) test, monadic, triadic.**

diazo process ▶ **procédé diazo:** système dans lequel un original transparent est exposé aux rayons ultraviolets. La copie est ensuite développée dans un milieu alcalin.

A process in which a transparent original is exposed to ultraviolet rays. The copy is then developed using ammonia vapour.

Didot point ▶ **point Didot.**

See: **point.**

die stamping ▶ **timbrage en relief**: procédé d'impression consistant à imprimer l'image en creux dans un bloc de métal et à le gorger d'encre. Après raclage et mise sur presses de la forme, on obtient une image légèrement surélevée. Technique utilisée surtout pour les cartes de visite et les en-têtes.

A printing process where the print image is etched into intaglio plates which in turn are filled with ink. The ink is then picked up from the etched areas and moulded into the paper surface to produce a raised image. Used mainly for letterheads and business cards.

diffuser (phot.) ▶ **diffuseur (phot.)**: en photographie, accessoire servant à atténuer l'intensité de la lumière.

In photography, a device used to reduce the brightness of light.

digitised type ▶ **caractères digitalisés** : caractères codés sous forme digitale, pour être stockés dans la mémoire centrale d'un système de photocomposition, ou d'un ordinateur pour la personnalisation des documents de publicité directe.

Type coded in digital form for storage in a typesetting system or a computer for personalising direct mail material.

direct advertising ▶ **publicité directe**: forme de publicité qui consiste à envoyer directement aux clients potentiels sélectionnés par l'annonceur, les messages ou documents publicitaires ou promotionnels.
 • **publicité directe par correspondance, publipostage (C.G.L.F.)**: la publicité directe par correspondance consiste pour l'annonceur, à envoyer directement par la poste, aux clients potentiels qu'il a sélectionnés, des documents publicitaires ou promotionnels. «Avec la publicité directe, on peut

prendre des mesures spécifiques pour toucher des cibles très étroites.» Il ne faut pas confondre la publicité directe avec la vente par correspondance qui est une forme de distribution.

• «**direct response advertising**»: publicité par un support obligeant le client potentiel à s'identifier lui-même. Ce type de publicité englobe donc l'ensemble des réponses suscitées par tout procédé publicitaire ou promotionnel (courrier, téléphone, radio, coupons-réponses, etc.) qui permet d'évaluer avec exactitude la rentabilité du message ou de la promotion.

A form of advertising that consists in delivering promotional material or messages directly to prospects selected by the advertiser.

• **direct mail (advertising):** the delivery of advertisements or promotional material by way of the post office to prospects selected by the advertiser. «With direct mail, one can take specific actions or measures to cover very tight and selected target groups». *Media International, «Direct Mail: a Direct Hit»,* May 1984, n° 114. Care should be taken not to confuse direct mail with mail order, which is a form of distribution. ◆ *Syn.:* **postal publicity.** • **direct response advertising:** any advertising medium used to make a prospect identify himself. It therefore includes responses from any advertising or promotional means (mail, telephone, radio, coupons, etc.) which make it possible to measure profitability.

direct broadcasting by satellite ▶ **diffusion directe par satellite:** diffusion par l'intermédiaire d'une station-relais placée en orbite autour de la terre.

Broadcasting via a relay station placed in orbit around the earth. ◆ *Abbr.:* **D.B.S.**

directional map ▶ **plan de situation:** mobilier urbain comprenant un plan de la ville ainsi qu'un emplacement disponible pour l'affichage publicitaire.

Urban furniture carrying a city map but available as well for advertising posters. ◆ *See:* **public information panels.**

direct mail (advertising) ▶ publicité directe par correspondance.

See: **direct advertising.**

direct mail agency or producer

▶ **agence de marketing direct :** agence qui conseille le client sur sa stratégie en marketing direct et dans le choix des médias et des fichiers, élabore les campagnes de communication et coordonne les différents prestataires extérieurs (courtiers en fichiers, sociétés de services informatiques, routeurs, etc.).

An agency which advises its customers on direct marketing strategy and on the choice of media and mailing lists, sets up communication campaigns and coordinates outside services (list-brokers, computer services, franking and postage services, etc.).

direct mail shot

▶ «**mailing**», **message publiposté (C.G.L.F.), envoi :** terme désignant un seul envoi dans une campagne de publicité directe. Par conséquent, un mailing peut comprendre plusieurs documents et une campagne de publicité directe, plusieurs mailings.

A term used for one single mailing in a direct mail campaign. One mailing shot may therefore include several items and a direct mail campaign may consist of several mailshots. ◆ *Syn. :* **mailing shot, mailshot.** ◆ *See :* **mailer.**

direct marketing

▶ **marketing direct :** «Technique de vente basée sur la capacité, tout d'abord, de définir et d'analyser un marché pour un produit ou un service spécifique, d'identifier un univers de prospects, et d'adresser à chacun d'entre eux, un message de vente créatif si bien ciblé sur leurs intérêts connus, qu'ils seront tentés d'acheter.» Grâce à l'utilisation de fichiers et de bases de données informatisées, le marketing direct permet d'optimiser la nature des contacts entre le client et l'entreprise. Le marketing direct vise à éviter l'intervention des intermédiaires. Il comprend la publicité directe par correspondance, la vente par téléphone, par télématique, etc.

«A sales technique based upon the ability, first of all, to define and to analyse the market for a specific product or service, to identify a universe of prospects, and to deliver to each prospect a creative sales message so directly geared to his known interests that it will motivate him to buy». *Handbook of International Direct Marketing*, J. Dillon, l. Through the use of lists, computer files and data bases, direct marketing makes it possible to maximize the nature and frequency of contacts between the individual consumer and the marketer. Direct marketing aims at eliminating the involvement of intermediaries. It includes direct mail advertising, telephone and computer-communications selling, etc.

director (cin.)

▶ **réalisateur**: personne qui dirige les prises de vue d'un film publicitaire, surpervise les cameramen, les éclairagistes, les ingénieurs du son, les accessoiristes, décide des effets spéciaux, etc.
◆ *Voir*: **T.V. producer, producteur de l'agence.**

The person who directs a commercial film, instructing the actors, cameramen, lighting men, sound men, set builders, special effects, etc.
◆ *See*: **agency producer.**

directory

▶ **annuaire**: ouvrage de référence généralement publié chaque année, donnant la liste des habitants d'un département, des membres d'une profession, etc. ou des informations sur un sujet donné. Ex.: les guides *Stratégie, Médias*, etc.

A reference book, usually printed once a year, with lists of the inhabitants of a district or of the members of a profession, etc., or providing information on some subject. Ex.: *Advertiser's Annual*, also called «the blue book». ◆ *Syn.*: **yearbook, annual.**

direct recording

▶ enregistrement direct, son direct.

See: **sync sound.**

direct response advertising

▶ «direct response advertising», publicité directe.

See: **direct advertising.**

discount

▶ **rabais, remise, réduction**: diminution du prix par rapport au tarif fixé ou au tarif normal, accordée pour différentes raisons. «Un annonceur peut obtenir un rabais, par exemple, pour l'achat d'un volume important d'espace ou de temps dans un support.»

A reduction on a stated price or list price, granted for various reasons. «An advertiser may receive a discount, for instance, for purchasing a certain large quantity of space or time in a communications medium». *D.A.T., 51.*

discounted spot

▶ **spot à tarif réduit :** spot ou groupe de spots vendu à un prix inférieur au tarif normal. Ex. : spots vendus au maximum 10 jours avant la transmission.

A spot or a package of spots sold at less than full rate card cost. Ex. : 10-day spots (offered at not more than ten days prior to transmission).

disparaging copy

▶ **annonce comparative agressive, dénigrante.**

See : **knocking copy.**

dispatching

▶ **routage :** ensemble des opérations nécessaires à l'envoi d'un message ou d'un colis.

All the operations required to send a message or a parcel.
◆ *Syn. :* **routing.**

dispenser

▶ **présentoir-distributeur de comptoir :** matériel de publicité sur le lieu de vente servant à la présentation et à la distribution de petits articles.

A point-of-sale material used to display and deliver small items.

display

▶ **1) étalage, exposition :** dans le commerce de détail, présentation des marchandises en magasin ou à étalage avec, dans la mesure du possible, du matériel rehaussé d'accessoires graphiques.
▶ **2) présentoir :** matériel de présentation utilisé sur le lieu de vente.
▶ **3) panneau d'affichage.** ◆ *Voir :* «**board**».

1) In retailing : the arrangement of goods, possibly with graphic support material, whether in store or in window.
2) Display material or units used at the point-of-sale.
3) *See :* **board.**

display (to)

▶ **présenter, exposer :** montrer, mettre en vue.

To show or present.

**display(ed)
advertisement or ad**

▶ **annonce presse:** «Annonce réalisée avec différents types de gros caractères, présentée de façon attirante, et souvent rehaussée d'illustrations.» – par opposition aux annonces classées ou petites annonces. ◆ *Voir:* **annonces classées.**

«Advertising using large and varied type faces, attractively set out, often supported by illustrations». D.M.C., 29.; as opposed to classifieds or smalls. ◆ *See:* **classifieds.**

display artist

▶ **étalagiste.**

See: **window dresser.**

display board

▶ **panneau d'affichage.**

See: **board.**

display cabinet or case

▶ **1) vitrine:** meuble de verre dans lequel les produits sont présentés au public, sans être exposés à la détérioration ou au vol.
▶ **2) emballage-présentoir.** ◆ *Voir:* «display pack».

1) A cabinet made of glass in which products are displayed and protected against deterioration and pilferage. ◆ *Syn.:* **showcase.**
2) *See:* **display pack.**

display classified

▶ **annonce classée grand format:** annonce classée de grande dimension présentée de façon élaborée. On les appelle des *modules.*

An advertisement in the classified section which is presented in a display size and format. ◆ *Syn.:* **semi-display classified.**

**display classified
advertising**

▶ **publicité par annonces classées de grand format:** publicité par annonces classées utilisant différents types de gros caractères, des illustrations et autres traits spéciaux, occupant généralement plus d'espace que les petites annonces traditionnelles.

Classified advertising using large and varied type faces, illustrations and other special features and that occupies more space than the regular classified advertising.

display outer

▶ **suremballage de protection et de présentation:** «Conteneur externe servant à la protection des marchandises en transit, et transformable en présentoir sur le lieu de vente.»

An «outer container for protecting goods in transit, which converts into a display unit at the point-of-sale». G.M.T., 65.

display pack or package ▶ **emballage-présentoir:** conteneur qui, une fois ouvert, sert également de présentoir aux marchandises qu'il renferme.

A container for goods which also serves as a display unit when opened. ◆ *Syn.*: **display cabinet, display case (U.S.).**

display type

▶ **caractères de titre:** caractères utilisés pour les titres afin de les distinguer du texte.

Type used for headlines rather than text.

disposables

▶ **biens de consommation non durables, «jetables» (n).**

See: **consumer non-durables.**

dissolve (n.) (cin.)

▶ **fondu (n.) (cin.):** apparition ou disparition progressive d'une image.
◆ *Voir*: **fondu enchaîné.**

Any gradual beginning or termination of a shot. ◆ *See*: **cross-dissolve.**

dittogram

▶ **doublon:** répétition erronée d'une lettre, d'un mot ou d'un passage dans une composition.

A repeated letter, word or passage caused by a typographical error.
◆ *Syn.*: **doublet.**

documentary (film)

▶ **documentaire, film d'information publicitaire, film d'entreprise:** film présentant des faits réels. On l'utilise souvent dans les opérations de relations publiques. L'anglais utilise également les termes *sponsored film* ou *industrial film* ou *P.R. film* quand l'objectif est essentiellement ou entièrement commercial.

A factual film often used in public relations operations. It is also referred to as a *sponsored*, *industrial* or *P.R. film* when it is primarily or wholly commercial.

dolly (cin.)

▶ **chariot de travelling:** petit chariot permettant de déplacer la caméra.

A small carriage for moving a camera.

dominate (to) (a medium, an area)

▶ **être le principal annonceur (dans un support, une région):** concentrer les efforts publicitaires ou promotionnels sur un support ou dans une région, de façon à occuper une position dominante dans ce support ou cette région.

To concentrate advertising or promotional effort in one medium or area, so as to have the most important position in that medium or area.

door-opener

▶ **cadeau offert par un vendeur en porte-à-porte, «door-opener»:** cadeau (généralement de faible valeur) donné par un vendeur en porte-à-porte à un éventuel client pour qu'il lui ouvre la porte et l'écoute.

A premium (usually inexpensive) given away by a door-to-door salesman to persuade a prospect to listen.

door-to-door distribution

▶ **(distribution) porte-à-porte:** remise de documents publicitaires, échantillons ou autres articles promotionnels généralement en porte-à-porte, ou de façon plus sélective. ◆ *Voir:* **distribution sélective en porte-à-porte.**
• **distributeur en porte-à-porte:** personne ou entreprise s'occupant de la distribution en porte-à-porte.

The delivery of advertising material, samples or other promotional items, usually on a door-to-door basis, or more selectively. ◆ *Syn.:* **house-to-house distribution.** ◆ *See:* **mail drops.**
• **door-to-door distributor:** an individual or a firm dealing with door-to-door distribution.

door-to-door distributor ▶ distributeur en porte-à-porte.

See: **door-to-door distribution.**

double column ▶ double colonne, sur deux colonnes : (pour une annonce-presse) s'étalant sur deux colonnes.

(of a press advertisement) spreading over two columns.
◆ *Abbr.* : d/c or d.c.

double crown (U.K.) ▶ double couronne (50 x 75 cm) : unité de base pour le calcul du format des affiches, soit un lé d'environ 50 x 75 cm. ◆ *Voir* : **affiche.**

A basic unit of size in posters : a sheet 508 mm wide by 762 mm deep.
◆ *Abbr.* : **D.C.** ◆ *See* : **poster.**

double-decker (U.S.) ▶ paire de panneaux d'affichage superposés (U.S.) : deux panneaux publicitaires placés l'un au-dessus de l'autre.

Two outdoor advertising panels arranged one above the other.

double 4 x 3 poster (F.) ▶ double 4 x 3 : emplacement d'affichage constitué par deux panneaux adjacents de 4 m x 3 m (prononcer : double «4 par 3»).

An outdoor advertising display in two adjacent panels available for 4 m x 3 m posters.

double head (cin.) ▶ double bande (cin.) : film avec deux bandes différentes pour le son et l'image.

A film with the picture and sound on separate tracks.

double image ▶ image secondaire.

See : **ghost.**

double-page spread ▶ double page.

See : **double spread.**

204

double print (print.) ▶ copie combinée, double copie: insolation de plusieurs négatifs tramés ou trait lors d'un contretypage, afin d'obtenir une seule image.

Combination on a printing plate of line and halftone, resulting from the photographic exposure of different negatives.

double rules ▶ filets doubles.

See: **rule.**

double spread or truck ▶ double page: annonce étalée sur deux pages se faisant face dans une publication. ◆ *Voir:* **double page centrale.**

An advertisement running across two facing pages in a periodical. ◆ *Syn.:* **double-page spread, two pages facing bleed into gutter.** ◆ *See:* **centre spread.**

doublet ▶ doublon.

See: **dittogram.**

drip ▶ campagne publicitaire étalée dans le temps: campagne publicitaire couvrant une longue période de temps – généralement un an.

An advertising campaign covering a long period of time – usually twelve months.

drive time (car radio) ▶ heure de grande écoute (en voiture).

See: **prime time.**

drop-out halftone ▶ cliché simili à blancs non tramés: cliché simili sur lequel on a ôté des points, de façon à obtenir l'effet le plus blanc possible et à souligner les contrastes.

A halftone in which dots are dropped out in order to obtain the whitest possible effect and emphasise the contrast.

dry mounting ▶ montage à sec: collage de deux morceaux de papier ou de carton par dissolution, sous l'effet de la chaleur et de la pression, d'une feuille traitée à la paraffine et placée entre les deux.

The process of making two pieces of paper or cardboard adhere by dissolving a paraffin-treated sheet in between under heat and pressure.

dry offset printing

▶ **offset sec, typographie indirecte, letterset, typoffset, typo-transfert**: «Forme d'impression en offset dans laquelle les parties imprimantes sont surélevées par rapport aux zones non-imprimantes, celles-ci étant éliminées par morsure à l'acide, contrairement à la forme planographique habituelle de l'impression en offset.»

«A form of offset printing in which the areas to be inked are raised by etching around them, in contrast to the ordinary planographic form of offset printing». *D.A.T., 55.* ◆ *Syn.*: **letterset.**

dry-run (cin., T.V.)

▶ **répétition (cin., T.V.)**: «Essai dans le but de perfectionner les différents aspects d'une production.»

«A rehearsal in which various aspects of a production are perfected». *D.A.T., 54.*

dub, dubbing

▶ **1) post-synchronisation, son témoin**: enregistrement des voix, des bruitages et de la musique en studio, après le tournage d'un film ou d'un court-métrage publicitaire, et synchronisation de la bande son avec la bande image. ◆ *Voir*: **synchronisation des lèvres, son direct.**
▶ **2) doublage**: insertion d'une nouvelle bande son avec une traduction synchronisée du dialogue original d'un film, d'une émission de télévision ou de radio.

1) The recording of voices, sound effects and music in a studio after shooting a film or a commercial and the synchronising of the sound track to the video track. ◆ *See*: **lip sync, sync sound.**
2) The insertion of a new sound track carrying a synchronised translation of the original dialogue of a film, radio programme or T.V. show. ◆ *Syn.*: **overdubbing.**

dull-coated paper, dull finish paper

▶ **papier couché mat**: papier couché à surface non brillante.

A paper with a non-glossy coating.

dummy ▶ **maquette d'imprimerie, maquette en blanc :** représentation simplifiée d'une publication, d'une brochure, etc. rendant compte de la taille exacte et de l'aspect général de l'ouvrage une fois qu'il sera terminé.

A simplified representation of a publication, brochure, etc., for the purpose of showing the exact size and general arrangement of the completed job.

dummy name ▶ **adresse piège**

See : **decoy**

dummy pack ▶ **emballage factice, factice (n.) :** représentation simplifiée d'un emballage donné.

A simplified representation of a given package. ◆ *See :* **mock-up.**

dump bin ▶ **présentoir en vrac (pour un type d'article) :** présentoir en forme de panier, offrant en vrac, plusieurs unités d'un même produit.

A tub-like container in which units of the same product are presented in a tumbled fashion. ◆ *Syn. :* **dumper.** ◆ *See :* **bulk basket.**

dump display ▶ **présentation en vrac :** présentation pêle-mêle d'articles afin d'attirer l'attention des clients ou de stimuler les achats d'impulsion.

A loosely arranged display of items to attract attention to a special offer or to gain impulse purchases. ◆ *Syn. :* **jumble display.**

dumper ▶ **présentoir en vrac (pour un seul type d'article).**

See : **dump bin.**

duotone ▶ **double ton, simili duplex :** impression en deux couleurs à partir d'un original simili monochrome, auquel on ajoute une tonalité supplémentaire à l'aide d'une seconde plaque demi-ton.

A two-colour printing process produced from a single colour original to which an additional colour is added from a second halftone plate.

dupe ▶ dupli.

See: duplicate.

dupe elimination (direct mail) ▶ déduplication (publicité directe).

See: duplication elimination.

duplicate ▶ copie, duplicata : double d'un cliché, d'un film, d'une bande magnétique, etc. ◆ *Abr.* : **dupli.**

(of a printing plate, a film, a tape, etc.). A copy. ◆ *Abbr.* : **dupe.**

duplicated audience ▶ audience dupliquée : ensemble des individus faisant partie de l'audience de deux ou plusieurs supports différents.

The aggregate of people belonging to the audience of two or more different media or vehicles.

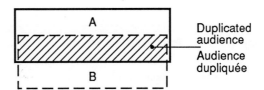

duplication ▶ duplication d'audience.

See: duplicated audience.

duplication elimination (direct mail) ▶ déduplication (publicité directe) : système dans lequel l'annonceur n'envoie son document publicitaire qu'une seule fois par adresse, même si celle-ci figure sur deux ou plusieurs fichiers.

The process by which a name and address will be accepted for mailing only once by an advertiser, even if they appear on two or more lists.

◆ *Abbr.* : **dupe elimination.** ◆ *Syn.* : **purge and merge.**

dye transfer

▶ **dye transfer, dye transfert:** procédé permettant d'obtenir une épreuve photographique couleurs sur papier, à partir d'une diapositive ou d'un modèle opaque polychrome, sur laquelle il est possible d'effectuer de nombreuses retouches ou d'ajouter des effets spéciaux.

A method of obtaining a high quality colour print from either an opaque or a transparent colour original. This process permits frequent retouching and the introduction of special effects.

ear, ear-piece, ear-space ▶ **oreille publicitaire, manchette publicitaire:** petite annonce placée en haut de la première page d'un journal, de chaque côté du titre.

A small advertisement at the top of the front page of a newspaper, on either side of the title. ◆ *Syn.*: **title corner.**

early adopters ▶ **consommateurs précoces, pionniers:** consommateurs qui prennent les devants dans la cible à laquelle ils appartiennent. ◆ *Syn.*: **innovateurs.**

Consumers who are leaders in target groups. ◆ *Syn.*: **pioneers, innovators.**

earned rate ▶ **tarif dégressif:** «Prix réel facturé à un annonceur pour l'achat d'espace publicitaire, après déduction de toutes les remises pour le volume d'espace acheté ou la fréquence d'insertions.»

«The actual rate for advertising space or time charged to an advertiser, taking into account all discounts for volume and frequency». *D.A.T.*, 56. ◆ *See:* **base rate.**

economy size ▶ **prime produit en plus, offre promotionnelle sur un produit.**

See: **bonus pack.**

edit (to)

▶ monter (un film).

See: editing.

editing (audiovisual)

▶ montage (audiovisuel): assemblage des différents éléments composant un film, une bande vidéo ou une bande son.

The assembly of film, video tape or audio tape from collected material.

editing (market research)

▶ contrôle des questionnaires (études de marché): «Vérification des questionnaires obtenus dans le cadre d'études de marché, afin de voir s'ils sont complets et prêts pour le codage et l'analyse.»

«In market research, checking that questionnaires are complete and ready for coding and analysis». *D.M.C.*, 33.

edition

▶ édition: 1) publication d'un ouvrage écrit. (En anglais: *publishing*). 2) Ensemble des exemplaires d'un ouvrage que l'on imprime en une seule fois: la première édition, par exemple.
◆ *Syn.*: **tirage.**
3) En publicité, ensemble des brochures, dépliants, imprimés, etc., utilisés à des fins publicitaires – à la différence de la publicité-presse. (En anglais: *printed material*).

One printing of a book, newspaper, magazine, etc. For instance, the first edition of a book.

editorial (n.)

▶ éditorial (n.): article de fond qui, en général, explicite clairement le point de vue de la rédaction du journal.

A leading article that usually makes the editor's views quite explicit. ◆ *Syn.*: **leader.**

editorial (-style) advertisement

▶ publireportage: annonce publicitaire à contenu informatif et conçue sous la forme d'un texte rédactionnel. Comme ces annonces sont souvent prises pour des textes rédactionnels, elles doivent porter en clair la mention *publicité*, ou *communiqué publicitaire*, ou *publi-information*.

An informative advertisement designed in the style of a piece of editorial matter. Because it is easily mistaken for bonafide editorial, it must be clearly labelled *advertiser's announcement* or *advertisement*.

◆ *Syn.*: **advertorial, reader (-style) advertisement, reading notice (U.S.).**

editorial advertising

▶ **publicité rédactionnelle**: publicité informative présentée sous forme de texte rédactionnel. ◆ *Voir*: **publireportage, informations rédactionnelles.**

Informative advertising presented in an editorial format. ◆ *See*: **editorial (-style) advertisement, editorial publicity.**

editorial content or matter

▶ **texte rédactionnel**: rubriques (actualités, spectacles, etc.) préparées par le personnel d'un journal (par opposition aux annonces publicitaires).

The parts of a publication (news, entertainment, etc.) prepared by the staff of a newspaper or magazine (as opposed to advertising).

editorial mention

▶ **informations rédactionnelles.**

See: **editorial publicity.**

editorial publicity

▶ **informations rédactionnelles**: espace consacré, dans un journal ou un magazine, à un produit, un service ou une société susceptible de présenter un intérêt pour le lecteur, et que l'éditeur décide de faire connaître. Obtenir des informations rédactionnelles fait partie des activités de relations publiques.
Quand il est simplement fait référence à une personne ou une entreprise dans une colonne rédactionnelle, le terme anglais employé est *editorial mention*. Quand il s'agit d'un article sur un individu, un produit, un service ou une société, l'anglais utilise le terme *editorial write-up*. La publicité rédactionnelle, elle, est payante. ◆ *Voir*: **relations presse/produit, publicité éditoriale.**

The space in a newspaper or magazine in which a product, service or company likely to be of reader interest is publicised by the editor at his own discretion. Obtaining editorial publicity is one of the P.R. activities. ● **editorial mention**: a simple reference to an individual or a company in the editorial columns.

• **editorial write-up**: a feature about an individual, product, service or company. However, editorial advertising is charged for. ◆ *See*: **product publicity, editorial advertising.**

editorial write-up ▶ informations rédactionnelles.

See: editorial publicity.

educational advertising ▶ publicité informative.

See: informative advertising.

effective (advertising) ▶ efficace: qui produit l'effet désiré. «La publicité est efficace quand elle atteint ses objectifs.»

(Advertising) producing the desired effect. «Advertising is effective when it accomplishes its objectives...». *D.A.T.*, 57.

effective demand ▶ demande effective, réelle: demande résultant non seulement du désir d'acheter, mais aussi de la capacité de payer.

The demand resulting not only from the desire to purchase, but also from the ability to pay.

effectiveness ▶ impact.

See: impact.

ego (psy.) ▶ ego, moi (psy.): «Le sujet lui-même se définissant en particulier par rapport à ses autres tendances élémentaires ou par rapport au monde extérieur.» Le moi exerce souvent une influence sur les comportements d'achat.

«The self, especially as seen in relation to other selves or to the outside world». *L.D.C.E.*, 352. The ego often has an influence over purchasing behaviour.

Ektachrome (trademark) ▶ Ektachrome (marque): «Film positif de diapositives couleurs fabriqué par la société Eastman Kodak», (très utilisé par les photographes professionnels travaillant pour la publicité).
◆ *Abr.*: **Ekta.**

«A positive colour transparency film manufactured by the East-man Kodak Company». *D.A.T.*, *57*. (Very popular among professional photographers working in advertising).

Ektacolor (trademark) ▶ **Ektacolor (marque):** film couleurs de qualité professionnelle, fabriqué par Kodak, permettant d'obtenir des négatifs couleurs.

A professional grade colour film manufactured by Kodak and used for making colour negatives.

electro ▶ **galvano.**

See: **electrotype.**

electronic composition ▶ **composition programmée:** procédé de composition comprenant des écrans de visualisation, c'est-à-dire des tubes cathodiques sur lesquels les textes présents dans la mémoire centrale peuvent être visualisés, donnant ainsi en clair l'aspect de la page.

A typesetting device whereby type forms can be used with stor-age tube V.D.U.s. to indicate on a screen the precise appearance of the page.
◆ *Syn.:* **computer-assisted composition.**

electronic data processing (E.D.P.) ▶ **informatique:** traitement, stockage et tri des informations par ordinateur.

The use of computer systems to handle, store or sort informa-tion.

electronic media ▶ **médias électroniques:** médias utilisant les techniques et procé-dés électroniques, tels que la télévision par câble, la diffusion directe par satellite, la vidéographie interactive ou diffusée, etc.
◆ *Voir:* **télévision par câble, diffusion directe par satellite, vidéographie diffusée, vidéographie interactive.**

Media using electronic techniques and devices such as cable television, direct broadcasting by satellite, videotex, teletext, etc. ◆ *See:* **cable television, direct broadcasting by satellite, videotex, teletext.**

electrotype

▶ **galvanotype :** cliché typographique obtenu par des procédés électrolytiques. ◆ *Abr.* : **galvano.**

A letterpress printing plate made by the process of electrolysis.
◆ *Abbr.* : **electro.**

embossing

▶ **gaufrage, estampage :** procédé permettant d'imprimer un texte ou une image en relief ou en creux, sur une feuille de papier, de métal, etc. par repoussage au moyen d'une matrice en creux et d'une autre en relief.

A process for printing a raised or recessed text, design or image on a sheet of paper, metal, etc. by compressing the material between concave and convex dies.

emotional appeal

▶ **appel à l'émotion :** thème publicitaire faisant appel à l'émotion plutôt qu'à la logique ou au caractère utilitaire.

Advertising that appeals to the emotions rather than to logic or to utilitarian interests.

emotional buying trigger

▶ **stimulant émotionnel à l'achat :** notion développée par l'agence londonienne de publicité Dunn-Meynell Keefe, selon laquelle les émotions comme l'instinct de conservation, la curiosité, la sécurité, etc. qui déclenchent une réaction, doivent être prises en compte par la publicité.

A concept developed by Dunn-Meynell Keefe, a London advertising agency, stating that emotions such as self-preservation, curiosity, security, etc. that trigger response, must be taken into account in advertising.

emulsion (phot.)

▶ **émulsion, couche sensible (phot.) :** enduit sensible à la lumière, appliqué sur les films et les formes d'impression.

A light-sensitive coating on photographic films or printing plates.

enamel proof

▶ épreuve sur papier couché.

See : **slick.**

end (aisle) cap or display

▶ tête de gondole.

See : (aisle) end cap.

end card

▶ **fond de voiture, fond de rame :** emplacement d'affichage au fond du couloir, dans les voitures de métro ou de chemins de fer.

A poster site available at the ends of the aisles in railway carriages.

end line

▶ **accroche :** phrase bien tournée ou facile à retenir, que l'on trouve généralement sous le logo ou le nom de marque, et qui résume les avantages d'un produit ou d'un service.

A sentence or phrase usually found under the logo or brand name which sums up the benefits of the product or service in a catchy or clever way. ◆ *Syn. :* **hookline, catchline, catchphrase.**

end rate (U.S.)

▶ **tarif minimum :** tarif appliqué à l'achat d'espace publicitaire, après déduction des remises maximales couramment pratiquées.

A rate charged for advertising space or time, taking into account every maximum standard discount.

endsheets

▶ **feuilles de garde :** première et dernière pages d'un livre, collées ou non sur la couverture.

Sheets at each end of a book forming a flyleaf or attached to the cover.

engrave (to)

▶ **graver :** tracer une figure ou des caractères sur du métal, du bois ou de la pierre avec un outil approprié.

To cut a drawing or characters on metal, wood or stone with the appropriate tool.

engraving

▶ 1) **gravure :** art ou action de graver. ◆ *Voir :* **graver.**

▶ 2) **cliché.** ◆ *Voir :* « block ».

1) The art and process of engraving. ◆ *See :* **engrave (to).**
2) *See :* **block.**

enlarged pack (P.O.S.) ▶ **emballage factice géant (P.L.V.)**: matériel de publicité sur le lieu de vente, reproduisant en très grand l'emballage original d'un produit.

A point-of-sale item which is a reproduction of the product package, but much larger than the original one. ◆ *Syn.* : **jumbo pack.**

enlargement ▶ **agrandissement**: reproduction – généralement d'une photographie – de format supérieur à l'original.

The reproduction – usually of a photograph – in a larger size than the original. ◆ *Syn.* : **blow-up.**

enlargement printing (phot.) ▶ **gonflage (phot.)**: technique de laboratoire consistant à passer d'un petit format de pellicule au format supérieur, par exemple d'un 16 mm à un 35 mm.

A laboratory technique used to enlarge a small frame area, e.g. from 16 mm to 35 mm.

escalator cards (Underground) (U.K.) ▶ **affiches cartonnées dans les rampes d'escaliers (métro)**: «Affiches publicitaires placées le long des escaliers mécaniques desservant le métro.»

«Advertisements placed alongside Underground escalators». G.M.T., 74.

establish (to) ▶ **établir, implanter, installer**: faire connaître et largement accepter (une marque, une image, un marché, un produit, etc.).

To make known and widely accepted (a brand, an image, a market, a product, etc.).

estimate ▶ **devis**: calcul préalable du prix de revient d'un travail donné. «Souvent l'agence envoie un devis au client, pour lui demander d'approuver à l'avance le détail des dépenses.»

The calculation of the anticipated cost of doing a given job. An estimate is «often sent from agency to client as a request for approval of anticipated cost details». D.A.T., 59.

ethical advertising

▶ 1) **publicité de produits pharmaceutiques auprès du corps médical :** publicité pour les médicaments, s'adressant à la profession médicale.

▶ 2) **publicité conforme à l'éthique, à la déontologie publicitaire :** publicité honnête et loyale.

1) The advertising of ethical medicines directed towards the medical profession.
2) Fair and honest advertising.

everybody wins sweepstake

▶ **sweepstake où tout le monde gagne :** sweepstake dans lequel chaque numéro donne droit à un lot déterminé. ◆ *Voir :* **sweepstake.**

A sweepstake in which every entry is qualified to receive a specific prize. ◆ *See :* **sweepstake.**

exhibition

▶ exposition.

See : **show.**

exhibition stand designer and constructor

▶ **entrepreneur-décorateur de stands d'exposition :** personne ou entreprise chargée de concevoir un stand et de procéder à sa réalisation. Les deux services regroupés sous ce titre peuvent, cependant, être effectués par deux personnes ou entreprises différentes.

An individual or a firm responsible for designing and constructing a stand. Each function may supplied by separate individuals or firms.

exhibitor

▶ exposant.

See : **exhibition.**

expanded type

▶ caractère large.

See : **type.**

exposing (phot.)

▶ **exposition, insolation (phot.)**: fait de soumettre à la lumière ou à la chaleur une surface sensibilisée. Par conséquent, un film est: • **sur-exposé**: lorsque l'insolation est trop prolongée; • **sous-exposé**: quand l'insolation est trop faible.

The action of submitting any sensitised surface to light or heat. A film is: • **overexposed**: when it is exposed to light longer than the required time; • **underexposed**: when it is exposed to an insufficient amount of light.

exposure

▶ 1) contact.
▶ 2) exposition (phot.), insolation (phot.).

1)See: opportunity to see.
2) See: exposing (phot.).

extra bold type, extra heavy type

▶ caractère extra-gras.

See: type.

extra-sized pack

▶ prime produit en plus, offre promotionnelle sur un produit.

See: bonus pack.

eye camera

▶ «eye camera».

See: eye-movement camera.

eye-catching

▶ accrocheur: plutôt inhabituel et visant à attirer le regard.

Rather unusual; designed to attract people's attention.

eye-movement camera

▶ «eye camera»: en recherche publicitaire, matériel servant à filmer l'œil de l'interviewé, pour observer ce qu'il voit et mesurer la visibilité de l'objet, la lisibilité du texte principal, etc.

In advertising research, the equipment used for recording the movement of a respondent's eyes to measure what is seen: visibility of the object, legibility of the main copy, etc. ◆ *Syn.*: **eye camera**.

eye observation camera ▶ caméra enregistrant la dilatation des pupilles: en recherche publicitaire, appareil servant à mesurer la dilatation des pupilles, les variations du diamètre pupillaire étant interprétées en termes de réactions psychologiques: plus la pupille s'élargit, plus l'intérêt est supposé être élevé.

In advertising research, the equipment used to measure pupil dilation, the variations in pupil diameter being interpreted in terms of psychological reactions: the wider the pupil is, the higher the interest is supposed to be.

facia ▶ **enseigne d'un stand d'exposition:** enseigne placée au-dessus d'un stand d'exposition, portant généralement le nom et l'adresse de l'exposant.

A headboard above an exhibition stand, usually carrying the name and address of the exhibitor. ◆ *Syn.* : **fascia.**

facing ▶ **«facing», front de vente:** unité de présentation d'un produit, vu de face sur une étagère de gondole.

A single front-view exposure of a retail item on a store shelf.

facing contents ▶ face sommaire.

See: **facing matter.**

facing first editorial page ▶ face première de texte.

See: **facing matter.**

facing last editorial page ▶ face dernière de texte.

See: **facing matter.**

facing leader

▶ face éditorial.

See: **facing matter.**

facing matter, facing text

▶ **face texte:** position de l'annonce face à un texte rédactionnel. De la même manière, l'annonce peut se trouver: • face sommaire, • face première de texte, • face dernière de texte, • face éditorial.

The positioning of an advertisement opposite editorial matter. ◆ *Abbr.:* **F/M.** ◆ **Syn.:** **facing text.**
In the same way, the advertisement can be: • facing contents, • facing first editorial page, • facing last editorial page, • facing leader.

fac-simile or facsimile

▶ **1) fac-similé:** reproduction fidèle d'un élément visuel: une image, un morceau d'écriture, etc.
▶ **2) télécopie, fax.**

1) The exact copy of a visual element: a picture, a piece of writing, etc.
2) *See:* **fax.**

fade in

▶ **1) fondu sonore (radio):** augmentation progressive du volume d'un son. ◆ *N.B.:* quand il s'agit d'une diminution, le terme anglais est *fade out.*
▶ **2) ouverture en fondu (cin., T.V.):** augmentation progressive de l'intensité d'une image par éclaircissement.

1) A gradual increase in the volume of a sound.
2) A gradual increase in the strength of a picture from dark to full brightness. ◆ *See:* **fade out.**

fade out

▶ **1) fondu sonore (radio):** diminution progressive du volume d'un son. ◆ *N.B.:* quand il s'agit d'une augmentation, le terme anglais est *fade in.*
▶ **2) fondu au noir (cin., T.V.), fermeture en fondu:** diminution progressive de l'intensité d'une image par assombrissement.

1) The gradual decrease in the volume of a sound.
2) The gradual decrease in the strength of a picture from full brightness to dark. ◆ *See:* **fade in.**

fanfold

▶ pli paravent.

See: accordion fold.

fascia

▶ enseigne d'un stand d'exposition.

See: facia.

fax

▶ télécopie, fax: transmission de copies d'éléments visuels par ligne téléphonique d'un télécopieur à un autre.

The transmission of copies of visual elements over telephone lines from one fax machine to another. The term is an abbreviation for facsimile. ◆ *Syn.*: fac-simile or facsimile.

feature (article)

▶ article de fond: article spécial dans un journal, traitant assez longuement et en profondeur d'un sujet déterminé, par exemple un article sur le chômage dans *Le Monde*.

In a newspaper, a special article about a selected subject which is written in some depth and at some length, e.g. a feature in *The Times* on unemployment.

feature (to)

▶ mettre en valeur (un produit): promouvoir spécialement un article.

To give a retail item special sales promotion.

fee

▶ honoraires.

See: fee system.

fee system

▶ système de rémunération aux honoraires: système où l'agence est rémunérée directement par l'annonceur, en fonction du travail effectué.

◆ *Voir*: système de rémunération à la commission.

A system in which the agency is paid directly by the advertiser according to the work done. ◆ *See*: commission system.

feedback

▶ réaction, remontée de l'information: réponse à un message permettant d'étudier son impact, ses résultats, etc. et de faire des modifications, s'il y a lieu.

The response to a message so that impact, results, etc., can be studied and changes made if necessary.

field (phot.) ► **champ (phot.):** partie de l'objet délimitée par le cadre de la caméra.

The portion of the object within the limits of the camera frame.

fieldwork ► **enquête sur le terrain:** étude de marché, basée sur des contacts, des interviews directs avec les participants chez eux, dans leur travail ou dans la rue. ◆ *Voir:* **recherche documentaire.**

A market research survey involving contacts and face-to-face interviews with respondents at home, at work or in the street. ◆ *See:* **desk research.**

filler ► **article ou annonce bouche-trou:** article ou message publicitaire préparé à l'avance, pour pouvoir boucher un espace vide sur une page.

A pre-prepared press item or advertisement used to fill the empty space left in a page. ◆ *Syn.:* **plug.**

film editor ► **monteur:** personne chargée du montage des films publicitaires, cinématographiques ou des bandes vidéo. ◆ *Voir:* **montage.**

The person responsible for editing commercials, films or videos. ◆ *See:* **editing.**

filming ► **tournage, prise de vues.**

See: **(to) shoot.**

film leader ► **amorce (cin.):** pellicule vierge servant à charger le film dans un projecteur ou sur une table de montage.

A clear strip of film used for threading film into a projector or an editing table. ◆ *Syn.:* **leader.**

film loop ► **boucle:** film dont on a réuni les deux bouts afin qu'il puisse passer en continu. «La boucle est très utile dans les présentations, les démonstrations, les stands d'exposition, ainsi que pour les réceptions avec la presse, les visites d'usine, la formation.»

A film whose ends have been joined in a continuous sequence. «The film loop is useful for presentations, demonstrations, exhibition stands, press receptions, factory visits, training». D.M.C., 38.

film-making

▶ cinéma: art de réaliser des films.

The art of making motion pictures.

film running speed (cin.)

▶ vitesse de déroulement (cin.): vitesse à laquelle le film passe dans une caméra ou un projecteur.

The rate at which the film passes through a camera or projector.

film setting

▶ photocomposition.

See: photocomposition.

film stock (cin.)

▶ pellicule vierge (cin.).

See: stock.

film strip

▶ film fixe, diaporama: film composé d'un certain nombre de diapositives projetées les unes à la suite des autres.

A film composed of a number of positive transparencies shown sequentially.

filter

▶ filtre: accessoire d'appareil photographique servant à réduire ou à modifier la lumière pour la prise de vues.

A camera lens fitting used to reduce the quantity or change the quality of light admitted into the camera.

final (proof)

▶ épreuve définitive, tierce (typ.): épreuve de la forme d'impression corrigée ou d'un cliché, montrant le travail tel qu'il apparaîtra au stade final.

A proof of the corrected printing forme or of a block showing the work as it will finally appear.

financial advertisement ▶ annonce financière.

See: financial advertising.

financial advertising ▶ publicité financière: «Activité publicitaire conduite par les sociétés, entreprises ou organisations intervenant sur les marchés financiers, comme les sociétés d'investissements, les compagnies d'assurances, les sociétés de crédit immobilier et les banques.» Au Royaume-Uni, les annonces financières revêtent plusieurs formes traditionnelles, telles que celles exigées par la Bourse en cas d'émission d'actions nouvelles.

«The advertising activity undertaken by companies, firms or organisations involved in financial markets, such as Unit Trusts, Insurance, Building Societies or Banks». *G.M.T., 80.* In the U.K., there are many traditional forms of financial advertisements, such as those required by the Stock Exchange in the event of a new share issue.

fine cut (cin., T.V.) ▶ montage définitif (cin., T.V.): «Copie de travail terminée, montée et prête pour la reproduction et l'exploitation, sous réserve de l'obtention de l'approbation définitive.»

«A finished workprint fully edited and ready, barring final approval, for reproduction and distribution». *D.A.T., 65.*

finish ▶ texture, apprêt (papier): état de surface du papier.

The textural surface of paper.

finished layout, finished rough ▶ maquette définitive: maquette publicitaire suffisamment finie pour être présentée au client, et pour qu'il puisse se rendre compte de l'effet de l'annonce. ◆ *Voir:* maquette.

An advertising layout finished to an adequate standard for presentation to a client, so that he can see the effect of the advertisement. ◆ *See:* layout.

first cover or page ▶ première de couverture, première page.

See: cover.

first proof ▶ **première (épreuve):** épreuve tirée avant toute correction.

A proof before any correction has been made.

fix (to) (phot.) ▶ **fixer (phot.):** protéger (les couleurs ou un film) des effets de la lumière par l'adjonction d'une solution chimique appelée fixatif.

To protect (colours or photographic film) from the effects of the light by use of a chemical solution called a fixative.

fixative ▶ **fixatif.**

See: **fix (to).**

fixed spot (T.V.) (U.K.) ▶ **emplacement préférentiel (pour un spot T.V.):** message publicitaire télévisé pour lequel l'annonceur paie plus que le tarif normal, pour garantir sa transmission dans un écran donné. Au Royaume-Uni, seul le tarif maximum garantit la position demandée, les tarifs intermédiaires n'empêchant pas l'emplacement choisi d'être pré-empté. ◆ N.B. : pour les autres médias, le terme anglais est *special position*.

A television spot for which a surcharge on the basic rate is paid to ensure that it is transmitted in a selected break. Only the top (fixing) rate guarantees the transmission in the selected break, the lower levels being subject to pre-emption.

flag ▶ **éclaté:** dessin sur un emballage, accompagné du texte correspondant, visant à communiquer une information spéciale ou à attirer l'attention sur une promotion. On le trouve sur le devant (et souvent sur les côtés) de l'emballage.

A package design element and corresponding copy intended to convey special information or call attention to a promotional incentive. The flag is found «on the front (and often on the sides) of the package». P.M.A.A. *Glossary, 4.*

flap ▶ **rabat:** feuille de papier comprenant des éléments différents, attachée au document d'exécution et rabattue sur la partie que l'on veut remplacer: par exemple, sur un slogan que l'on veut faire figurer en plusieurs langues.

A sheet of paper with alternative elements attached to a piece of artwork and folded over the part to be changed, e.g. over a slogan which is to appear in two or more languages.

flashback

▶ **retour en arrière (C.G.L.F.), «flashback»**: «Partie du film qui remonte dans le temps, pour montrer ce qui s'est passé auparavant.»

«The part of a cinema film that goes back in time to show what happened earlier in the story». *L.D.C.E., 419.* ◆ *Syn.*: **cutback.**

flash pack

▶ **emballage portant une réduction de prix**: emballage sur lequel on a imprimé une réduction de prix.

A package on which a price reduction has been printed.
◆ *Syn.*: **money-off pack, price-(off) pack, cents-off (U.S.).**

flat (cin.)

▶ **feuille (cin.)**: panneau de bois ou toilé servant à la fabrication des décors en studio.

A wooden or cloth-covered board used to build a set in a studio.

flat rate

▶ **tarif fixe, tarif non dégressif**: tarif pour de l'espace publicitaire ne pouvant faire l'objet d'aucune réduction.

A rate for advertising space or time that is not subject to discounting of any kind.

flier

▶ **prospectus.**
See: **circular.**

flight

▶ **vague de publicité.**
See: **flighting.**

flighting (U.S.)

▶ **publicité par vagues, publicité par intermittence**: stratégie qui consiste à alterner des périodes d'activité publicitaire avec des périodes sans publicité. «La publicité par vagues est simplement un regroupement des annonces, afin de leur donner plus d'impact.» ◆ *Voir*: **campagne publicitaire étalée dans le temps.**

A strategy consisting in alternating periods of advertising activity and periods with no advertising. «Flighting simply bunches the advertising to provide a concentrated impact». *E.O.A.*, *152.* ◆ *See:* **drip.**

flip-chart

▶ «flip-chart»: forme de présentation d'un document (par exemple, dans un classeur à anneaux), dans laquelle on peut tourner les pages.

A presentation prepared in a form (e.g. in a ring binder) which enables the pages to be turned.

floating time

▶ emplacement indéterminé (radio, T.V.), floating time.

See: **run-of-schedule.**

flong (print.)

▶ flan (impr.): carton mince servant à prendre l'empreinte des caractères en vue du clichage, et permettant la reproduction en nombre du cliché original.

A piece of softened cardboard used as a mould for casting stereotypes and allowing multiple reproduction of the original plate.

floor display

▶ présentation au sol: présentation en masse d'articles sur des palettes ou tout autre support, généralement procurés par le fournisseur.

A mass display of items on pallets or any other support, usually provided by the supplier.

floor stand

▶ pile au sol: marchandises présentées en tas sur palette.

«A standing mount for the display of retail merchandise». *D.A.T.,* 67.

flush left

▶ marge à gauche, fer à gauche.

See: **ranged left.**

flush right

▶ marge à droite, fer à droite.

See: **ranged right.**

fly posting (U.K.)

▶ **affichage sauvage :** affichage illégal sur des emplacements (murs, clôtures, etc.) pour lesquels aucune autorisation n'a été obtenue, ni aucun paiement effectué.

The illegal posting on sites (walls, fences, etc.) for which permission has not been given, nor rental paid.

folder

▶ 1) **dépliant :** feuille de papier imprimée, souvent pliée pour former plusieurs pages, et généralement distribuée gratuitement au public.
◆ *Voir :* **brochure, plaquette.**
▶ 2) **porte-annonces (C.G.L.F.).** ◆ *Voir :* test de porte-annonces.

1) A printed sheet of paper, often folded to make several pages, usually given free to the public. ◆ *Syn. :* **booklet.** ◆ *See :* **brochure.**
2) *See :* **folder test.**

folder-test

▶ **test de porte-annonces (C.G.L.F.), « folder-test » :** technique utilisée pour pré-tester les annonces-presse, consistant à interroger les participants sur les différentes annonces qui leur sont présentées dans une revue factice.

A technique used in pretesting press advertisements which consists of interviewing the respondents about advertisements shown to them in a dummy magazine.

folio

▶ **folio :** feuille numérotée d'un livre, d'une brochure, d'un catalogue, etc.

A numbered page of a book, a brochure, a catalogue, etc.

following reading matter ▶ **après texte :** expression utilisée, lors de la réservation d'espace publicitaire, pour désigner l'emplacement suivant immédiatement une partie rédactionnelle d'un journal ou d'un magazine.

The expression used when ordering advertising space, applying to the position immediately after an editorial section of a periodical.

follow-up or follow up ▶ **relance:** 1) en publicité directe, visite, coup de téléphone ou lettre s'adressant au client potentiel qui a déjà reçu un premier document promotionnel.
2) En publicité, actions entreprises à la suite du lancement d'un nouveau produit ou à la suite d'une campagne.

1) In direct mail advertising, a sales visit, telephone call or letter to a potential customer who has already received an initial promotional piece.
2) In advertising, actions following the launching of a new product or an advertising campaign.

font ▶ **police de caractères.**

See: **fount.**

form (U.S.) ▶ **forme d'impression.**

See: **forme.**

format ▶ 1) **format (impr., cin.):** en imprimerie, dimensions d'une publication; en cinéma, largeur de la pellicule.
▶ 2) **aspect général (revue, livre):** apparence générale d'un livre, d'un journal ou d'une émission.
▶ 3) **forme, mode de présentation (revue, émission):** façon dont est composé ou structuré un livre, un journal ou une émission.

1) In printing, the size of a publication; in filming, the width of the film stock.
2) The general appearance of a book, periodical or programme.
3) The general layout or organisation scheme of a book, periodical or programme.

forme (U.K.) ▶ **forme (d'impression):** châssis dans lequel sont assemblés les éléments imprimants (caractères et illustrations) avant l'impression; (ne concerne que la typographie).

A frame with type and illustration blocks assembled in it for letterpress printing. ◆ *Syn.*: **form (U.S.).**

fortnightly ▶ **bi-mensuel.**

See: **frequency of issue.**

forty-eight sheet poster (U.K.) ► affiche de 6 x 3 m: très grande affiche de 48 lés de 50 x 75 cm, soit approximativement 6 m x 3 m. ◆ *Voir:* lé.

A very large poster, the size of which is equal to forty-eight double crowns, i.e. 20 ft wide x 10 ft deep. ◆ *See:* **sheet.**

fount (typ.) ► fonte (typ.): assortiment complet de caractères de même type et de même format.

A complete set of type of one kind and size. ◆ *Syn.:* **font.**

four-colour process ► quadrichromie: impression en quatre couleurs (jaune, magenta, cyan, et noir) qui, mélangées, produisent toute la gamme des tons. ◆ *Abr.:* **quadri.**

A printing in four colours (yellow, magenta, cyan, black) which, in combination, give a complete range of hues. ◆ *Abbr.:* 4/C

4 m x 3 m poster ► « 4 x 3 » (lire: quatre par trois).

See: **poster sizes.**

four-sheet poster (U.K.) ► affiche de format 1 x 1,50 m: affiche de quatre lés de 50 x 75 cm chacun. ◆ *Voir:* **affiche, double couronne.**

A poster, the size of which is equal to four double crowns. ◆ *See:* **poster, double crown.**

fourth cover ► quatrième de couverture.

See: **cover.**

fractional page space ► fraction de page: espace publicitaire, dans un périodique, n'occupant pas toute la page.

An advertising space in a periodical which does not occupy the whole page.

frame (cin.)

▶ **image (d'un film), photogramme :** chacune des images cinématographiques composant un film.

One of a sequence of pictures that together make up a film.

free advertisement

▶ **annonce gratuite :** message publicitaire que le support fait passer gratuitement.

An advertisement offered free of charge by the media owner.
◆ *Syn.* : **plug.**

free gift

▶ **prime.**

See : **premium.**

freelance, free lance

▶ «**freelance**», **indépendant (n.) :** professionnel, plus spécialement photographe, illustrateur, etc., qui travaille pour quiconque désire utiliser ses services moyennant le paiement d'honoraires – à la différence d'une personne employée par une société. La plupart des photographes et des illustrateurs travaillent en freelance ; les directeurs artistiques et les rédacteurs sont, en général, intégrés dans une agence.

A professional, especially a writer, photographer, illustrator, etc., working for anyone who wishes to use his services in return for a fee, as opposed to someone who works for a company. Most photographers and illustrators are freelance. Art directors and copywriters are usually employed, though some may not be.

free mail-in

▶ **prime différée (par voie postale) :** prime que les consommateurs peuvent obtenir gratuitement par courrier, en envoyant une ou plusieurs preuves d'achat.

A premium consumers may obtain in the mail without charge by sending one or more proofs-of-purchase. ◆ *Abbr.* : **F.M.I.**

free post

▶ **service libre-réponse :** système dans lequel l'annonceur adresse des coupons ou des demandes de renseignements, de brochures, etc., avec une enveloppe ou une carte affranchie pour la réponse.

A system whereby the advertiser sends coupons/applications for literature together with a postage-paid envelope or card for the respondents.

free sample ▶ **échantillon gratuit :** petite quantité d'un produit offerte gratuitement au consommateur, de façon à ce qu'il puisse l'essayer avant de s'engager à l'acheter.

A small quantity of a product offered free of charge so that the consumer can try the product first, before committing himself to a purchase.

free sheet or freesheet ▶ **journal gratuit :** journal local entièrement financé par la publicité et distribué gratuitement.

A local newspaper totally financed by advertisements and distributed free of charge. ◆ *Syn.* : **giveaway paper.**

free-standing insert (F.S.I.) ▶ encart libre.

See : **insert.**

freeze frame ▶ **arrêt sur image, image arrêtée :** image photographique repassée plusieurs fois, de façon à donner l'impression que l'action est arrêtée.

A single still frame re-run so as to produce an effect of suspended action. ◆ *Syn.* : **stop action.**

French fold ▶ pli croisé.

See : **accordion fold.**

frequency discount ▶ **dégressif sur le volume, la fréquence des annonces :** réduction sur les tarifs publicitaires, en fonction du nombre d'insertions passées ou de messages diffusés pendant une période de temps donnée.

A reduction in advertising rates based on the number of insertions (*space discount*) or commercials (*time discount*) in a given period of time.

frequency distribution ▶ **distribution de fréquence :** courbe indiquant le nombre de personnes d'un échantillon donné ayant vu le message d'une campagne publicitaire, ainsi que le nombre de fois où elles y ont été exposées.

A curve indicating how many people in a sample saw an advertisement in an advertising campaign, and how many times they saw it.

frequency of issue ▶ **périodicité, cadence de parution**: nombre de fois par an, par mois ou par jour où paraît un journal ou un magazine:
- **annuel**: une fois par an,
- **semestriel**: deux fois par an,
- **trimestriel**: tous les trois mois,
- **bimestriel**: tous les deux mois,
- **mensuel**: tous les mois,
- **bimensuel**: deux fois par mois,
- **hebdomadaire**: une fois par semaine,
- **bi-hebdomadaire**: deux fois par semaine,
- **quotidien**: tous les jours.

The number of times a publication comes out in a year, month or week, i.e.:
- **annual**: once a year,
- **half-yearly**: twice a year,
- **quarterly**: every three months,
- **bi-monthly**: every two months,
- **monthly**: every month,
- **fortnightly**: twice a month,
- **weekly**: once a week.
- **bi-weekly**: twice a week,
- **daily**: every day.

front cover or page ▶ **première de couverture, première page.**

See: **cover.**

front end ▶ **premières remontées**: rendement initial d'une offre spéciale.

The initial response to a promotion. ◆ *Syn.*: **up front response.**

front-end display ▶ 1) **présentation à la sortie**: présentation d'articles à proximité des caisses de sortie, dans un magasin en libre service.
▶ 2) **panonceau avant (bus) (U.K.)**: panneau publicitaire sous les fenêtres avant d'un bus.

1) The display of items in the checkout area of a self-service store. 2) The advertising panel under the front windows of a bus.

front-page headline ► **manchette:** titre en gros caractères en tête de la première page d'un journal.

The headline of a newspaper front page printed in large letters.
◆ *Syn:* **headline.**

full measure line ► **ligne pleine:** ligne à la largeur de la colonne, sans alinéa.

A line set to the column width with no indentation.

full-page advertisement ► **annonce pleine page:** annonce couvrant toute une page d'une publication.

An advertisement covering an entire page of a publication.
◆ *Syn.:* **whole-page advertisement.**

full run ► **1) insertion dans toutes les éditions du jour:** insertion d'une annonce dans toutes les éditions d'un quotidien paraissant le même jour.
► **2) affichage dans l'ensemble du parc ou du réseau (transports):** affichage d'une annonce dans toutes les voitures d'une même ligne. • **demi-parc, demi-réseau:** affichage dans un véhicule (ou une voiture) sur deux.

1) The insertion of an advertisement in every edition of a daily newspaper published in one day.
2) The display of a car card in every vehicle (or car) of a line.
◆ *Syn.:* **full showing.** • **half-run:** the display of a card in every other vehicle (or car) of the line.
◆ *Syn.:* **half service, half showing.**

full-service agency ► **agence à service complet:** agence de publicité offrant à ses clients une vaste gamme de services, comprenant non seulement la création et la réservation d'espace dans les médias, mais aussi la recherche et la planification marketing, le merchandising, la promotion des ventes, les relations publiques, le conditionnement, etc.

An advertising agency offering its clients a wide range of services, including not only creative and media facilities, but also marketing research and planning, merchandising, sales promotion, public relations, packaging, etc.

full showing

▶ 1) insertion dans toutes les éditions du jour.

▶ 2) affichage dans l'ensemble du parc ou du réseau (transports).

See: full run.

gable end ▶ panneau d'affichage sur un pignon.

A poster site at the end of a building.

galley, galley proof ▶ épreuve à la brosse, en placard: texte à la sortie de la composeuse, sur lequel on peut effectuer des corrections avant la mise en place définitive.

Type matter of text as it comes from the typesetter, so that mistakes can be corrected before make-up into pages or final positioning.

gatefold ▶ encart à volets: page spéciale dans un magazine, composée de deux parties, dont l'une dépasse le format du journal pour se replier sur l'autre.

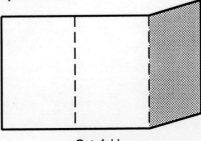

Gatefold
Encart à volets

A special two-part page in a magazine with the outer part folding over the inner part.

generation ▶ **génération** : chaque copie d'une bande magnétique par rapport à elle-même, «...la première génération étant celle de l'original que les générations successives reproduisent».

Each successive duplicate of a tape, «...the first generation being that of the original that succeeding generations reproduce». *D.A.T., 73.*
◆ *Syn.* : **G-spool.**

get-up ▶ **habillage (d'un produit)** : fait de présenter un produit de façon séduisante.

A pleasant and attractive display of a product.

Gevaproof (trademark) ▶ **Gevaproof (marque)** : système d'épreuve chimique permettant de simuler le résultat final de l'impression (principalement en quadrichromie).

The chemical proofing system made by Agfa-Gevaert which produces a simulated press proof (usually four colours).

ghost (T.V.) ▶ **image secondaire (T.V.)** : seconde image plus estompée, doublant l'image principale sur l'écran.

A second, fainter image on a television screen imitating the principal one. ◆ *Syn.* : **double image.**

giant hanging sign (POS) ▶ **affiche suspendue géante (PLV).**

See : **hanger.**

gift-coupon ▶ **bon-cadeau, point-cadeau** : une des plus anciennes techniques promotionnelles consistant à donner des bons ou points avec les produits, ces bons ou points pouvant ensuite être échangés contre des marchandises présentées dans un catalogue.

One of the oldest promotional devices, whereby coupons are given with products and can be redeemed for goods shown in a catalogue.

giveaway
► 1) **cadeau publicitaire:** objet promotionnel de faible valeur distribué gratuitement.
► 2) **prospectus.** ◆ *Voir:* «handbill».

1) An inexpensive promotional piece given away without charge.
2) *See:* **handbill.**

giveaway magazine
► **revue gratuite:** magazine entièrement financé par la publicité et distribué gratuitement. ◆ *Voir:* **journal gratuit.**

A magazine totally financed by advertisements and distributed free of charge. ◆ *See:* **freesheet.**

giveaway paper
► **journal gratuit.**

See: **freesheet.**

glassine
► **papier cristal:** papier frictionné transparent utilisé pour les emballages, dans les documents d'exécution ou les épreuves d'imprimeur.

A transparent glazed paper used for wrappings, artwork and in printers' proofs.

glossy (print.)
► **épreuve sur papier glacé:** épreuve photographique dont la surface est lisse et brillante.

A photographic print with a smooth, shiny surface.

glow bulletin board
► **panneau translucide lumineux.**

See: **bulletin board.**

going year ▶ **année de maintien :** période de douze mois consécutifs pendant laquelle le budget publicitaire et promotionnel pour un produit ou un service vise à maintenir la demande pour ce produit ou ce service, plutôt qu'à le créer ou l'augmenter. ◆ *Voir :* **accroissement temporaire de la pression publicitaire.**

A period of twelve consecutive months during which the advertising and promotion spend for a product or service aims at maintaining the demand for the product or service, rather than creating or increasing it. ◆ *See :* **heavy-up.**

gondola ▶ **gondole :** rangée d'étagères ou de rayonnages dans un magasin en libre-service, bordés d'allées et servant à exposer des marchandises à la vente. ◆ *Voir :* **tête de gondole.**

A bank of shelving with aisles on either side in a self-service store, used to display goods. ◆ *See :* **(aisle) end cap.**

gone away (n.) ▶ **N.P.A.I.** (n'habite pas à l'adresse indiquée).

See : **nixie.**

grading ▶ **gradation :** fait de rendre les nuances des couleurs dans un film, sur une photo, etc.

The act of bringing about matched colour quality in a film, photograph, etc.

graininess (phot.) ▶ **granulation (phot.), poivrage :** petites particules ou petits grains apparaissant dans l'image, par suite d'une répartition irrégulière des sels d'argent dans l'émulsion photographique.

Small particles or grains appearing in the photographic image due to the grouping of individual silver grains in the emulsion.

graphic arts, graphics ▶ **arts graphiques :** 1) à l'origine, terme désignant les arts picturaux comme le dessin, la peinture, etc.
2) De façon générale, ensemble des éléments visuels de la communication, comme l'impression, la lithographie, etc.

1) Originally pictorial arts such as drawing, painting, etc.
2) Generally speaking, visual elements of communications, such as printing, lithography, etc.

gravure

▶ héliogravure.

See : **photogravure.**

grey scale

▶ 1) **échelle de gris (T.V.) :** en télévision, série de gris de densité progressive permettant de juger les couleurs sur une télévision en noir et blanc.

▶ 2) **échelle de gris, gamme de gris continue (impr.) :** en imprimerie, échelle comprenant une série de gris de densité progressive, servant à vérifier la duplication des films et la copie des plaques.

1) In television, a range of standard values of shading, from white to black, used to evaluate the colours in a black and white television.
2) In printing, a scale including a range of values of shading, from white to black, to check film and plate duplicates.

gross coverage, gross impression

▶ **couverture brute :** somme des individus exposés à un message, chacun d'entre eux étant compté autant de fois qu'il a été touché par le message. ◆ *Voir :* **gross rating point.**

The total number of individuals reached by an advertisement or a commercial, each of these being counted several times when they receive several exposures. ◆ *See :* **gross rating point.**

gross rating point (U.S.) ▶ **gross rating point :** nombre d'expositions à un plan médias pour 100 personnes appartenant ou non à la cible (exprimé en pourcentage). Par exemple, si une émission déterminée à la radio ou à la télévision était écoutée par 10 % des auditeurs français, le message passant dans ce programme aurait un G.R.P. de 10. ◆ *Abr. :* **G.R.P.**

The number of exposures of a media schedule to 100 individuals (or 100 people of the target audience). If, for example, a particular programme was heard by 10 % of all French radio listeners or television viewers, a commercial running on that programme would have a rating of 10 GRPs. ◆ *Abbr. :* **G.R.P.**

group discussion

▶ **réunion de groupe**: technique de recherche consistant à interroger simultanément un groupe de personnes sur un sujet donné. Les réunions de groupe sont fréquemment utilisées pour découvrir les attitudes et les motivations manifestes et subconscientes des individus, un psychologue veillant à ce que le sujet soit totalement exploré.

A research technique in which a group is interviewed at the same time on a selected subject. Group discussions are frequently used as a means of discovering both overt *and* subconscious attitudes and motivations, a psychologist ensuring that the topic is fully explored.

group interview

▶ **interview de groupe**: interview effectué auprès de plusieurs personnes dans le but de:
• tester un message en présence d'un public relativement important,
• ou de connaître l'opinion d'une famille représentative sur un produit.

An interview with several people present intended to:
• test a commercial or an advertisement in front of a sizeable audience,
• or obtain a representative family opinion about a product.

group promotion

▶ **promotion groupée**: promotion portant sur plusieurs marques appartenant à la même société ou à des sociétés différentes.

A promotion scheme involving two or more brands from the same or from different companies.

G-spool

▶ **génération**.

See: **generation**.

guarantee home impressions (U.K.)

▶ **garantie du nombre de contacts (U.K.)**: «Achat groupé d'espace T.V., dans lequel la station garantit un certain nombre de contacts, pour un montant donné de dépenses publicitaires».
• **garantie de l'indice d'écoute**: la station garantit ici un certain indice d'écoute.

«A package of T.V. airtime where, for a fixed cost, the contractor guarantees to deliver a number of home impressions». A.J.D., 8.

◆ *Abbr.* : **G.H.I.** • **guarantee home ratings**: here, the contractor guarantees to deliver a number of home ratings. ◆ *Abbr.* : **G.H.R.**

guarantee home ratings (U.K.) ▶ garantie de l'indice d'écoute.

See: **guarantee home impressions.**

guard book ▶ «**press book**», **album de presse**: livre contenant un exemplaire de toutes les annonces publicitaires publiées pour un client.

A book containing copies of all the advertisements published for a client. ◆ *Syn.* : **scrapbook.**

gum out (to) ▶ **gommer**: enduire une partie d'un cliché ou d'un document avec une solution de gomme arabique.

To cover part of a plate or document with a gum arabic solution.

gumming ▶ gommage.

See: **gum out (to).**

gutter ▶ **petits fonds**: marges que l'on voit à la pliure au milieu d'une publication, entre les deux pages se faisant face.

Margins that appear in the middle of a publication at the crease between two facing pages.

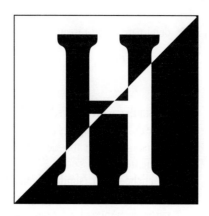

halation (phot.)

▶ **halo (phot.):** auréole entourant un point brillant.

A halo surrounding a bright area.

half-page (advertisement)

▶ **demi-page:** annonce occupant la moitié d'une page.

An advertisement arranged on half a page.

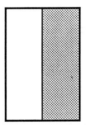 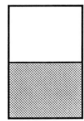

1/2 page vertical   1/2 page horizontal
1/2 page verticale   1/2 page horizontale

half-page spread

▶ **double demi-page:** annonce occupant les moitiés inférieures ou supérieures de deux pages se faisant face.

An advertisement arranged on the upper or lower halves of two facing pages.

half run, half service, half showing

▶ demi-parc, demi-réseau.

See: **full run.**

half-tone or halftone

▶ 1) **similigravure:** procédé de photogravure permettant de reproduire des photographies ou des illustrations, en décomposant les diverses zones de ton de l'original en petits points de taille différente.

▶ 2) **cliché simili, similï:** cliché permettant de reproduire des photographies ou des illustrations, l'impression étant réalisée à partir de minuscules formes rondes ou points, délimitant des zones de ton plus ou moins clair ou sombre, en fonction de leur diamètre. Cette conversion en points s'opère en photographiant le document original à travers une trame.

1) A photogravure process for the reproduction of continuous tonal illustrations or photographs which consists in breaking up the varying areas of tone to leave small dots of various sizes.
2) A printing block or plate reproducing continuous tonal illustrations or photographs from minute circular surfaces or dots which determine the density of tone in their area according to their diameter. These dots are obtained by photographing the original picture through a screen.

half-yearly

▶ semestriel.

See: **frequency of issue.**

hall test

▶ enquête sortie de caisses: enquête effectuée dans un lieu public (gare, sortie de supermarchés, etc.).

Research conducted from a public place (station, check-out point, etc.).

handbill, handout

▶ prospectus (distribué à la main): imprimé publicitaire de petit format distribué à la main.

A small, printed advertisement to be given out by hand.
◆ *Syn.:* **throwaway, giveaway.**

handy pack

▶ emballage à poignée: emballage avec une poignée destinée à rendre plus facile le transport des produits.

A pack with a handle for easier carrying of products.

hanger ▶ **affiche suspendue :** panneau accroché au plafond ou sur un mur.

A sign fixed on a ceiling or wall. ◆ *Syn.* : **hanging sign.**

hard goods ▶ **biens de consommation durables.**

See : **consumer durables.**

hard-sell advertising ▶ **publicité persuasive :** toute forme de publicité visant, avant tout, à exercer une pression forte et répétée sur les individus, pour les pousser à acheter des biens ou des services.

Any form of advertising which is primarily intended to put repeated forceful pressure on individuals to urge them to buy goods or services.
◆ *Syn.* : **persuasive advertising.**

hatch (to) ▶ **hachurer :** dessiner des lignes parallèles finement espacées, pour créer des effets de gris dans les dessins au trait, par exemple.

To draw parallel, closely-spaced lines, e.g. to achieve the effect of grey tones in line drawings.

head, heading ▶ **titre.**

See : **headline.**

headline ▶ **1) titre :** phrase, mot ou groupe de mots en gros caractères au-dessus du texte principal, visant à attirer l'attention ou à inciter à la lecture du texte.
▶ **2) manchette (presse).**

1) A sentence, phrase, word or group of words usually printed in large, bold letters above a body of text to attract attention and draw the reader into the copy. ◆ *Syn.* : **head, heading, hed (U.S.).**
2) *See* : **front-page headline.**

head of art ▶ **directeur de création.**

See : **creative director.**

head of copy

▶ **chef de conception, chef de rédaction :** personne responsable de tous les textes, supervisant également le travail des rédacteurs.

The person responsible for overseeing all copy and the work of writers. ◆ *Syn. :* **copy chief.**

head-on position

▶ **barre-route :** en affichage, emplacement perpendiculaire à l'axe de circulation.

An outdoor advertising position that faces the main flow of traffic.

heavy type

▶ **caractère gras ou demi-gras.**

See : **type.**

heavy-up

▶ **accroissement temporaire de la pression publicitaire, « heavy-up » :** période brève ou temporaire d'accroissement de l'activité publicitaire. ◆ *Voir :* **année de maintien.**

A brief or temporary period of time during which the advertising activity is increased. ◆ *See :* **going year.**

heavy user

▶ **gros consommateur :** consommateur d'un produit ou d'un service dont les achats dépassent la moyenne. Il s'agit, en général, de ce tiers des consommateurs qui représente plus des deux tiers de la totalité des ventes.

A consumer of a product or service whose purchases are above average; as a rule, that one third of consumers who buy two thirds of the total sales.

heavyweight poster campaign

▶ **campagne d'affichage massive :** campagne d'affichage intensive et puissante.

A massive and powerful poster campaign.

hed (U.S.)

▶ **titre, manchette.**

See : **headline.**

heliogravure

▶ héliogravure.

See: photogravure.

hiatus (U.S.)

▶ suspension provisoire de la publicité par un annonceur: cessation temporaire des annonces dans un calendrier de passage; par exemple, entre deux vagues publicitaires ou pendant la saison d'été.

A temporary cessation of advertising schedules, as between flights or during the summer season. ◆ *Syn.*: **out period.**

hidden offer

▶ offre cachée, dissimulée.

See: blind offer.

high angle shot

▶ plongée: prise de vues réalisée en axant la caméra de haut en bas.

A downward angle shot.

high intensity arc (phot.)

▶ arc (phot.): projecteur dispensant une lumière très intense et qui sert surtout en extérieurs.

A projector producing a very bright light, mainly used on location.

high key

▶ hautes lumières: effet artistique obtenu par sous-exposition, et donnant une image dont les teintes sont essentiellement claires.

An artistic effect created by under-exposure and giving an image in which most of the tones are light. ◆ *See*: **highlights.**

high-key lighting

▶ éclairage en haute valeur: éclairage d'un sujet ou d'une scène avec une lumière de base très intense. ◆ *Voir*: **hautes lumières.**

Lighting of a subject or a scene with a key light of high intensity. ◆ *See*: **highlights.**

highlight halftone ▶ **simili à hautes lumières:** «Cliché simili dont on a éliminé les points dans les zones les plus claires de la photographie ou de l'image.»

«A halftone in which the dots have been dropped out of the highlight areas of the photograph or illustration». *D.A.T., 79.*
◆ *Syn.:* **deep-etched halftone.**

highlights ▶ **hautes lumières (art.), grands blancs (phot.):** zones sur un tableau, une photographie, etc., ayant les tonalités les plus claires.

The areas in a painting, photograph, etc., with the lightest tonal value.

hoarding (U.K.) ▶ **panneau d'affichage (grand format):** panneau pour affiches de grande dimension; (généralement sur les murs d'immeuble, les palissades etc.).

A site for large posters (usually on walls of buildings, fences, etc.).

hoarding site ▶ **emplacement d'affichage:** parcelle de terrain ou mur réservé à l'affichage.

A parcel of land or the wall of a building used for poster advertising.

hook line ▶ **accroche.**
See: **end line.**

horizontal advertising ▶ **publicité collective (entre annonceurs d'un même type d'industrie).**
See: **co-operative advertising.**

horizontal publication ▶ **publication horizontale:** revue économique s'adressant aux personnes assurant des fonctions similaires dans différentes branches, par exemple *L'Expansion.* ◆ *Voir:* **publication verticale.**

A business publication intended for people holding similar job functions in different industries, e.g. *Management Today.* ◆ *See:* **vertical publication.**

hot-line (adj.)

▶ **récent:** mis à jour, actualisé. Se dit d'un fichier dont les entrées ne datent pas de plus de trois mois.

(For a list) up-to-date, i.e. with the most recent names available, not older than three months.

hot media

▶ **médias chauds:** notion développée par Marshall McLuhan: les médias chauds sont des médias qui encouragent la passivité, car ils fournissent beaucoup d'informations au public. La presse, la radio et le cinéma sont des médias chauds. ◆ *Voir* **médias froids.**

A concept developed by Marshall McLuhan: "hot" media are non-participatory media, providing the public with almost complete information, e.g. press, radio and cinema. ◆ *See:* **cool media.**

hot shop

▶ **petite agence créative, hot shop:** agence de publicité, généralement de petite taille, spécialisée en publicité hautement créative.

An advertising agency, usually fairly small, that specialises in highly creative advertising.

house journal, magazine or organ

▶ **revue d'entreprise, journal d'entreprise:** publication ou, dans certains cas, film vidéo réalisé par une entreprise dans un but non lucratif. On distingue: • le journal interne: édité pour le personnel de la société;
• le journal externe: destiné aux clients de la société.

A private, non-profit making publication, or in some cases, a video, produced by a company. Two types: • the internal house organ intended for company staff; • the external house organ intended for company customers.

house style

▶ **charte graphique:** forme caractéristique et standardisée du dessin, de la typographie, et même des couleurs, adoptée par une société dans toutes ses présentations visuelles, que ce soit pour l'en-tête du papier à lettre, les annonces publicitaires, les véhicules de transport, etc.

A characterised and standardised form of design, typography, and even colour, adopted throughout all visual presentations of a company, such as letter headings, advertisements, vehicle livery, etc. ◆ *Syn.* : **corporate style.**

house-to-house distribution

▶ distribution en porte-à-porte, « toutes boîtes ».

See : **door-to-door distribution.**

hue

▶ **teinte, nuance :** nuance obtenue par application de couleurs simples ou composées.

A shade resulting from a specific colour or a blend of colours.

100 gross rating points daily, 100 showing

▶ force 1 (affichage).

See : **showing.**

hype and hoopla (U.S.)

▶ matraquage publicitaire.

See : **saturation advertising.**

illustrator

▶ **illustrateur:** personne qui dessine, peint, effectue les collages, etc. pour les annonces.

A person who draws pictures, paints, makes collages, etc., for use in advertising.

image

▶ **image:** impressions et opinions du public sur une entreprise ou sur ses produits.
  • **image de l'entreprise:** image associée à une entreprise,
  • **image du produit:** image associée à un produit,
  • **image de marque:** image associée à une marque.

Impressions and opinions people hold about an organisation or its products.
  • **corporate image:** the image identifying a company,
  • **product image:** the image identifying a product,
  • **brand image:** the image identifying a brand.

image advertising

▶ **publicité institutionnelle:** toute forme de publicité visant à développer l'image de l'entreprise plutôt qu'à vendre ses produits.

Any form of advertising intended to build up a company's image, in contrast to selling its products. ◆ *Syn.*: **corporate advertising, institutional advertising.**

impact

▶ **impact:** effet de la publicité sur la cible visée, mesuré générale-ment par le taux de mémorisation du message. «Une annonce dispose de différents atouts comme le format, la couleur, la typographie, l'illustration, l'emplacement ou la répétition pour gagner de l'impact.» ◆ *Voir:* **mesure de l'impact publicitaire.**

The effect of advertising on the target audience, measured mainly by recall of the message. «An advertisement can adopt various devices such as size, colour, typography, illustration, position and repetition to gain impact». *D.M.C., 47.* ◆ *Syn.:* **effectiveness.** ◆ *See:* **measure of advertising effectiveness.**

impactive

▶ **qui a un très fort impact:** qui suscite une réaction forte. «Le cinéma publicitaire a un très fort impact. Différentes études menées à ce sujet montrent qu'un film de cinéma bénéficie d'un taux de mémorisation prouvée généralement supérieur à 60 %, contre 15 % en moyenne pour un film T.V. de 30 secondes.»*L.P., 200.*

Producing a strong response or impression. «Cinema advertising is very impactive. Many surveys conducted on the subject showed that the recall rate of an advertising film in a cinema was over 60 %, against approximately 15 % for a 30 second T.V. commercial».

imposition

▶ **imposition:** mise en place des pages d'un ouvrage, de façon à obtenir une pagination suivie après pliage de la feuille imprimée.

The arrangement of the pages of a publication so that they follow the correct pagination once the printed sheet has been folded.

impression

▶ contact.

See: **opportunity to see.**

imprint

▶ **repiquage:** mention que l'on rajoute sur un imprimé, comme le nom et l'adresse d'un détaillant local, des codes d'identification, des dates, etc.

Special copy added to a piece of printed matter, e.g. the name and address of a local retailer, key numbers, dates, etc. ◆ *See:* **(to) overprint.**

impulse buying or purchase

▶ **achat d'impulsion :** achat non prémédité de produits de consommation courante. La décision d'acheter est généralement prise sur le lieu de vente.

The buying of consumer goods without prior planning. The decision to buy is generally made at the point-of-sale.

incentive

▶ **stimulant, prime :** tout avantage (sommes d'argent, cadeaux, voyages, etc.) offert aux consommateurs, vendeurs ou distributeurs pour encourager leurs achats ou leurs performances de vente.

Any premium (cash, merchandise, a trip, etc.) offered to consumers, salesmen or dealers to encourage purchase or sales performance.

incentive pack

▶ conditionnement réutilisable.

See : **container premium.**

indent (of a line)

▶ **renfoncement d'une ligne :** procédé typographique qui consiste à laisser deux ou plusieurs espaces blancs au début de chaque paragraphe.

A typographic technique which consists of placing two or more blank spaces at the start of the first line of each paragraph.

industrial advertising

▶ **publicité industrielle, publicité de produits industriels :** publicité de biens ou services industriels ou techniques (machines, produits chimiques, matières premières, produits semi-finis, etc.) s'adressant aux fabricants qui les utilisent ou les transforment dans leurs opérations de production, par opposition à la publicité visant le consommateur ou l'utilisateur final.

Advertising of industrial or technical goods (machinery, chemicals, raw materials, partially finished products, etc.) directed at manufacturers who use or convert them in their production processes, as opposed to advertising directed at final consumers or users.

industrial film

▶ film d'information publicitaire, film d'entreprise.

See : **documentary.**

inflight magazine

▶ **magazine de bord:** magazine distribué par une compagnie aérienne à bord de ses avions. Ex.: *Atlas* distribué par *Air France*, *Distance* distribué par *U.T.A.*

A magazine distributed by an airline company on board its aircraft. Ex.: *Atlas* distributed by *Air France*, *Distance* distributed by *U.T.A.*

in focus (cin., T.V.)

▶ **au point:** «Fait pour une image d'être nette, parce que l'objectif est correctement réglé: quand une image n'est pas au point, elle n'est pas nette; elle est brouillée.»

«Having or giving a clear picture because the lens is correctly placed. When a photograph isn't in focus, it isn't clear; it's out of focus». *L.D.C.E., 429.*

informant

▶ interviewé, personne enquêtée, interrogée.

See: **respondent.**

information technology

▶ **télématique:** «Acquisition, traitement, stockage et propagation d'informations verbales, illustrées, textuelles ou numériques par le biais des télécommunications et de l'informatique.» Un nouveau média publicitaire.

«The acquisition, processing, storage and dissemination of vocal, pictorial, textual and numerical information by means of computers and telecommunications». *Dictionary of New Information Technology.* A.J. Meadows, M. Gordon and A. Singleton, 93. Information technology is a new advertising medium.
◆ *Syn.:* **communications, computer-communications.**

informative advertising

▶ **publicité informative:** toute forme de publicité visant à informer les consommateurs sur un produit ou un service, tout en créant une atmosphère propre à susciter chez eux une attitude favorable à l'égard de ce bien ou de ce service.

Any kind of advertising devoted to informing consumers about a product or service, while creating a mood to make them feel favourably disposed towards the goods or service. ◆ *Syn.* : **soft-sell advertising, educational advertising.**

informative label

▶ **étiquette informative :** étiquette fournissant des informations détaillées et objectives quant à la composition du produit et à la façon de l'utiliser. ◆ *Syn.* : **étiquette parlante.**

A label providing detailed and objective information about the materials from which a product is made and how this product should be used. ◆ *Syn.* : **self-explanatory label.**

in-house agency

▶ **agence intégrée :** agence de publicité créée par l'annonceur, lui appartenant et organisée au sein de son entreprise. Ses services ne sont pas nécessairement réservés exclusivement à l'entreprise, et à l'inverse, elle peut faire appel à des prestataires extérieurs.

An advertising agency created by the advertiser himself, owned by the advertiser and functioning within his business organisation, but providing services which are not necessarily exclusive to that organisation and perhaps using services of other independent agencies.

ink jet printing

▶ **impression au jet d'encre :** procédé d'impression consistant à imprimer les caractères par la projection de jets d'encre très rapides sur le papier. Ce procédé est surtout utilisé pour personnaliser les documents de publicité directe.

A printing device whereby characters are printed by projecting high-speed ink jets onto paper. Used mainly for personalising direct mail material.

innovator

▶ **innovateur, pionnier :** consommateur qui essaye un nouveau produit ou service dès qu'il apparaît sur le marché. ◆ *Voir :* **conservateur.**

A consumer who tries a new product or service as soon as it reaches the market. ◆ *Syn.* : **pioneer, early adopter.** ◆ *See :* **laggard.**

in-pack coupon

▶ **bon de réduction à l'intérieur d'un paquet :** «Bon de réduction contenu dans l'emballage d'un produit, pour être utilisé ultérieurement par l'acheteur.»

«A redeemable coupon enclosed in a product's package for potential later use by the product's buyer». *P.M.A.A. Glossary*, 6.

in-pack premium ► prime incorporée dans l'emballage du produit, «prime in pack»: cadeau placé dans un paquet et généralement offert gratuitement avec la marchandise achetée.

A premium item contained within a pack and usually offered with the product free of charge.

inquiry ► demande de renseignements: informations demandées par un client potentiel, souvent à la suite d'une annonce publicitaire ou d'une promotion.

A request from a potential customer for information, often following an advertisement or a sales promotion.

inquiry test ► test de performance d'une annonce (ou d'un support): test visant à mesurer l'efficacité d'une annonce ou d'un support en étudiant le nombre de réponses reçues, telles que les demandes de renseignements ou les bons de réduction.

A method of testing advertisements or media by comparing the number of responses received, such as inquiries or coupon returns.

insert ► encart: document publicitaire ou promotionnel inséré dans les pages d'un magazine; il peut être soit volant (on parle d'encart libre), soit broché.

A piece of advertising or promotional material placed within the pages of a magazine, either loosely (tip-in, loose insert or free-standing insert) or bound in. ◆ *Syn.*: **inset.**

inserting ► encartage: insertion, dans une publication, d'un document publicitaire ou promotionnel imprimé séparément.

The placing of a separately printed advertising or promotional piece into a publication. ◆ *Syn.*: **insetting.**

insertion ► insertion: acte ou action de faire passer une annonce dans une publication.

The act or action of inserting an advertisement in a publication.
◆ *Syn.* : **insetting.**

insertion order ▶ **ordre d'insertion :** ordre émis par l'agence, spécifiant la date de parution de l'annonce, son emplacement et son prix.

An order issued by the agency specifying the particular date, space, position and price for an advertisement.

insertion schedule ▶ **calendrier d'insertions.**

See : **media schedule.**

insert shot (cin.) ▶ **insert (cin.) :** plan soulignant un détail utile à la compréhension de l'intrigue, pris à un moment opportun et inséré pendant le montage.

A shot underlining a detail useful for the comprehension of the entire action filmed at a convenient time and inserted during editing.

inset ▶ **encart.**

See : **insert.**

insetting ▶ **encartage.**

See : **inserting.**

inside back cover ▶ **troisième de couverture.**

See : **cover.**

inside front cover ▶ **deuxième de couverture.**

See : **cover.**

instant winner sweepstake ▶ **sweepstake à révélation instantanée :** support promotionnel comprenant un certain nombre de tickets gagnants, permettant aux participants de savoir immédiatement s'ils ont gagné un prix et lequel.

A promotional vehicle that includes a number of predetermined winning tickets so that participants can learn immediately if they have won a particular prize. ◆ *See*: **sweepstake.**

institutional advertising ▶ **publicité institutionnelle.**

See: **image advertising.**

in-store promotion ▶ **promotion interne (dans un magasin):** opération promotionnelle limitée à un magasin.

Promotional activity restricted to a retail outlet.

intaglio printing ▶ **impression en creux:** méthode d'impression consistant à graver en creux sur le cliché les zones à imprimer, comme en héliogravure; par opposition à la typographie où la surface imprimante est en relief, et à l'offset où surface imprimante et surface non imprimante sont au même niveau.

A printing method in which the areas of the printing plate have been etched below the plate surface, as in rotogravure, as opposed to letterpress in which the printing surface is raised, and offset lithography in which the printing surface is level with the non-printing area.

interactive videotex ▶ **vidéographie interactive.**

See: **videotex.**

intermedia comparisons ▶ **comparaisons des médias:** comparaisons entre un média et un ou plusieurs autres portant sur leur prix, les caractéristiques de leur audience, etc. ◆ *Voir*: **comparaisons entre plusieurs supports d'un même média.**

Comparisons of one medium with another or others based on cost, audience characteristics, etc. ◆ *See*: **intramedia comparisons.**

interneg, internegative (phot.) ▶ **internégatif (phot.):** négatif tiré à partir d'une diapositive, afin d'obtenir une image positive de cette diapositive.

A negative made from a transparency in order to produce a positive print of the original transparency.

interpositive (phot.) ▶ interpositif (phot.): copie positive d'un film original négatif.

A positive duplicate of a negative film.

Intertype (trademark) ▶ Intertype (marque).

See: typesetting machine.

interviewee ▶ interviewé, personne enquêtée, interrogée.

See: respondent.

interviewer ▶ enquêteur: personne qui mène les interviews au cours d'enquêtes.
◆ *Voir*: enquête.

A person who conducts interviews in surveys. ◆ *See*: survey.

intramedia comparisons ▶ comparaisons entre plusieurs supports d'un même média: comparaisons entre une publication et une ou plusieurs autres, ou une chaîne et une ou plusieurs autres, au sein du même média. ◆ *Voir*: comparaison entre médias.

Comparisons of one publication or channel with another or others within the same medium. ◆ *See*: intermedia comparisons.

intransient ▶ durable: qui se prolonge un certain temps. En communication, le terme s'applique aux messages que l'on rencontre dans la presse, par opposition aux messages passagers de la radio ou de la télévision. ◆ *Voir*: passager, éphémère.

Lasting for a long time. In communication, the term applies to messages within newspapers or magazines, as opposed to television or radio messages that are transient or transitory. ◆ *See*: transient.

introductory offer ▶ offre de lancement: offre spéciale destinée à inciter le public à essayer un nouveau produit ou service lancé sur le marché.

A special incentive offered to induce the public to try a new product or service launched on the market.

island position (U.S.) ► emplacement isolé.

See: solus position.

issue ► numéro.

See: copy (2).

italics ► italiques : caractères d'imprimerie légèrement inclinés.

Typeface with slanting letters.

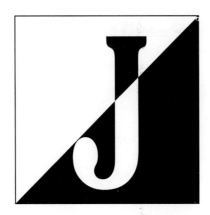

jingle

▶ **jingle, sonal (C.G.L.F.) :** air donné à un message publicitaire ou un slogan de façon à accroître sa valeur mnémotechnique.

The tune to which an advertising message or slogan is set to gain mnemonic effect.

job advertising

▶ **annonces de recrutement :** publicité visant à recruter du personnel quel qu'il soit. Elle comprend les annonces classées traditionnelles, mais également les annonces classées de grand format, bien présentées et rédigées de façon à vendre le poste.

Advertising intended to recruit staff of any kind. It takes the form of classifieds but also of display classifieds which are attractively laid out so as to sell the job attractively. ◆ *Syn.* : **recruitement advertising.**

joint advertising

▶ publicité collective à frais partagés.

See : co-operative advertising.

jumble display

▶ présentation en vrac.

See : dump display.

jumbo pack ▶ emballage factice géant.

See: enlarged pack.

justification ▶ justification.

See: to justify.

justify (to) (typ.) ▶ **justifier (typ.):** espacer les mots de façon à établir des lignes de texte rigoureusement de même longueur.

To space words so as to even up right and left sides of a column of type.

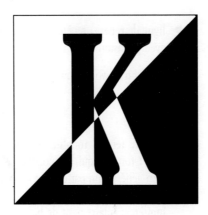

keeper

▶ **prime offerte avec un produit à l'essai:** en marketing direct, prime ou cadeau offert au consommateur qui accepte d'essayer un produit et qu'il peut conserver même s'il renvoie l'article.

A premium offered in direct mail marketing to the consumer who agrees to try a product and which he can keep even if he returns the item.

keep in (to)

▶ **composer serré:** composer un texte en laissant peu d'espace entre les mots. • **composer large:** composer un texte en laissant beaucoup d'espace entre les mots.

To set type text with narrow wordspaces. • **keep out (to):** to set type text with wide wordspaces.

key (to)

▶ **coder (une annonce):** inclure un code à une adresse, un coupon ou tout autre moyen de réponse, afin d'identifier sa provenance et de calculer la puissance d'attraction du support et de l'annonce.

To include a code to an address, a coupon or any other means of reply, to identify its source and make it possible to calculate the pulling power of the medium and the advertisement.

key (line) ▶ **ligne de repère :** repères sur le document d'exécution délimitant avec précision les formats.

Lines on artwork showing precisely the size and position of each element.

key (painting and photography, etc.) ▶ **accent, teinte, tonalité dominante (peinture, photographie, etc.) :** tonalité qui l'emporte dans un tableau, une photo, etc. « En général, on parle des accents clairs ou sombres d'une peinture, d'une photographie ou d'une scène. » ◆ *Voir :* **hautes lumières, éclairement de base.**

The prevailing tone of a painting, photograph, etc. « Typically, one speaks of a painting, photograph or set as being in a high key (light) or a low key (dark) ». *D.A.T., 91.* ◆ *See :* **high key, key light.**

keyed advertisement ▶ **annonce codée :** annonce comportant une clé, avec l'adresse de réexpédition, de façon à ce que les réponses puissent être identifiées par l'annonceur.

An advertisement including a code number within the return address so that responses can be identified by the advertiser.

key light ▶ **« key light », éclairement de base :** source d'éclairage principale d'une scène.

The major lighting source for a scene.

key money ▶ **participation publicitaire (du producteur).**

See : **advertising allowance.**

key-plans (U.K.) ▶ **réseaux par groupe de produits (affichage) (U.K.) :** réseaux d'affichage spécialement conçus pour la publicité des principaux groupes de produits, comme la confiserie, les boisssons, l'épicerie, les produits pharmaceutiques, etc. (Ces réseaux sont offerts par la société britannique Independent Poster Sales Ltd).

Packages specifically designed to advertise one of the major product groups, i.e. confectionery, drink, grocery, chemists. (These are offered by Independent Poster Sales Ltd.).

keyplate

▶ **planche à contours:** en quadrichromie, planche qui sert de guide pour les repérages successifs.

In four-colour process printing, the plate whose position determines the register of other plates.

kill (to)

▶ **annuler une parution:** décider de ne pas faire paraître un document déjà prêt.

To decide not to carry material previously prepared.

knocking copy

▶ **annonce comparative agressive, dénigrante:** texte publicitaire critiquant ou discréditant – directement ou implicitement – les autres produits, annonceurs ou annonces. ◆ *Voir:* **publicité comparative agressive, dénigrante.**

Advertising copy criticising or discrediting other products, advertisers or advertisements, directly or by implication. ◆ *Syn.:* **disparaging copy.** ◆ *See:* **denigratory advertising.**

label ▶ **étiquette :** petit écriteau en papier ou autre matière, fixé à un produit ou à son emballage afin de l'identifier. On distingue : • les étiquettes adhésives ou auto-collantes, • les étiquettes mobiles attachées au produit au moyen d'une ficelle ou autre (ex. : mode d'emploi, instructions de lavage, etc.).

A small piece of paper or other material attached to a product or package in order to identify it. ◆ *Syn.* : **tag.** There are : • self-adhesive or self-sticking labels; • swing tags or corded tags attached to products, e.g. directions for use, washing instructions, etc.

laggard(s) ▶ **conservateur(s) :** «Consommateurs traditionalistes peu enclins à adopter de nouveaux produits et tendant plutôt à rester enracinés dans les anciennes coutumes. » ◆ *Voir :* **innovateur, pionnier.**

«Consumers who are extremely conservative about adopting new products and who tend to remain rooted in past practice». *E.O.A., 547.*
◆ *See :* **innovator.**

landscape ▶ **format à l'italienne :** «Type de brochure ou d'illustration dont le format est plus large que haut. » ◆ *Voir :* **format à la française.**

«The shape of a booklet or picture in which the horizontal dimensions are greater than the vertical». *A.J.D.*, *11.* ◆ *See:* **portrait.**

lap dissolve (U.S.) ▶ **fondu enchaîné.**

See: **cross dissolve.**

laser printing ▶ **impression au laser:** utilisation d'un laser pour imprimer les caractères. Ce procédé est surtout utilisé pour personnaliser des documents de publicité directe.

The use of a laser to print characters. Used mainly for personalising direct mail material.

late adopters ▶ **adeptes tardifs:** consommateurs qui n'adoptent le produit que lorsqu'il est devenu courant.

Consumers who adopt the product only when it is popular.

latent image (phot.) ▶ **image latente (phot.):** image invisible formée sur la surface sensible après l'exposition, mais avant le développement.

The invisible image on the sensitized material after exposure but before development.

launch (to) ▶ **lancer (un produit):** «Mettre un nouveau produit sur le marché.»

«To put a new product on the market». *L.D.B.E.*, *270.*

layout ▶ **maquette:** représentation simplifiée d'une annonce montrant le concept et la position approximative de chaque élément (titre, illustration, texte, etc.) de façon à pouvoir visualiser l'ensemble. ◆ *N.B.*: le terme *maquette* en français désigne aussi la bande son plus ou moins finalisée réalisée pour un message radio.

A simplified sketch of a proposed advertisement showing the concept and the approximate position of each element (headline, illustration, body copy, etc.) so as to give an impression of the overall visual appearance. ◆ *N.B.*: The French word *maquette* is also used for a radio commercial rough. ◆ *Syn.*: scamp. ◆ *See*: **rough layout, rough, finished layout.**

layout artist

▶ dessinateur, « roughman ».

See: **visualiser.**

lead

▶ interligne : profilé en métal destiné à espacer les lignes les unes des autres en composition manuelle. Le terme s'emploie maintenant pour désigner l'espace entre les lignes de caractères.

A strip of metal used to increase the space between lines of type in handsetting. Term now used for space between lines of type.

leader

▶ 1) éditorial.

▶ 2) amorce (cin.).

1) *See*: **editorial.**
2) *See*: **film leader.**

leader(s)

▶ points de conduite : ligne de points ou traits (…) conduisant le regard.

A line of dots or dashes (…) used to direct the eye along a printed line.

leading

▶ interlignage.

See: **lead.**

lead out (to)

▶ blanchir, donner de l'air : espacer les caractères, les mots ou les lignes.

To space out type, words or lines. ◆ *Syn.*: **(to) white out.**

leaflet

▶ prospectus : document publicitaire formé d'une seule feuille de papier pliée ou non, et imprimée sur un ou deux côtés.

A printed document consisting of one sheet, folded or not, and printed on one or both sides. ◆ *See:* **handbill.**

left-hand side ▶ verso.

See: **verso.**

leftover matter ▶ texte en sus.

See: **over matter.**

legend ▶ légende.

See: **caption.**

Letraset (trademark) ▶ **Letraset (marque):** nom d'un fabricant de matériel d'arts graphiques, utilisé maintenant comme terme générique pour désigner le procédé permettant de reporter des lettres sur une surface par frottement ou «transfert».

Manufacturer of graphic design equipment. However, the name has become a generic term for dry transfer rub down lettering.

letter-head, letterhead ▶ **en-tête:** nom d'une société imprimé ou gravé sur toute la papeterie. Y figurent généralement aussi le logotype, l'adresse, les numéros de téléphone, de télex et de fax.

The name of a company printed or engraved on stationery. It usually includes the logo, address, telephone, fax and telex numbers.

lettering ▶ **lettrage:** action de marquer avec des lettres ou des mots.

The act of writing, drawing, etc., letters or words.

letterpress ▶ **typographie, impression typographique:** procédé d'impression par répartition de l'encre sur des formes imprimantes en relief, mises ensuite en contact avec le papier. «La typographie est, de loin, le plus ancien procédé d'impression. Néanmoins, elle tend à disparaître, les magazines et les journaux utilisant de plus en plus l'offset et l'héliogravure.»

The printing process in which ink is deposited on raised printing surfaces, which are then brought into contact with the paper. «Letterpress is by far the oldest printing process ... The use of letterpress, however, has been declining in recent years as magazines and newspapers move more and more to (offset) lithography and gravure processes». *E.O.A., 400.*

letterset ▶ letterset, typo(graphie) indirecte, offset sec.

See: **dry offset printing.**

lettershop ▶ **entreprise spécialisée dans la réalisation des documents de publicité directe:** «Entreprise s'occupant de la réalisation technique des documents de publicité directe, c'est-à-dire de leur envoi, du repiquage, etc. La plupart d'entre-elles se chargent également de l'impression et sont à même de proposer quelques services de création.»

«A business organisation that handles the mechanical details of mailings such as addressing, imprinting, etc ... Most lettershops offer some printing facilities and may offer some degree of creative direct mail services». *Fact Book on Direct Marketing, 1984.*

letterspace (to) (typ.) ▶ **espacer (les lettres):** insérer un espace entre les lettres d'un mot afin qu'il soit plus lisible, ou afin de justifier une ligne de caractères.

To insert space between the individual letters of a word in order to make it more legible or in order to justify a line of type.

letterspacing ▶ interlettrage.

See: **letterspace (to).**

library music ▶ **musique préenregistrée, musique d'archives:** musique enregistrée sur disque ou cassette, pouvant être réutilisée dans des émissions ou des messages publicitaires à la télévision ou à la radio, moyennant le paiement d'une redevance.

Recorded music on record or tape which may be used on television or radio programmes or in commercials on payment of a fee.
◆ *Syn.:* **stock music.**

library shot ▶ **plan d'archives, image d'archives, « stock shot »**: séquence de film ou photographie gardée en archives et pouvant être empruntée pour être insérée dans un autre film, une émission de télévision ou un spot publicitaire, afin d'éviter une nouvelle prise de vues de la même scène.

Film footage or still which is kept in a library and which can be borrowed for insertion in a film, programme or commercial to avoid new filming of the same scene. ◆ *Syn.*: **stock shot.**

lifestyle ▶ **style(s) de vie**: typologie basée sur des variables socio-économiques et démographiques, l'étude des comportements, des attitudes, etc.

A typology derived from socio-economic and demographic factors, patterns of behaviour, opinions, interests, etc.

lightbox advertisement ▶ **affiche en caisson lumineux**: «Affiche placée entre deux feuilles d'acrylique et éclairé à l'arrière par des tubes au néon, ce qui lui donne un reflet identique à celui d'une photographie.»

«A poster placed between two sheets of acrylic and illuminated from behind by fluorescent tubes, giving the advertisement a brilliance equal to photographic projection». *D.M.C., 57.*

light (face) type ▶ **caractère maigre.**

See: **type.**

linage ▶ **lignage.**

See: **lineage.**

line ▶ **trait.**

See: **line engraving.**

lineage ▶ **lignage**: Nombre de lignes d'un espace publicitaire dans la presse.
◆ *N.B.*: Au Royaume-Uni, le terme *ligneage* désigne une méthode de calcul du prix des petites annonces au nombre de lignes.

The number of lines in a periodical's advertising space. ◆ *N.B.*: In the U.K., lineage is a method of charging for classified advertising by the line.

line block or cut (U.S.) ► **cliché trait.**

See: **line engraving.**

line by line ► **sélection, vente à l'unité (affichage)**: achat de panneaux publicitaires à l'unité, en les sélectionnant individuellement (par opposition à la vente en réseaux). ◆ *Voir*: **vente en réseaux.**

The purchase of sites on an individual basis, selecting them one by one (as opposed to a pre-selected campaign). ◆ *See*: **pre-selected campaign.**

line drawing ► **dessin au trait, dessin au fil**: dessin réalisé au crayon ou à la plume, ne reproduisant que les contours du sujet, sans être ombré.

A drawing done with a pen or pencil showing the subject in outline only, without shading.

line engraving (print.) ► **cliché trait (print.)**: cliché typographique composé uniquement de pleins et de traits, reproduit directement à partir d'un original en noir et blanc. ◆ *Voir*: **simili.**

A letterpress printing block consisting only of solids and lines, reproduced direct from a black and white original. ◆ *Syn.*: **line block, line cut (U.S.).** ◆ *See*: **halftone block.**

line etching ► **gravure au trait.**

See: **line engraving.**

line original ► **original au trait**: original à reproduire dont l'image est uniquement composée de traits ou de pleins.

An original image for reproduction consisting only of lines or solids.

Linotype (trademark) ► Linotype (marque).

See: **typesetting machine.**

lip synchronisation ► synchronisation des lèvres, post-synchronisation, son témoin : fait, dans un film, de synchroniser le son avec le mouvement des lèvres des acteurs. ◆ *Voir:* **son direct.**

The synchronisation of the sound in a film to match the movement of the actors' lips. ◆ *Abbr.:* **lip-sync.** ◆ *See:* **dubbing, sync sound.**

list broker ► courtier en fichiers, « list-broker » : entreprise ou individu spécialisé dans la location ou la vente de fichiers d'adresses.

An organisation or individual specialising in the renting or selling of mailing lists.

list-cleaning ► nettoyage du fichier : opération consistant à corriger et à mettre à jour les éléments d'un fichier d'adresses.

The process of correcting and updating a mailing list.

list maintenance ► mise à jour du fichier : en publicité directe, tout système visant à maintenir à jour les listes de noms et adresses.

In direct marketing, any system for keeping name-and-address records up-to-date.

list rental ► location de fichier : accord par lequel le propriétaire d'un fichier fournit une liste de noms et adresses à l'expéditeur d'un document, qui ne peut l'utiliser que pour un seul envoi – sauf s'il en a été spécifié autrement –, moyennant un prix convenu.

An arrangement whereby a list owner provides names to a mailer who can use the list on a one-time basis – unless otherwise specified in advance – for the payment of a royalty.

literal ► erreur de composition, coquille.

See: **misprint.**

lith film

▶ **film lith** : «En imprimerie, film photographique avec lequel on obtient une haute définition et un fort contraste. Le film lith est utilisé en offset.»

«In printing, a photographic film having a high definition and contrast, used for lithographic printing». *D.O.I.T., 197.*

lithography

▶ **lithographie** : procédé d'impression, à l'origine sur pierre, basé sur la répulsion de l'eau et des corps gras. On applique un corps gras sur les parties à imprimer, tandis que les parties non imprimantes sont passées à l'eau, de façon à repousser l'encre grasse. L'impression est réalisée en procédé direct sans passer par un contact intermédiaire. ◆ *N.B.* : en américain, le terme *lithography* désigne souvent *l'offset.* ◆ *Voir:* **offset.**

A printing process – originally using a stone surface – based on the mutual repulsion of grease and water. A greasy substance is applied to the area to be printed, and the non-printing areas are dampened with water so as to repel a greasy ink which only adheres directly to those parts that are to be printed without any intermediate transfer. ◆ *N.B.* : in the U.S., *lithography* often refers to *offset lithography.*

litho negative or positive

▶ **typon** : film négatif ou positif utilisé pour l'impression en offset. ◆ *N.B.* : à l'origine, marque de films suisse, passée maintenant dans le langage courant.

A negative or positive film used in offset printing.

litter bin advertising

▶ **publicité sur les bornes de propreté** : annonces publicitaires collées sur des bornes de propreté louées par une société d'affichage.

Advertisements posted on litter bins rented by an outdoor advertising contractor.

live

▶ **en direct.**

See: **live programme.**

live programme, live program (U.S.)

▶ **émission en direct :** représentation ou évènement diffusé directement et simultanément au fur et à mesure qu'il se produit. Par exemple, les messages publicitaires en direct étaient courants dans les premiers temps de la télévision.

A performance or an event transmitted directly and simultaneously as it happens. For instance, live commercials were common in the early days of television.

local media

▶ **supports locaux, médias locaux :** moyens de communications de masse ne couvrant qu'une certaine zone géographique. Ex. : • **la presse locale :** journaux couvrant une commune ou un département. • **les radios ou télévisions locales :** stations de radio ne desservant généralement qu'une commune et ses environs, ou chaînes de télévision couvrant une certaine région.

Communication media covering only a certain geographical area. Ex. : • **local press :** newspapers covering a district or rural area or a «département» in France. ◆ *See:* **provincial press.** • **local stations :** radio stations serving only a rural area or district borough and its surroundings, or television stations covering a certain region.

local press

▶ **presse locale.**

See: **local media.**

local rate

▶ **tarif local :** tarif réduit appliqué aux annonceurs locaux par les supports locaux, et généralement inférieur à celui appliqué par les mêmes supports aux annonceurs nationaux. ◆ *Voir:* **tarif général.**

A discount rate charged by local media to local advertisers, usually lower than that offered to national advertisers. ◆ *See:* **national rate.**

local station

▶ **radio ou télévision locale.**

See: **local media.**

location (cin.)

▶ **extérieur(s) :** décor réel pour le tournage d'un film cinématographique ou publicitaire, d'une émission de télévision ou pour une séance de prise de vues, par opposition aux décors artificiels en studio. ◆ *N.B.* : terme fréquemment rencontré dans l'expression *en extérieurs*.

The real-life setting for the filming of commercial films or T.V. programmes or the shooting of photographic stills, as opposed to the artificial setting of a studio set. ◆ *N.B.* : used especially in the expression *on location*.

logo

▶ logo.

See : **logotype.**

logotype

▶ **logotype** : signe distinctif représentant une marque ou le nom d'une société, dessiné avec des caractères spéciaux ou une typographie originale, et souvent enfermé dans une figure particulière. ◆ *Abr.* : **logo.**

A distinctive symbol representing a brand or a company name displayed in special characters or typography, and often boxed in a special shape. ◆ *Abbr.* : **logo.** ◆ *Syn.* : **signature.**

long life poster site

▶ **panneau longue conservation** : panneau loué pour une longue période de temps (un an ou plus). Au Royaume-Uni, « les grandes affiches restent habituellement en place pendant une certaine période de temps, généralement plusieurs semaines, de façon à bénéficier d'une exposition permanente et de la longue conservation. »

A panel booked for a long period of time (one year or more) « It is customary for the large outdoor advertisements to remain in position for a period of time, usually weeks, so that they enjoy both 24-hour exposure and long life ». A.M.S. 1982, 246.

long shot

▶ **plan général, plan d'ensemble, plan large** : élément d'un film tourné en une seule fois et pris d'assez loin pour donner une vue d'ensemble.

A shot taken from a distance to give an overall view of the subject.
◆ *Abbr.* : **L.S.**

loose insert　　　　▶ encart libre.

See : **insert.**

loss leader　　　　▶ **produit d'appel** : article vendu à très bas prix – presqu'à prix coûtant et parfois même en-dessous – pour attirer les clients dans un magasin, avec l'idée qu'ils achèteront également d'autres articles plus rentables pour le commerçant.

An item sold very cheaply – close to, and sometimes even below cost – to attract customers to a store, the idea being that they will buy other, more profitable items as well.

lottery　　　　▶ **loterie** : jeu ou concours basé sur la chance, c'est-à-dire dans lequel les prix attribués aux gagnants sont tirés au hasard.
◆ *Voir* : **concours, sweepstake.**

A game or contest based on chance, i.e. in which prizes are awarded to winners at random. ◆ *See* : **contest, sweepstake.**

low angle shot (cin.)　　▶ **contre-plongée (cin.)** : prise de vues réalisée en axant la caméra de bas en haut.

An upward angle shot.

lower case　　　　▶ **bas de casse, lettres minuscules** : petites lettres – par opposition aux lettres capitales –; les imprimeurs parlent de bas de casse parce qu'elles occupent les alvéoles du bas de la casse du typographe.

Small letters, as opposed to upper case letters, capital letters or caps. The term derives from the fact that these characters are to be found in the lower case of a compositor's rack.

low key　　　　▶ accents sombres (peinture, photographie, etc.)

See : **key (painting, photography).**

machine composition ▶ **composition mécanique :** méthode de composition dans laquelle une machine à clavier compose les caractères en lignes d'un seul bloc (appelées lignes-bloc). ◆ *Voir :* **composeuse.**

A typesetting method in which a machine operated with a keyboard set types in lines of one piece called slugs. ◆ *See :* **typesetting machine.**

machine proof ▶ **bon à tirer.**

See : **press proof.**

magazine ▶ **magazine :** revue périodique, généralement illustrée, traitant d'un sujet particulier ou s'adressant à un groupe de personnes donné, publiée toutes les semaines ou tous les mois. Ex. : magazine féminin, magazine d'information.

A periodical publication, usually illustrated, on a particular subject or for a particular group of people, which is published weekly or monthly. *Ex. :* women's magazine, news magazine.

magenta ▶ **magenta :** couleur rose tirant sur le violet, obtenue par l'addition de la lumière rouge et de la lumière bleue.

◆ *Voir*: **couleurs primaires.**

The purplish colour resulting from the addition of red and blue light.
◆ *See*: **primary colours.**

---

magnetic track

▶ **piste, bande son magnétique**: enregistrement sonore sur bande magnétique. ◆ *Voir*: **bande son optique.**

A soundtrack recorded on a magnetic tape. ◆ *See*: **optical track.**

---

mail date

▶ **date d'envoi obligatoire (publicité directe).**

See: **assigned mailing date.**

---

mail drops

▶ **distribution sélective en porte-à-porte**: distribution en porte-à-porte effectuée seulement aux adresses sélectionnées. ◆ *Voir*: **distribution en porte-à-porte.**

Door-to-door distribution made to selected addresses only.
◆ *See*: **door-to-door distribution.**

---

mailer

▶ **1) client d'une agence de publicité directe**: annonceur ayant recours à la publicité directe par correspondance et utilisant des fichiers pour promouvoir un produit ou un service. ◆ *Voir*: **publicité directe par correspondance.**
▶ **2) «mailing», message publiposté (C.G.L.F.), document de publicité directe.** ◆ *Voir*: **«mailing piece».**

1) A direct mail advertiser who promotes a product or service using lists. ◆ *See*: **direct mail advertising.**
2) *See*: **mailing piece.**

---

mail-in

▶ **prime différée**: cadeau promotionnel offert gratuitement sur demande et contre l'envoi d'une preuve d'achat (étiquette, emballage, bon ou un certain nombre de points).

A gift offered free of charge on application and in return for a label, a package, a coupon or a certain number of tokens as proof-of-purchase. ◆ *Syn.*: **on-pack offer.**

mailing list ▶ **fichier d'adresses:** liste de noms et d'adresses utilisée pour les envois de publicité directe par courrier. Les fichiers peuvent être achetés ou créés petit à petit.

A list of names and addresses used for mailing direct mail shots. Mailing lists may be purchased or built up over time.

mailing piece ▶ **«mailing», message publiposté (C.G.L.F.), document de publicité directe:** tout document publicitaire expédié par voie postale.

Any printed direct mail advertising piece.

mailing shot or mailshot ▶ **«mailing», message publiposté (C.G.L.F.), envoi.**

See: **direct mail shot.**

mail order ▶ **vente par correspondance:** système de vente au détail dans lequel les clients choisissent leurs articles dans des catalogues illustrés ou autres documents, passent leurs commandes par courrier ou par téléphone, et sont livrés à domicile (par la poste ou par camionnettes) ou à un endroit déterminé proche de leur domicile. ◆ *Abr. :* **V.P.C.**

A form of retail selling in which customers make their selection from illustrated catalogues or other documents, then place their orders by mail or phone for mail or hand delivery to their home or a specific place near home. ◆ *Abbr. :* **M.O.**

make-good ▶ **repasse gratuite ou gracieuse:** publication supplémentaire gratuite d'une annonce, par suite d'une erreur dans une insertion précédente.

An advertisement rerun free of charge due to an error in a previous insertion.

make-up ▶ **mise en page:** mise en place de l'ensemble des éléments graphiques et des illustrations sous forme de page.

The general arrangement of typographic and visual elements in page form.

make-up (to)

▶ mettre en page.

See: make-up.

mapping

▶ «mapping», mappe (C.G.L.F.): représentation graphique dans un repère orthonormé permettant la visualisation synthétique d'un champ de données, par exemple de la typologie ou des groupes de consommateurs, en publicité.

In advertising, applying directional arrows to a chart to show the positioning of typology, consumer groups, etc.

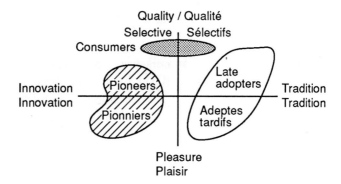

mark-down

▶ démarque: réduction du prix initialement annoncé, visant généralement à accélérer les ventes.

A reduction in the initially stated price of a product, usually to encourage a quick sale.

market

▶ marché: pour un annonceur, le marché désigne «...des gens – des personnes désirant un produit, prêtes à l'acheter, et pouvant le payer.»

For an advertiser, the market is «...people – people with the desire for a product, the willingness to buy it and the ability to pay for it». *E.O.A., 27.*

market (to)

▶ commercialiser: mettre en vente.

To offer for sale

market acceptance

▶ **acceptation du produit par le marché :** approbation d'un produit par une partie du marché suffisamment importante pour continuer à le produire.

The approval of a product by a sufficient proportion of the market to justify continued production. ◆ *Syn.* : **product acceptance.**

market coverage

▶ **couverture du marché :** évaluation de la capacité des médias à atteindre la cible (c'est-à-dire à la couvrir). Elle est généralement exprimée en pourcentage du marché exposé à la publicité.

The measurement of the extent to which advertising media can reach the target population. Usually expressed as a percentage of the market exposed to advertising.

marketing

▶ **marketing, mercatique (C.G.L.F.), commercialisation (C.G.L.F.) :** art d'identifier, d'anticiper et de satisfaire les besoins du consommateur, de façon à maximiser la rentabilité du capital employé dans l'entreprise. « Plus simplement, c'est produire et vendre à profit ce que les gens désirent. » Le marketing englobe toutes sortes d'activités, depuis la recherche d'un nouveau produit jusqu'au service après-vente ; cela comprend le choix de la marque et des prix, le conditionnement, la vente et la distribution, la publicité et la promotion, les études de marché. La publicité est donc un instrument du marketing, puisqu'elle joue le rôle principal dans la commercialisation d'un produit.

The art of identifying, anticipating and satisfying consumer needs in a manner providing the optimum return on capital. « More simply, marketing is producing and selling what people want ». *D.M.C.*, 62. Marketing embraces all kinds of activities, from the search for a new product to after-sales service, including branding, pricing, packaging, salesmanship and distribution, advertising and promotion, and market research. Advertising, therefore, is a marketing tool because it plays a major part in promoting and selling goods.

marketing concept

▶ **1) concept marketing :** idée appliquée à la commercialisation d'un produit ou d'un service.
2) démarche marketing : philosophie commerciale d'après laquelle les décisions doivent être basées sur une appréciation objective des besoins et désirs du consommateur, et tous les efforts de l'entreprise doivent tendre à satisfaire ces besoins et préférences.

1) An idea for marketing a product or service.
2) A business philosophy which holds that decisions must be based on an objective appreciation of consumer needs and wants, and that all corporate efforts must be directed to satisfying these needs and preferences.

marketing director ▶ **directeur du marketing.**

See: **marketing manager.**

marketing intelligence ▶ **recherche commerciale:** réunion du plus grand nombre possible d'informations commerciales générales susceptibles d'être utilisées lors des prises de décision.

The gathering of the maximum amount of general marketing information likely to be used in decision-making.

marketing manager ▶ **directeur du marketing:** personne dont la fonction consiste à étudier: • le segment du marché auquel doit s'adresser la publicité, • les nouveaux marchés, • les méthodes de distribution, • le conditionnement, • la présentation du produit, etc., et de faire des recommandations sur ces différents points.
Dans les années 50, le directeur du marketing était un cadre important dans l'agence de publicité. Mais progressivement, les entreprises se sont mises à créer leur propre service marketing et ont donc leur directeur du marketing.

A person whose role is to study and make recommendations about: • the market segment at which the advertising is to be directed, • new markets, • packaging, • product presentation, etc.
In the 50's, the marketing manager was an important agency executive, but companies then began to develop their own marketing departments and consequently, to employ their own marketing manager.

marketing-mix ▶ **marketing-mix:** combinaison optimale des facteurs intervenant dans la commercialisation d'un produit, c'est-à-dire la détermination du prix, la publicité, la distribution, la vente, etc., eu égard aux objectifs à atteindre et aux moyens dont on dispose. Le but est d'obtenir le meilleur résultat au moindre coût.

The optimum combination of factors in a product marketing effort, i.e. pricing, advertising, distribution, selling, etc., as regards objectives to be reached and the available means. The aim is to achieve the maximum effect at minimum cost.

marketing plan

▶ **plan marketing:** programme détaillé associant l'ensemble des composantes du marketing-mix, mis en place pour atteindre les objectifs marketing. ◆ *Voir:* **marketing-mix.**

A comprehensive programme combining all the components of the marketing-mix, designed to achieve the marketing objectives. ◆ *See:* **marketing-mix.**

marketing strategy

▶ **stratégie marketing, stratégie commerciale:** «Plan écrit, généralement détaillé, décrivant en termes de temps et de grandeur, toutes les activités mises en œuvre pour réaliser un objectif commercial déterminé, ainsi que leurs incidences respectives.»

A «written plan, usually comprehensive, describing all activities involved in achieving a particular marketing objective, and their relationship to one another in both time and magnitude». G.M.T., 120.

market potential

▶ **potentiel du marché:** taille estimée d'un marché global. «Si nous étions fabricants de pâte dentifrice, par exemple, le potentiel du marché comprendrait tous les utilisateurs mondiaux de pâte dentifrice.»
◆ *Voir:* **potentiel de·ventes.**

The estimated size of a total market. «If we were manufacturers of toothpaste, for example, our market potential would include every user of toothpaste in the world». E.O.A., 90. ◆ *See:* **sales potential.**

market profile

▶ **profil du marché:** informations et caractéristiques communes aux membres d'un marché donné et permettant également de les identifier. «Le profil psychologique identifie ceux qui sont prédisposés à acheter par attitude ou par besoins émotionnels.»

Characteristics and facts common to the members of a particular market group and helping to identify them. «The psychological profile defines those predisposed to buy by attitude and emotional needs». D.M.C., 85.

market research

▶ **études de marché:** «Étude visant à découvrir quel est le type de produit recherché par les consommateurs, quelle est la somme qu'ils sont prêts à dépenser pour l'acquérir et comment les convaincre d'acheter. Ces renseignements sont utilisés par les industriels avant de fabriquer un nouveau produit et de le lancer sur le marché.» • **spécialiste en études de marché:** ce travail est effectué par des spécialistes en études de marché qui procèdent à des enquêtes, au moyen de diverses techniques comme les interviews par questionnaire ou au téléphone, les tests de produits, etc.

«The work of finding out what kind of goods consumers want, what they are willing to spend and how to persuade them to buy. This information is used by manufacturers before producing a new product and putting it on the market». *L.D.B.E., 296.* • **market researcher:** the work is done by market researchers who make market surveys using various techniques such as interviews involving the completion of a questionnaire, telephone interviews, product tests, etc.

market research department

▶ **service des études de marché:** service chargé d'effectuer toutes les recherches et les études permettant d'obtenir des informations concernant les opérations commerciales. ◆ *Voir:* **marketing.**

The department responsible for carrying out surveys to provide information relating to marketing operations. ◆ *See:* **marketing.**

market researcher

▶ spécialiste en études de marché.

See: **market research.**

market research manager

▶ **chef du service d'étude et de recherche:** personne qui dirige le service des études de marché. ◆ *Voir:* **service des études de marché.**

Person at the head of the market research department. ◆ *See:* **market research department.**

market segmentation ▶ **segmentation du marché:** technique qui consiste à identifier, au sein du marché, des sous-groupes d'acheteurs ou de consommateurs ayant des habitudes, des préférences et des caractéristiques communes. «La segmentation du marché – appliquée plus particulièrement aux plans médias – permet de sélectionner plus économiquement les supports (ou autres techniques) s'adressant au segment du marché ou à la cible intéressé par le produit ou service.»

A technique which consists of identifying sub-groups of purchasers or consumers who share common habits, preferences and characteristics. «Market segmentation – as applied particularly to media planning –: selecting media (or other techniques) which will appeal most economically to the market segment or target audience of the produce or service». *D.M.C., 61, 62.*

market share ▶ **part de marché:** mesure en pourcentage de la part obtenue par une marque, une gamme de produits ou une société, sur le marché total.

A percentage measure of the share of the total market obtained by a brand, a line or a company.

market study or survey ▶ **étude de marché.**

See: **market research.**

married print (cin.) ▶ **copie zéro (cin.):** copie sur laquelle l'image et le son sont correctement synchronisés. «La bande image et la bande son réalisées séparément sont, en fait, combinées sur une seule et même bande.»

A print with picture and sound properly synchronised. «Visual and sound track made separately are "married" by printing the two films onto one track». *G.M.T., 120.*

mask ▶ 1) **cache:** feuille de papier ou de carton opaque recouvrant les parties d'une photo ou d'un film qu'on ne désire pas reproduire.
▶ 2) **masque:** négatif ou positif utilisé pour augmenter la densité de certaines zones d'une image photographique, afin d'effectuer les corrections couleurs.

1) An opaque sheet of paper or card used to cover those parts of a photograph or a film which are not to be reproduced. ◆ *See*: **matte.**

2) A photographic negative or positive used to increase the density of some areas of a photographic image, so as to make colour corrections.

mass advertising ▶ **publicité grand public, publicité massive.**

See: **admass.**

mass communication ▶ **communication de masse**: transmission d'informations, de messages, etc., par le biais des moyens de communication de masse comme la presse, la télévision et la radio.

The delivery of information, messages, etc., through mass media such as press, television and radio.

master ▶ **master**: cassette ou bande magnétique sur laquelle tous les éléments sonores et/ou visuels d'un film, d'un spectacle, etc., sont enregistrés dans leur forme définitive.

Any audio tape or videotape on which all the sound and/or visual elements of a performance are recorded in their complete and final form.

masthead ▶ **ours**: «Fraction de page sur laquelle figurent le titre officiel d'un journal ou d'un magazine, le nom de l'éditeur et de ses principaux collaborateurs ...»

«An area of a periodical giving the official title, the publisher, the principal staff members ...». *D.A.T.*, 104.

mat(t) ▶ **mat**: terme d'imprimerie s'appliquant à ce qui n'est pas glacé et n'a pas beaucoup d'éclat.

(of colours, surfaces, etc.) not glossy, without strong highlights. ◆ *Syn.*: **matte (U.S.), unglazed.**

mat (U.S.) ▶ **matrice.**

See: **matrice.**

match and win sweepstake

► **sweepstake par comparaison des symboles:** «Forme de sweepstake exigeant des consommateurs qu'ils ramènent dans un magasin leur numéro ou le symbole imprimé sur leur document publicitaire, pour voir s'ils ont gagné et ce qu'ils ont gagné.» ◆ *Voir:* **sweepstake.**

«A form of sweepstake in which the consumers must take their symbol/number entry which appears in print media to the product or store display to determine if they have won a prize and what it is». *P.M.A.A. Glossary, 7.* ◆ *See:* **sweepstake.**

matched samples

► **échantillons provenant d'un même univers, échantillons jumeaux, comparables:** en statistiques, deux échantillons (ou plus) identiques dans tous leurs aspects connus, utilisés soit pour renforcer des résultats, soit pour tester des variations au niveau du produit ou du message. «Les puristes vous diront que les échantillons jumeaux ne sont jamais réellement semblables.»

In statistics, two or more samples, which in all known respects are identical with one another, used to reinforce results or to test variations of a product or message. «The purist will tell you that matched samples are never matched in reality». *Glossary of Market Research Terminology, 19.*

matrice, matrix

► **matrice:** 1) moule métallique en creux, dans lequel on verse du métal fondu ou une autre matière appropriée, de façon à former l'empreinte de la lettre. En photogravure, il s'agit d'un *flan.*
◆ *Voir:* **flan.**
2) tableau de nombres disposés en lignes et en colonnes, servant à établir des corrélations entre des séries de données.

1) A hollow metal mould into which molten metal or other suitable material is poured to form letters. In stereotyping, this is called a *flong.* ◆ *Abbr.:* **mat.** ◆ *See:* **flong.**
2) An arrangement of numbers in rows and columns used for establishing relationships between sets of data.

matte

► **cache (pour trucages optiques):** «En cinématographie, sorte de masque permettant de blanchir une partie du négatif pendant l'insolation, pour pouvoir surimprimer un autre plan.»

«Dans la réalisation de films publicitaires, ces caches servent à surimprimer des paquets de produits sur des séquences enregistrées en direct.»

«In cinematography, a mask used to blank off one part of a negative during exposure to allow superimposition of another shot». D.O.I.T., 211.

«In commercials, mattes are used to superimpose packs onto live sequences». D.M.C., 74.

matte (U.S.) ▶ mat.

See: **mat(t).**

matte effects ▶ **trucages par cache ou par masque, cache contre cache**: effets de trucage par utilisation de masques ou de caches. Ils servent, par exemple, à superposer et combiner en une seule séquence finale des scènes prises à différents moments.

Those trick effects which use masks. They are used, for instance, to superimpose and combine scenes taken at different times onto a final one.

maxiline or maximil (U.S.) ▶ **coût maximal d'une ligne (U.S.).**

See: **milline rate.**

maximum brand exposure ▶ **exposition maximale (pour une marque de produits)**: «Utilisation maximale de l'activité de communication, appuyée par une large distribution et une vaste promotion du produit», en vue d'atteindre le plus grand nombre possible d'individus.

«Full communication activity, with extensive product distribution and retail promotion», to reach the largest possible audience. G.M.T., 121.

measure (typ.) ▶ **justification (typ.)**: espace disponible dans la largeur d'une colonne ou d'une ligne de texte, calculé en points typographiques ou en millimètres. ◆ *Voir*: **point typographique.**

The character space available in the width of a column or line of type, expressed in pica ems of which six make 72 points or approximately an inch. ◆ *See*: **pica, point.**

measure of advertising effectiveness

▶ **mesure de l'impact publicitaire :** «Mesure de : • l'exposition au support (est-ce que la personne interrogée a pris en main le magazine, a écouté la chaîne de radio ... ?) ; • de l'exposition au message (est-ce que la publicité a attiré et retenu l'attention ?) ; • et/ou de la perception du message (est-ce que la publicité a communiqué clairement et de façon durable, l'essentiel du message ?)» L.P., 424 – 426., basée sur des enquêtes visant à évaluer le degré du souvenir du message.

«The measure of : • the exposure to an advertising medium (did the respondent take the magazine in hand, listen to the radio station ... ?) ; • the exposure to the message (did the message attract and hold people's attention ?) ; • and/or the perception of the message (did the advertising clearly and durably convey the essential of the message ?)», carried through surveys intended to measure the extent to which the message is recalled.

mechanical

▶ document d'exécution, doc.

See : **artwork.**

mechanical data

▶ **renseignements techniques :** ensemble des spécifications techniques – format de l'espace publicitaire, procédés d'impression, couleurs possibles, etc. – que l'on trouve, par exemple, dans *Tarif Média* ou *B.R.A.D.* (U.K.).

Production specifications such as advertisement space measurements, printing processes, colour facilities, etc., as shown in *B.R.A.D.* or *Tarif Média* (France).

media advertising

▶ publicité média.

See : **above-the-line advertising.**

media analysis

▶ **analyse des médias :** dépouillement et étude des statistiques concernant les médias.

The compilation and study of media statistics.

media broker

▶ **centrale d'achat d'espace :** agence autonome qui achète de l'espace en grandes quantités dans les médias, bénéficiant ainsi d'un prix inférieur au tarif normal, pour le revendre ensuite aux annonceurs.

An independent agency which buys space or time in large quantities in the media at a favourable price so as to re-sell it to advertisers. ◆ *Syn.* : **space broker.**

media buyer

▶ responsable de l'achat d'espace.

See : **media buying.**

media buying

▶ **achat d'espace :** démarche consistant à acheter l'espace et le temps attribué à la publicité. ● **responsable de l'achat d'espace :** cadre, dans une agence de publicité, chargé de négocier les conditions d'achat avec les supports et de vérifier la bonne parution du message. Dans les grandes agences du Royaume-Uni, la fonction est divisée entre : ● l'acheteur d'espace (dans la presse) ; ● et l'acheteur de temps (T.V. et radio).

The process of purchasing the space and time available for advertising. ◆ *Syn.* : **space buying, airtime buying.** ● **media buyer :** an executive in an advertising agency responsible for negotiating with the media the purchasing conditions of space and airtime and for checking that the message has appeared as it should. In the large agencies in the U.K., the function is divided between : ● the space buyer (press) ● and the airtime buyer (radio, T.V.).

media co-ordination

▶ **regroupement des achats d'espace :** coordination, par une agence, des achats effectués dans les médias par diverses agences pour différents budgets, afin d'être plus compétitif au niveau des prix.

The co-ordination of media buying for different accounts placed with different agencies by one agency, so as to buy space more competitively.

media department

▶ **service médias :** service chargé de la sélection et de l'achat d'espace dans les supports.

A department responsible for the selection and purchasing of space or time in the media.

media director ▶ **directeur des médias :** personne à la tête du service médias qui supervise le choix et l'achat d'espace dans les supports.

The person at the head of the media department overseeing the selection and purchase of space or time in the media.

media-mix ▶ **média-mix, campagne pluri-médias :** utilisation de deux ou plusieurs supports ou médias dans une campagne publicitaire.
◆ *Voir :* **plan médias.**

The use of two or more advertising media in an advertising campaign. ◆ *Syn. :* **mixed media.** ◆ *See :* **media plan.**

media owner ▶ **support :** 1) toute société à la tête d'un moyen de communication de masse, vendant de l'espace publicitaire, c'est-à-dire les éditeurs, les régies (radio, télévision, cinéma) et les sociétés d'affichages.
▶ **2)** Au sens large, toute société possédant un moyen susceptible de véhiculer un message publicitaire.

1) Any company which owns a media organisation and sells advertising space, e.g. publishers, radio, T.V., cinema, outdoor and transportation advertising contractors.
2) Broadly speaking, any company offering a vehicle which can be used to carry advertising messages. ◆ *Syn. :* **media promoter.**

media plan ▶ **plan médias :** tableau d'utilisation des supports ou des médias, établi par l'agence et proposé à l'annonceur pour sa campagne, sur lequel figurent : • les supports sélectionnés (titre des publications, chaînes de télévision, etc.) ; • le format des espaces publicitaires ou la durée des messages ; • les positions, les dates et le coût de chaque insertion ou chaque passage, etc.
Ce n'est qu'une fois que le plan médias est accepté que l'agence peut effectuer les réservations et établir le calendrier de campagne. ◆ *Voir :* **calendrier de campagne.**

A chart drawn up by the advertising agency and proposed to the advertiser, setting out the media to be used for a campaign and showing : • the name of publications or commercial stations ; • space sizes or length of spots ; • positions, dates and costs of each item.

It is only when the media plan is accepted that the advertising agency can make the bookings and produce the media schedule.
◆ *See*: **media schedule.**

média planner

▶ «**media planner**», **média-planneur**: cadre dans une agence de publicité chargé d'établir, sur la base de ses connaissances et de données statistiques, les calendriers de campagne avec un maximum d'efficacité et un minimum de frais.

An executive in an advertising agency who applies his knowledge of media and statistical data to plan schedules with maximum efficiency and at minimum expense.

media planning

▶ média planning.

See: **media plan.**

media promoter

▶ support.

See: **media owner.**

media research

▶ **étude des médias, des supports publicitaires**: analyse des médias permettant d'obtenir le maximum d'informations sur la taille et les caractéristiques de l'audience de chaque support, au moyen d'enquêtes, d'interviews, de mesures, etc.

The analysis of media so as to get the maximum data on the size and characteristics of the audience of every medium or vehicle, by means of interviews, surveys, audience measurements, etc.

media schedule

▶ **calendrier de campagne ou d'insertions**: programme des messages publicitaires prévus pour une campagne, avec leur rythme, le type de supports choisis et les réservations effectuées. L'agence présente d'abord au client le plan médias. Si ce plan est approuvé, elle procède aux réservations auprès des supports et établit le calendrier de campagne. Quand il s'agit d'annonces-presse, on parle aussi de *calendrier d'insertions*. ◆ *N.B.* : Le terme anglais *air(time) schedule* désigne le calendrier de passage des messages T.V. ◆ *Voir*: **plan médias.**

The programme of planned advertisements and commercials showing the timing, the nature of the media and the actual bookings made for a campaign. First, the advertising agency presents a media plan to the client and, if it is approved by the advertiser, the agency will make the media bookings from which the media schedule is produced. Where press advertising is concerned, the term *insertion schedule* is also used; in the case of T.V. advertising, the term *(air)time schedule* is used. ◆ *Syn.*: **advertising schedule.** ◆ *See*: **media plan.**

media selection ▶ **choix des médias ou supports:** sélection, dans la ligne de la stratégie du message, des médias les mieux adaptés aux objectifs publicitaires. On remarque que les campagnes nationales se limitent généralement à un petit nombre de médias complémentaires, soigneusement choisis. En règle générale, on n'utilise que deux médias dans une campagne, à la limite trois, à cause du risque de duplication d'audience.

The choice of the most appropriate media to achieve advertising objectives in line with the message strategy. It should be noted that national campaigns are mostly restricted to a small, carefully chosen group of complementary media. As a rule, two, and exceptionally three, media are used in a campaign because of audience duplication.

media strategy ▶ **stratégie médias:** élément du plan marketing qui consiste en premier lieu, à définir quels sont les supports à utiliser pour rentabiliser au mieux la publicité, et en second lieu, à décider de la part du budget à consacrer aux dépenses dans les médias.

That part of the marketing plan which consists first of defining which media should be used to best serve the advertising, then deciding what amount of the appropriation should be allocated to media expenses.

medium (pl. media) ▶ **média (pl. médias):** moyen de diffusion de l'information telle que la presse, la radio et la télévision. ◆ *Voir*: **médias publicitaires.**

A means of distributing information, such as the press, radio and T.V.
◆ *See*: **advertising media.**

merchandise pack

▶ **paquet promotionnel :** paquet contenant le produit ainsi qu'une prime offerte gratuitement. ◆ *Voir :* **prime incorporée dans l'emballage du produit.**

A product package offering a premium which is usually enclosed.
◆ *See :* **in-pack.**

merchandiser

▶ **merchandiser, marchandiseur (C.G.L.F.) :** spécialiste en techniques de vente et de promotion chargé d'achalander les points de vente et de présenter la marchandise de façon attrayante. ◆ *Voir :* **merchandising.**

An expert at sales and promotion activities responsible for making goods available and attractive looking at the point-of-sale. ◆ *See :* **merchandising.**

merchandising

▶ **merchandising, marchandisage :** technique qui consiste à substituer à une présentation passive du produit, une présentation active faisant appel au conditionnement et à l'environnement du produit sur le linéaire et dans les points de vente.

The technique concerned with replacing a passive presentation of a product with an active one at the point-of-sale, using packaging and the product environment.

meter advertising

▶ **publicité sur les parcmètres :** publicité apposée sur les parcmètres. Ce support a été lancé au Royaume-Uni par la Société Tamlit Promotional Services, Manchester.

Advertisements placed on parking meters. Meter advertising was launched in the U.K. by Tamlit Promotional Services Ltd. of Manchester.

method of fixing the advertising appropriation

▶ **méthode de fixation du budget publicitaire.**

See : **appropriation.**

«M» factors

▶ **facteurs «M» :** ensemble de facteurs sur lesquels est basé l'axe ou le thème publicitaire et qui, en anglais, commencent tous par un M – à savoir les marchandises, les marchés, les motivations, les messages, les médias et l'argent *(money)*.

«Factors on which advertisement theme or copy platform is based, namely merchandise, markets, motives, messages, media and money». *D.M.C.*, 59.

milline rate (U.S.)

▶ **coût d'une ligne par million de lecteurs (U.S.)**: chiffre utilisé par les annonceurs pour mesurer la rentabilité de leur publicité dans les journaux. La formule pour le calculer est la suivante:

$$\frac{\text{coût de la ligne x 1 000 000}}{\text{diffusion}}$$

• **coût minimal d'une ligne**: après déduction de toutes les remises possibles. • **coût maximal d'une ligne**: avant toute déduction.

A figure used by advertisers to determine the cost effectiveness of their advertising in newspapers. The formula is:

$$\frac{\text{line rate x 1,000,000}}{\text{actual circulation}}$$

• **minimil**: the lowest milline rate after all possible discounts. ◆ *Syn.*: **miniline**. • **maximil**: the milline rate before any discounts. ◆ *Syn.*: **maxiline**.

miniline or minimil

▶ **coût minimal de la ligne (U.S.)**.

See: **milline rate**.

mini-page

▶ **format à la française**.

See: **portrait**.

Minitel

▶ **Minitel**: nom commercial du système français de vidéographie interactive mis en place par les *Postes et Télécommunications*. ◆ *Voir*: **vidéotex**.

The brand name of the French interactive videotex system implemented by the French *Postes et Télécommunications*. ◆ *See*: **vidéotex**.

misprint

▶ **erreur de composition, coquille**: erreur typographique dans un texte imprimé.

A typographical error in printed matter. ◆ *Syn.*: **literal**.

missionary selling ▶ **prospection d'une nouvelle clientèle:** art d'entrer en contact avec des prospects qui n'achètent généralement pas le produit concerné.

The art of making contacts with prospects who do not usually buy the product concerned.

mixed media ▶ **média-mix, campagne pluri-médias.**

See: **media-mix.**

mixed merchandising ▶ **diversification des produits offerts aux points de vente.**

See: **scrambled merchandising.**

mobile ▶ **mobile:** matériel de publicité sur le lieu de vente suspendu et bougeant avec les courants d'air.

A suspended point-of-sale item moved by air currents.

mock-up ▶ **réplique, factice:** reproduction fidèle d'un produit ou d'un emballage pouvant être utilisé dans toute forme de présentation visuelle.

A facsimile of a product or package for use in any visual display form.

model ▶ 1) **modèle, maquette:** reproduction à petite échelle.

▶ 2) **modèle (mathématique):** reproduction mathématique d'un phénomène physique, humain, etc.

▶ 3) **modèle (mannequin):** personne sélectionnée pour illustrer une annonce.

1) A reproduction on a small scale.
2) The mathematical reproduction of a physical, human or other phenomenon.
3) A person employed to appear in an advertisement.

moiré ▶ **moiré:** altération de l'image dans une illustration en demi-tons, souvent due à une mauvaise position des trames.

An alteration of the image in a halftone illustration, often resulting from inappropriate positioning of the screens.

monadic test

▶ **test monadique**: test portant sur un seul élément: le produit, l'annonce, etc.

A test carried out on a single component: product, advertisement, etc.

money-off label

▶ **étiquette d'offre spéciale.**

See: **price-off label.**

money-off offer

▶ **offre à prix réduit**: réduction temporaire sur le prix de vente normal d'un article (indiquée sur l'emballage).

A temporary reduction in the standard retail price of an item printed on the pack. ◆ *Syn.:* **reduced price offer.**

money-off pack

▶ **emballage portant une réduction de prix.**

See: **flash pack.**

monitor (to) (radio, T.V.)

▶ **surveiller, contrôler, piger (radio, T.V.)**: en radio et télévision, vérifier le contenu d'une émission ou d'un message publicitaire et suivre la diffusion en cours ou un enregistrement en cours.

In radio and T.V., to check and supervise the content of a programme or a commercial, or a production or recording in progress.

mono(chrome)

▶ 1) **monochrome, noir et blanc**: d'une seule couleur (généralement noir sur fond blanc).
▶ 2) **épreuve en noir et blanc.** ◆ *See:* **"print".**

1) Of only one colour (typically black on a white background). ◆ *Syn.:* **black and white** (which is used when referring to printed sheets or photographic prints).
2) A black and white photographic print. ◆ *Syn.:* **black and white** (B & W, B/W), **mono(tone)** (U.S.).

mono(tone) (U.S.) ▶ monochrome, noir et blanc, épreuve en noir et blanc.

See: monochrome.

Monotype (trademark) ▶ Monotype (marque).

See: typesetting machine.

montage ▶ montage: association d'images par juxtaposition ou superposition – que ce soit dans le domaine de l'illustration, de la photographie, du cinéma ou de la télévision – afin d'obtenir une seule version définitive combinant l'ensemble des éléments. ◆ *Voir:* photomontage.

The combination of juxtaposed or superimposed images in photography, layout design, cinema and television to provide a final version combining the different elements. ◆ *See:* photomontage.

monthly (publication) ▶ mensuel.

See: frequency of issue.

mood advertising ▶ publicité d'ambiance, d'atmosphère: publicité qui cherche à créer un climat dans lequel les clients potentiels seront réceptifs à l'offre qui leur est faite.

Advertising that seeks to create an atmosphere in which potential customers will feel receptive to the offer.

motivation ▶ motivation: motif ou raison psychologique qui pousse à l'action (ex.: peur, recherche du prestige social). «En marketing, la motivation est recherchée dans les activités individuelles et collectives, aussi bien que dans le comportement du consommateur ou de l'utilisateur.»

The psychological reason or cause for doing something (ex.: fear, pursuit of social status). «Motivation is applied in marketing both to individual and organizational activities as well as to consumer and user behaviour». G.M.T., 127. ◆ *Syn.:* motive.

motivation(al) research ▶ étude de motivations : branche des sciences sociales qui cherche à découvrir les raisons psychologiques sous-jacentes au comportement humain. Elle est utilisée dans le domaine des études de marché, afin de découvrir les véritables motifs qui guident le consommateur dans ses achats et dans le choix des produits.

A branch of social science which seeks to discover the psychological reasons underlying human behaviour. It is used in market research to find out the true motives which lead consumers to buy or not to buy certain products.

motive ▶ motivation.

See : **motivation.**

multi-client survey ▶ étude multi-clients, omnibus.

See : **omnibus survey.**

multiple pack ▶ emballage multiple, multipack : emballage contenant deux ou plusieurs unités de vente d'un même produit, le tout étant généralement proposé à un prix plus avantageux. ◆ *Voir :* **emballage groupé.**

A package containing two or more retail units of the same product and usually offered at an attractive price. ◆ *Syn. :* **cluster pack.** ◆ *See :* **combi-pack.**

«M.U.P.I.» (F.) ▶ M.U.P.I. (Mobiliers Urbains Plans-Informations)(F.), sucette.

See : **public information panels (advertising on).**

Nagra (trademark) ▶ **Nagra (marque)**: magnétophone professionnel portable servant à la prise de sons.

A portable professional tape recorder used to record sounds.

national advertising ▶ **publicité à l'échelon national**: publicité couvrant l'intégralité du pays.

Advertising covering the entire country.

national advertising rate ▶ **tarif général**: «Tarif appliqué par les supports locaux à l'achat d'espace publicitaire effectué par des annonceurs nationaux ou régionaux», et généralement plus élevé que celui offert aux annonceurs locaux.
◆ *Voir*: **tarif local.**

«A periodical or broadcast advertising rate charged by local media for advertising placed by national or regional advertisers». D.A.T., 112. Usually higher than that offered to local advertisers. ◆ *See*: **local rate.**

national press ▶ **presse nationale**: journaux et magazines diffusés dans tout le pays. ◆ *Voir*: **presse.**

Newspapers and magazines circulating throughout the country.
◆ *See:* **press.**

negative

▶ **négatif, cliché:** image photographique sur laquelle les noirs des modèles sont représentés par des blancs et les blancs par des noirs. «Si quelque chose est sur négatif, il est possible d'en refaire plusieurs copies» • **négatif de sélection.** ◆ *Voir:* **sélection des couleurs.** • **négatif tramé.** ◆ *Voir:* **simili.** • **négatif inversé.** ◆ *Voir:* **procédé d'inversion.** • **négatif pelliculable.** ◆ *Voir:* **pelliculage.**

A photograph or film showing dark areas as light and light areas as dark. «If something is *on neg* further copies can be obtained». *A.J.D., 14.* ◆ *Abbr.:* **neg.** • **colour separated negative.** ◆ *See:* **colour separation.** • **halftone or screened negative.** ◆ *See:* **halftone.** • **reversed negative.** ◆ *See:* **reverse.** • **stripping negative.** ◆ *See:* **strip-in.**

net audience

▶ **audience non dupliquée:** nombre de personnes touchées par un message, chacune n'étant comptée qu'une seule fois, même si elle a été exposée plusieurs fois audit message.

The number of individuals reached by an advertising message, each being counted only once, regardless of the number of exposures to the message. ◆ *Syn.:* **net readership, unduplicated audience.**

net coverage

▶ **couverture nette:** nombre de personnes – exprimé en pourcentage – appartenant à l'audience utile, touchées au moins une fois par un message, sans tenir compte du nombre de fois où elles ont pu y être exposées.

The percentage of the target audience receiving at least one exposure to a commercial or an advertisement, regardless of the number of exposures to the message.

net readership

▶ **audience non dupliquée.**

See: **net audience.**

network (outdoor advertising)

▶ **réseau d'affichage**: panneaux d'affichage présélectionnés et vendus ensemble, généralement sur une base géographique. «Les panneaux isolés grand format... sont proposés par la plupart des sociétés d'affichage, soit individuellement, soit en réseaux.»

Pre-selected poster sites sold as a package, essentially on a geographical basis. «Supersite advertising is offered by most contractors,either individually or on a network basis». *B.R.A.D.*, April 1982, Vol. 29, N° 4, 433. ◆ *See*: **showing, plant (U.S.).**

network (radio, T.V.)

▶ **réseau, chaîne (T.V.)**: ensemble de stations de radio ou de télévision reliées de façon à pouvoir diffuser simultanément des programmes identiques. ◆ *Voir*: **publicité sur radio locale, publicité sur une antenne régionale.**

In T.V. or radio, a group of stations linked up to broadcast identical programmes simultaneously. ◆ *See*: **spot radio, spot television.**

newscaster

▶ **1) présentateur du journal parlé**: personne qui donne les nouvelles à la télévision ou à la radio.
▶ **2) journal lumineux**: panneau électronique sur lequel s'inscrivent en bandes lumineuses des dépêches d'information entrecoupées de messages publicitaires.

1) «A person who broadcasts news on radio or television». *L.D.C.E.*, 734. ◆ *Syn.*: **newsreader.**
2) An electronic sign spelling out news flashes in lighted strips, with advertisements coming in between.

newspaper

▶ **journal**: publication périodique donnant des nouvelles politiques, littéraires, scientifiques, etc.

A periodical providing political, literary, scientific news, etc.

newsprint

▶ **papier-journal**: papier de qualité très ordinaire, sur lequel on imprime les journaux.

Coarse paper used for printing newspapers.

newsreader

▶ présentateur du journal parlé.

See: **newscaster.**

news release ▶ **communiqué de presse**: article à contenu informatif communiqué aux médias dans le cadre des relations publiques.

An informative news story supplied to the media for public relations purposes. ◆ *Syn.*: **press release.**

next matter, next to reading matter ▶ **contre texte**: expression utilisée lors de la réservation d'espace publicitaire, pour désigner l'emplacement immédiatement adjacent à une partie rédactionnelle d'un journal ou d'un magazine.

An expression used in ordering space applying to the position immediately adjacent to an editorial section of a periodical. ◆ *Abbr.*: **N/M, N/R.**

ninety-six-sheet poster site ▶ **panneau spécial.**

See: **supersite.**

nixie (U.S.) ▶ **N.P.A.I.**: abréviation signifiant «n'habite pas à l'adresse indiquée» figurant sur les mailings retournés à l'annonceur.

A mailing piece returned to the advertiser as undeliverable because of an incorrect name or address. ◆ *Syn.*: **gone away (n.).**

N.M.P.P. ▶ **N.M.P.P. (Nouvelles Messageries de la Presse Parisienne)**: mutuelle chargée de la distribution et de la répartition des supports presse.

A French organisation responsible for the distribution of press publications. The abbreviation stands for *Nouvelles Messageries de la Presse Parisienne*.

non-impact printing ▶ **impression sans impact**: système d'impression dans lequel l'encre est déposée sur le papier par procédés électrochimiques, sans impact entre la machine et le papier. Ex.: impression au laser ou au jet d'encre. ◆ *Voir*: **impression au laser, impression au jet d'encre.**

A printing process whereby the ink is laid down onto the paper by electrochemical means, without any impact between the machine and the paper. Ex.: laser or ink jet printing. ◆ *See*: **laser printing, ink jet printing.**

non-price competition ▶ **concurrence ne jouant pas sur le(s) prix:** tactique concurrentielle utilisant d'autres moyens que la réduction de prix, par exemple le conditionnement, la publicité institutionnelle, etc.

Competitive tactics using other means than price cutting, such as packaging, image advertising, etc.

noted score, noting score ▶ **taux d'observation ou de perception, score d'attention:** pourcentage de lecteurs ayant remarqué une annonce spécifique dans un numéro d'une publication. ◆ *Voir*: **étude d'identification, de reconnaissance.**

The percentage of readers who noted a specific advertisement in a certain issue of a periodical. ◆ *See*: **recognition survey.**

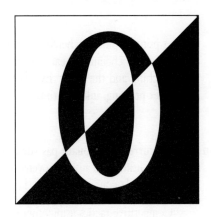

objective (n.)   ▶ **objectif (n.)**: but à atteindre, généralement dans un laps de temps donné.

A goal to be reached, usually within a stated period of time.

obsolescence   ▶ **obsolescence, vieillissement**: déclin de l'utilité du produit sur le marché, provoqué généralement par l'apparition d'autres biens de meilleure qualité ou moins chers. • **obsolescence calculée**: technique consistant à prévoir des améliorations, des changements ou des nouveaux modèles, afin de pousser les consommateurs à remplacer leur ancien matériel (pour les voitures, par exemple).

A decline in the usefulness of a product in the market, usually when alternative products become available which have a better performance or a lower price. • **planned or built-in obsolescence**: a policy which consists of planning improvements, modifications or new models, to induce consumers to replace their old equipment (e.g. motor cars).

off-card rate   ▶ **négociation**: prix spécial pour de l'espace publicitaire dans les médias, obtenu par négociation et ne figurant donc pas dans le tarif officiel.
◆ *Abr.* : **négo.**

A special price for media advertising obtained by negotiation and therefore not shown on the official rate-card.

off-label

▶ **offre signalée sur l'étiquette :** prix spécial indiqué sur l'étiquette habituelle du produit.

A special, reduced price appearing on the usual label of the product.

off-peak rate (radio, T.V.)

▶ **tarif de faible écoute :** tarif inférieur au tarif normal, proposé pour les tranches horaires en dehors des heures de grande écoute.

A lower rate offered for the airtime segments occuring outside peak time.

off-peak time (radio, T.V.)

▶ **heure de faible écoute :** moment où l'audience n'est pas très importante, par exemple en milieu d'après-midi.

The time when the audience is not very large, e.g. mid-afternoon.

offprint

▶ **tirés-à-part, tirage à part :** épreuves ou exemplaires d'une annonce tirés en supplément de ceux imprimés dans une publication ; ou exemplaires d'une publication tirés séparément pour différents usages.

Proofs or copies of an advertisement printed in addition to those appearing in a publication, or copies of a publication made available separately for various purposes. ◆ *Syn.* : **reprint, separate copies.**

offset (lithography), offset litho

▶ 1) **offset :** procédé d'impression dans lequel l'image à imprimer est reportée sur un cylindre en caoutchouc appelé *blanchet*, qui à son tour l'imprime sur le papier. ◆ *N.B.* : c'est l'application du procédé de décalque comme l'indique le terme anglais *offset*.

▶ 2) **maculage :** salissage du verso d'une feuille par le recto de la feuille placée au-dessous.

1) A printing process in which the printing surface transfers the image to a rubber roller called a *blanket*, which in turn prints onto the paper.

2) An unwanted deposit of ink from the surface of sheet to the back of the sheet placed on top of it.

offset (to) ▶ imprimer en offset.

See: **offset.**

off-shelf display ▶ **présentation hors-rayon**: «Présentation de marchandises dans un magasin, à un autre endroit que celui habituellement occupé par lesdits produits dans les rayons.»

«A display of merchandise in a retail store in a location other than the customary position for such merchandise on the store's shelves». *D.A.T.,* 120.

O.K. ▶ **B.A.T.**

See: **press proof.**

O.K. w/c ▶ **B.A.T.** après corrections.

See: **ready for press with corrections.**

omnibus survey ▶ **étude multi-clients, omnibus**: étude de marché financée conjointement par des sociétés ou des associations intéréssées. Les cabinets d'étude et de recherche offrent aux participants la possibilité de ne poser que quelques questions qui, à elles seules, ne pourraient justifier la mise en place d'une enquête spéciale.

A market research study financed jointly by relevant organisations. Research agencies offer the sponsors the possibility of asking just a few questions which would otherwise not justify setting up a special survey.

on air pre-testing ▶ **pré-test de spot publicitaire**: test effectué sur un spot publicitaire que l'on présente à un public restreint préalablement à sa diffusion. ◆ *Voir*: **pré-test.**

A test of a commercial shown to a limited audience before actual broadcasting. ◆ *Syn.*: **on air test (O.A.T.).** ◆ *See*: **pre-test (ing).**

on air test (O.A.T.) ▶ pré-test de spot publicitaire.

See: **on air pre-testing.**

one-shot mailing ▶ «one-shot»: mailing proposant un seul produit ou un groupe limité de produits complémentaires.

A mailing promoting a single product or a limited group of related products. ◆ *Syn.*: **solo-mailing.**

on-pack ▶ prime «on-pack».

See: **on-pack premium.**

on-pack offer ▶ prime différée.

See: **mail-in.**

on-pack premium ▶ **prime «on-pack», prime sur l'emballage du produit:** cadeau promotionnel fixé d'une façon ou d'une autre sur l'emballage d'un produit et remis sur le lieu de vente. Ex.: des lames de rasoir avec une lotion après-rasage.

A gift attached in some manner to the exterior of a product pack and dispensed at the point-of-purchase. Ex.: razor blades with an after-shave lotion.

on-pack price reduction ▶ **bon de réduction sur l'emballage du produit:** réduction de prix temporaire imprimée sur l'emballage pour attirer les clients.

A temporary price cut printed on the pack to attract customers.

opaque (to) ▶ **boucher un cliché:** masquer les détails d'un négatif que l'on ne désire pas voir figurer sur l'épreuve finale.

To block out the details of a photographic negative which one does not want to appear on the final print.

open end(ed) question ▶ **question ouverte:** question à laquelle l'interviewé peut répondre ce qui lui plait, sans être contraint à un choix limité de réponses. «La question 'que pensez-vous de cette bicyclette?'

permet à l'interviewé de répondre comme bon lui semble ...»
◆ *Voir*: **question fermée.**

A question allowing the respondent to reply as he or she pleases, without being restricted to a predetermined choice of answers. «The question 'what do you like about this bicycle?' allows the informant to answer in any way he or she thinks fit». *Glossary of Market Research Terminology, I.S.B.A., p. 22.* ◆ *See*: **pre-coded question.**

open rate (U.S.) ▶ tarif de base.

See: **base rate.**

opinion leader ▶ **leader d'opinion, prescripteur**: personne qui, en adoptant ou en recommandant un produit ou un style, exerce une influence sur le comportement des autres.

An individual who, by adopting or specifying a product or style, influences the attitudes or the behaviour of others. ◆ *Syn.*: **specifier, style leader.**

opinion research, ▶ **sondage d'opinion**: enquête menée auprès d'une population
opinion survey statistique afin de connaître les opinions et changements d'opinion.

A survey conducted with a statistical sample of a population in order to seek opinions and shifts of opinion.

opportunity to see or to ▶ **occasion de voir ou d'entendre, contact**: exposition d'un indi-
hear vidu appartenant à l'audience d'un support à un message publicitaire véhiculé par ce support. *L.P.*, 226. Le poids d'une campagne est souvent exprimé en nombre moyen d'O.D.V. pour l'ensemble de la population appartenant à la cible visée.
◆ *Abr.*: **O.D.V., O.D.E..** ◆ *Voir*: **répétition moyenne.**

The exposure to an advertisement received by a member of the audience covered by the particular medium in which the advertisement appears. The weight of a campaign is often described by average O.T.S. or O.T.H. for all members of the target audience. ◆ *Abbr.*: **O.T.S., O.T.H.** ◆ *Syn.*: **contact, exposure, impression.** ◆ *See*: **average frequency.**

optical (answer print) ▶ copie d'étalonnage optique: «Copie d'un film publicitaire, sur laquelle on a effectué toutes les corrections couleurs et tous les trucages visuels, de façon à obtenir l'approbation définitive pour l'exploitation.»

«A print of a commercial in which all colour corrections and optical effects have been incorporated; used to obtain final approvals of a commercial production». *D.A.T., 122.*

optical character reader ▶ lecteur optique: procédé optique capable de lire très vite des textes dactylographiés et de les transférer sur ordinateur.

An optical device that reads typed matter at high speed and converts it in to electronic data.

optical effects ▶ trucages optiques, effets visuels: effets visuels spéciaux que l'on peut réaliser avec des appareils de prise de vues ou du matériel vidéo. Ex.: ouverture ou fermeture en fondu, trucage. ◆ *Voir:* **ouverture en fondu, fermeture en fondu, trucage.**

Special visual effects that can be achieved with film or video equipment. *Ex.:* fade out, fade in, mattes, etc. ◆ Syn.: **opticals.** ◆ *See:* **fade in, fade out, matte.**

opticals ▶ trucages optiques, effets visuels.

See: **optical effects.**

optical track ▶ bande son optique: bande son enregistrée par procédé optique. ◆ *Voir:* **bande son magnétique.**

A soundtrack recorded by optical means. ◆ *See:* **magnetic track.**

optical transfer ▶ report optique: transfert d'une bande son magnétique sur une bande optique.

The process of producing an optical soundtrack from a magnetic recording.

Oracle

▶ **Oracle:** service télétexte de l'Independent Broadcasting Authority au Royaume-Uni. Le nom est un acronyme en anglais signifiant *Réception Optionnelle des Messages par Lignes Electroniques Codées.* ◆ *Voir:* **télétexte, Ceefax.**

The teletext service operated by the Independent Broadcasting Authority in the U.K. The name is an acronym for *Optional Reception of Announcements by Coded Line Electronics.* ◆ *See:* **teletext, Ceefax.**

original (n.)

▶ **original (n.):** modèle primitif (image, son, etc.) destiné à être reproduit.

The initial model (image, sound, etc.) to be reproduced.

orthochromatic film (phot.)

▶ **film orthochromatique:** type de film sensible au bleu et au vert. ◆ *Voir:* **film panchromatique.**

A type of film sensitive to blue or green shades. ◆ *Abbr.:* **ortho film.**
◆ *See:* **panchromatic film.**

outdoor (and transportation or transport) advertising

▶ **publicité extérieure:** publicité que l'on rencontre à l'extérieur, réalisée surtout à l'aide d'affiches, de panneaux ou de tout autre support similaire, permettant d'exposer au public les messages publicitaires. Ce média peut revêtir des formes très diverses: publicité aérienne, mobilier urbain, affichage lumineux, etc.
Au Royaume-Uni, cependant, une très nette distinction est faite entre l'affichage en général et la publicité transport. Le terme *outdoor advertising* désigne habituellement toutes les formes d'affichage à l'extérieur, à l'exclusion de celles liées aux moyens de transport. L'expression *outdoor and transport(ation) advertising* est donc plus générale.
L'affichage est l'un des médias les plus anciens, mais aussi l'un des plus dynamiques. ◆ *Voir:* **publicité transport, publicité aérienne, mobilier urbain.** ● **société d'affichage, afficheur, société de publicité extérieure:** société chargée de vendre les emplacements d'affichage qu'elle possède ou qu'elle loue. Au Royaume-Uni, on trouve des consortia comme I.P.S. (Independent Poster Sales Ltd à Londres) qui regroupe 26 sociétés. En France, les trois principales régies d'affichage sont: Avenir-Publicité, Dauphin et Giraudy.

Advertising outdoors, mainly by means of posters, signs or similar structures used to display advertising messages to the public. This medium offers various possibilities: aerial advertising, urban furniture, illuminated signs, etc.

In the U.K., however, a clear distinction is made between poster and transportation advertising. The term *outdoor advertising* is used for all advertising outdoors – whatever its form – except when it is associated with public transportation. The expression *outdoor and transportation advertising* is therefore more comprehensive. Outdoor advertising is one of the oldest but one of the most dynamic media. ◆ *Syn.*: **poster contractor, plant (operator) (U.S.).** ◆ *See*: **transport(ation) advertising, aerial advertising, urban furniture.** • **outdoor advertising contractor**: a company responsible for selling the poster sites that it owns or leases. Today there are consortia such as I.P.S. (Independent Poster Sales Ltd., London) which have 26 contractors in membership.

In France, there are three main outdoor advertising contractors: Avenir-Publicité, Dauphin and Giraudy.

outlet

▶ 1) **point de vente**: lieu où l'on vend des marchandises.
2) **débouché, marché**: marché pour une certaine catégorie de biens ou de services.

1) A place from which goods are sold.
2) A market for a certain category of goods or services.

outline halftone

▶ **simili détouré**: simili d'un sujet dont on a découpé l'arrière-plan.

A halftone of a subject, the background of which has been cut away. ◆ *Syn.*: **silhouette halftone.**

out of focus (phot.)

▶ **qui n'est pas au point (phot.).**

See: **in focus.**

out period

▶ **suspension provisoire de la publicité.**

See: **hiatus.**

outsert ► **encart à l'extérieur du colis :** document publicitaire ou promotionnel attaché à la partie extérieure de l'emballage, au lieu d'être glissé à l'intérieur. ◆ *Voir :* **asile-colis.**

A piece of printed advertising or promotional material attached to the outside of a package, rather than being placed in it. ◆ *See :* **insert.**

outside back cover ► quatrième de couverture.

See : cover.

outside front cover ► première de couverture.

See : cover.

overdubbing ► 1) post-synchronisation, son témoin.

► 2) doublage.

See : **dubbing.**

over-expose (to) ► surexposer.

See : exposition.

overkill ► « **percussion de promotions** » : opération promotionnelle qui ne fournit pas les résultats escomptés, le nombre d'offres spéciales faites simultanément étant trop important.

A promotion which does not provide the expected results because too many premium offers were made at the same time.

overlay ► **béquet, becquet :** feuille de papier avec un texte ou un dessin différent placée sur l'original pour instructions ou modifications.

A sheet of paper showing alternative or revised wording/design superimposed on the original. ◆ *Syn. :* **patch.**

over matter ► **texte en sus :** texte non prévu dans l'espace imparti, mais composé pour le cas où il faudrait remplir un espace vide.

Type matter for which there is no room in the allotted space but which is set in case it is needed to fill empty space. ◆ *Syn.* : **leftover matter, overset matter.**

overprint (to)

▶ **repiquer** : imprimer un élément nouveau sur un document existant, sans effacer l'image ou le texte sous-jacent.

To print over already printed matter without obscuring the underlying text and/or image.

overset matter

▶ **texte en sus.**

See : **over matter.**

Ozalid (trademark)

▶ Ozalid (marque), ferro : épreuve réalisée sur papier spécial ayant une surface sensible à la lumière. Le rôle de l'Ozalid est important, car c'est la dernière épreuve de contrôle avant l'impression.

A proof of print work made on photosensitive paper. The Ozalid phase is very important because it is the last control proof before printing. ◆ *Syn.* : **blueprint.**

pack ▶ emballage.

See: **package (1).**

package ▶ 1) **emballage:** conteneur (caisse, boîte, etc.) dans lequel on place les marchandises, les produits, etc., pour les protéger, les transporter et les vendre.
▶ 2) **achat groupé.** ◆ *Voir:* «package deal».

1) A container (case, box, etc.) in which goods, products, etc., are placed to be protected, carried and sold. ◆ *Syn.*: **pack.**
2)*See:* **package deal.**

package deal ▶ **achat groupé (C.G.L.F.):** ensemble de spots publicitaires à la radio ou à la télévision proposés globalement à l'annonceur à un prix réduit. Les achats groupés sont très courants au Royaume-Uni et aux U.S.A.; ils sont souvent établis en fonction de la cible visée.

The combination of a number of television or radio commercials offered together to an advertiser at a reduced price. Package deals are very common in the U.K. and the U.S.; they are often designed for certain target groups. ◆ *Syn.*: **package plan (U.S.).**

package insert

▶ **asile-colis, publicité transportée:** document publicitaire ou promotionnel inséré dans un colis et concernant généralement un produit autre que celui expédié.

Advertising or promotional material placed in the package of a product, usually to advertise a different product.

package plan (U.S.)

▶ **achat groupé.**

See: **package deal.**

packaging

▶ **conditionnement:** emballage d'un produit en vue de la vente. Un conditionnement attirant peut faire augmenter les ventes.

The wrapping of a product for the purpose of selling it to the public. Attractive packaging can increase sales.

pack-shot

▶ «**pack-shot**», **plan-produit** (C.G.L.F.): photographie d'un produit.

A photograph of the product.

page (to)

▶ **paginer, folioter.**

See: **pagination.**

page exposure

▶ **taux de lecture d'une page (par rapport à l'ensemble de la publication).**

See: **page traffic.**

page rate

▶ **tarif à la page:** prix par page d'annonces publicitaires.

The price per page for advertisements.

page traffic

▶ **taux de lecture d'une page (par rapport à l'ensemble de la publication):** «Nombre de lecteurs d'une page déterminée d'un journal ou d'un magazine, exprimé en pourcentage de l'ensemble des lecteurs de ce journal ou de ce magazine.»

«Number of readers of a particular page in a publication expressed as a percentage of the total readership of that publication». G.M.T., 138. ◆ *Syn.* : **page exposure.**

pagination

▶ **pagination, foliotage** : action de numéroter les pages d'un ouvrage.
◆ *Voir* : **folio.**

The act of numbering the pages of printed matter. ◆ *See* : **folio.**

paid circulation

▶ **diffusion payée** : ensemble des numéros vendus et payés par les lecteurs, sans compter les exemplaires gratuits et les invendus.
◆ *Voir* : **diffusion gratuite contrôlée.**

Total copies of a periodical paid for by readers, not counting complimentary copies and unbought copies. ◆ *See* : **controlled circulation.**

painted bulletin or panel

▶ **panneau peint** : affiche sur laquelle on a directement peint l'annonce.

A poster on which the advertisement is painted directly.

paired (comparison) test ▶ test par paire.

See : **diadic.**

pamphlet

▶ **brochure.**

See : **brochure.**

pan

▶ **panoramique (cin., T.V.).**

See : **(to) pan.**

pan (to)

▶ **faire un panoramique (cin., T.V.)** : décrire avec une caméra un arc de cercle horizontal ou vertical, tout en suivant l'action à filmer.

To move the camera in a horizontal or vertical arc, following the action to be recorded.

panchromatic (adj.)

▶ **panchromatique (adj.)**: sensible à toutes les couleurs.

Sensitive to all colours.

panel

▶ **panel**: échantillon représentatif et permanent de consommateurs ou de détaillants recrutés pour répondre aux questionnaires d'analyse de marché ou pour tester de nouveaux produits.
◆ *Voir*: **panel de consommateurs.**

A representative sample of consumers or retailers recruited on a permanent basis to answer market research questions or to test new products. ◆ *See*: **consumer panel.**

panning, pan shot

▶ **panoramique (cin., T.V.).**

See: **(to) pan.**

pantry audit, check or inventory

▶ **«pantry check»**: étude de marché visant à «...découvrir le pourcentage de foyers possédant chez eux un produit de consommation», (de la même manière qu'il peut être utile d'établir la proportion de points de vente possédant un produit en stock).

A market research survey intended «...to discover what proportion of homes have a product available for consumption in the home». *Glossary of Market Research Terminology*, I.S.B.A., 23 (in the same way as it is useful to establish the proportion of retail outlets having a product in stock).

paper-set (adj.)

▶ **composé par le journal (adj.)**: (concerne les annonces)«non remis sous forme de cliché, la composition étant réalisée par le journal.»

(of advertisements) «set up in type by the publication instead of being supplied with a complete block». *A.J.D.*, 15.

parallel

▶ **emplacement d'affichage parallèle à l'axe de circulation**: ex.: sur un mur longeant une rue.

A poster site parallel to the main flow of traffic. Ex.: on a wall running along the street.

participation (announcement) (U.S.)

▶ message diffusé au cours d'une émission co-patronnée.

See: **participation sponsorship.**

participation sponsorship (U.S.)

▶ co-sponsoring d'émissions, parrainage, patronage collectif d'émission: participation financière de plusieurs annonceurs à une émission de radio ou de télévision. • messages diffusés au cours d'une émission co-patronnée ou co-sponsorisée: annonces diffusées au cours d'une émission à laquelle participe un certain nombre de co-sponsors, qui se partagent le temps alloué à la publicité.

The sponsoring of a radio or television programme by several advertisers. • **participation(s):** commercials included in a programme in which a number of co-sponsors participate and share the commercial time available. ◆ *Syn.:* **participation announcement(s).**

pass-along readership (U.S.)

▶ lectorat secondaire.

See: **secondary readership.**

pass for press (to)

▶ donner le bon à tirer (B.A.T.): approuver un document et donner le feu vert pour l'impression.

To approve a document and give the go-ahead for printing.

pass-on readership

▶ lectorat secondaire.

See: **secondary readership.**

paste-up

▶ exécution: assemblage et montage des éléments d'une annonce, d'une illustration ou d'une publication sur un carton, à leur emplacement exact, prêts à être reproduits. ◆ *Abr.:* **exé.**

The arrangement of the elements of an advertisement, design or publication on a board ready to be reproduced, and showing the correct position of the elements.

paste up (to)
▶ exécuter, faire l'exécution.

See: **paste-up.**

paste-up artist
▶ **maquettiste:** personne chargée de mettre en place les éléments graphiques et typographiques d'une annonce. ◆ *Voir:* **dessinateur, «roughman».**

The person responsible for the arrangement of the graphic and typographic elements of an advertisement. ◆ *Syn.:* **artworker.** ◆ *See:* **visualiser.**

patch
▶ béquet, becquet.

See: overlay.

pay television
▶ **télévision payante, télévision à péage:** chaînes de télévision pour lesquelles le spectateur doit payer. Ex.: *Canal Plus.*

Television programmes for which the viewer pays. Ex.: *Canal Plus* in France.

peak listening time
▶ heure de grande écoute (radio).

See: prime time.

peak time (band) (radio, T.V.)
▶ heure de grande écoute.

See: prime time.

peak viewing time
▶ heure de grande audience (T.V.).

See: prime time.

pedestrian traffic flow
▶ **circulation piétonnière:** nombre de piétons empruntant un itinéraire donné. ◆ *Voir:* **comptage de circulation.**

The number of pedestrians using a given route. ◆ *See:* **traffic count.**

pegboard

▶ **panneau alvéolé:** panneau muni de broches, permettant l'accrochage de petits articles comme les emballages sous coque plastique.

A board with pegs on which small items, e.g. blister packs, can be suspended.

penetration

▶ **pénétration, taux de pénétration:** mesure, généralement exprimée en pourcentage, dans laquelle un produit ou un service est accepté par l'ensemble des consommateurs potentiels.

The extent to which a product or a service is accepted by total potential consumers, usually expressed as a percentage.

perception

▶ **perception:** réception de stimulations sensorielles et faculté de les interpréter. ◆ *Voir:* **cognition.**

The reception of sensory stimuli and the ability to interpret their meaning. ◆ *See:* **cognition.**

perfect (to)

▶ **imprimer au verso:** imprimer le dos d'une feuille. • **machine rotative recto-verso:** presse rotative imprimant les feuilles recto-verso.

To print the reverse side of a sheet. • **perfecting press:** a rotary press for printing the front and reverse sides of a sheet. ◆ *Syn.:* **(to) back up.**

perfect binding

▶ **brochage sans piqûre, reliure sans couture, dos collé, «perfect binding»:** brochage consistant à scier les cahiers au niveau de leur pli principal et à les relier en les enduisant d'une couche de colle.

A binding method in which the binding edge of signatures are scuffed and secured with glue.

perfecting press

▶ **machine rotative recto-verso.**

See: **(to) perfect.**

perforate (to)

▶ **perforer:** percer une série de petits trous faiblement espacés, afin de pouvoir déchirer plus facilement une partie du document (par exemple, un bon-réponse sur un imprimé publicitaire, etc.)

To pierce a series of small, closely-spaced holes or slits to facilitate tearing (as in printed advertising material having reply forms, etc.)

periodical (n.) ▶ **périodique (n.)**: publication paraissant à intervalles réguliers. ◆ *Voir*: **magazine, journal.**

A publication which appears at regular intervals. ◆ *See*: **magazine, newspaper.**

permanent posting ▶ affichage de longue conservation.

See: **long life poster site.**

personalisation ▶ **personnalisation**: technique consistant à adresser des lettres promotionnelles sur lesquelles figurent le nom des destinataires et, parfois, d'autres informations les concernant.

A technique whereby promotional letters are sent out, which open with the name of the recipient, or contain other characteristics which personally concern the addressee.

personality promotion ▶ **promotion faisant appel à des personnages connus**: forme de promotion dans laquelle on fait appel à des célébrités, des démonstrateurs costumés, etc.

A promotion using well-known persons, or merchandisers dressed in costume, etc.

persuasive advertising ▶ publicité persuasive.

See: **hard-sell advertising.**

persuasiveness ▶ **force de persuasion**: capacité d'influencer l'attitude ou le comportement d'une personne par rapport à quelque chose. En publicité, il s'agit donc de la capacité d'influencer l'intention d'achat dans le sens voulu par l'annonceur.

The ability to influence a person's attitude or behaviour with respect to something. In advertising, it refers to the ability to influence purchase intent in the manner intended by the advertiser.

phone marketing, phoning

▶ **marketing téléphonique, «télémarketing»**: technique publicitaire ou de vente consistant à contacter par téléphone des clients ou des prospects préalablement sélectionnés.

A selling or advertising technique in which telephone calls are made to pre-selected customers or prospects. ◆ *Syn.*: **telemarketing.**

photo

▶ **photo.**

See: **photograph.**

photocomposition

▶ **photocomposition**: composition directe d'un texte sur un film, à partir de matrices contenant chaque lettre de l'alphabet dans un caractère particulier.

The direct composition of a text on film from matrices containing photographic negatives of every letter of the alphabet in a particular type face. ◆ *Syn.*: **filmsetting, photosetting.**

photocopy

▶ **photocopie**: reproduction instantanée d'un document par procédé photomécanique (*photocopieur*).

An instant copy of a document made by a photomechanical process. (*photocopier*). Also familiarly referred to as *Xerox*. ◆ *See.*: **Xerox.**

photoengraver

▶ **photograveur, clicheur.**

See: **block-maker.**

photoengraving

▶ **photogravure.**

See: **block-making.**

photogelatin process

▶ **collotypie, phototypie.**

See: **collotype.**

photo(graph)

▶ **photo(graphie)**: reproduction d'une image sur une surface sensible à la lumière, généralement sur papier ou sur film.

The reproduction of an image on a light-sensitive surface, usually paper or film. ◆ *Syn.*: **shot.**

photographic studio

▶ **agence, studio photographique**: agence ou studio où sont effectuées les prises de vues pour la publicité, les magazines, etc.

A studio where photographic shoots take place for advertising, magazines, etc.; also called simply *studio.*

photogravure

▶ **héliogravure, rotogravure**: procédé d'impression par voie photo-mécanique, consistant à graver les formes à imprimer (en creux) à l'eau forte sur la plaque ou le cylindre imprimant. L'héliogravure est très utilisée pour les magazines en couleurs à grand tirage.

A printing process which consists of photochemically etching the material to be printed into the printing surface of the plate or cylinder. Photogravure is widely used for large circulation colour magazines.
◆ *Syn.*: **gravure, rotogravure, heliogravure.**

photolettering

▶ **phototitrage**: procédé de photocomposition utilisé pour les caractères de titre. ◆ *Voir*: **photocomposition.**

A photocomposition process used for producing display types.
◆ *See*: **photocomposition.**

photolithography

▶ **photolithographie**: procédé d'impression lithographique qui consiste à reporter le dessin sur le métal (ou sur la pierre) au moyen de la photographie. ◆ *Voir*: **lithographie.**

A lithographic printing process reproducing the image on metal (or stone) by photography. ◆ *See*: **lithography.**

photomontage

▶ **photomontage**: assemblage de deux ou plusieurs photos en une seule image. ◆ *Voir*: **montage.**

The combination of portions of two or more photos into a single picture. ◆ *Syn.*: **comp.** ◆ *See*: **montage.**

photopolymer ▶ **plaque photopolymère:** forme légère, rigide ou souple, de matière synthétique, sensibilisée à la lumière et utilisée, par exemple, en impression directe.

A lightweight, stiff or flexible plate consisting of synthetic material sensitised to light, e.g. for direct printing.

photoprint ▶ **épreuve.**

See: **print (3).**

photosetting ▶ **photocomposition.**

See: **photocomposition.**

Photostat (trademark) ▶ **Photostat (marque):** type de photocopie réalisée sur papier. ◆ *Voir:* **photocopie.**

A kind of photographic copy made on paper. ◆ *See:* **photocopy.**

pica ▶ **pica:** unité typographique correspondant au 1/6è de l'inch (un inch = 2,54 cm). Un pica est égal à 12 points anglais, soit environ 11 points Didot. ◆ *Voir:* **point typographique.**

A unit of type equal to one sixth of an inch. A pica is equal to twelve English points and about eleven Didot points. ◆ *See:* **point.**

pictorial (adj.) ▶ **illustré (adj.):** orné de dessins. «Une présentation illustrée consiste à traduire des données ou des informations en forme d'images, afin d'en faciliter la compréhension.»

Having pictures. «A pictorial presentation is the expression of data or information in picture form to ease, or further, comprehension». G.M.T., 144.

piggy-back or piggyback ▶ «**piggy-back**»: tout encart (offre ou bon de réduction) inséré avec une autre offre.

An offer or coupon inserted with another offer.

pilot-market
▶ marché-test.

See: test market.

pioneers
▶ pionnniers.

See: early adopters.

«P.I.S.A.» (F.)
▶ P.I.S.A. (Point d'Information Service Animé).

See: public information panels.

pitch
▶ 1) **argumentation du vendeur**: propos tenus par le vendeur au client potentiel pour obtenir une commande.
▶ 2) **spéculative (n.)**: présentation à un client potentiel faite par une agence de publicité, en concurrence avec d'autres, pour obtenir son budget. Dans une spéculative, l'agence est amenée à effectuer un travail créatif, à élaborer un plan médias et une stratégie marketing pour remporter le budget.

1) A salesman's presentation to a prospect to obtain an order.
◆ *Syn.*: **sales pitch.**
2) An advertising agency presentation to a prospective client to obtain an account, usually in competition with one or more other agencies. It is usual for an agency to present creative work, media planning and marketing strategy to win the account.

placard
▶ **petite affiche (75 cm x 50 cm), placard**: avis écrit ou imprimé affiché publiquement, ou affiche de petit format (par exemple 75 cm x 50 cm).

A printed or written notice put up in a public place, or a small poster (e.g. a double-crown bill).

plan (to)
▶ **planifier, programmer**: préparer des plans détaillés pour une action future, en fixant les principaux objectifs et la façon de les réaliser. «Une campagne est une action publicitaire qui est programmée pour une période de temps donnée.»

To prepare detailed plans for a future action, by deciding on the main objectives and the way to achieve them. «A campaign is an advertising effort that is planned for, and conducted over a specific period of time». E.O.A., 416.

planned obsolescence ▶ obsolescence calculée.

See: obsolescence.

planography ▶ **planographie:** tout procédé d'impression dans lequel surface imprimante et surface non-imprimante sont au même niveau (comme l'impression en offset). ◆ *Voir:* **impression en relief, impression en creux, offset.**

Any printing process in which the printing surface is level with the non-printing surface (e.g. offset lithography). ◆ *See:* **relief printing, intaglio, offset lithography.**

plans board ▶ **planning stratégique:** «réunion de chefs de service, dans une agence de publicité, chargés de discuter des nouveaux budgets et de tenir des réunions de planification, afin de répartir le travail au sein de l'équipe.»

«A committee of departmental heads in a advertising agency who discuss new assignments and hold periodic planning meetings to achieve teamwork». *D.M.C.*, 78.

plant (U.S.) ▶ réseau d'affichage.

See: **network (outdoor advertising).**

plant (operator) (U.S.) ▶ société d'affichage, de publicité extérieure, afficheur.

See: **outdoor advertising contractor.**

plate ▶ 1) cliché. ◆ *Voir:* «block».

▶ 2) **plaque:** en offset, fine feuille de métal traitée de façon à ce que seules les zones imprimantes retiennent l'encre grasse et soient reproduites sur une autre surface, comme le papier. ◆ *Voir:* **lithographie.**

1) *See:* **block.**
2) In offset printing, a thin metal sheet, the surface of which has been treated so that only the printing areas can accept a greasy ink and be reproduced onto another surface, such as paper. ◆ *See:* **lithography.**

platemaking

▶ photogravure.

See: block-making.

platform site

▶ **emplacement quai:** emplacement d'affichage sur les quais des gares de métro ou de chemins de fer.

A poster site available on the platforms of Underground or railway stations.

playback

▶ **lecture d'un enregistrement:** passage d'une bande son ou d'une bande image après son enregistrement, afin de vérifier la qualité de ce dernier.

The playing of an audio or video recording after it is made in order to check its quality. ◆ *Syn.:* **replay.**

plug

▶ 1) **annonce publicitaire gratuite.**
2) **bouche-trou.**

1) *See:* **free advertisement.**
2) *See:* **filler.**

point

▶ **point typographique:** unité de mesure de la hauteur des caractères d'imprimerie. Dans les pays de langue anglaise, le point correspond au $1/72^e$ de l'inch (un inch = 2,54 cm); en France, le point Didot correspond à 0,324 mm. ◆ *Voir:* **pica.**

A unit of measurement for the height of printing type. In English speaking countries, the point is equal to 1/72nd inch; in France, the Didot point is 0.324 mm. ◆ *See:* **pica.**

point-of-purchase (P.O.P.)

▶ **point de vente.**

See: **point-of-sale.**

point-of-purchase advertising

▶ **publicité sur le lieu de vente (P.L.V.).**

See: **point-of-sale advertising.**

point-of-sale ▶ **point de vente :** lieu où le consommateur peut acheter un article.

A place where consumers can buy an item. ◆ *Abbr. :* **P.O.S.**
◆ *Syn. :* **point-of-purchase.**

point-of-sale advertising ▶ **publicité sur le lieu de vente :** «Terme général désignant les procédés utilisés dans les magasins de vente au détail pour rendre plus facile l'identification d'un produit et en stimuler la vente», comme les pancartes, les affiches, le matériel de présentation, etc. ◆ *Abr. :* **P.L.V.**

«A general term for devices used in retail stores to help identify and sell a product», such as signs, posters, display material, etc. *Dictionary of Business and Economics,* C. and D.S. Ammer, 319.

point-of-sale material,
P.O.S. material ▶ **matériel de publicité sur le lieu de vente, matériel de P.L.V.**

See: **point-of-sale advertising.**

point-of-sale specialist ▶ **spécialiste en P.L.V. (publicité sur le lieu de vente) :** entreprise qui conçoit, fabrique, imprime, etc., tout matériel de présentation, plus spécialement pour les points de vente.

A firm which designs, constructs, prints, etc., all kinds of display aids, mainly for point-of-sale.

point size · ▶ **force de corps :** mesure de la dimension d'un caractère d'imprimerie en points.

Type size measurement in points.

poly bag ▶ **enveloppe en polyéthylène :** feuille de polyéthylène transparent utilisée à la place des enveloppes pour l'envoi de documents.

A transparent polyethylene bag used in place of envelopes for mailing.

polybus (U.K.)

▶ «polybus» (U.K.): système de publicité sur les bus, qui permet aux annonceurs britanniques de couvrir un bus à impériale d'un message publicitaire continu imprimé sur vinyle, en utilisant l'espace normalement situé à l'avant, à l'arrière et sur les côtés, entre les fenêtres de l'impériale et celles du dessous.

A system of bus advertising which allows an advertiser to cover a double-decker bus, using the space normally occupied by busfronts, sides and rears between the lower and upper deck windows, with a continuous message on vinyl.

pop-up

▶ «pop-up»: imprimé plié de façon à faire surgir de l'intérieur un élément graphique spécifique, lorsqu'on l'ouvre.

A special die-cut folder so made that when opened a specific graphic element rises from the centre fold.

portrait

▶ format à la française: image, page, etc., dont la hauteur dépasse la largeur. ◆ *Voir*: **format à l'italienne.**

A picture, page, etc., with the vertical dimensions greater than the horizontal. ◆ *Syn.*: mini-page. ◆ *See*: **landscape.**

positioning

▶ position, emplacement d'une annonce: place d'une annonce dans une publication ou d'un spot dans un programme.

The placement of an advertisement in a publication, or of a commercial in a programme. ◆ *Syn.*: **advertisement position.**

postage-paid reply envelope

▶ enveloppe «T»: enveloppe à l'adresse de l'annonceur, insérée dans un mailing et pré-affranchie pour lui être retournée.
• carte «T»: variante sous forme de carte.

An addressed reply envelope enclosed in a direct mail shot and prepaid for return to the advertiser. ◆ *Syn.*: **reply-paid envelope.**
• **postage-paid tear-out enquiry card**: variant in card form.

postal publicity

▶ publicité directe par correspondance.

See: **direct mail advertising.**

poster

▶ **affiche**: message publicitaire imprimé sur papier et exposé dans un lieu public, sur un support prévu à cet effet. Au Royaume-Uni, le format des affiches se calcule à partir d'une unité de base, la double couronne, soit un lé d'environ 75 cm x 50 cm. Ex.: le *four-sheet poster* est une affiche composée de 4 lés, et dont le format est égal à environ 1 m x 1,50 m. En France, les formats les plus courants sont 1,20 m x 1,60 m; 2,40 m x 3,20 m et 4 m x 3 m.

A paper-printed advertising message posted on a structure built for that purpose in a public place. In the U.K., poster size is based on a unit, the double crown or sheet, measuring 508 mm wide by 762 mm deep (20 in. by 30 in.). Ex.: the *four-sheet* is a 1.016 m x 1.524 m poster. In France, the most popular sizes are 1.20 m x 1.60 m, 2.40 m x 3.20 m and 4 m x 3 m. ◆ *Syn.*: **bill.**

poster advertising

▶ **affichage (publicité par).**

See: **outdoor (and transportation) advertising.**

poster board

▶ **panneau d'affichage.**

See: **poster site.**

poster contractor

▶ **société d'affichage, afficheur.**

See: **outdoor advertising contractor.**

poster panel

▶ **panneau d'affichage.**

See: **poster site.**

poster paper

▶ **papier affiches**: papier ayant une bonne résistance à l'eau, utilisé pour l'impression des affiches.

Water-resistant paper used for printing posters. ◆ *Syn.*: **blank paper.**

poster site

▶ **panneau d'affichage**: support plat et vertical destiné à l'affichage.

A flat, upright structure for the display of outdoor advertising. ◆ *Syn.*: **poster site, poster board.**

poster size

▶ **format des affiches:** dimension des affiches qui est normalisée comme suit:
En France: • pour l'affichage urbain: 1,20 m x 1,60 m; 2,40 m x 3,20 m; 4 m x 3 m. • pour l'affichage routier: 2,40 m x 3,20 m; 4 m x 3 m. • pour le mobilier urbain classique: à peu près 1,20 m x 1,60 m.

Au Royaume-Uni: à l'exception des panneaux isolés de très grande dimension *(bulletin boards)*, le format de toutes les affiches se calcule à partir d'une dimension standard: un lé d'environ 50 cm x 75 cm.

Format en lés	Format en centimètres
4	102 x 152
16	203 x 305
32	406 x 305
48	610 x 305
Panneaux grand format	1 200 x 300 (format moyen)

Aux U.S.A., les formats les plus courants sont: • **l'affiche d'environ 6 m x 2,60 m** qui était constituée auparavant de 24 lés de 70 x 100 cm, mais n'en requiert plus que 10, vu l'agrandissement des presses. • **l'affiche d'environ 6,50 m x 3,00 m** qui, pour la même raison, est constituée de 14 lés. • **l'affiche de 3,60 m x 1,20 m** constituée de 3 lés, que l'on trouve sur les quais de métro, dans les abribus et dans les secteurs commerciaux.

Poster dimensions which are standardised as follows:
In France: • urban sites are: 120 cm x 160 cm; 240 cm x 320 cm; 400 cm x 300 cm. • alongside highways: 240 cm x 320 cm; 400 cm x 300 cm. • standard urban furniture: about 120 cm x 160 cm.

In the United Kingdom, with the exception of bulletin boards, all sizes are derived from a standard size (1/1 sheet) which measures 50.8 cm x 76.2 cm.

Size in sheets	Size in centimeters
4	102 x 152
16	203 x 305
32	406 x 305
48	610 x 305
Bulletin boards	1,200 x 300 (average size)

In the U.S., the most popular sizes are: • **the 24-sheet poster:** which today, with larger printing presses, requires only 10-sheets (and measures 19 ft 6 in wide by 8 ft 8 in high). • **the 30-sheet poster:** which, for the same reason, consists of 14 sheets (and measures 21 ft 7 in wide by 9 ft 7 in high). • **the three-sheet poster:** a poster 12 ft wide by 6 ft high, displayed on panels on subway platforms, in bus shelters, or in shopping areas.

post-test(ing)

▶ **post-test:** enquête visant à mesurer l'efficacité d'un message, une fois la campagne terminée.

Research to measure the effectiveness of an advertisement after a campaign has run.

potential customer

▶ **client potentiel.**

See: **prospect.**

pre-coded question

▶ **question fermée:** question à laquelle l'interviewé répond en choisissant une réponse parmi celles qui lui sont proposées. ◆ *Voir:* **question ouverte.**

A question to which the informant will reply by choosing one of the alternative answers from a list offered to him. ◆ *See:* **open-end(ed) question.**

pre-empt spot (U.K.)

▶ **spot sujet à préemption:** message publicitaire télévisé acheté à l'avance à prix réduit dans une tranche horaire donnée, mais qui ne sera pas diffusé si un autre annonceur offre de payer le plein tarif pour le même horaire.

In television, a commercial bought in advance at a discount in a particular time segment but which will be dropped by the station if some other advertiser offers to pay the full rate for that time.

preferred position

▶ **emplacement préférentiel.**

See: **special position.**

premium

▶ 1) **prime**: objet ou service offert gratuitement à l'occasion d'un achat. La remise de la prime peut être immédiate ou différée.
◆ *Voir*: **prime «on pack», prime différée.**
▶ 2) **majoration de prix**: supplément à payer pour obtenir un avantage commercial quelconque. Ex.: pour un emplacement préférentiel.

1) Any item or service that is offered free of charge to the buyer of a product. There are several kinds of premiums: mail-ins and on-packs.
◆ *Syn.*: **free gift.** ◆ *See*: **on-pack, mail-in.**
2) An additional price charged in return for some commercial benefit. Ex.: for a preferred position. ◆ *Syn.*: **premium price.**

---

premium coupon

▶ bon de réduction.

See: coupon.

---

premium offer

▶ offre autopayante.

See: **self-liquidating premium.**

---

premium pack

▶ emballage prime.

See: **container premium.**

---

premium price

▶ majoration de prix.

See: premium (2).

---

premium rate (T.V., radio)

▶ **tarif de forte écoute**: tarif majoré pour l'obtention d'un emplacement privilégié à la télévision ou à la radio.

An extra rate charged for a preferred position on television or radio.

---

premium voucher

▶ bon de réduction.

See: coupon.

prepack display ▶ «prépack», présentation en unités de livraison: présentoir contenant des marchandises préalablement conditionnées en usine et déjà en place pour la vente en magasin.

A display case containing merchandise already wrapped in the factory and ready to be sold in the store.

pre-production (cin., T.V., radio) ▶ pré-production (cin., T.V., radio): phase préliminaire regroupant toutes les activités préalables à la production du film ou de l'émission.

A preliminary phase involving all the preparatory activities for the production of a film or broadcast.

pre-production meeting ▶ réunion de pré-production: réunion des principales personnes intervenant dans la préparation de la production. ◆ *Voir*: **pré-production.**

A meeting of all the key people involved in preparing for a production. ◆ *Abbr.*: **pre-prod.** ◆ *See*: **pre-production.**

pre-selected campaign (U.K.) ▶ vente en réseaux (affichage): groupe d'emplacements d'affichage pré-sélectionnés, soit sur une base géographique, soit en fonction des besoins du marché, et vendus ensemble. ◆ *Voir*: **réseau d'affichage.**

A package sold either on a geographical or market-tailored basis. ◆ *Abbr.*: **P.S.C.** ◆ *See*: **network.**

presentation ▶ présentation: communication directe et verbale d'informations à une personne ou à un groupe, avec supports visuels à l'appui, afin de le ou les persuader de s'engager dans un type d'action (par exemple, présentation d'une campagne de publicité).

A face-to-face communication of oral information and visual material to persuade the audience to commit themselves to a course of action (e.g. the presentation of an advertising campaign).

338

press

▶ **presse** : ensemble des journaux et revues, ou des journalistes (y compris, souvent, les services d'information à la radio et à la télévision). Les principales catégories de supports presse sont :
• les journaux : quotidiens, hebdomadaires, journaux du Dimanche, suppléments du Dimanche ;
• les magazines :
— magazines de grande diffusion ou presse magazine : revues essentiellement d'intérêt général ou à caractère spécialisé ;
— presse professionnelle : revues techniques, industrielles, commerciales, institutionnelles ou agricoles.

All newspapers and magazines, or journalists (often including the news-gathering services of radio and T.V.). The general categories of press media are :
• newspapers : daily, weekly, Sunday, Sunday supplements,
• magazines :
— consumer magazines : mainly general interest and special interest,
— business magazines : technical, industrial, trade, professional, institutional or farming.

press advertisement

▶ **annonce-presse** : annonce publiée dans un journal ou un magazine.

An advertisement in a newspaper or a magazine.

press advertising

▶ **publicité-presse** : publicité dans les journaux et magazines.

Advertising in newspapers and magazines. ◆ *Syn.* : **publication advertising.**

press clipping (U.S.)

▶ coupure de presse.

See : **press cutting.**

press cutting

▶ **coupure de presse** : article, annonce publicitaire, photographie, etc., découpé dans une publication.

Article, advertisement, photograph, etc., cut out from a publication. ◆ *Syn.* : **(press) clipping (U.S.)**

339

press proof

▶ **bon à tirer:** dernière épreuve tirée pour vérification, et devant faire l'objet d'une approbation avant d'être imprimée. Elle est signée par le client ou en son nom et dégage l'imprimeur de toute responsabilité. ◆ *Abr.*: **B.A.T.** ◆ *Voir*: **bon à tirer après corrections.**

The last proof to be checked before approval for printing. It is signed by the customer, or on his behalf, and releases the printer from responsibility. ◆ *Syn.*: **machine proof, ready for press, O.K.** ◆ *See*: **ready for press with corrections.**

press relations

▶ **relations presse:** partie des activités de relations publiques visant à créer et maintenir de bonnes relations avec l'ensemble des moyens de communications de masse – presse, radio, T.V., cinéma –. Les relations avec la presse ne peuvent réussir que si les informations fournies ont un intérêt pour le public.

That part of public relations activity aimed at establishing and maintaining good relations with all communications media – press, radio, T.V., cinema. Press relations can only succeed if the information supplied is of interest to the audience.

press relations manager ▶ **attaché de presse:** cadre chargé des relations avec la presse, généralement sous la responsabilité du directeur des relations publiques. ◆ *Voir*: **relations presse, responsable des relations publiques.**

An executive in charge of press relations, usually under the responsibility of the public relations officer or manager. ◆ *See*: **press relations, public relations officer.**

press release

▶ **communiqué de presse.**

See: **news release.**

Prestel

▶ **Prestel:** système de vidéographie interactive mis en place par *British Telecom* au Royaume-Uni. ◆ *Voir*: **vidéotex.**

The U.K. viewdata system implemented by *British Telecom*. ◆ *See*: **videotex.**

pre-test(ing)

▶ **pré-test:** test portant sur un message avant qu'il ne soit diffusé, afin d'évaluer son efficacité.

A test of an advertisement or a commercial before it goes into a publication or on the air, to measure its effectiveness.

pre-test (to)

▶ **pré-tester:** tester un message avant de l'utiliser dans une campagne.

To test an advertisement or a commercial before it is used as part of a campaign.

preview

▶ **visionnage préalable, avant-première:** présentation d'un film, d'un message publicitaire, etc., à un public sélectionné, avant sa sortie générale.

The exposure of a film, a commercial, etc., to a private audience before it is shown to the public.

P.R. film

▶ **documentaire, film d'information publicitaire, film d'entreprise.**

See: **documentary.**

price cut, price off

▶ **baisse de prix.**

See: **(to) cut prices.**

price-off label

▶ **étiquette d'offre spéciale:** étiquette portant une réduction de prix, l'article faisant l'objet d'une offre spéciale.

A label showing a price reduction due to a money-off offer.
◆ *Syn.:* **money-off label.**

price-(off) pack

▶ **emballage portant une réduction de prix.**

See: **flash pack.**

price tag

▶ **étiquette porte-prix:** étiquette portant le prix d'un article.

A tag bearing the price of an item.

primary audience (U.S.) ▶ lectorat primaire.

See: **primary readership.**

primary colours ▶ **couleurs primaires**: couleurs de base, c'est-à-dire :
• en ce qui concerne la lumière : le rouge, le vert et le bleu ;
• en ce qui concerne les encres d'imprimerie : le jaune, le magenta et le cyan.

Basic colours, e.g. :
• in light: red, green and blue;
• in printing inks: yellow, magenta cyan.

primary medium ▶ **média principal, média de base**: média choisi pour faire connaître le produit ou la marque au plus grand nombre. Le média principal est celui qui aura l'impact initial et donc le plus fort. ◆ *Voir*: **média secondaire.**

The medium selected to advertise a product or brand to the greatest number of people. The primary medium is the medium which will gain the initial and most powerful impact. ◆ *See*: **support medium.**

primary readership ▶ **lectorat primaire**: nombre de personnes qui achètent effectivement une publication. ◆ *Voir*: **lectorat secondaire.**

The number of initial purchasers of a publication. ◆ *Syn.*: **primary audience (U.S.)** ◆ *See*: **secondary readership.**

prime time ▶ **heure de grande écoute**: moment où l'audience est la plus grande ; par exemple en milieu de soirée pour la télévision. ◆ *N.B.* : en anglais, on utilise les expressions *drive time* et *traffic time* pour désigner les heures de grande écoute sur autoradio aux heures de bureaux.

Time when there is the largest audience, e.g. mid-evening for T.V. ◆ *N.B.*: *drive time* and *traffic time* represent the time when people are listening to car radios on their way to or from work. ◆ *Syn*: **peak time, peak listening time (radio), peak viewing time (T.V.).**

print

▶ 1) **caractères**: forme imprimée des lettres; on distingue, par exemple, les petits et les gros caractères.
▶ 2) **imprimé**: document ou texte imprimé.
▶ 3) **épreuve (phot.)**: image positive tirée à partir d'un négatif.
▶ 4) **copie (film)**: duplicata d'un film auquel on a incorporé les trucages optiques ou autres, ainsi que la bande son.

1) Letters in printed form; for instance, small and large print.
2) Printed material or copy. ◆ *Syn.*: **printed matter.**
3) A positive image produced from a negative. ◆ *Syn.*: **photoprint.**
4) A duplicate of a film containing optical or other effects as well as the soundtrack.

print (to)

▶ **imprimer**: reproduire des caractères ou des dessins sur une surface comme le papier, le tissu, etc. à l'aide de formes enduites d'encre.

To reproduce letters or pictures on a surface such as paper fabric, etc., by means of forms covered with ink.

print control strip

▶ **bande de contrôle de densité**: bande de film sur laquelle figurent des aplats et des tramés, imprimée à côté de l'illustration pour contrôler la densité des couleurs, l'accroissement des points, etc.

A film strip with solid and screened parts printed next to the illustration to check the density of colour, the enlargement of dots, etc.

printed material

▶ **édition publicitaire**: ensemble des brochures, dépliants, imprimés, etc., utilisés à des fins publicitaires – à la différence des supports de presse et autres médias.

All booklets, brochures, leaflets and other printed matter, as opposed to paid-for press and media advertising.

printed matter

▶ **imprimé.**

See: **print (2).**

printer

▶ **imprimeur**: 1) personne qui possède une imprimerie.
2) ouvrier employé dans une imprimerie.

1) The owner of a printing business.
2) A person employed in a printing business.

printer's error

▶ **erreur de l'imprimeur :** erreur dans une épreuve due à la faute de l'imprimeur et dont la correction ne peut donc être facturée au client. ◆ *Voir :* **correction d'auteur.**

An error on a proof resulting from a mistake on the printer's part and therefore, not charged to the client. ◆ *Abbr. :* **P.E.** ◆ *See :* **author's alteration.**

printing

▶ 1) **impression :** action d'imprimer. ◆ *Voir :* **imprimer.**

▶ 2) **imprimerie :** art d'imprimer. ◆ *Voir :* **imprimer.**
▶ 3) **tirage.** ◆ *Voir :* « **print run** ».

1) The act or action of printing. ◆ *See :* **(to) print.**
2) The art of printing. ◆ *See :* **(to) print.**
3) *See :* **print-run.**

printing space

▶ **surface d'impression.**

See : **type area.**

print media

▶ **supports imprimés :** terme désignant l'ensemble des publications et des documents imprimés par opposition à la radio, à la télévision ou au cinéma.

A blanket term covering all publications and printed documents, as opposed to radio, television or cinema.

print run

▶ **tirage :** nombre d'exemplaires d'un ouvrage imprimés en une seule fois. « D'où les expressions : petit tirage, pour un nombre peu élevé d'exemplaires ; gros tirage, pour un grand nombre d'exemplaires. »

The total number of copies of a printed work produced at one time. « Hence short run, few copies ; long run, a large number of copies ». A.J.D., 18. ◆ *Syn. :* **run, edition, printing.**

prize

▶ **prix, lot :** récompense remise au gagnant d'un concours, d'un sweepstake, etc.

A reward given to a winner in a contest, sweepstake, etc.

probability sample ▶ échantillon aléatoire.

See: **random sample.**

process camera (cin.) ▶ banc de reproduction (cin.): «En cinématographie, appareil utilisé pour les effets spéciaux...»

«In cinematography, a camera designed for special effects photography ...». *D.O.I.T., 270.*

process engraver ▶ photograveur, clicheur.

See: **block-maker.**

process engraving ▶ photogravure.

See: **block-making.**

process plate ▶ cliché d'impression couleurs: en quadrichromie, cliché typographique servant à imprimer l'une des quatre couleurs – jaune, magenta, cyan et noir – nécessaires à la reproduction de l'original couleurs.

In four-colour printing, a photoengraved plate for printing one of the four colours – yellow, red (magenta), blue (cyan) and black – to reproduce the original full colour illustration.

process printing ▶ impression couleurs, impression en polychromie: «Utilisation de deux ou plusieurs similis afin d'obtenir des illustrations imprimées dans un éventail de couleurs ou de tons.» ◆ *Voir*: **simili.**

«The use of two or more half-tone printing plates in order to obtain a range of colours or tones in printed illustrations». *D.A.T., 140.* ◆ *See*: **half-tone.**

producer ▶ 1) producteur (cin.): personne qui assure le financement et la production d'un film. ◆ *Voir*: **production.**

► 2) producteur de l'agence, T.V. producer, producer T.V.
◆ Voir: «agency producer».

1) The person who has control of the financing and production of a film. ◆ See: production.
2) See: agency producer.

product acceptance

► acceptation du produit par le marché.

See: market acceptance.

product benefit

► bénéfice consommateur: avantage qu'a le consommateur à acheter et utiliser un produit. «La décision d'achat dépend plus fondamentalement des bénéfices consommateur du produit que du produit lui-même, de ses caractéristiques ou de ses performances.»

A benefit to the consumer resulting in the purchase and use of the product. «Fundamentally, the purchasing decision is based upon the perceived product benefits rather than the product itself or its specification or performance». G.M.T., 152.
◆ Syn.: consumer benefit.

product development

► évolution d'un produit: changement d'un produit par l'attribution de nouvelles caractéristiques ou de nouveaux bénéfices consommateur. Ex.: modification de la présentation ou de l'emballage d'un produit existant ou du produit lui-même.
◆ Voir: bénéfice consommateur.

A change in a product owing to new characteristics or consumer benefits. Ex.: the modification of the presentation or packaging of an existing product or of the product itself. ◆ See: product benefit.

product differentiation

► différenciation des produits: politique visant à diversifier les caractéristiques d'un produit et à faire ressortir celles qui le distinguent des produits similaires.

A policy designed to diversify the features of a product and emphasise those which distinguish it from other similar products.

product image　▶ image du produit.

See: **image.**

production　▶ 1) **fabrication:** terme désignant, en publicité, les opérations matérielles nécessaires à la reproduction des annonces ou autres documents (c'est-à-dire la photogravure, la composition, etc.)

▶ 2) **production (cin., T.V.):** réalisation d'un film, cinématographique ou publicitaire, ou d'une émission de télévision à partir d'un script. La production comprend l'évaluation des coûts, le casting, les repérages, le planning, etc.

1) A term used in advertising to refer to the mechanical process required for the reproduction of advertisements, etc. (e.g. blockmaking, typesetting, etc.)

2) The process of converting a script into a film, commercial or television programme. Production includes preparing cost estimates, arranging for equipment and cast, scheduling screenings, etc.

production company　▶ société de production (cin.).

See: **production (2).**

production department　▶ 1) service fabrication.
▶ 2) service production.

See: **production.**

production manager　▶ chef de fabrication: dans une agence de publicité, personne responsable des opérations matérielles nécessaires à la reproduction des annonces et des imprimés, c'est-à-dire de faire réaliser les clichés, la composition et l'impression.

In an advertising agency, the person responsible for the mechanical processes required to achieve the reproduction of advertisements and printed matter, e.g. for buying blocks, typesetting and print.

product life cycle　▶ cycle de vie d'un produit: historique des ventes d'un produit, représenté graphiquement. On distingue quatre stades: l'introduction, la croissance, la maturité et le déclin.

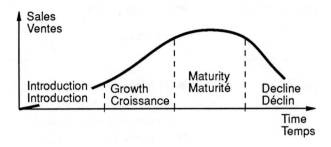

The sales history of a product represented by a curve on a graph. There are four stages: introduction, growth, maturity, decline.

product line ▶ **ligne de produits:** «Produits complémentaires commercialisés ensemble et vendus par l'intermédiaire des mêmes réseaux à une clientèle identique, comme les outils de jardinage, les engrais et les insecticides.»

«Related products marketed together, sold through the same outlets to similar customers, e.g. hand tools, garden fertilisers and insecticides». *D.M.C.*, 83.

product manager ▶ **chef de produit:** personne responsable de l'ensemble du marketing et, plus spécialement, de la promotion d'une marque déterminée ou d'un groupe de produits.

A person responsible for the overall marketing, and in particular the promotion of a particular brand or a group of products.
◆ *Syn.* : **brand manager.**

product mix ▶ **stratégie de produits:** gamme de produits fabriqués par un industriel ou stockés par un détaillant, combinée de façon à dégager le maximum de rentabilité. «La stratégie de produits peut être telle que la demande saisonnière pour un produit est contrebalancée par celle pour un autre produit, permettant de maintenir la continuité de la production et de la distribution.»

A range of products made by a manufacturer or stocked by a retailer, combined so as to provide the maximum return. «A product mix can be such that seasonal demands for one are offset by those for another, thereby maintaining continuity of production and distribution resources».*G.M.T.*, 153.

product position(ing) ▶ **positionnement du produit:** place occupée par un produit dans l'esprit du consommateur par rapport aux marques concurrentes.

The place a product occupies in the consumer's mind in comparison to rival brands.

product protection ▶ **garantie de non-proximité de messages concurrents:** garantie accordée par un support assurant que le message publicitaire ne sera pas placé à côté d'autres annonces pour des produits concurrents.
• **non-diffusion de messages concurrents** l'un après l'autre (radio, T.V.): espace de temps que les supports radiotélévisés maintiennent, soit par usage, soit par contrat, entre deux messages passés pour des produits ou des services concurrents.
◆ *Voir*: **espacement des messages concurrents.**

The protection of an advertisement, granted by any communication medium, from proximity to competitive advertisements.
◆ *Syn.*: **protection.** • **Commercial protection:** the time interval that a broadcaster customarily or contractually observes between one commercial and another for competitive products or services. ◆ *See*: **competitive separation.**

product publicity ▶ **relations presse/produit:** «Toute nouvelle ou information concernant un produit, imprimée ou diffusée gratuitement.» L'obtention d'articles de presse sur un produit est une des activités des relations publiques.

«Any news or information about a product that is printed or broadcast free of charge». *Dictionary of Business and Economics.* C. and D.S. Ammer, 341. Obtaining press write-ups about a product is a P.R. activity.

product range ▶ **gamme de produits:** variété ou assortiment de produits ou services fabriqués et/ou commercialisés par une entreprise quelconque. ◆ *Voir*: **ligne de produits.**

The entire variety or combination of products or services made and/or marketed by any one firm. ◆ *See*: **product line.**

professional press ▶ **presse professionnelle** (professions libérales).

See: **trade and technical press.**

program(me) · ▶ émission, programme.

See: **broadcast.**

programme company (U.K.) ▶ société de production (I.T.V.): au Royaume-Uni, sociétés qui produisent les programmes pour I.T.V. (Independent Television) et vendent chacune l'espace publicitaire dans leurs régions. Il y a 15 sociétés de production desservant 14 régions. Ayant toutes signé un contrat avec I.B.A. (*Independent Broadcasting Authority*), elles sont habituellement désignées sous le vocable de *contractor* ou station en réseau. ◆ Voir: **station en réseau.**

Organisations in the United Kingdom which provide I.T.V. programmes and sell airtime in their regions: 15 such companies service 14 areas. Because they have entered into contracts with the I.B.A. (*Independent Broadcasting Authority*) they are usually called *contractors.*

program(me) rating ▶ indice d'écoute.

See: **rating.**

progressive proofs or progressives ▶ gamme d'épreuves, d'essais: série d'épreuves, avec chaque couleur imprimée séparément, permettant de vérifier jusqu'au bout la succession des différentes couleurs et servant de guide aux imprimeurs. ·

A set of proofs pulled from each separate colour plate, showing the sequence up to full colour and used as a guide to final printing.

projective test ▶ test projectif: en recherche de motivations, test psychologique visant à déterminer les attitudes profondes, les centres d'intérêt, etc., de la personne interviewée.

In motivational research, a psychological test intended to determine the respondent's underlying attitudes, topics of concern, etc.

promote (to) ▶ promouvoir: accroître la demande pour un produit au moyen de procédés tels que les offres spéciales, les concours, les démonstrations, les échantillons gratuits, etc.

350

To increase the demand for a product by devices such as offers, contests, demonstrations, free samples, etc.

promotional mix ▶ **mix promotionnel, moyens d'actions promotionnels**: ensemble d'actions promotionnelles retenues par une société dans le but d'accroître ses ventes.

A range of promotional activities which a company selects for the purpose of increasing its sales.

promotion strategy ▶ **stratégie promotionnelle**: «Énonciation de la façon dont un responsable marketing prévoit de réaliser des objectifs définis et mesurables.»

«A statement of how a marketer plans to meet defined, measurable objectives or goals». *P.M.A.A. Glossary, 11.*

proof ▶ **épreuve**: première feuille d'impression permettant à l'annonceur de vérifier l'imprimé et d'y apporter les corrections nécessaires.

A first impression enabling the advertiser to check the printed matter and make the necessary corrections. ◆ *Syn.*: **pull.**

proof of purchase ▶ **preuve d'achat**: reçu, étiquette, emballage, etc., démontrant qu'un client a réellement acheté un produit déterminé.

A receipt, label, package, etc., providing evidence that a customer has actually bought a specific product.

proofreader ▶ **correcteur**: personne chargée de la relecture des textes pour vérifier qu'il n'y ait pas d'erreurs typographiques ou de fautes d'orthographe.

A person who checks the printed text for typographical errors and spelling mistakes.

proofreaders' marks, proof reading marks ▶ **signes de correction**: symboles indiquant les corrections à faire sur une épreuve de texte.

Marks on a type proof indicating corrections to be made.

prop

▶ **accessoire:** tout objet, dans un dessin, une photographie, un film ou une émission télévisée, contribuant à rendre la scène ou l'action plus réelle.

Any object appearing in a drawing, in a photograph, or on the set of a film or television studio to lend realism.

propaganda

▶ **propagande:** action organisée en vue de répandre une opinion, une croyance, une doctrine ou une cause. La propagande suppose un parti pris en faveur d'une idée particulière. Par exemple, il y a eu beaucoup de propagande sur les dangers de la cigarette.

The action taken to spread an opinion, a belief, a doctrine or a cause. Propaganda implies bias in favour of a particular idea. For instance, there has been a great deal of propaganda about the dangers of smoking.

property man

▶ **accessoiriste:** personne chargée des accessoires pour un film, qui les place et les prépare pour chaque scène.

A person in charge of the props for a film who prepares and has them ready for each scene.

prospect

▶ **prospect, client potentiel:** client éventuel.

A possible customer or client. ◆ *Syn.*: **potential customer, prospective customer.**

prospective customer

▶ **client potentiel.**

See: **prospect.**

protection

▶ **garantie de non-proximité de messages concurrents.**

See: **product protection.**

proved recall score

▶ **score prouvé:** pourcentage de l'échantillon interrogé capable de restituer un ou plusieurs éléments significatifs du message.
◆ *Voir:* **étude de mémorisation.**

The percentage of respondents able to describe one or more significant elements of an advertisement. ◆ *See:* **recall survey.**

provincial press (U.K.) ▶ **presse locale:** journaux distribués dans une zone restreinte, comme une ville ou un département; s'il s'agit d'une zone plus étendue, l'anglais parle de *local press* ou de *regional press.* ◆ *Voir:* **supports ou médias locaux, presse régionale.**

Newspapers circulating in a restricted area, e.g. a city or a county. Otherwise referred to as *local press* or *regional press.*
◆ *See:* **local media, regional press.**

psychographics ▶ **psychographies:** technique visant à segmenter les marchés en fonction de critères psychologiques comme la personnalité, l'attitude, le style de vie, etc., plutôt que démographiques. «Les psychographies peuvent servir à expliquer et à prévoir le comportement du consommateur, quand les analyses démographiques et socio-économiques n'y suffisent pas.» ◆ *Voir:* **segmentation démographique.**

A technique devoted to the segmentation of markets, according to psychological characteristics such as personality, attitude and lifestyle, rather than demographic criteria. «Psychographics may serve to explain and predict consumer behaviour when demographic and socioeconomic analyses are not sufficient».
E.O.A., 108. ◆ *See:* **demographics.**

public-address system ▶ **sonorisation:** système électrique permettant d'amplifier les messages lus par un animateur, de façon à ce qu'ils soient entendus par un grand nombre de personnes.

An electrically-controlled device used to amplify messages delivered by a speaker to make them clearly audible to large groups of people.
◆ *Abbr.:* **P.A. system.**

publication advertising ▶ **publicité-presse.**

See: **press advertising.**

publication date ▶ **date de parution:** date à laquelle une publication est mise à la disposition du public.

The date on which a publication becomes available to the general public.

public information panels ▶ **plans de situation, points d'information:** mobilier urbain d'information. En France, il est généralement connu sous le nom qui lui est attribué par la société qui les commercialise, comme les M.U.P.I. (Mobiliers Urbains Plans-Informations) – encore appelés sucettes – à cause de leur forme et le P.I.S.A. (Point Information Service Animé) vendus par Decaux.

Information communicated via urban furniture. In France, these sites are often known by the name given by the company selling them, e.g. **M.U.P.I.** *Mobiliers Urbains Plans-Information,* also known as *sucettes* (lollipops) because of their general shape, or **P.I.S.A.**, short for *Point d'Information Service Animé,* sold by Decaux. ◆ *See:* **directional maps.**

publicity ▶ **publicité (en général):** fait d'apporter des informations à la connaissance du public; il s'agit d'un terme général, alors que la *publicité commerciale* a pour objet de faire connaître des biens ou services dans le but de les vendre. ◆ *Voir:* **publicité commerciale.**

The process of bringing information to public notice. *Publicity* has a broader meaning than *advertising,* the object of which is to make something known with the aim of selling goods and services. ◆ *N.B.:* this term can be loosely used, i.e. when the preference is for *publicity manager* over *advertising manager.*
◆ *See:* **advertising.**

publicity executive ▶ **responsable de la publicité (annonceur):** personne chargée de s'occuper de la publicité dans une entreprise. ◆ *Voir:* **publicité commerciale.**

An individual responsible for handling advertising in a firm.
◆ *See:* **advertising.**

publicity manager ▶ **directeur de la communication (annonceur), chef du service publicité (annonceur).**

See: **advertising manager.**

publicity stunt

▶ **coup de publicité, de pub:** action publicitaire inhabituelle et généralement spectaculaire qui réussit à attirer l'attention du public.

An unusual and generally dramatic advertising action which is intended to attract public attention.

public relations

▶ **relations publiques:** activité dont l'objet est de construire et développer, au travers d'évènements par exemple, une image favorable d'une personne ou d'une entreprise. Cette image est souvent définie par la stratégie de communication, et les relations publiques sont l'un des moyens qui contribuent à la créer. ◆ *Abr.:* **R.P.**

The business of forming and promoting a favourable image of a person or an organisation, e.g. by staging events. The image is usually defined in the communication strategy, and public relations are one of the means to help develop it. ◆ Abbr.: **P.R.** ◆ *See:* **image, communication strategy.**

public relations consultant

▶ **conseil en relations publiques:** individu ou société ayant pour fonction de conseiller les entreprises dans le domaine des relations publiques. ◆ *Voir:* **relations publiques.**

An individual or a company whose occupation is to advise firms in the field of public relations. ◆ *See:* **public relations.**

public relations manager or officer

▶ **directeur, responsable des relations publiques:** «Cadre responsable de la mise en place et de l'exécution de la politique de relations publiques dans une entreprise.» ◆ *Voir:* **attaché de presse.**

An «executive responsible for planning and implementing the public relations policy in an organisation». G.M.T., 158. ◆ *See:* **press relations manager.**

publish (to)

▶ **publier, éditer:** préparer et faire imprimer des livres, des magazines, des journaux et autres périodiques pour les mettre en vente.

To prepare, and have printed, books, magazines, newspapers, and other periodicals for sale to the public.

publisher
▶ **éditeur :** personne ou entreprise chargée d'imprimer des livres, magazines, journaux, etc., et de les diffuser dans les librairies ou au public.

A person or firm responsible for printing books, magazines, newspapers, etc., and distributing these to booksellers or to the public.

publisher's statement
▶ **chiffre de diffusion communiqué par la publication :** chiffre de diffusion et autres informations communiqués par l'éditeur lui-même. ◆ *Voir :* **diffusion.**

A statement concerning circulation, and other information provided by the publishing company itself. ◆ *See :* **circulation.**

publishing
▶ publication, édition.

See : **(to) publish.**

puff (U.K.)
▶ 1) **boniment, réclame exagérée :** louange exagérée d'un produit dans une annonce, pour attirer les consommateurs.
▶ 2) **publicité gratuite :** référence faite, dans un support, à un produit ou une société dans le but de lui faire une publicité favorable.

1) The exaggerated praise of a product in an advertisement to attract consumers. Ex. : «*Bloggs Baked Beans Are Best* is a legitimate puff». A.M.S. 1982, 171. ◆ *Syn. :* **puffery.**
2) The reference, in a medium, to a product or a company with the intention of giving it publicity.

puffery
▶ publicité gratuite.

See : **puff (2).**

pull
▶ épreuve

See : **proof.**

pull strategy
▶ **stratégie pull :** stratégie de communication axée sur les consommateurs et visant à les attirer dans les points de vente. «... les stratégies pull cherchent à faire acheter le produit ...», *L.P.*, 62

et s'appuient surtout sur la publicité média. ◆ *Voir*: **stratégie push.**

A communication strategy directed at consumers and intended to attract them into retail outlets. « ... pull strategies aim to have the product purchased ...» and are carried mainly by above-the-line advertising. ◆ *See*: **push strategy.**

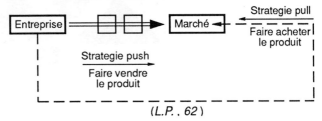

Réseau de distribution

(L.P. , 62)

---

pun

▶ jeu de mots.

See: **word-play.**

---

purge and merge

▶ déduplication (publicité directe).

See: **duplication elimination.**

---

push strategy

▶ **stratégie push**: stratégie de communication visant à stimuler les ventes par l'entremise des détaillants. «... les stratégies push cherchent à faire vendre le produit», *L.P. 62*, et s'appuient surtout la promotion «réseau», les techniques de merchandising, etc., qui poussent le produit vers le consommateur.
◆ *Voir*: **stratégie pull.**

A communication strategy intended to stimulate sales through retailers. «... push strategies aim to have the product sold» and mainly use dealer aids and incentives, merchandising techniques, etc., to «push» the product towards the consumer.
◆ *See*: **pull strategy.**

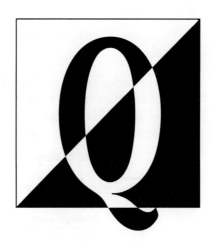

quad crown poster (U.K.) ▶ affiche de 75 x 100 cm : affiche de deux lés de 50 x 75 cm placés l'un à côté de l'autre. ◆ *Voir* : **affiche, double couronne.**

A poster the size of which is equal to two horizontal double crowns. ◆ *See* : **poster, double crown.**

quantity discount ▶ 1) **remise sur la quantité** : réduction accordée pour l'achat d'un produit en grande quantité.
▶ 2) **dégressif sur le volume** : réduction accordée pour l'achat d'un volume d'espace publicitaire important dans un support.

1) A discount given for the purchase of a large quantity of a product. ◆ *Syn.* : **volume discount.**
2) A discount given for the purchase of a large amount of advertising in a medium. ◆ *Syn.* : **volume discount.**

quarter-page advertisement ▶ annonce-presse sur un quart de page.

A press advertisement arranged on one fourth of a page.

quartertone ▶ **simili (à trame grossière)** : épreuve photographique grossièrement tramée. ◆ *Voir* : **simili.**

A coarse-screened photoprint. ◆ *See* : **half-tone.**

questionnaire

▶ **questionnaire:** document sur lequel figurent les questions à poser pour un interview, et conçu de façon à recueillir les réponses des interviewés.

A document setting out the questions for an interview and structured to collect answers from respondents.

quota sample

▶ **échantillon par quota:** échantillon visant à sélectionner certains nombres ou certains quotas de participants répondant à des critères précis, qui peuvent être de sexe, d'âge, de catégorie sociale, etc. «L'échantillon par quota est moins onéreux, mais moins fiable que l'échantillon aléatoire.»

A sample in which attempts are made to select certain numbers or quotas of respondents with specified characteristics, such as sex, age, social standing, etc. «The quota sample (is) less expensive but less reliable than random or probability sampling». *D.M.C.,* 88.

rack

▶ **étagère à crémaillère, gondole à crémaillère :** cadre muni de barres, crochets ou étagères, destiné au stockage ou à la présentation des marchandises.

A framework fitted with bars, pegs or shelves for the stocking or display of goods.

radio

▶ **radio :** moyen de communication de masse permettant aux émetteurs, ayant obtenu une autorisation, de transmettre des sons ou signaux sonores, par le biais d'ondes électriques, aux auditeurs intéressés. La radio est l'un des médias utilisés en publicité.

A mass communications media allowing licensed broadcasting stations to send sounds or audio signals to listeners by means of electrical waves. Radio is one of the media used in advertising.

radio advertising

▶ **publicité radiophonique, publicité à la radio :** publicité faite sur les ondes radiophoniques par l'intermédiaire des stations commerciales. En France, les émetteurs nationaux directement contrôlés par l'État n'acceptent aucune publicité de marque. Mais celle-ci est autorisée sur les émetteurs dits périphériques, qui couvrent la quasi-totalité du territoire (Radio-Télé-Luxembourg (R.T.L.), Europe n° 1, Radio Monte-Carlo (R.M.C.) et

Sud-Radio) ainsi que sur les radios locales. Au Royaume-Uni, la publicité est également interdite sur les émetteurs nationaux. Par contre, elle est diffusée par les stations commerciales locales – qui ne couvrent cependant pas l'ensemble du territoire – et par Radio Luxembourg.

Advertising over radio through commercial stations. The French state-controlled national stations do not carry brand advertising. However, there are four so-called *border stations* commercially operated and covering the entire country (Radio-Télé-Luxembourg (R.T.L.), Europe n° 1, Radio Monte-Carlo (R.M.C.) and Sud-Radio) and advertising is also allowed on local radio stations. In the United Kingdom, advertising is not allowed on national stations. On the other hand, advertising is broadcast by local commercial radio stations which, however, do not offer national cover, and by Radio Luxembourg.

random sample

▶ **échantillon aléatoire:** échantillon sélectionné au hasard, c'est-à-dire pour lequel tout le monde a la même chance d'être choisi.

A sample selected by random method, i.e. in which all have an equal chance of being selected for interview. ◆ *Syn.* : **probability sample.**

ranged left

▶ **fer à gauche:** aligné verticalement à gauche, sans renfoncement.

An instruction given to the compositor to set text flush to the left-hand margin. ◆ *Syn.* : **flush left.**

ranged right

▶ **fer à droite:** aligné verticalement à droite, sans renfoncement.

An instruction to the compositor to set text flush to the right-hand margin. ◆ *Syn.* : **flush right.**

rate base

▶ **base tarifaire, chiffres de diffusion servant de base à l'établissement des tarifs publicitaires (publicité-presse):** diffusion garantie par l'éditeur et servant de base à la détermination des tarifs publicitaires.

The circulation guaranteed by a publisher, and used as a basis for determining advertising rates.

rate card ▶ **tarif :** prix des messages dans un support, en fonction des formats et des emplacements (ou de la longueur et des horaires de passage). On y trouve souvent d'autres renseignements techniques. Le tarif des messages publicitaires est publié en France dans *Tarif Media*, et en Grande-Bretagne dans *British Rate and Data (B.R.A.D.)*.

The media owner's price list of advertisement rates. It gives rates for different sizes and positions (or duration and time of day) and other technical information. It is published in *Tarif Media* in France and in *British Rate and Data* in the U.K.

rating ▶ **indice d'écoute :** chiffre indiquant la popularité d'une émission de radio ou de télévision ou le volume de l'audience touchée par un message publicitaire. Ce terme s'applique plus particulièrement aux supports radiotélévisés et sert souvent à comparer l'audience d'un programme par rapport aux autres.

A figure establishing the popularity of a television or radio programme or the exposure obtained by a commercial. The term is applied especially to broadcasting media and refers to the relative audience achieved by one programme compared with others. ◆ *Syn. :* **audience rating, program(me) rating.** ◆ *See :* **television rating.**

rating service ▶ **service d'écoute :** organisme chargé de mesurer le volume d'audience de la radio et de la télévision, de mener des enquêtes sur les habitudes d'écoute des spectateurs, etc.

An organisation which measures radio and television audience, conducts surveys on listening habits, etc.

reach ▶ **audience cumulée.**

See : **cumulative audience.**

reader ▶ **lecteur :** tout individu ayant lu ou feuilleté un journal ou un magazine.

Anybody who has read or leafed through a publication.

reader(-style) advertisement

▶ publireportage.

See: editorial(-style) advertisement.

reader service card or readers' enquiry card

▶ carte service lecteur.

See: bingo card.

readership

▶ lectorat, circulation: nombre de personnes ayant lu une publication. En publicité, le lectorat a une influence sur le coût de l'espace. ◆ *Voir:* **audience, lectorat primaire et secondaire.**

The number of persons who read a publication. In advertising, readership influences the purchase of space. ◆ *Syn.:* **reading figures.**
◆ *See:* **audience, primary and secondary readership.**

readers per copy

▶ taux de circulation: nombre moyen de lecteurs par numéro.

The average number of readers per copy.

reading and noting score

▶ score vu/lu: pourcentage de lecteurs ayant vu et lu les différentes composantes d'une annonce. «Les tests utilisés dans la méthode du vu/lu peuvent servir à mesurer le taux de lecture d'une page de journal ou de magazine, révélant ainsi le degré de popularité de certaines pages ou de certains articles.» ◆ *Voir:* **étude d'identification, de reconnaissance.**

The percentage of readers who saw and read an advertisement and its component parts. «Reading and noting test(s)...» can be «used to record page traffic of newspapers and magazines, thus revealing the degrees of popularity of particular pages and features». D.M.C., 90. ◆ *See:* **recognition survey.**

reading figures

▶ lectorat, circulation.

See: **readership.**

reading notice (U.S.)   ▶ publireportage

See: editorial(-style) advertisement.

ready for press with corrections   ▶ **bon à tirer après corrections:** agrément donné pour l'impression, sous réserve des corrections apportées. ◆ *Voir:* **bon à tirer.**

The approval of a proof for printing with noted corrections. ◆ *Syn.:* **O.K. w/c.** ◆ *See:* **press proof.**

ream   ▶ **rame (de papier):** paquet de 500 feuilles de papier identiques.

A unit of 500 identical sheets of paper.

reason-why (advertisement)   ▶ **publicité argumentée:** annonce publicitaire dans laquelle des arguments objectifs viennent étayer les avantages mis en avant.

An advertisement in which the claimed benefits are supported by objective arguments.

rebate   ▶ **ristourne:** remboursement d'une partie d'une somme d'argent déjà facturée et payée, «... comme la ristourne accordée par un support à l'annonceur ayant obtenu une réduction supérieure à celle prévue à l'origine.»

The return of part of a payment already charged and paid such as the rebate «...by an advertising medium to an advertiser on account of a discount earned beyond that originally anticipated». *D.A.T., 152.*

rebroadcast (to)   ▶ **rediffuser:** repasser une émission de radio ou de télévision, ou un message publicitaire, parfois dans une tranche horaire différente.

To repeat a television or radio programme or a commercial, sometimes in a different time segment. ◆ *Syn.:* **to rerun.**

recall   ▶ **rappel, souvenir, mémorisation:** capacité de se remémorer quelque chose, comme le contenu d'une annonce, d'un journal, etc. ◆ *Voir:* **étude de mémorisation.**

The capacity to remember something, e.g. the content of an advertisement, a periodical, etc. ◆ *See:* **recall survey.**

recall score ▶ score de mémorisation spontanée, score d'impact : pourcentage de l'échantillon interviewé capable de restituer spontanément le message publicitaire.
◆ *Voir* : étude de mémorisation, score de mémorisation assistée.

The percentage of respondents able to describe the advertisement spontaneously. ◆ *See* : recall survey, aided recall score.

recall survey ▶ étude de mémorisation, de rappel spontané : étude visant à mesurer l'efficacité de la publicité, en évaluant les différents degrés du souvenir que l'annonce a laissé chez la personne interviewée, sans que celle-ci ne reçoive aucune aide. ◆ *Voir* : technique du rappel assisté, étude de reconnaissance.

A survey intended to test the effectiveness of advertising by measuring a respondent's recall of an advertisement, without any guidance or assistance. ◆ *See* : aided recall technique, recognition survey.

recall test ▶ test de mémorisation, de rappel spontané.

See : recall survey.

recognition ▶ 1) identification, reconnaissance : souvenir d'avoir déjà été exposé à un message publicitaire. ◆ *Voir* : étude d'identification, de reconnaissance.
▶ 2) reconnaissance d'une agence. ◆ *Voir* : agency recognition.

1) The remembrance of having been exposed to an advertisement. ◆ *See* : recognition survey.
2) *See* : agency recognition.

recognition score ▶ score de reconnaissance : pourcentage de personnes déclarant avoir reconnu une annonce. ◆ *Voir* : étude d'identification, de reconnaissance.

The percentage of people who claim to recognise an advertisement.
◆ *See* : recognition survey.

recognition survey

▶ **étude d'identification, de reconnaissance:** étude visant à mesurer l'efficacité de la publicité à travers l'aptitude de l'échantillon interviewé à reconnaître une annonce. Cette technique consiste à montrer aux interviewés des reproductions des messages pour les aider, puis à déterminer des scores d'impact en fonction du degré de reconnaissance: • pourcentage de personnes ayant simplement remarqué l'annonce, • ayant associé le produit à la société le commercialisant, • ayant réellement lu presque toute l'annonce. • **test de reconnaissance:** test visant à mesurer la reconnaissance de messages publicitaires dans lesquels on a caché le nom de l'annonceur.

A study for measuring the effectiveness of advertising through the respondents' ability to recognise an advertisement. In this survey, respondents are shown reproductions of advertisements to assist recognition and are then converted into percentages of: • those who merely noted the advertisement, • those who associated the product with the company, • those who actually read most of the advertisement. • **recognition test:** a test to measure the recognition of advertisements from which the advertiser's name has been obscured.

recognition test

▶ test de reconnaissance.

See: recognition survey.

recorded broadcast

▶ émission pré-enregistrée.

See: delayed broadcast.

recording studio

▶ **studio d'enregistrement, auditorium:** studio où s'effectuent les enregistrements de la musique, des voix et des bruitages.

A studio where music, voices and sound effects are recorded.

record paper

▶ papier coquille, papier écriture.

See: bond paper.

recruitment advertising ▶ annonces de recrutement.

See: **job advertising.**

recto ▶ **recto:** première page, celle de droite lorsqu'on ouvre un livre (par opposition au *verso*).

First page, i.e. the page on the right side when a book is open (as opposed to *verso*). ◆ *Syn.:* **right-hand side.**

redemption ▶ **remontées:** renvoi de bons de réduction ou de timbres-ristourne, dans le but d'obtenir une remise ou une prime. ◆ *Voir:* **taux de remontée, bon de réduction, timbre-ristourne.**

The trading-in of coupons, premium vouchers or trading stamps to obtain discounts or premiums. ◆ *See:* **redemption rate, coupon, trading stamp.**

redemption rate ▶ **taux de remontées:** pourcentage de bons de réduction ou timbres-ristourne renvoyés par rapport au nombre émis.

The percentage of issued coupons, premium vouchers or trading stamps that are traded in.

reduced price offer ▶ offre à prix réduit.

See: **money-off offer.**

reel width ▶ **laize:** largeur d'une bobine de papier.

The width of a paper roll.

referral premium ▶ offre-ami, offre de parrainage.

See: **use-the-user.**

regional press ▶ **presse régionale:** journaux distribués dans une région. ◆ *Voir:* **presse locale.** • **presse quotidienne régionale:** ensemble des journaux publiés quotidiennement dans une zone géographique déterminée. ◆ *Abr.:* **P.Q.R.**

Newspapers distributed throughout a region. ◆ *See:* **provincial press.** • **regional daily press:** all newspapers published daily in a given geographical area.

register

▶ **repérage:** technique consistant à faire coïncider exactement les différents éléments d'un imprimé nécessitant plusieurs passages en machine.

The accurate placing, or superimposition, of the different elements of 'a printed paper when successive printings are required.

register (to) (typ.)

▶ faire le repérage (typ.).

See: **register.**

register mark(s)

▶ **repère(s), croix de repères:** marque(s) permettant d'assurer la mise en place exacte des éléments d'une reproduction et, en polychromie, la surimpression correcte des couleurs.

Indication(s) used for the accurate placing of elements of a reproduction, and for the correct superimposition of colour plates in a colour printing process.

registered trademark

▶ marque déposée.

See: **trademark.**

release print

▶ **copie d'antenne:** copie définitive d'un film destinée à sa diffusion.

A final film print intended for distribution. ◆ *Syn.:* **air print.**

relief printing

▶ **impression en relief:** tout procédé d'impression dans lequel l'image encrée est en relief par rapport à la base du cliché, comme en typographie. ◆ *Voir:* **planographie, impression en creux, typographie.**

Any printing process in which the inked image is raised from the base of the plate, as in letterpress printing. ◆ *See:* **planography, intaglio printing, letterpress.**

reminder advertising ▶ **publicité d'entretien, publicité de relance :** publicité destinée à rappeler aux clients potentiels un produit ou un service qu'ils sont censés déjà connaître.

Advertising intended to remind potential consumers about a product or service which, it is assumed, is familiar to them.

renewal ▶ **remplacement d'une affiche détériorée :** remplacement d'une affiche détériorée par une affiche neuve.

The replacing of a damaged poster by a new one.

rep ▶ **agent d'art.**

See : **agent.**

repeat ▶ **1) ré-insertion :** réitération d'une annonce dans le but de renforcer son impact.
▶ **2) rediffusion :** retransmission d'une émission de radio ou de télévision.

1) The repetition of an advertisement to strengthen its impact.
2) The repetition of a television or radio broadcast.

repetition ▶ **répétition.**

See : **repeat.**

replay ▶ **lecture d'un enregistrement.**

See : **playback.**

reply card ▶ **carte-réponse :** carte insérée dans un mailing ou faisant partie d'une annonce publicitaire, que le consommateur peut remplir et retourner à l'annonceur.

A card enclosed in a direct mail shot or part of an advertisement, to be filled in by the consumer and returned to the advertiser.

reply coupon ▶ coupon-réponse.

See: coupon.

reply envelope ▶ enveloppe-réponse: enveloppe insérée dans un mailing et servant à retourner une réponse ou un bon de commande.

An envelope enclosed in a direct mail shot to be used to return a reply or an order form. ◆ *Syn.:* **return envelope.**

reply-paid envelope ▶ enveloppe « T ».

See: postage-paid reply envelope.

reprint ▶ 1) réimpression, « retirage ».
2) tirés-à-part, tirage à part.

1) *See:* reprint (to).
2) *See:* offprint.

reprint (to) ▶ réimprimer: imprimer de nouveaux exemplaires d'une publication.

To produce copies of a publication after a previous run.

reproduction ▶ reproduction: double d'un document original obtenu par des procédés mécaniques ou photographiques.

The duplicate of an original obtained by mechanical or photographic means.

reproduction proof ▶ épreuve de reproduction: épreuve de bonne qualité, utilisée pour réaliser les documents d'impression. ◆ *Voir:* **épreuve.**

A good quality proof of typeset matter used to make up artwork. ◆ *Abbr.:* **repro proof.** ◆ *Syn.:* **repro pull.** ◆ *See:* **proof.**

reprographic printing ▶ **reprographie :** terme générique recouvrant la polycopie à alcool, la xérographie et la petite impression offset. ◆ *Voir :* **xérographie, offset.**

A generic term including spirit duplicating, xerography and small offset printing. ◆ *See :* **xerography, offset.**

repro proof or pull ▶ épreuve de reproduction.

See : **reproduction proof.**

rerecording (sound) ▶ **repiquage (son) :** copie d'une bande magnétique sonore.

A recording made from other magnetic soundtracks.

rerun (to) ▶ rediffuser (cin., T.V.).

See : **(to) rebroadcast.**

respondent ▶ **interviewé, personne interrogée, personne enquêtée :** personne qui répond aux questions ou aux tests dans le cadre d'une enquête.

A person questioned or tested in a survey. ◆ *Syn. :* **informant, interviewee.**

response ▶ **réponse, réaction :** effet provoqué par un message.

The reaction prompted by a message.

response function ▶ **fonction réponse :** « Relation de cause à effet entre, d'une part, l'exposition aux supports (occasion de voir le message) et d'autre part, l'efficacité publicitaire. » *L.P., 231.* « La fonction réponse est basée sur une appréciation subjective de la façon dont marchera la publicité pour une campagne donnée, et, plus particulièrement, du nombre de contacts nécessaires pour que la publicité soit efficace. »

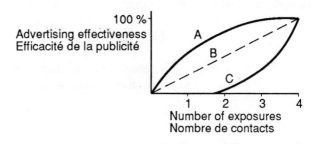

«The relationship of cause and effect between, on the one hand, exposure to the medium (the opportunity to see the message), and on the other hand, advertising effectiveness». «The response function is based on a subjective judgement of how the advertising will work for a particular campaign: specifically, how many exposures are necessary for the advertising to be effective». *Glossary of Advertising Media Terms*, I.S.B.A., 9.

response rate

▶ **taux de réponse:** mesure de l'efficacité publicitaire à travers le pourcentage de réponses obtenues suite à un mailing, une insertion, etc.

A measure of advertising effectiveness based on the percentage of people replying to a mailing, an insertion, etc.

retail advertising

▶ **publicité par les détaillants:** publicité effectuée par les détaillants pour vendre leurs marchandises et/ou donner une identité à leur magasin.

Advertising by retailers to sell stock and/or to establish an image for an outlet.

retail audit

▶ **panel détaillants.**

See: **dealer audit.**

retention time

▶ **durée d'exposition à un message:** période de temps pendant laquelle un message publicitaire est mémorisé par celui qui le reçoit. Avec les messages T.V., c'est une question de secondes, mais il faut tenir compte de la répétition des passages, tandis que les annonces-presse peuvent être gardées de façon permanente.

A period of time during which an advertising message is retained by a listener, viewer or reader. With T.V. advertisements, it is a question of seconds, subject to repeat showings, whereas press advertisements can be retained permanently.

retouch (to)

▶ **retoucher:** apporter des corrections aux photographies ou aux diapositives afin de les améliorer pour la reproduction, souligner ou ajouter certains éléments, ou en éliminer d'autres.

To alter photographs or transparencies to improve them for reproduction purposes, to emphasise or introduce additional features, or to eliminate existing ones.

retouching

▶ retouche.

See: (to) retouch.

return(s)

▶ 1) taux de réponse. ◆ *Voir:* «response rate».
2) **recettes, rendement:** revenu dégagé par un investissement.
▶ 3) **retour, renvoi:** marchandises renvoyées au fournisseur contre remboursement ou contre un avoir.

1) *See:* **response rate.**
2) Income arising from an investment.
3) Goods sent back to the supplier for credit.

return envelope

▶ enveloppe-réponse.

See: reply envelope.

reusable (container) pack

▶ conditionnement réutilisable.

See: container premium.

reversal film

▶ **film inversible:** film spécialement traité pour fournir une image positive quand on le développe après insolation.

A film processed so as to produce a positive image when developed after exposure.

reverse (phot.)

▶ **inversion (phot.):** inversion des éléments ou des valeurs d'un document, c'est-à-dire faire apparaître le contenu d'une annonce en blanc sur fond noir ou coloré (*noir au blanc*), ou renverser l'image latéralement de gauche à droite.

The inversion of the elements or values of a document, e.g. when, in an advertisement, the content appears in white upon a dark or coloured background, or when the image is reversed laterally from left to right.

reverse ▶ **verso.**

See: **verso.**

reverse out (to) ▶ **mettre en réserve, réserver:** faire apparaître en blanc un titre ou une image sur un fond tramé ou plein.

To produce white lettering or images on a solid or half-tone background. ◆ *Syn.:* **to save out.**

reverse plate ▶ **cliché noir au blanc.**

See: **(to) reverse out.**

review board meeting ▶ **réunion de bouclage:** réunion d'un groupe de personnes travaillant dans une agence pour revoir et éventuellement critiquer une campagne proposée.

The meeting of a committee of agency personnel to review critically a proposed campaign.

revise ▶ **seconde épreuve:** nouvelle épreuve portant les corrections demandées. ◆ *Voir:* **épreuve.**

A new proof containing the corrections requested. ◆ *See:* **proof.**

right-hand side ▶ **recto.**

See: **recto.**

river ▶ **cheminée, lézarde:** espace blanc irrégulier séparant verticalement plusieurs lignes de mot, sans qu'il s'agisse d'un effet voulu.

An irregular chain of white space running by chance down several lines of print.

rolled fold

▶ pli roulé.

See: accordion fold.

roman face

▶ **caractère romain:** caractère typographique droit, par opposition aux italiques. ◆ Voir: **italiques.**

Upright typesetting face, as opposed to italics. ◆ See: **italics.**

rotair

▶ «**rotair**»: mobile publicitaire (matériel de publicité sur le lieu de vente). ◆ Voir: **mobile.**

An advertising mobile (point-of-sale material). ◆ See: **mobile.**

rotary bulletin board

▶ panneau peint faisant l'objet d'une rotation périodique.

See: **rotary scheme.**

rotary press

▶ **rotative (n.):** presse à imprimer dans laquelle le cliché est ajusté sur un cylindre à mouvement rotatif.

A printing machine on which the plate is fitted to the surface of a revolving cylinder.

rotary scheme (U.K.)

▶ **système de rotation périodique (affichage) (U.K.):** système consistant à changer des grands panneaux peints d'emplacement tous les trois mois. • **panneaux peints faisant l'objet d'une rotation périodique:** panneaux peints exposés à tour de rôle aux endroits sélectionnés.

A system consisting of moving painted bulletin boards from one site to another every three months • **rotary bulletin boards:** painted panels shown in rotation among the selected sites.

rotasign (U.K.)

▶ «**rotasign**» **(U.K.):** matériel de publicité sur le lieu de vente installé dans les supermarchés et les centres piétonniers, fait d'un caisson lumineux projetant, en continu, une bobine de 40 diapositives couleurs.

A point-of-sale advertising device made of an illuminated light-box showing a continuous reel of up to 40 colour transparencies, placed in supermarkets and shopping precincts.

rotogravure (roto) ▶ rotogravure.

See: **photogravure.**

rough (radio) ▶ **maquette sonore:** bande sonore plus ou moins finalisée réalisée pour un message radio.

A more or less finished audio tape produced for a radio commercial.

rough cut (cin.) ▶ **premier montage, prémontage (cin.):** montage grossier des . prises de vues sélectionnées pour la copie définitive.

A rough assembly of the shots selected for the final print.

rough layout ▶ **crayonné, esquisse, rough:** croquis sommaire ne reflétant que la conception générale d'une annonce, d'une affiche, etc. ◆ *Voir:* **maquette.**

A rudimentary sketch showing the concept of an advertisement, poster, etc. ◆ *Syn.:* **simple layout, visual.** ◆ *See:* **layout.**

routing ▶ routage.

See: **dispatching.**

R print or R type ▶ **dia-direct:** épreuve couleurs tirée à partir d'une diapositive. ◆ *Voir:* **procédé de tirage couleurs, Ciba.**

A colour print taken from a transparency. ◆ *See:* **C type, Cibachrome print.**

rubber plate ▶ **cliché en caoutchouc:** cliché typographique en caoutchouc utilisé en flexographie.

A letterpress printing plate made of rubber for use in flexographic printing.

rule (typ.) ▶ **filet (typ.):** trait imprimé, simple ou décoratif, entourant une annonce pour la séparer du reste ou la faire ressortir. On distingue différents types de filets:

- filets de bordure,
- filets doubles,
- filets gras-maigres,
- filets mats, etc.

A straight type border line, either plain or decorative, used around an advertisement to separate or enhance it. There are several types of rules:
- border rules,
- double rules,
- shaded rules,
- thick rules, etc.

run ▶ **tirage.**

See: **print run.**

run back (to) ▶ **gagner (ligne):** ôter des mots d'une ligne pour les placer sur la précédente.

To take words from one line and to place them on the previous one.

run in (to) ▶ **faire suivre sans alinéa.**

See: **(to) run on.**

running head ▶ **titre courant:** titre qui se répète en haut de chaque page.

A repeated title at the top of each page.

run-of-day (R.O.D.) ▶ **passage indéterminé dans la journée (radio, T.V.)**

See: **run-of-schedule.**

run-of-month (R.O.M.) ▶ **passage indéterminé dans le mois (radio, T.V.)**

See: **run-of-schedule.**

run-of-paper

▶ **emplacement indéterminé (au choix du journal)** : emplacement publicitaire laissé au libre choix de l'éditeur et généralement facturé au tarif de base. «Certains éditeurs honorent les demandes d'emplacement privilégié, d'autres n'acceptent que les emplacements indéterminés.»

An advertising position allocated at the discretion of the publisher and usually charged at the basic rate. «Some publishers honour preferred position demands, some treat all space orders as run-of-paper». *D.A.T.*, 159-160. ◆ *Abbr.* : **R.O.P.**

run-of-schedule (n.)

▶ **passage indéterminé, «floating time»** : emplacement d'un message publicitaire à la radio ou à la télévision, pour lequel aucune réservation de jour ou d'horaire fixe n'a été effectuée, et qui peut donc être passé au moment qui convient le mieux à la station de radio ou à la chaîne de télévision.
• **passage indéterminé dans la semaine (radio, T.V.)** : message radio ou T.V. que la station s'engage à diffuser au cours d'une semaine déterminée, mais sans garantie du jour ou de l'heure de transmission, ce type d'annonces faisant l'objet d'une remise.

The position of a television or radio commercial for which a specific day or hour has not been reserved, and which can be scheduled at whatever time is most convenient for the station or channel. ◆ *Abbr.* : **R.O.S.** ◆ *Syn.* : **floating time.** • **run-of-week commercial** : a radio or T.V. commercial which a contractor undertakes to transmit during a particular week but, since a discount is allowable, with no guarantee as to which day or time it will appear. ◆ *Abbr.* : **R.O.W. time.** ◆ *N.B* : when it is during a particular day or month, it is called *run-of-day* (R.O.D.) or *run-of-month*(R.O.M.).

run-on (to)

▶ **1) faire suivre sans alinéa (typ.)** : continuer la composition sans entamer un nouveau paragraphe.
▶ **2) imprimer une quantité supplémentaire par rapport à la quantité demandée (mille supplémentaire, mille en plus)** : produire des quantités supplémentaires par rapport au chiffre figurant dans la commande. «Ainsi, on peut imprimer une quantité supplémentaire d'exemplaires pendant que la machine est réglée, et obtenir ces exemplaires à un prix relativement peu élevé, en raison de l'absence de frais fixes de mise en route.»

1) In typesetting, to continue text without beginning a new paragraph. ◆ *Syn.* : **to run in.**

2) In printing, to provide additional copies over and above the original print order. «Thus an advertisement in a periodical can be 'run on' whilst the machine is still set, thereby providing additional copies at a relatively low price, due to there being no setting-up charges». G.M.T., 167.

rushes

▶ «rushes», épreuves de tournage (C.G.L.F.): premiers tirages positifs d'un film (à partir des enregistrements effectués au cours d'une journée de tournage).

First positive prints of a film from the picture and sound recordings of a day's shooting. ◆ Syn.: **dailies.**

saddle-stitch (to) ▶ **piquer à cheval:** relier les feuilles d'une brochure, d'un magazine, etc., par une piqûre dans la pliure au milieu des pages.

To fasten the sheets of a booklet, magazine, etc., by stitching through the centre fold of the pages.

sales aids ▶ aides à la vente.

See: **dealer aids.**

sales conference ▶ **réunion de vente:** réunion, dans une entreprise, du personnel concerné par la vente et, parfois, par la promotion des ventes, pour passer en revue les objectifs et les techniques.

A gathering of company personnel involved in selling, and sometimes in sales promotion activities, to examine targets and techniques.

sales contest ▶ **concours de vente:** concours ouvert à l'équipe de vente d'une société pour encourager ses membres à atteindre ou dépasser les objectifs.

A contest open to a company's sales staff to encourage them to reach or exceed the sales targets.

sales director ▶ directeur, chef des ventes.

See: **sales manager.**

sales drive ▶ **animation des ventes:** mise en place d'opérations fortes et temporaires dans le but d'accroître les ventes.

The setting up of temporary, energetic operations designed to increase sales.

sales folder ▶ **argumentaire.**

See: **sales portfolio.**

sales incentive ▶ **incitation à la vente:** tout procédé de stimulation de la force de vente ou des réseaux de distribution, c'est-à-dire commissions, remises de prix, primes, etc., accordées pour la réalisation des objectifs fixés.

Any incentive aimed at salesmen and distribution channels, i.e. commissions, prizes, bonuses, etc., in return for meeting set targets.

sales letter ▶ **lettre publicitaire, lettre de vente:** lettre envoyée à un client potentiel, le plus souvent avec une proposition d'achat.

A letter mailed to a prospect, usually with a selling proposition.

sales literature ▶ **documentation publicitaire, commerciale:** tout document imprimé (prospectus, affichettes sur le lieu de vente, etc.) fournissant aux clients potentiels des informations sur le produit.

Any printed material (leaflets, point-of-sale showcards, etc.) which gives potential customers product information.

sales manager ▶ **directeur des ventes, chef des ventes:** personne responsable de l'organisation, de la planification et du contrôle des ventes.

A person responsible for organising, planning and controlling sales.

◆ *Syn.:* **sales director.**

sales pitch ▶ argumentation (du vendeur).

See: pitch (1).

sales portfolio ▶ **argumentaire**: aides à la vente (conditions de vente, illustrations, reproductions d'annonces publicitaires, etc.) que le vendeur a en sa possession afin de pouvoir s'y référer ou les présenter aux clients.

Selling aids carried by a salesman (trade terms, illustrations, pulls of advertisements, etc.) for reference or display to the customer. ◆ *Syn.* : **sales folder, sales presenter, sales promoter.**

sales potential ▶ **potentiel de ventes**: part du marché global qu'une société pense pouvoir obtenir. ◆ *Voir*: **potentiel du marché.**

The share of the total market that a company believes is achievable.
◆ *See*: **market potential.**

sales presenter or promoter ▶ argumentaire.

See: **sales portfolio.**

sales promotion ▶ **promotion des ventes**: ensemble de techniques marketing consistant à associer temporairement un avantage spécifique à un produit ou service en fonction d'un objectif précis et quantifiable. On distingue les promotions consommateurs qui visent à faire acheter et les promotions réseau qui visent à faire vendre. Ces techniques comprennent les ventes avec prime, les concours, les réductions de prix, l'échantillonnage, etc.
◆ *N.B.* : la promotion des ventes a des objectifs à court terme et les opérations promotionnelles ne durent pas, alors que la publicité agit à long terme et vise à créer une image de marque.

Those marketing activities that create an added but temporary interest in the purchase of a product or service according to a definite and measurable objective. Sales promotion aims at stimulating both selling-in and selling-out. Sales promotion techniques include free gifts, contests, money-off offers, sampling, etc. ◆ *N.B.* : sales promotion has short-term objectives and promotional efforts are short-lived, whereas advertising has longer-term objectives and intends to create a brand image.

sales promotion department

▶ **service promotion des ventes**: service chargé de stimuler les ventes par des méthodes autres que la publicité média ou la vente directe. ◆ *Voir*: **promotion des ventes.**

The department responsible for stimulating sales by methods other than media advertising or face-to-face selling. ◆ *See*: **sales promotion.**

sales promotion manager

▶ **directeur de la promotion des ventes**: personne qui dirige l'ensemble des activités de promotion des ventes. ◆ *Voir*: **promotion des ventes.**

The person who directs all promotional activities. ◆ *See*: **sales promotion.**

same size

▶ **tel**: instruction donnée au photographe, à l'éditeur, etc. de reproduire l'original dans le même format.

An instruction given to a printer, photographer, etc. to reproduce the original in the same size. ◆ *Abbr.*: **S.S.**

sample

▶ **échantillon**: 1) fraction représentative d'un tout. Des échantillons de produits sont souvent distribués gratuitement pour permettre aux consommateurs de les essayer.
2) Fraction représentative d'une population ou d'un univers statistique.

1) A representative portion of a whole. Samples of products are often given free for trial use.
2) A representative part of a statistical population or universe.

sampling

▶ 1) **échantillonnage.**
▶ 2) **distribution d'échantillons gratuits.**

See: **sample.**

sampling demonstration ▶ **dégustation**: technique promotionnelle visant à faire goûter, dans un magasin, certains produits alimentaires aux clients.

A promotional technique used in a shop to enable customers to taste and appreciate some food products.

sampling error ▶ 1) **taux d'erreur par rapport à l'univers**: «Écart entre les caractéristiques que l'on a pu observer sur un échantillon et celles de la population dont il est tiré.»
▶ 2) **intervalle de confiance**: ◆ *Voir*: «**standard error**».

1) «The deviation between the observed characteristics of a sample and the characteristics of the population from which it is drawn». *D.A.T.*, 162.
2) *See*: **standard error.**

sampling offer ▶ **offre d'essai, offre d'échantillons gratuits**: invitation à essayer le produit, faite en offrant aux clients potentiels des échantillons gratuits ou des paquets d'essai à prix réduit.

The invitation made to potential customers to try the product by offering them a free sample or a trial pack at a reduced price.

sandwich board advertising ▶ **publicité par homme-sandwich**: panneau publicitaire promené par un homme généralement sur son dos et sa poitrine.

An advertising board suspended over the shoulders of a person walking in the street. Usually there is one at the front and one at the back.

sans serif ▶ **sans empattement (caractère).**

See: **serif.**

saturation advertising ▶ **matraquage publicitaire**: utilisation des médias, dans une campagne de publicité, avec un niveau de fréquence et de couverture bien au-delà de la normale.

The use of mass media in an advertising campaign greatly exceeding the standard levels of frequency and coverage.
◆ *Syn.*: **hype and hoopla (U.S.)**

save out (to) ▶ mettre en réserve, réserver.

See: (to) reverse out.

scamp ▶ maquette.

See: layout.

scan (to) (print.) ▶ sélectionner les couleurs par électronique (impr.): passer un faisceau lumineux ou électronique sur un original, de façon à convertir les couleurs en impulsions électriques pouvant être traduites en films de sélection tramés ou demi-tons. • «scanner», scanneur (C.G.L.F.): appareil sélectionnant directement et automatiquement les couleurs à partir d'un original opaque ou transparent.

To direct a beam of light or electrons at an original, in order to transform the tonal values of the image into electric impulses that can be reproduced as half-tone separations. • **scanner**: the apparatus that directly and automatically selects the colours from an opaque or transparent original.

scanner ▶ «scanner», scanneur.

See: (to) scan.

scenario ▶ scénario: canevas d'une pièce, d'un film, d'une émission télévisée ou d'un spot publicitaire. ◆ Voir: **synopsis**.

The outline of a play, film, broadcast or commercial. ◆ See: **synopsis**.

scented ink ▶ encre parfumée: encre à laquelle on a ajouté un parfum.

A printing ink to which a fragrance has been added.

schedule ▶ calendrier de campagne.

See: advertising schedule.

scheme advertising ▶ publicité hors-média.

See: below-the-line advertising.

Schwerin method

▶ méthode « Schwerin » : technique qui consiste à pré-tester des messages publicitaires T.V. sur un échantillon de personnes regroupées dans une salle de cinéma.

A technique which consists of pre-testing T.V. commercials on a sample audience in a cinema.

scrambled merchandising

▶ **diversification des produits offerts aux points de vente :** mise en vente par des détaillants de lignes de produit que l'on ne trouve habituellement pas chez eux, comme les produits d'épicerie dans les stations-service.

The offer for sale of product lines not usually carried by the shops in question, e.g. groceries in petrol stations. ◆ *Syn. :* **mixed merchandising.**

scrapbook

▶ **album de presse.**

See : **guard book.**

scraperboard

▶ **carte à gratter :** carte noire sur laquelle il est possible de gratter un dessin au couteau.

Cardboard covered with black ink, on which it is possible to scrape out a drawing with a knife.

screamer

▶ **point d'exclamation** (après un titre), **titre exclamatif :** le terme *screamer* en anglais désigne généralement un point d'exclamation concluant un titre.

An exclamation mark. The term usually refers to an exclamation mark at the end of a headline.

screen

▶ **1) écran :** surface sur laquelle on projette une diapositive ou un film.
▶ **2) trame (impr.) :** écran interposé, dans un appareil photographique, entre le film et l'objectif pour photographier un document en similigravure.

1) A surface onto which a slide or a film is projected.
2) A screen placed behind the lens of the camera and in front of the film to photograph half-tone artwork.

screen (to)

▶ 1) **filtrer**: sélectionner, trier.

▶ 2) **projeter (cin.)**: montrer un film à un groupe de personnes.
▶ 3) **visionner (cin.)**: voir un film avant sa distribution.

1) To sort out, to select.
2) To show a film to a group of people.
3) To see a film before its distribution.

script

▶ **script**: scénario d'un film, d'un court métrage publicitaire ou d'une émission de télévision, découpé en scènes et accompagné des dialogues.

The complete sequential account of dialogue, actions, settings, etc., of a video, film, commercial or T.V. programme.

script clerk, girl or supervisor

▶ **scripte, secrétaire de plateau**: «Collaborateur(trice) du réalisateur d'un film chargé(e) de préparer le script et de noter les détails relatifs à la prise de vues, etc.»

«A director's assistant responsible for script preparation, recording of studio activity, etc.». *D.A.T., 164.* ◆ *Syn.* : **continuity assistant, continuity girl.**

scriptwriter

▶ **scénariste**: spécialiste de la rédaction des scripts pour la télévision, la radio, le cinéma ou les spots publicitaires.

A person who specialises in writing scripts for T.V., radio, films or commercials.

seasonal advertising

▶ **publicité saisonnière**: publicité limitée à certaines périodes de l'année. ◆ *Voir*: **concentration de l'effort promotionnel sur une partie de l'année.**

Advertising limited to certain periods in the year. ◆ *See*: **seasonal concentration.**

seasonal concentration

▶ **concentration de l'activité promotionnelle sur une partie de l'année**: limitation des opérations promotionnelles aux périodes pendant lesquelles l'intérêt pour le produit est important. Ex. : le champagne autour du Jour de l'An.

The limitation of promotional campaigns to the time when product interest is high. Ex. : champagne around New Year's Day.

seasonal rate

▶ **tarif saisonnier :** tarif publicitaire qui varie selon les époques de l'année.

An advertising rate which varies according to the time of year.

secondary medium

▶ **média d'accompagnement, média secondaire.**

See : **support medium.**

secondary readership

▶ **lectorat secondaire :** «Nombre de personnes ayant lu un journal ou un magazine, en plus de l'acheteur ou de l'abonné initial, par exemple les membres de la famille, les voisins, les amis, la clientèle des salons de coiffure, des hôtels...».

«Readership additional to that of the original buyer or receiver of a publication, e.g. members of the family, neighbours, friends, hairdressing salon patrons, hotel guests...». *D.M.C.,* 97. ◆ *Syn. :* **pass-on readership, pass-along readership (U.S.)**

second colour

▶ **couleur d'accompagnement :** couleur, autre que le noir, utilisée pour imprimer certains éléments d'une annonce qui, sinon, serait monochrome.

A colour other than black used to print selected elements of an otherwise black and white advertisement. ◆ *Syn. :* **spot colour, spot color (U.S.)**

second cover

▶ **deuxième de couverture.**

See : **cover.**

seen/associated score

▶ **score d'attribution :** pourcentage de l'échantillon interviewé ayant vu un message publicitaire et correctement identifié l'annonceur. ◆ *Voir :* **étude d'identification, de reconnaissance.**

The percentage of interviewees who have seen a given advertisement and associated it with the advertiser. ◆ *See :* **recognition survey.**

segmentation ▶ segmentation du marché.

See: market segmentation.

self-adhesive label ▶ étiquette auto-collante.

See: label.

self-cover ▶ couverture de la même qualité que les pages de texte : couverture d'un livre ou d'une brochure réalisée dans le même papier que celui employé pour les pages intérieures.

A brochure or book cover produced from the same paper as that used for the inner pages.

self-explanatory label ▶ étiquette parlante.

See: informative label.

self-liquidating premium, self-liquidator ▶ offre auto-payante : possibilité offerte à l'acheteur d'un produit d'acquérir, à prix réduit, un autre article (comme un ballon de plage, un sac, une serviette de toilette, etc.) contre l'envoi d'un paiement comptant et d'une preuve d'achat (une étiquette, un emballage, un bon ou un certain nombre de points). Bien que son prix puisse paraître très intéressant pour l'acheteur, l'offre auto-payante couvre les frais de l'annonceur.

The opportunity for the purchaser of a product to buy a second item (such as a beach ball, a bag, a towel, etc.) at a reduced price in return for a label, package, coupon or a certain number of tokens, as a proof-of-purchase, and for a cash payment. Although apparently very attractively priced, the self-liquidator covers the cost to the advertiser. ◆ Abbr.: **S.L.P.** ◆ Syn.: **premium offer.**

self-mailer ▶ tout-en-un, « self-mailer » : document de publicité directe imprimé de façon à pouvoir être envoyé sans enveloppe, ni emballage.

A direct mail piece printed in such a way that it can be posted without envelope or wrapper.

self-sticking label ▶ étiquette auto-collante.

See: label.

selling idea ▶ idée de vente : ensemble de mots exprimant la stratégie de création de la marque sous forme d'un bénéfice consommateur.
◆ *Voir:* bénéfice consommateur.

A group of words which expresses the creative strategy for a brand in the form of a consumer benefit. ◆ *See:* product benefit.

selling-in ▶ vente au distributeur : vente aux détaillants par le biais d'annonces publicitaires dans la presse professionnelle, l'octroi de conditions particulières, etc. ◆ *Voir:* publicité destinée aux distributeurs.

The process of selling goods to the retail trade by means of trade press advertising, special trade terms, etc. ◆ *See:* trade advertising.

selling-out ▶ vente du distributeur au consommateur (P.L.V., merchandising, etc.) : vente au consommateur final et «...aide apportée aux détaillants pour écouler leurs stocks, englobant, outre la publicité média, la publicité sur le lieu de vente et le merchandising. » ◆ *Voir:* publicité sur le lieu de vente, merchandising.

The process of selling goods to the final consumer and «...of helping dealers to sell stocks by means of point-of-sale material and merchandising schemes in addition to above-the-line advertising». *D.M.C.*, 97.
◆ *See:* point-of-sale material, merchandising.

semi-display classified ▶ annonce classée grand format.

See: display classified.

semi-spectacular ▶ panneau animé : panneau peint avec éclairage spécial, animation, etc., mais plus petit et moins sophistiqué que le panneau géant animé. ◆ *Voir:* panneau géant animé.

A painted sign to which special lighting, animation, etc., have been added, but which is smaller and less elaborate than a spectacular. ◆ *See:* spectacular.

sentence completion test	▶ **test projectif avec des phrases à compléter :** test servant à déterminer les attitudes ou les opinions de la personne interviewée à travers sa façon de compléter les phrases qu'on lui donne. ◆ *Voir :* **test projectif.**

A test used to establish attitudes or opinions of the respondent through the way he completes the unfinished sentences he is given. «An example of sentence completion might be 'the last time I gave the children baked beans for tea' ...». *Glossary of Market Research Terminology*, I.S.B.A., 35. ◆ *See :* **projective test.**

separate copies	▶ **tirés-à-parts, tirage à part.** *See :* **offprint**

serial	▶ **feuilleton :** histoire publiée ou présentée à la radio ou à la télévision en plusieurs épisodes, à intervalles réguliers.

A published or broadcast story appearing in episodes at regular intervals.

series (radio, T.V.)	▶ **série (radio, T.V.) :** histoires analogues ou de même type diffusées à intervalles réguliers, chaque épisode constituant un récit complet.

Self-contained similar or related stories broadcast at regular intervals.

series discount or rate	▶ **tarif dégressif pour une série d'insertions :** rabais accordé par un support à l'annonceur, pour l'achat d'une série d'insertions dans une publication.

A discount given by a media owner to the advertiser for purchasing a series of insertions in a publication.

serif	▶ **empattement :** trait court et généralement fin, placé horizontalement en haut et en bas de chaque lettre, et servant à en améliorer la lisibilité ou à la décorer. • **sans empattement :** sans trait à l'extrémité de la lettre.

I I I

A short and usually thin line drawn at right angles to the ends of the main strokes of each letter to improve legibility or as decoration. • **sans serif**: without serifs.

serigraphy	▶ sérigraphie.
	See: **silk screen.**

set
▶ 1) **décor**: cadre construit artificiellement en studio pour une représentation scénique.
▶ 2) **plateau**: scène où se déroule une émission de télévision, ou servant de cadre à un film.

1) Artificial scenery constructed in a studio.
2) The stage for a film or T.V. broadcast.

set (to) (typ.)
▶ **composer**: assembler des caractères pour l'impression.

To arrange type for printing.

set size
▶ **chasse**: largeur d'un caractère.

The width of a type face.

set solid (to)
▶ **serrer, resserrer (typ.)**: composer un texte sans laisser d'interligne supplémentaire.

To set type without additional leading between lines.

setting (up) (print)
▶ composition (impr.).

See: **typesetting.**

shaded rule ▶ filet gras-maigre.

See: rule.

sheet (prefixed by 4, 16,▶ 1) lé de 50 x 75 cm: au Royaume-Uni, le terme *sheet* est utilisé
48, 96, etc.) pour indiquer le format d'une affiche sur la base des multiples de la double couronne, et représente un lé d'environ 50 x 75 cm (d'où les préfixes 4, 16, 48, 96, etc.). ◆ *Voir:* **affiche de format 1 m x 1,50 m, double couronne.**

▶ 2) lé de 70 x 100 cm: aux Etats-Unis, à l'origine, le terme *sheet* désignait une affiche d'environ 70 x 100 cm. ◆ *N.B.:* le terme est maintenant tombe en désuétude dans ce sens-là, mais le mot *sheet* est toujours utilisé pour indiquer le format relatif des affiches. ◆ *Voir:* **format des affiches.**

1) In the U.K., a term used to refer to the dimensions of a poster based on multiples of a double crown. ◆ *See:* **four-sheet poster, double crown.**
2) In the U.S., originally a poster 28 inches by 41 inches.
◆ *N.B.:* the original meaning of the term is now obsolete, but the word *sheet* continues in use to indicate the relative size of the poster. ◆ *See:* **poster size.**

sheet(-fed) press ▶ **presse à feuilles:** presse qui imprime le papier en feuilles (par opposition à la presse à bobine ou rotative).

A printing press that prints paper in sheets (as compared to a web-fed press).

shelf ▶ **étagère de gondole:** équipement destiné à la présentation des marchandises dans un magasin; il s'agit généralement d'une planche longue et étroite, sur laquelle on dispose les produits.

A facility in a retail store for displaying goods, usually a long, narrow surface on which products are placed.

shelf card ▶ **affiche de rayon:** «Affichette fixée sur une étagère de gondole dans un magasin de vente au détail», servant, par exemple, à montrer certains produits en promotion.

«A display card set up on a shelf in a retail store» and used, for instance, to show special offers. *D.A.T., 169.*

shelf extender ▶ **avancée de rayon**: «Sorte de plateau prolongeant une étagère de gondole, destiné à mettre en avant des produits ou à augmenter la capacité normale de présentation de l'étagère.»

«A tray-like extension to a shelf used for special displays or as a means of increasing the regular shelf display». *D.A.T.*, 169.
◆ *Syn.*: **extender**.

shelf facing, shelf space ▶ **linéaire de présentation**: «Espace occupé dans un magasin de vente au détail par un type de marchandises», cet espace se mesurant en mètres carrés, mètres linéaires ou en nombre de fronts de vente. ◆ *Voir*: **front de vente**.

«The amount of space occupied by a type of merchandise in a retail store» measured in terms of square meters, linear meters or number of facings. *D.A.T.*, 167. ◆ *See*: **facing**.

shelf strip ▶ **glissière porte-étiquette**: moulage en plastique ou en métal, recouvrant le bord avant d'une étagère de gondole, et servant à indiquer les prix.

A plastic or metal moulding covering the front edge of a display shelf, used to exhibit price data.

shelf talker ▶ **étiquette promotionnelle de gondole**: écriteau imprimé, fixé sur le bord d'une étagère de gondole dans un magasin en libre-service, et signalant certaines marques en promotion.

Printed material promoting particular brands, hung over the edge of a shelf in a self-service store. ◆ *Syn.*: **shelf wobbler.**

shelf tape ▶ **bande-étiquette adhésive**: bande de papier portant des données de prix ou un message publicitaire, collée sur le bord avant d'une étagère de gondole.

A strip of paper printed with price data or an advertising message, affixed to the front edge of a shelf.

shelf wobbler ▶ **étiquette promotionnelle de gondole.**

See: **shelf talker.**

shoot (to) (cin.) ▶ **tourner (cin.):** enregistrer avec des appareils de prises de vues.

To record with cameras.

shooting ▶ **tournage, prise de vues**

See: **(to) shoot.**

shooting script ▶ **découpage (cin.):** «Dans la réalisation d'un film, ensemble des opérations consistant à relier chaque partie du scénario à l'image et au son correspondants.»

«The schedule of activities in film-making which relates each part of a script to the accompanying visual and sound effect». G.M.T., 179.

shop audit ▶ **panel détaillants.**

See: **dealer audit.**

shopping goods ▶ **produits à achat réfléchi, raisonné:** biens sur lesquels l'acheteur se renseigne, et dont il compare les prix et les spécifications dans les magasins concurrents, avant de se décider. Ex.: l'ameublement, l'automobile et les gros appareils électro-ménagers.

Goods for which buyers shop around, comparing the price and performance of items offered by rival shops before coming to a decision. Ex.: furniture, cars, large household appliances.

short rate ▶ **tarif réajusté:** tarif payé par un annonceur à la fin d'une campagne, lorsque la quantité d'espace effectivement achetée diffère de celle prise en compte pour l'établissement du devis.

The rate paid by the advertiser at the end of a campaign, when media space or time actually purchased is different from that upon which the original quotation was based.

shot ▶ 1) **photographie.** ◆ *Voir:* «photograph».

▶ 2) **plan:** élément d'un film tourné en une seule fois.

1) *See*: **photograph.**

2) A single sequence of a film made by one camera without interruption.

shoulder time (radio, T.V.)

▶ **tranche horaire située avant ou après l'heure de grande écoute**: tranche horaire précédant ou suivant immédiatement l'heure où l'écoute est la plus forte.

A time segment immediately preceding or following peak-time.

show

▶ **salon, exposition, foire**: exposition spéciale et temporaire de biens ou services relevant d'un même marché ou d'une même industrie, rassemblant, dans un même lieu, plusieurs partici-pants. *Ex.*: *le Salon Nautique, le Salon de l'Automobile, des Arts Ménagers.* Les salons sont un lieu de rencontre entre acheteurs et vendeurs.

A special temporary display of goods or services of a particular market or industry, gathering several exhibitors in the same place. Ex.: *the Boat Show, the Motor Show, the Ideal Home Exhibition.* A show provides a convenient place at which buyers and sellers can meet. ◆ *Syn.*: **exhibition, trade fair, trade show.**

showcard

▶ **affiche cartonnée**: affiche de petit format imprimée sur carton; (utilisée surtout dans les voitures du métro). ◆ *Voir*: **publicité dans les véhicules de transport**

A small-size poster printed on cardboard, typically those in Underground railway cars. ◆ *Syn.*: **card.** ◆ *See*: **car card advertising.**

showcase

▶ **vitrine.**

See: **display case.**

showing

▶ **couverture d'affichage**: en affichage, quantité et type de panneaux publicitaires achetés de façon à toucher un marché spécifique dans les conditions locales considérées. Ex.: la force 1 signifie que le message sera affiché sur autant de panneaux qu'il est nécessaire, pour assurer un contact par personne et par jour, au sein du marché considéré.

▶ 2) **réseau d'affichage.** ◆ *Voir*: «**network**».

1) In outdoor advertising, the amount and type of advertising space purchased in order to provide specific coverage under local conditions. Ex.: the 100 gross rating points daily (GRPs) or 100 showing means that the message will be posted on as many panels as necessary to provide a daily exposure equal to 100 per cent of a specified market population.

2) *See*: **network.**

showroom

▶ **magasin d'exposition**: salle où l'on peut voir des modèles de produits destinés à la vente.

A room where examples of goods for sale may be viewed.

shrink-pack, shrink-wrapping

▶ **emballage sous film rétractable**: feuille de plastique souple enserrant le produit par rétraction sous l'effet de la chaleur.

A flexible plastic sheet drawn tightly onto the product by a heat shrinking process.

side-bind (to)

▶ **piquer à plat.**

See: **side-stitch (to).**

side-head

▶ **sous-titre latéral**: sous-titre figurant à droite ou à gauche d'une colonne rédactionnelle.

A subtitle set to left or right of a column of text.

side-stitch (to)

▶ **piquer à plat**: relier les pages d'une brochure, d'un magazine, etc. par une piqûre à plat sur les feuilles, près de la pliure des pages.

To fasten the pages of a booklet, magazine, etc. by stitching the folded sheets close to the edge of the fold. ◆ *Syn.*: **side-bind (to).**

sign

▶ 1) **enseigne**: signe distinctif servant à identifier un magasin.

▶ 2) **panneau**: panonceau ou autre pancarte portant des indications.

1) A board or other display used for identifying a shop, company, etc.
2) A board or other notice used to provide information.

signature
▶ 1) **logotype.** ◆ *Voir*: «logotype».
▶ 2) **indicatif**: «Thème musical identifiant une émission à la radio ou à la télévision, ou encore un produit ou un service offert par un annonceur.»
▶ 3) **cahier, signature (reliure)**: feuille imprimée que l'on plie et assemble en 8, 16 ou 32 pages. A l'origine, signature ou marque apposée par l'imprimeur pour identifier les cahiers.

1) *See*: **logotype.**
2) «The musical theme identifying a television or radio programme, or an advertiser's product or service». *D.A.T.*, 171
◆ *Syn.*: **signature tune, audio logo.**
3) A sheet which is folded after printing to form sets of 8, 16 or 32 pages; derived from the printer's signature used to mark sets of pages.

signature tune
▶ **indicatif musical.**

See: **signature (2).**

signs
▶ **signalisation**: ensemble des différents panneaux destinés à informer et guider les clients dans un magasin.

All the various indicators designed to inform and guide customers in a retail outlet.

silent salesman
▶ **présentoir, emballage attractif**: matériel de publicité sur le lieu de vente servant de présentoir. Terme désignant aussi un emballage qui attire l'attention.

Point-of-sale material serving as display; it also describes attention-getting packaging.

silhouette halftone
▶ **simili détouré.**

See: **outline halftone.**

silk screen(ing) ▶ **sérigraphie:** méthode d'impression consistant à faire passer la peinture ou l'encre à travers une pièce de soie ou une trame très fine.

A way of printing by forcing paint or ink through a piece of silk or a fine wire screen. ◆ *Syn.:* **serigraphy.**

simple layout ▶ «rough», crayonné, esquisse.

See: **rough layout.**

single column centimetre ▶ **centimètre-colonne:** unité de mesure pour la vente de l'espace publicitaire dans la presse, égale à une colonne de large sur un centimètre de haut. ◆ *N.B.:* Au Royaume-Uni, cette unité remplace l'ancien *pouce-colonne.*

A unit of measurement for the sale of press space, equivalent to an area one column wide and one centimetre high. ◆ *N.B.:* it replaces the **single column inch.** ◆ *Abbr.:* **S.C.C.**

single column inch (S.C.I.) ▶ pouce-colonne.

See: **single column centimetre.**

single column millimetre ▶ **millimètre-colonne:** unité de mesure pour la vente de l'espace publicitaire dans la presse, égale à une colonne de large sur un millimètre de haut.

A unit of measurement for the sale of press space, equivalent to an area one column wide and one millemetre high.

single-rate card ▶ **tarif unique:** tarif appliqué par un support local, sans distinction entre annonceurs locaux et nationaux.

A rate card applied by a local medium which does not differentiate between local and national advertisers.

single-use goods ▶ biens de consommations non durables, «jetables».

See: **consumer non-durables.**

sixteen-sheet poster

▶ **affiche de 2 x 3 m:** affiche de 16 lés de 50 x 75 cm. ◆ *Voir:* **affiche, double couronne.**

A poster the size of which is equivalent to sixteen double crowns. ◆ *See:* **poster, double crown, sheet.**

skin-pack

▶ **emballage bulle.**

See: **blister pack.**

sleeper

▶ **adresse piège.**

See: **decoy.**

slick

▶ **épreuve sur papier couché:** épreuve tirée sur papier glacé et servant de document pour la reproduction.

A proof pulled on glossy paper and used as reproduceable artwork.
◆ *Syn.:* **enamel proof.**

slide

▶ **diapositive.**

See: **transparency.**

slide advertising

▶ **publicité par diapositives:** message publicitaire dont le support visuel se compose d'une ou plusieurs diapositives, plutôt que d'un film.

A commercial with a video sequence composed of one or several slides, rather than a film.

slippage

▶ **non-utilisation de la promotion:** achat d'un produit avec l'idée de bénéficier de la promotion offerte, mais sans donner suite à cette intention. ● **taux de non-utilisation de la promotion:** rapport entre les achats non suivis de la réclamation de la prime et ceux suivis de la réclamation de la prime.

The purchasing of a product with the intention of claiming a promotional reward for such a purchase, but without fulfilling this intent. • **slippage rate**: the ratio between such purchases and those made by people who claim their reward.

slippage rate

▶ taux de non-utilisation (d'une promotion).

See: **slippage.**

slogan

▶ **slogan**: phrase brève et originale liée à un produit, une marque ou une société, résumant souvent l'argument de vente principal. Groupe de mots soigneusement étudiés, le slogan est destiné à être répété, mémorisé par les consommateurs et associé chez eux à une réaction favorable. Ex.: «Omo lave plus blanc», «Il bat en balayant, en nettoyant. »
◆ *Voir:* **accroche.**

A short, original phrase or sentence associated with a product, a brand or a company, usually encapsulating the main selling point. The slogan, a group of carefully polished words, is intended to be repeated and remembered by consumers and to create positive associations. Ex.: «Omo Washes Whiter», «It Beats As It Sweeps As It Cleans». ◆ *See:* **end line.**

slug

▶ **ligne-bloc**: ligne de lettres fondues sur la même embase. Ces lignes sont réalisées sur des machines à composer comme la Linotype, etc.
◆ *Voir:* **composeuse.**

A line of type cast in one piece, produced on typesetting machines such as Linotype, etc. ◆ *See:* **typesetting machine.**

small ad(s) (U.K.)

▶ petite(s) annonce(s), annonce(s) classée(s).

See: **classified advertisement(s).**

small letter (typ.)

▶ **minuscule (typ.)**: petit caractère (ou petite lettre) écrit ou imprimé (a, b, c ...), par opposition aux majuscules. ◆ *Voir:* **bas de casse.**

A letter written or printed in its small form (a, b, c ...), as opposed to a capital letter. ◆ *See:* **lower case.**

smalls (U.K.)

▶ petites annonces, annonces classées.

See: **classified advertisement(s).**

smudge (to)

▶ **maculer**: souiller de petites tâches un document, un film ou une épreuve.

To damage a piece of artwork, photographic film or print, in a manner resulting in the production of small spots.

social class (U.S.), socio-economic group (U.K.)

▶ **catégorie socio-professionnelle**: subdivision de la population en fonction de critères économiques et sociaux. Les catégories sont généralement désignées par une lettre.
Au Royaume-Uni, on en distingue six: A = classe moyenne supérieure; B = classe moyenne; C1 = classe moyenne inférieure; C2 = classe ouvrière qualifiée; D = classe ouvrière; E = personnes au niveau de subsistance le plus bas.
En France, il y a quatre catégories: A = classe supérieure; B = classe moyenne supérieure; C = classe moyenne inférieure; D = classe inférieure. ◆ *Abr.*: **C.S.P.**

The subdivision of the population according to economic and social criteria. Groups are usually designated by a series of letters.
In the U.K., there are six different groups: A = upper middle class; B = middle class; C1 = lower middle class; C2 = skilled working class; D = working class; E = those at lowest levels of subsistence.
In France, there are four groups: A = upper class; B = upper middle class; C = lower middle class; D = lower class.

soft focus

▶ **flou artistique (cin.)**: effet artistique visant à créer une image brouillée.

An artistic effect which results in a blurred image.

soft goods

▶ **biens de consommation non durables.**

See: **consumer non-durables.**

soft-sell advertising

▶ **publicité informative.**

See: **informative advertising.**

solid

▶ 1) **plein**: texte composé sans interligne.

▶ 2) **aplat**: zone unie, noire ou colorée, sur une feuille de papier ou sur un document d'exécution.

1) Unleaded typematter.
2) A continuous area of black or coloured ink on paper or artwork.

solo-mailing

▶ «one-shot».

See: **one-shot mailing.**

solus advertisement, solus position (U.K.)

▶ **annonce isolée, emplacement isolé, exclusif**: emplacement excluant la proximité immédiate de tout autre message publicitaire. Ex.: une seule annonce entourée de textes rédactionnels bénéficie d'un emplacement isolé.

A position implying that the advertisement is separated from any other immediate advertising message. Ex.: a single advertisement completely surrounded by editorial matter enjoys a solus position.

◆ *Syn.*: **island position (U.S.).**

solus site (U.K.)

▶ **panneau d'affichage isolé**: panneau d'affichage unique, sans aucun autre à proximité; (par exemple, un panneau spécial).
◆ *Voir*: **panneau spécial.**

A poster panel standing alone, apart from any others. (e.g. large, supersite outdoor advertisements). ◆ *See*: **supersite.**

sound effects

▶ **trucages sonores, effets sonores, bruitages**: sons produits par des procédés électroniques, des enregistrements ou tout autre moyen ne reproduisant ni une voix humaine, ni un instrument de musique.

Any sounds produced by electronics, recordings or other devices, and which do not reproduce the sound of the human voice or a musical instrument. ◆ *Abbr.*: **S.F.X.**

soundtrack

▶ **bande son**: bande sur laquelle est enregistrée la partie sonore d'un film.

The track on which the sound for a film is recorded.

space. ▶ **espace.**

See: advertising space.

space (print.) ▶ **blanc (impr.):** espace non imprimé laissé entre les mots, les lignes.

The unprinted space left between words, lines.

space-booking ▶ **réservation d'espace:** fait de retenir de l'espace publicitaire pour une utilisation ultérieure.

The act of reserving advertising space for future use.

space broker ▶ **centrale d'achat d'espace.**

See: media broker.

space buyer ▶ **responsable de l'achat d'espace, acheteur d'espace (presse, affichage).**

See: media buying.

space buying ▶ **achat d'espace.**

See: media buying.

space discount ▶ **dégressif sur le nombre d'insertions:** remise accordée pour l'achat d'une certaine quantité d'espace publicitaire dans un périodique.

A discount for the purchase of a certain amount of advertising space in a periodical publication.

space position value ▶ **valeur de l'emplacement (affichage):** valeur d'un panneau d'affichage en fonction de sa visibilité, de la distance d'où on peut le voir, de son orientation, de la vitesse de la circulation, de la présence ou non de messages concurrents et du nombre de personnes susceptibles de passer devant.

The value of a poster panel according to its visibility and depending on the distance from which it can be seen, the speed of

traffic, the orientation of the panel, the presence or not of competitive advertisements and the number of passers-by.
◆ *Abbr.* : **S.P.V.**

space selling organisation

▶ **régie publicitaire :** toute entreprise qui vend de l'espace publicitaire. Ex. : *Air Services, B.M.S.* et *R.S.M.* (régies de radio au Royaume-Uni), *R.F.P.* (*Régie Française de Publicité* à la télévision — A2, FR3).

An organisation selling advertising space or time. Ex. : *Air Services, B.M.S.* and *R.S.M.* (radio selling organisations in the U.K.), *R.F.P.* (the television selling organisation in France — A2, FR3).

special

▶ **offre spéciale.**

See : **special offer.**

special colour

▶ **couleur spéciale :** couleur autre que celle normalement utilisée pour l'impression ; (en général, en quadrichromie).

A colour additional to those generally used in printing. (Normally, in the four-colour process).

special display

▶ **mise en avant :** toute présentation marchande différente de celle que l'on rencontre habituellement en rayon pour un produit donné.

Any retail merchandising display other than the one usually encountered for a given product on a shelf.

special effect

▶ **trucage ou truquage :** tout effet visuel obtenu par des procédés optiques ou électroniques. ◆ *Voir :* **trucages optiques.**

Any visual effect produced by optical or electronic means.
◆ *See :* **optical effects.**

specialist magazine

▶ **magazine spécialisé :** magazine destiné à être lu par des personnes ayant un même centre d'intérêt.

A periodical intended to be read by people having a common interest.

special offer ► offre spéciale : article temporairement vendu à prix réduit.

An item temporarily offered for sale at a reduced price. ◆ *Syn.* : **special, deal.**

special position ► emplacement privilégié, préférentiel : emplacement publicitaire présentant un intérêt particulier, et donc vendu à un prix plus élevé. Ex. : la première page d'une publication.

An advertisement position having extra or special interest, and thus sold at a higher rate. Ex. : the front page of a publication. ◆ *Syn.* : **preferred position.**

specialty (U.S.) ► cadeau publicitaire, cadeau-prime.

See : **advertising novelty.**

specialty goods ► produits spécialisés : biens ou services n'entrant généralement pas dans les réseaux de distribution traditionnels, mais vendus, le plus souvent, directement aux consommateurs, par des vendeurs spécialisés. Ex. : les assurances, les encyclopédies, etc.

Goods or services not always available in conventional outlets, usually sold direct to customers and requiring specialist salesmanship. Ex. : insurance, encylopaedias, etc.

specification sheet ► notice technique.

See : **data sheet.**

specifier ► prescripteur.

See : **opinion leader.**

spectacular (n.) ► panneau géant animé (U.K.) : panneau d'affichage élaboré, de très grande dimension (jusqu'à 18 mètres de large), éclairé par un système électrique.

A large (up to 18 metres wide) and elaborate outdoor sign electrically illuminated.

406

spectacular display

▶ **étalage d'attraction :** étalage imposant et sophistiqué, réalisé à l'aide de couleurs vives, d'éclairages spéciaux, etc., afin d'attirer les clients.

A large, elaborate display with vivid colours, special lighting effects, etc., used to attract customers.

speech bubble

▶ **bulle (bande dessinée) :** élément graphique entourant les mots sortant de la bouche d'un personnage dans une bande dessinée.

An enclosed space around words spoken by the character in a cartoon.

speeded-up motion

▶ **accéléré (n.) :** prise de vues réalisée avec un moteur spécial, ce qui permet, à la projection, de donner une vitesse rapide aux mouvements.

Filming done with special equipment so that the motion goes much faster on the screen than in reality.

spill-over effects, spin-off

▶ **retombées :** avantages inattendus découlant d'opérations marketing ou publicitaires.

Unexpected benefits resulting from a marketing or advertising effort.

splice

▶ **collure, point de collage.**

See : **to splice.**

splice (to)

▶ **coller, réparer un film, une bande :** réunir deux morceaux de film ou de bande magnétique en un seul.

To join two sections of a film or magnetic tape together.

split frame (T.V., cin.)

▶ **image fractionnée, « split frame » :** prise de vues faisant apparaître simultanément deux ou plusieurs scènes se partageant l'écran, par exemple deux personnes se parlant au téléphone.

A shot that shows two or more separate scenes simultaneously on different parts of the screen, e.g. two people speaking on the phone. ◆ *Syn. :* **split screen, composite shot (U.S.).**

split run

▶ **split run, tirage alterné ou équifractionné (C.G.L.F.)**: tirage d'un magazine ou d'un journal comportant la même annonce publicitaire sous deux présentations différentes, que l'on fait alterner d'un exemplaire à l'autre, dans le même numéro. Les deux annonces se différencient par le graphisme et/ou l'illustration et/ou le texte, et cette technique permet de mesurer l'efficacité de l'une par rapport à l'autre.

A press run that carries different forms of the same advertisement in different copies of one issue of a magazine or a newspaper to test the effectiveness of one advertisement against another. The advertisements must be different in appearance and/or illustration, and/or wording.

split run test

▶ «split run test», test sur tirage alterné ou équifractionné.

See: **split run.**

split screen

▶ image fractionnée, split frame.

See: **split frame.**

split-test

▶ «split-test»: en publicité directe, test d'un même fichier à partir de plusieurs échantillons d'adresses, chacun étant représentatif de l'ensemble du fichier.

In direct mail, verification of the homogeneity of a list by testing two or more samples from the same list, each considered to be representative of the whole.

sponsor

▶ commanditaire (C.G.L.F.), «sponsor»: annonceur qui, à titre publicitaire, finance un spectacle, une émission, un évènement sportif, etc.
◆ *Voir*: **parrainage d'émissions à la radio où la télévision.**

An advertiser who finances a show, broadcast or sporting event, etc., in return for advertising. ◆ *See*: **sponsored radio or T.V.**

sponsor (to)	▶ commanditer, parrainer, patronner, (C.G.L.F.), «sponsoriser»: «Agir en qualité de commanditaire ou sponsor.» Un annonceur peut, par exemple, parrainer un athlète, une équipe professionnelle (football, cyclisme, etc.) ou un événement, de façon à ce que son nom ou ses produits soient associés à un succès ou à faire paraître son logo à l'écran ou dans la presse. Le parrainage concerne surtout le sport, mais il existe aussi dans le domaine des arts et autres activités culturelles. ◆ *Voir*: **commanditaire**, «**sponsor**».

«To act as sponsor for». *L.D.C.E., 1078.* An advertiser may sponsor, for example, an athlete, a professional sports team (football, cycling, etc.) or an event, so as to have his name or product associated with success and to have his logo appear on T.V. or in the press. Sponsorship is for the most part devoted to sports, but is also practised in the arts and in other cultural fields. ◆ *See*: **sponsor (n.)**.

sponsored film	▶ film d'information publicitaire, film d'entreprise.

See: **documentary**.

sponsored radio/ television	▶ parrainage ou «sponsoring» d'émissions à la radio ou à la télévision, émissions commanditées (C.G.L.F.): diffusion à la radio ou à la télévision d'émissions produites avec la participation d'annonceurs qui y insèrent un message publicitaire. Ce système est très fréquent aux Etats-Unis, en plein développement en France, mais reste interdit au Royaume-Uni.

Broadcasting of radio or television programmes produced with the contribution of advertisers, who insert a commercial. It is a major method in the U.S., a developing one in France, but is forbidden in the U.K.

sponsoring, sponsorship	▶ «sponsoring», parrainage, patronage (C.G.L.F.).

See: **sponsor**.

spot (advertisement)	▶ spot, message publicitaire (radio, T.V.) (C.G.L.F.): passage d'un message publicitaire à la télévision ou à la radio. Ex.: un spot de 30 secondes.

A single broadcasting of a television or radio commercial. Ex.: a 30-second spot.

spot colour, spot color (U.S.) ► couleur d'accompagnement.

See: second colour.

spot drawing ► vignette.

See: **vignette (2).**

spot radio ► **publicité sur radio locale:** espace publicitaire vendu par des stations locales indépendantes. «Le terme anglais *spot radio* est utilisé pour distinguer une annonce diffusée sur des stations locales privées de la publicité sur tout un *réseau,* qui implique une diffusion simultanée du programme sur plusieurs stations. Le terme anglais *radio spot* — *spot* en français — représente une unité de temps, le terme *spot radio* une unité géographique.»
◆ *Voir:* **réseau, spot.**

The advertising time sold by individual local stations as independents. «The word *spot* distinguishes a radio advertisement broadcast on separately owned radio stations from advertising on *network radio,* which involves the simultaneous broadcast of a programme over a group of stations. The term *radio spot* represents a unit of time. The term *spot radio* represents a geographical unit». *E.O.A., 218.* ◆ *See:* **network, spot.**

spot television ► **publicité sur une chaîne régionale:** espace publicitaire vendu par des stations d'émission locales dans des zones géographiques spécifiques. «Annonceurs nationaux et régionaux font de la publicité sur les chaînes régionales: les annonceurs nationaux pour compléter la programmation nationale de leurs messages, et les annonceurs régionaux, parce que les stations d'émission régionales sont d'un usage plus pratique et moins cher pour eux que les chaînes nationales.» ◆ *Voir:* **chaîne.**

The advertising time sold by local stations in specific geographical areas. «Spot television is used by both national and regional advertisers. National advertisers use spot television to supplement their national programming, and regional advertisers use it because it is impractical and more expensive for them to use network television». *E.O.A., 230.* ◆ *See:* **network.**

spotter

▶ **stop-rayon:** matériel de publicité sur le lieu de vente (pancarte, flèche, etc.) fixé perpendiculairement à une tablette de gondole pour attirer l'attention des clients.

A point-of-sale display (card, arrow, etc.) attached perpendicular to a shelf to attract customers' attention.

spread

▶ **double page:** «Dans une publication, deux pages se faisant face et sur lesquelles on peut imprimer une seule annonce publicitaire.» ◆ *Voir:* **double page centrale.**

«Two facing pages in a publication over which one advertisement may be printed». G.M.T., 186. ◆ *Syn.:* **double (page) spread, two pages facing bleed into gutter.** ◆ *See:* **centre spread.**

spread traffic

▶ **taux de lecture d'une double page** (par rapport à l'ensemble de la publication).

See: **page traffic.**

squared-up half-tone

▶ **simili carré:** illustration en demi-teinte, coupée au carré ou en rectangle.

A half-tone illustration trimmed square or rectangular.

stamp card

▶ **carte de fidélité:** carte distribuée au client, lui donnant droit à une réduction après un certain nombre d'achats.

A card given to a customer allowing him a discount against a certain number of purchases.

stand

▶ **stand:** espace réservé aux participants à une exposition, une démonstration, etc.

A place reserved for those participating in an exhibition, a demonstration, etc. ◆ *Syn.:* **booth.**

standard deviation (stat.)

▶ **écart-type (stat.):** mesure statistique des variations des données par rapport à une moyenne.

A statistical measure of the spread of data around an average.

standard error (stat.) ▶ **intervalle de confiance (stat.):** estimation de la variation qu'aurait pu subir un chiffre donné, par suite des approximations statistiques dans l'échantillonnage.

An estimate of the variation of a particular figure which could occur because of statistical variations in sampling. ◆ *Abbr.*: **S.E.** ◆ *Syn.*: **sampling error.**

standard type ▶ **caractère normal.**

See: **type.**

stencil ▶ **stencil:** support d'écriture dans lequel on a découpé des lettres, des dessins, etc. «L'encre, la peinture, etc., déposée sur le stencil pénètre dans les zones découpées et imprime la surface placée en-dessous.» Ce système permet la reproduction d'un certain nombre de copies.

A sheet of paper or the like into which letters or designs have been cut. «Ink, paint, etc., run over the stencil passes through these areas to mark the surface over which it is laid». *D.A.T.*, *179.* This enables a number of copies to be reproduced.

stereotype ▶ **stéréotype, cliché:** duplication d'un cliché réalisée en relief, par coulage de plomb dans un flan ou moule reproduisant le cliché ou la forme typographique originale. ◆ *Abr.*: **stéréo.** ◆ *Voir*: **flan.**

A duplicate plate made in relief by casting in lead from a flong or mould taken from the original plate or forme. ◆ *Abbr.*: **stereo.** ◆ *See*: **flong.**

sticker ▶ **autocollant, adhésif:** étiquette ou autre imprimé à coller sur une fenêtre, du papier ou toute autre surface, de façon à pouvoir être laissé en vue.

A label or other printed material for sticking on a window, paper or other surface for display purposes.

still

▶ 1) **photographie (empruntée au film)**: tirage d'une image ciné-matographique d'un film.

▶ 2) **photographie publicitaire**: photo destinée à faire connaître un film ou un acteur.

1) A photographic print taken from a single frame of a film.
2) A photograph advertising a film or performer.

stock

▶ **pellicule vierge**: film qui n'a pas encore été utilisé.

Film that has not yet been used. ◆ *Syn.*: **film stock.**

stock music

▶ **musique d'archives.**

See: **library music.**

stock shot

▶ **plan d'archives.**

See: **library shot.**

stone (print.)

▶ **marbre (impr.)**: «Table autrefois revêtue d'une plaque de pierre, sur laquelle on plaçait les compositions, etc.»
• **rédacteur au marbre**: personne chargée de surveiller l'impression du journal.

«A table, formerly with a stone top, used for laying out type galleys, etc.». *D.A.T.*, 180.
• **stone editor**: a person responsible for supervising the printing of a newspaper.

stone editor

▶ **rédacteur au marbre.**

See: **stone.**

stop action

▶ **arrêt sur image, image arrêtée.**

See: **freeze frame.**

stop frame animation, stop motion (U.S.)

▶ **prise de vues image par image, film d'animation**: trucage, fréquemment utilisé dans les films publicitaires à la télévision, visant à donner une apparence de mouvement à une séquence. Ex.: les paquets qui se défont eux-mêmes, les objets qui bougent tout seuls, etc.

A film effect frequently applied to T.V. commercials, intended to give apparent motion in a sequence. Ex.: packages that unwrap themselves, objects that move of their own accord, etc.

stopper

▶ «stopper», barre-route: toute disposition de marchandises dans une allée, visant à ralentir le flux des clients.

Any merchandise display set up in an aisle to slow down customer flow.

store audit (U.S.)

▶ panel détaillants.

See: dealer audit.

storecast

▶ animation radiophonique dans un magasin: émission de radio diffusée dans un magasin ou animation sous forme de programme radiophonique.

Broadcast of a radio programme in a retail store or radio-like broadcasting of music, special announcements of sales, etc.

store check

▶ «store check», tournée de magasins: relevé d'informations quantitatives et qualitatives sur les produits en magasin. C'est surtout un pointage des stocks, linéaires et écoulements des produits dont on désire promouvoir la vente.

A quantitative and qualitative examination of the merchandise carried by retail outlets. Mainly involves checking stocks, shelf space and flow of the products to be promoted.

storyboard

▶ storyboard, scénarimage (C.G.L.F.): série de dessins continus – un peu comme ceux des bandes dessinées – représentant le thème, l'action et l'enchaînement d'un film publicitaire réalisé pour la télévision ou le cinéma. Le storyboard permet ainsi d'imaginer ce que sera le film; il est donc soumis à l'approbation du client avant que le tournage ne soit entrepris.

The theme, action and sequence of a cinema or television commercial shown in a set of sketches arranged in consecutive order – not unlike a strip cartoon. The storyboard makes it possible to imagine what a film will be like, and it is therefore presented to the client for approval before filming is undertaken.

strategy

▶ **stratégie :** art de combiner un ensemble de forces, dans le cadre d'une politique donnée, en vue de gagner – spécialement dans le milieu commercial ou militaire antagoniste. ◆ *Voir :* **stratégie publicitaire, stratégie de communication, stratégie commerciale, tactique.**

The art of combining a set of forces within a given policy in order to achieve success – especially in a commercial or antagonistic military environment.
◆ *See :* **advertising strategy, communication strategy, marketing strategy, tactics.**

stratification

▶ **stratification :** en statistiques, division d'une population en un certain nombre de catégories ne se chevauchant pas, de façon à établir un *échantillon stratifié* représentant toutes les catégories mesurées séparément.

In statistics, the division of a population into a number of non-overlapping categories, so as to set up a stratified sample representing all categories, with each being measured separately.

streamer

▶ **banderole, oriflamme.**

See : **banner.**

stripping

▶ **pelliculage :** en photogravure, opération consistant à détacher l'émulsion photographique de son support et permettant d'ajouter un nouvel élément (texte ou illustration) à un film. Cette technique est devenue facile avec les *stripping films.*

The process of removing a developed photographic emulsion from its base for the photoengraving of a printing plate. Stripping makes it possible to add an element (text or illustration) to a film and is now easily done with *stripping films.*

structured interview

▶ **entretien avec questionnaire pré-établi :** entretien mené à l'aide d'un questionnaire rédigé à l'avance. « L'entretien avec questionnaire pré-établi ne laisse aucune latitude à l'enquêteur, qui ne peut changer le cours de l'enquête, ni la façon dont elle doit être menée. »

An interview which uses a questionnaire whose questions are

determined in advance. «The structured interview allows no latitude to the interviewer to change the course of the interview or the way in which it is conducted». *Glossary of Market Research Terminology*. I.S.B.A., 38.

studio

▶ 1) **agence, studio photographique.** ◆ *Voir:* «photographic studio».

▶ 2) **studio d'exécution:** studio spécialisé dans la réalisation des documents d'exécution. ◆ *Abr.:* **studio d'exé.** ◆ *Voir:* **exécution.**

1) *See:* **photographic studio**
2) A firm which specialises in producing artwork. ◆ *Syn.:* **artwork studio.** ◆ *See:* **artwork.**

stuffer

▶ **encart-colis:** encart, brochure ou bon de commande, inséré dans un colis ou un mailing.

An insert, brochure or order form placed in a package or mailing.

style leader

▶ prescripteur.

See: **opinion leader.**

styling

▶ **stylisme:** 1) étude des styles et des formes du point de vue esthétique. 2) habillage des mannequins, composition des décors et choix des accessoires pour les films cinématographiques ou publicitaires, les émissions de télévision, les séances de prise de vues.

1) The study of shapes and styles from an aesthetic point of view. 2) The dressing of models, or sets for films, commercials, T.V. programmes or photographic shoots, with props, accessories, etc.

stylist

▶ **styliste:** 1) personne qui réalise des compositions visuelles, conçoit de nouvelles formes, etc., surtout dans le domaine de l'habillement. 2) personne qui recherche les décors et accessoires pour des films publicitaires ou des séances de prise de vues.

1) A person who arranges visual compositions, designs new styles, etc., mainly in fashion.
2) A person who sources, props and accessorises photographic shoots or commercials.

subhead(ing)

▶ **sous-titre** : titre placé sous le titre principal.

A heading or title following the main one.

subliminal advertising

▶ **publicité subliminale** : message publicitaire au-dessous du seuil de perception consciente de l'individu, mais susceptible d'être enregistré par le subconscient. Ex. : un message d'une fraction de seconde à la télévision. «L'usage de la publicité subliminale est interdite au Royaume-Uni, ainsi que dans un certain nombre d'autres pays, où l'on considère qu'elle exerce une influence persuasive de façon déloyale.»

An advertising message below the threshold of conscious perception, but likely to register in the subconscious. Ex. : a split-second message on television. «The use of subliminal advertising is illegal in the U.K. and a number of other countries where it is not regarded as a fair means of exercising persuasive influence». G.M.T., 190.

subscriber

▶ **abonné** : personne ayant passé un contrat pour bénéficier d'un service, pour lequel il paie à intervalles réguliers. • **abonnement** : le contrat lui-même.

A person who has contracted to receive the use of a service over a period of time, for which he pays at regular intervals. • **subscription** : the contract itself.

subscription

▶ **abonnement.**

See : **subscriber.**

substance

▶ **grammage** : classification du papier basée sur le poids au mètre carré.

The classification of paper by weight per square metre.

substitute

▶ **produit de substitution:** produit utilisable à la place d'un autre, puisque tous deux satisfont des besoins identiques. Ex.: la margarine est un produit de substitution du beurre.

A product that can be used in place of another, as both satisfy similar needs. Ex.: margarine is a substitute for butter.

subtractive colour mixing

▶ **synthèse soustractive:** moyen de reproduction des couleurs par superposition d'encres, de peintures ou de teintures. Par la superposition de trois pellicules d'encre, jaune, cyan et magenta, on obtient du noir, et la couleur peut provenir de la projection d'une lumière blanche sur une surface opaque colorée, ou à travers un filtre coloré, qui absorbe alors une partie de son intensité. ◆ *Voir:* **synthèse additive.**

A means of reproducing colours by superimposing inks, paints or dyes. The overlapping of cyan, yellow and magenta ink produces black, and the colour can result from the projection of a white light onto an opaque coloured surface, or through a colour filter, which then absorbs some of its intensity. ◆ *See:* **additive colour**

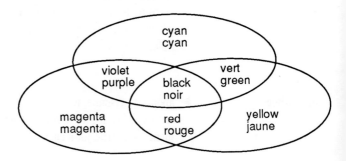

subway card (U.S.)

▶ oriflamme métro.

See: **tube card.**

supercalendered paper

▶ papier surglacé.

See: **calendered paper.**

supersite

▶ **panneau spécial :** emplacement publicitaire spécialement construit pour de très grands panneaux, généralement peints ou à trois dimensions (avec des silhouettes ou des produits en relief).

A specially constructed outdoor advertising site, sometimes bearing large painted panels or three-dimensional displays with figures or products in relief. ◆ *Syn. :* **96-sheet poster site (U.K.).**

supplement (press)

▶ **supplément (press) :** toute publication distincte que l'on ajoute à un journal ou un magazine (par exemple, les suppléments du week-end).

A separate publication added to a newspaper or a magazine (e.g. : a Sunday supplement).

support medium

▶ **média d'accompagnement, média secondaire :** média utilisé dans une campagne pour prolonger et, si besoin est, corriger l'effet du média de base. ◆ *Voir :* **média de base.**

A medium used in a campaign to continue and, if necessary, to correct the effect of the primary media. ◆ *Syn. :* **secondary medium.** ◆ *See :* **primary medium.**

surprint

▶ **surimpression :** impression simultanée de deux ou plusieurs négatifs sur la même surface sensible pour obtenir une seule image combinée.

A single printing of two or more superimposed negatives onto the same sensitized surface to produce a combined image.

survey

▶ **enquête, étude :** étude des goûts et des opinions des personnes à partir de techniques d'échantillonnage. Les informations obtenues peuvent ensuite être utilisées pour mettre en place la publicité, la distribution et la vente d'un produit. Ex. : une étude de marché.

A study of people's tastes and opinions based on sampling techniques. Collected information can be used to plan the advertising, distribution and marketing of a product. Ex. : a market survey.

swash letter

▶ **lettre ornée :** lettre ayant une forme travaillée et décorative.

A letter with elaborate and decorative type design.

sweepstake

▶ **«sweepstake» :** forme de loterie dans laquelle on effectue un pré-tirage au sort des gagnants, qui, pour obtenir leur lot, doivent renvoyer leur bon de participation. Aux U.S.A. et en France, aucune contribution onéreuse du type obligation d'achat ne peut être exigée des participants.

A form of lottery in which the winners are randomly drawn in advance and the prizes then awarded to those who submitted valid entries. In the U.S. and in France, entrants cannot be required to fulfil a monetary obligation, such as a purchase. ◆ *Abbr.* : **sweep.**

swing tag

▶ **étiquette mobile.**

See : **label.**

sync sound

▶ **son direct, enregistrement direct, synchronisation son-image :** fait, dans un film cinématographique ou publicitaire, d'enregistrer le son tout en filmant les images – par opposition à la *post-synchronisation* qui consiste à enregistrer le son après la prise de vues.

In commercials or film, the recording of sound at the same time as the film is shot, as opposed to *dubbing*, where the sound is recorded after filming. ◆ *Syn.* : **direct recording.**

synopsis

▶ **synopsis (m.) :** bref résumé d'un scénario.

A short account of a scenario.

tabloid (n.)

▶ **tabloïd (n.):** journal dont le format est égal à la moitié de celui ordinairement adopté. Ex.: le *Daily Mirror* en Grande-Bretagne, *Le quotidien de Paris* ou *Libération* en France.

A newpaper with about half the page size of a broadsheet. Ex.: the *Daily Mirror* in Great Britain, *Le quotidien de Paris* or *Libération* in France.

tachistoscope

▶ **tachistoscope:** appareil de projection permettant de montrer, aux personnes interrogées, un objet, une annonce, etc., à différentes vitesses d'exposition: du 500ᵉ de seconde à plusieurs secondes. «En matière de recherche publicitaire, on utilise le tachistoscope pour mesurer les seuils auxquels sont enregistrées les caractéristiques d'une annonce, ainsi que l'impact visuel d'un message exposé seulement pendant un court instant.»

A projection device for the exposure of an object, an advertisement, etc., to respondents for brief spells: from 1/500 of a second to several seconds. «In advertising research», the tachistoscope «is used to measure the thresholds at which the features of an advertisement are registered. It is also used for measuring the visual impact of an advertisement when exposed for only a short time». *G.M.T. 191.* ◆ *Abbr.:* **T-scope.**

tactics

▶ **tactique:** art d'employer les moyens dont on dispose pour parvenir au résultat désiré. ◆ *Voir:* **stratégie.**

The art of using available means to obtain a desired result.
◆ *See*: **strategy.**

tag   ▶ **étiquette.**

See: **label.**

tailor (to)   ▶ **adapter**: appliquer ou ajuster à un but précis. Ex.: adapter une promotion à un détaillant ou un message à un support.

To adapt to a specific purpose. Ex.: to tailor a promotion to a retailer, or a message to a medium.

take   ▶ **prise de vues, prise de son**: enregistrement cinématographique ou phonographique d'une scène. ◆ *Voir*: **plan.**

The filming or taping of a single scene. ◆ *See*: **shot.**

«take-one» (pad)   ▶ **bloc de prospectus mis à la disposition des clients, «dépliants libre-service»**: bloc de prospectus, cartes-réponse, etc., que l'on trouve généralement sur une étagère de gondole ou sur un présentoir sur le lieu de vente, afin que les clients puissent se servir eux-mêmes.

A pad of leaflets, reply cards, etc., usually affixed to a shelf or used in conjunction with a large display unit at the point-of-sale, so that customers can take one. ◆ *Syn.*: **tear-pad.**

talent   ▶ **artistes**: acteurs, musiciens et autres interprètes.

Actors, musicians and other performers.

tape plan   ▶ **opération-cadeau contre remise de tickets de caisse**: opération promotionnelle étalée dans le temps, consistant à proposer un choix de cadeaux contre la remise de tickets de caisse représentant des achats précis ◆ *Voir*: **opération points-cadeau.**

A continuous promotion offering a variety of premiums in return for register tapes representing specified purchases. ◆ *Syn.*: **cash-register-tape redemption plan.** ◆ *See*: **coupon plan.**

target ▶ cible.

See: **target market.**

target audience ▶ **audience utile:** partie de l'audience totale d'un support ou d'un média appartenant à la cible visée par l'annonceur. ◆ *Voir:* **cible.**

The part of the total audience of a communications medium that an advertiser wants to reach. ◆ *See:* **target.**

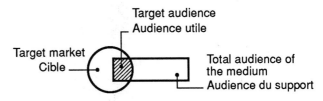

Target audience
Audience utile

Target market
Cible

Total audience of
the medium
Audience du support

Publicité, S. Piquet, 117.

target group, target market ▶ **cible:** segment du marché (ou partie de la population) auquel s'adresse plus spécifiquement une campagne de publicité. Ex.: la jeunesse dans le cas de Coca-Cola. ◆ *Voir:* **audience utile.**

The market segment (or section of the population) at which an advertising campaign is specifically directed. Ex.: youth in the case of Coca-Cola. ◆ *Syn.:* **target.** ◆ *See:* **target audience.**

tear sheet ▶ **justificatif de parution:** page du journal ou du magazine sur laquelle l'annonce a été imprimée, qui est ensuite découpée (ou arrachée) pour être envoyée à l'annonceur, afin de lui prouver que la publication a bien eu lieu.

The page on which a particular advertisement appeared, and which is cut (or torn) from a newspaper or magazine to be sent to the advertiser as evidence of its publication. ◆ *See:* **checking copy.**

teaser ▶ **annonce-mystère, aguiche (C.G.L.F.), «teaser»:** annonce qui vise à susciter la curiosité, en ne révélant aucune information sur le produit. Elle est généralement suivie d'un autre message venant l'expliciter.

An advertisement specially designed to stimulate curiosity by withholding information about the product. It is usually followed later by a second message revealing the meaning of the teaser advertisement.

teaser campaign ▶ campagne-mystère, campagne «teasing».

See: **teaser.**

technical ▶ détails techniques.

See: **copy instruction (C.I.).**

technical press ▶ presse spécialisée, presse technique.

See: **trade and technical press.**

telecopier ▶ télécopieur.

See: **fax.**

telemarketing ▶ télémarketing.

See: **phone marketing.**

telephone selling ▶ vente par téléphone: technique de vente consistant à contacter les clients potentiels par téléphone, pour obtenir des commandes ou un rendez-vous pour une visite à domicile.
◆ *Voir:* **marketing téléphonique.**

A selling method which consists of contacting potential customers by telephone to solicit orders or to obtain an appointment for a visit.
◆ *See:* **phone marketing.**

telephone survey ▶ enquête par téléphone: enquête menée par le biais d'interviews au téléphone.

A survey conducted by means of telephone interviews.

teletext ▶ télétexte, vidéographie diffusée: système de transmission d'informations, stockées sur ordinateur, sur des écrans de télévision individuels spécialement adaptés pour cela. Le système de ce type fonctionnant au Royaume-Uni est dénommé *Oracle*, celui adopté en France est le système *Antiope*. ◆ *Voir*: **vidéotex, Oracle, Antiope.**

A system for transmitting information stored on a computer to suitably adapted domestic television sets. The system of this type in the U.K. is *Oracle*, the one in France is *Antiope*. ◆ *Syn.*: **broadcast videotext.**

◆ *See*: **videotex, Oracle, Antiope.**

television
▶ **télévision**: transmission par ondes électriques, à distance, d'images non permanentes et du son. La télévision est l'un des médias utilisés par la publicité. ◆ *Abr.*: **T.V.**

The method of broadcasting moving visual images and sound over a distance by means of electrical waves. One of the media used in advertising. ◆ *Abbr.*: **T.V.**

television advertising
▶ **publicité télévisée, à la télévision.**

See: **television.**

television consumer audit
▶ **mesure de l'impact sur un échantillon de téléspectateurs**: mesure de l'impact de la télévision sur la population, par le biais des constatations faites par un échantillon de téléspectateurs.

A measure of the impact of television on the population through the observations made by a sample of viewers.

television rating
▶ **indice d'écoute T.V.**: pourcentage de foyers ou d'individus regardant une émission par rapport à l'audience potentielle globale. Ex.: un indice d'écoute 1 représente 1 % de l'audience potentielle.

The percentage of homes or individuals that actually watch a programme, as opposed to the potential total audience. Ex.: 1 T.V.R. represents 1 % of the potential television audience. ◆ *Abbr.*: **T.V.R.**

tertiary readership
▶ **lectorat tertiaire, lecteurs occasionnels**: ensemble des personnes qui regardent une revue en passant, par exemple chez le coiffeur ou dans une salle d'attente.

The casual readership of a publication, e.g. at hairdressers' or in waiting rooms.

test

▶ **test**: «Action entreprise pour limiter les risques d'une décision de marketing, consistant à simuler sur une petite échelle les conditions proposées, afin d'observer les résultats.»

«An effort to minimize risk in a marketing decision by conducting a miniature simulation of the proposed conditions in order to observe results». *D.A.T.*, 188.

testimonial advertising

▶ **publicité testimoniale**: publicité basée sur la recommandation du produit par un utilisateur connu ou non. «Le témoignage utilisé en publicité doit être authentique, ne doit pas dater de plus de trois ans et doit reposer sur l'expérience de la personne qui le donne.»

Advertising based on the recommendation of the product by a user, whether well-known or not. «A testimonial used in an advertisement should be genuine, not more than 3 years old and related to the experience of the person giving it». *British Code of Advertising Practices*, part 1, clause 10.1.

test-market

▶ **marché-test**: zone géographique dans laquelle on teste un plan marketing ou un nouveau produit. ◆ *Voir*: **tests de marché**.

A geographical area in which a test of a marketing plan or of a new product is carried out. ◆ *Syn.*: **pilot-market**. ◆ *See*: **test-marketing**.

test-marketing

▶ **tests de marché, «test-marketing»**: méthode consistant à tester un plan marketing ou un nouveau produit sur une petite échelle, de façon à permettre à l'annonceur de se rendre compte de la réceptivité du produit et de l'efficacité de l'approche publicitaire. Les tests de marché sont souvent effectués dans une région limitée, mais représentative. Au Royaume-Uni par exemple, la télévision régionalisée permet de tester facilement le marché, alors qu'en France, l'Est fait souvent l'objet de marché-tests avec Télé-Luxembourg.

The method of testing a marketing plan or a new product on a limited scale, so that the advertiser can judge the potential reception of the product and the effectiveness of the advertising approach. Marketing tests are often conducted in a restricted but representative area. In the U.K., for instance, regionalised T.V. is a good opportunity to test markets, whereas in France, the Eastern region receiving Télé-Luxembourg is saturated with marketing tests.

thermography ▶ **thermogravure:** méthode d'impression en relief, consistant à incorporer à l'encre encore humide une poudre résineuse qui, exposée à haute température, produit une image imprimée surélevée imitant l'impression timbrée, tout en étant moins onéreuse. ◆ *Voir:* **timbrage en relief.**

A raised printing method in which a resinous powder, added to the still-wet imprinted ink, is baked to give a raised printed image that resembles die stamping while being less expensive. ◆ *See:* **die stamping.**

thick rule ▶ **filet mat.**

See: **rule.**

third cover ▶ **troisième de couverture.**

See: **cover.**

30-sheet poster (U.S.) ▶ **affiche de 6,50 x 3 m (environ).**

See: **poster size.**

32-sheet poster (U.K.) ▶ **(affiche) 4 x 3.**

See: **poster size.**

three-colour process ▶ **trichromie:** impression réalisée à l'aide des trois couleurs primaires, jaune, rouge et bleu, sans le noir.

Colour printing using the three primary colours: yellow, red and blue, but not black. ◆ *Abbr.:* **3/C.**

three-dimensional board ▶ **panneau tri-dimensionnel.**

See: **bulletin, supersite.**

three-sheet poster (U.S.)

▶ affiche de 3,60 x 1,20 m.

See: **poster size.**

throwaway

▶ **prospectus.**

See: **handbill.**

thumbnail (n.)

▶ **croquis:** dessin à main levée, généralement de petite dimension. «Le but de ces croquis est de matérialiser rapidement un certain nombre d'idées susceptibles d'être retenues pour la maquette.»

A rough, usually small sketch. «The purpose of these thumbnails is to work up quickly a number of possible designs for the layout». *E.O.A., 359.*

tie-breaker

▶ **question subsidiaire:** «Procédé utilisé dans les concours pour limiter le nombre de gagnants; il s'agit généralement de trouver un slogan ou de compléter une phrase.»

«A device used in competitions to ensure a required number of major prizewinners; usually takes the form of writing a slogan or completing a sentence». *A.J.D., 35.*

tie-in advertisement

▶ **annonce collective:** annonce publicitaire pour plusieurs produits ou services, concernant parfois différents annonceurs.

A single advertisement for two or more products or services, sometimes concerning different advertisers.

tie-in sale

▶ **vente jumelée, vente liée:** vente dans laquelle l'acquisition d'un produit est conditionnée à l'achat d'un autre article.

A sale in which the acquisition of one item is tied to the purchase of another.

till cancelled, countermanded or forbid

▶ **sans date limite, à durée indéterminée:** expression signifiant que le contrat sera applicable jusqu'à ce que l'annonceur y mette fin.

A term meaning that the contract will be applicable until terminated by the advertiser. ◆ *Abbr.:* T.C. or T.F.

time-code (cin.)

▶ code temporel (C.G.L.F.), «time-code» (cin.) : système qui imprime électroniquement le minutage sur la bande magnétique, de façon à faciliter le montage.

An electronic device used to record minute-by-minute timing on the magnetic tape to facilitate editing.

time discount

▶ dégressif sur le temps acheté.

See: **frequency discount.**

time schedule

▶ calendrier de campagne (radio, T.V.).

See: **media schedule.**

time segment

▶ tranche horaire : horaire de diffusion donné, auquel correspond un prix ou un tarif établi en fonction du volume et de la qualité de l'audience.

A given portion of broadcast time which is given a price or rate depending on the quantity and quality of the audience.

tint block

▶ cliché d'aplat : plaque servant à l'impression d'une zone de couleur unie.

A printing plate used to print a flat area of colour.

tip-in

▶ encart broché : annonce sur papier souple ou rigide, bon, coupon, échantillon, etc., généralement agrafé dans une publication de format plus grand. ◆ *Voir:* **encart.**

An advertising page or card, a coupon, a sample, etc., inserted into a publication whose regular page size is larger. The tip-in is usually gummed or stitched. ◆ *See:* **insert.**

tip-on

▶ encart collé, carte collé : carte, coupon, échantillon, etc., collé sur une page dans une publication.

A card, a coupon, a sample, etc., glued to a page in a publication.

title card (cin.) ▶ **carton (cin.):** tout élément graphique ou textuel reporté sur un carton, destiné aux surimpressions, génériques, etc.

Any text or graphic on a piece of cardboard for use in surprints, credit titles, etc.

title corner ▶ **oreille publicitaire, manchette publicitaire.**

See: **ear.**

title stand ▶ **banc-titre:** caméra fixée sur un support mobile, destinée à filmer des éléments immobiles (titres, dessins, etc.).

A camera on a moveable support designed to facilitate the filming of fixed elements (titles, drawings, etc.).

tombstone advertisement (U.S.) ▶ **«pierre tombale»:** annonce – figurant généralement dans les pages financières des journaux – passée par un professionnel ou une société, donnant uniquement des informations chiffrées de base sur des projets d'émissions d'actions. «Le terme *pierre tombale* a probablement été suggéré par un dessinateur publicitaire, qui assimila ces annonces à des pierres tombales ne portant rien de plus que l'inscription du nom, des dates de naissance et de décès de la personne.»

An advertisement for a professional person or organisation – usually in the financial columns of newspapers – which confines itself to basic statistical information about any forthcoming stock issue. «The designation *tombstone* was probably suggested by an advertising designer who likened the ads to a tombstone that contains no more than the name of the person and the dates of birth and death». *E.O.A., 506.*

top (fixing) rate (T.V.) (U.K.) ▶ **tarif maximum garantissant le passage dans l'écran choisi (T.V.).**

See: **fixed spot.**

total effective exposure ▶ **exposition réelle totale:** ensemble des lecteurs, spectateurs et auditeurs exposés à un message ou un support publicitaire.

Readers, viewers and listeners exposed to an advertisement or a medium. ◆ *Abbr.:* **T.E.E.**

trade advertising

▶ **publicité destinée aux distributeurs :** publicité s'adressant aux distributeurs – agents, grossistes, détaillants, entreprises de vente par correspondance, etc. – et utilisant les médias tels que la presse professionnelle, la publicité directe, les expositions, etc.

Advertising aimed at distributors – agents, wholesalers, retailers, mail order houses, etc. – using media such as trade press, direct mail, exhibitions, etc.

trade and technical press

▶ **presse professionnelle :** ensemble des journaux et revues ne s'adressant pas au grand public, mais à l'individu dans son travail. La presse professionnelle comprend la presse technique, industrielle, commerciale, économique, agricole, etc. ◆ *N.B.* : l'anglais fait la distinction entre la presse professionnelle destinée aux professions commerciales (*trade press*) et celle destinée aux professions libérales (*professional press*).

All publications not directed at the general public, but at the individual in his job. There are several groups : technical press, trade press (strictly directed at distributors), professional press (read by professional people such as doctors, lawyers, teachers, etc.), business press, agricultural press, etc.

trade-character

▶ **1) personnage publicitaire :** personnage vivant ou symbolique exploité publicitairement. *Ex.* : Johnnie Walker, le Bibendum Michelin, etc.
▶ **2) animateur(trice) costumé(e) :** animateur(trice) de vente portant un costume en rapport avec le produit proposé. *Ex.* : des vendeuses de fromage de Hollande en costume national hollandais.

1) A real-life or symbolic character used in advertising. *Ex.* : Johnnie Walker, Michelin Man, etc.
2) A demonstrator or the like dressed in a costume related to the product being offered. *Ex.* : the Dutch cheese girls.

trade fair

▶ **foire commerciale.**

See : **show.**

trademark (or trade-mark)

▶ **marque de fabrique:** nom, mot, symbole ou marque servant à identifier les produits d'un fabricant. La marque de fabrique fait généralement l'objet d'un dépôt à l'Institut de la Propriété Industrielle, afin d'en réserver l'usage à son propriétaire.

The name, term, symbol or mark that serves to identify the products of one manufacturer. The trademark is usually registered at the Patent Office to legally restrict its use to its owner.
◆ *Syn.:* **tradename.**

tradename

▶ **marque de fabrique.**

See: **trademark.**

trade press

▶ **presse professionnelle (commerçants).**

See: **trade and technical press.**

trade show

▶ **salon commercial.**

See: **show.**

trading stamp

▶ **point-cadeau, timbre-prime, timbre-ristourne, timbre d'achat:** timbre offert en prime au moment de l'achat de marchandises. Le nombre de timbres délivrés par les commerçants est proportionnel au montant global de l'achat. Collectionnés en nombre suffisant, ces timbres peuvent être échangés contre une somme d'argent ou un cadeau choisi dans un catalogue. Ex.: les timbres Coop.

A stamp offered as a premium at the time of merchandise purchase. The number of stamps issued by retailers is in proportion to the total amount of the purchase. Such stamps, in sufficient numbers, can be redeemed for cash or gifts chosen by the consumer from a catalogue. Ex.: Co-op stamps.

traffic

▶ 1) **flux de clientèle:** importance de la circulation des consommateurs dans un magasin de détail et/ou manière dont ils circulent.
▶ 2) **trafic-planning.**

1) Importance and/or pattern of consumers in a retail store.
2) *See:* **traffic planning.**

traffic-builder

▶ « traffic-builder », cadeau de bienvenue, cadeau de création de trafic : cadeau publicitaire de faible valeur offert gratuitement pour inciter les consommateurs à entrer dans un magasin.

A low-cost premium offered free to induce consumers to visit a store.

traffic controller

▶ responsable du trafic-planning : personne à la tête du service trafic, chargée de la coordination et de la surveillance de la progression régulière – et dans les délais – du travail de l'agence.

The person at the head of an advertising agency's traffic department, charged with the task of coordinating work and keeping it flowing at a steady and ponctual pace.

traffic count

▶ comptage de circulation : «Comptage des personnes ou véhicules, passant à un endroit donné, à un moment donné. »

The «count of persons or vehicles passing a particular point during a specified period of time». G.M.T., 197.

traffic department

▶ service trafic-planning, service trafic : service responsable de l'ordonnancement du travail dans les grandes agences. Il est chargé de la répartition des instructions et de la surveillance de la progression du travail.

In large agencies, the department which directs the work-flow. It is responsible for distributing instructions and for progress chasing.

traffic planning

▶ trafic-planning : coordination des activités d'une agence de publicité, afin d'assurer la progression régulière du travail et le respect des délais impartis.

The coordination of activities in an advertising agency to ensure that work keeps flowing steadily and punctually. ◆ Syn. : **traffic.**

traffic time (car radio)

▶ heure de grande écoute (en voiture).

See: **prime time.**

train advertising ▶ **publicité S.N.C.F.:** publicité utilisant les emplacements disponibles dans les gares de chemin de fer, sur les quais et dans les voitures.

Advertising on the sites available in railway stations, on platforms and inside carriages.

tranny ▶ diapositive.

See: **transparency.**

Transfer key (trademark) ▶ **Transfer key (marque):** système d'épreuve chimique fabriqué par 3M permettant de simuler le résultat final de l'impression à partir de films négatifs (principalement en quadrichromie).

The chemical proofing system made by 3M which produces a simulated press proof from negative films (usually four-colour process).

transient ▶ **passager, éphémère:** transitoire. Concerne les messages à la radio et/ou à la télévision qui ne durent pas. ◆ *Voir:* **durable.**

Transitory. Applies to television and/or radio messages which are fleeting. ◆ *See:* **intransient.**

transit advertising (U.S.) ▶ publicité transport.

See: **transportation advertising.**

transmission certificate (U.K.) ▶ **justificatif de diffusion:** certificat délivré par les chaînes de télévision pour confirmer qu'une annonce a bien été passée.

A certificate issued by I.T.V. (Independent Television) companies to confirm that a television commercial has been transmitted.

transparency ▶ **film diapositif, diapositive:** image positive sur support transparent, le plus souvent en couleurs. ◆ *N.B.:* le terme anglais *slide* s'applique à la diapositive montée sur cadre de métal, plastique ou carton, pour être projetée.

A transparent photographic positive, usually in colour. ◆ *Syn. :* **tranny.** • **slide:** a transparency mounted in a metal, plastic or cardboard frame for projection.

transport(ation) advertising

▶ **publicité transport, affichage transport:** affichage à l'intérieur comme à l'extérieur des moyens de transport en commun, ainsi que de tout ce qui appartient aux entreprises de transport. Il s'agit essentiellement: • des bus, du métro, des trains et des bateaux; • des gares, aéroports et ports maritimes; • ainsi que des guichets de réservation, salles d'attente, etc. «La principale différence entre l'affichage urbain, routier ou rural et l'affichage transport est que le public qui voyage peut enregistrer de plus longs messages que le passant dans la rue.»

Poster advertising in or on public transportation and property belonging to transport companies, including: • buses, overland and underground trains, ships; • stations, airports and seaports; • booking offices and waiting rooms. «The chief difference between transportation and outdoor advertising is that the travelling public is able to absorb longer messages than the passer-by in the street». D.M.C., 115. ◆ *Syn. :* **transit advertising (U.S.).**

travelling, traveling (U.S.)

▶ **travelling:** prise de vues d'un même plan avec un appareil mobile.

Shot with a moving camera of a single scene.

travelling display

▶ 1) **étalage mobile, itinérant:** étalage publicitaire que l'on peut bouger, par exemple d'un magasin à un autre.
▶ 2) **publicité sur un véhicule de transport:** toute forme de publicité exposée à l'extérieur des véhicules de transport.

1) An advertising exhibit that can be moved, e.g. from one shop to another.
2) Transport advertising displayed on the outside of a vehicle.

triad (triadic test)

▶ **test comparatif entre trois produits:** test de sélection entre trois produits (dont deux sont identiques) proposés au participant qui doit découvrir lequel est différent.

A selection test in which three products (two being the same) are presented to the informant who is asked to pick the odd one out. ◆ *Syn. :* **triangular test.**

trial

▶ **essai :** test d'un produit ou d'un service pour juger de sa qualité et de sa valeur.

The act of testing a product or service to evaluate its quality and value.

triangular test

▶ test comparatif entre trois produits.

See : **triad.**

trim (to)

▶ **rogner :** couper les pages d'un livre ou d'un document au format désiré.

To cut the pages of a document or a book to a predetermined size.
◆ *Syn. :* **(to) crop.**

T-scope

▶ tachistoscope.

See : **tachistoscope.**

tube card (U.K.)

▶ **affiche dans les voitures du métro, oriflamme métro :** petite affiche publicitaire située à l'intérieur ou au plafond des voitures du métro.

A small advertising card displayed in Underground carriages.
◆ *Syn. :* **subway card (U.S.).**

12-point size

▶ **douze, cicero :** unité de mesure typographique égale à 12 points.
◆ *Voir :* **point typographique.**

A unit of type measurement equivalent to 12 points. ◆ *See :* **point.**

24-hour recall

▶ test de mémorisation différée, day-after recall (D.A.R.).

See : **day-after recall.**

24-sheet poster (U.S.) ▶ affiche de 6 m x 2,60 m (environ).

See : poster size.

two-colour process ▶ bichromie : impression en deux couleurs, généralement noir plus une autre couleur.

Printing in two colours, usually black plus one other. ◆ *Abbr. :* 2/C.

two pages facing bleed into gutter ▶ double page.

See : double-page spread.

type ▶ caractère (d'imprimerie) : pièce de bois ou de métal dont la partie supérieure a la forme d'une lettre, et dont on se sert en imprimerie.
◆ *Voir :* caractère ou lettre.

A piece of metal or wood with the shape of a letter on its upper face, for use in printing. ◆ *See :* type face.

type area ▶ surface d'impression : « Surface de la page occupée par le texte imprimé, qu'il s'agisse d'un article ou d'une annonce. »

« The area of the page occupied by the printed matter whether editorial or advertisement ». A.M.S. 1982, 208. ◆ *Syn. :* printing space.

type C print ▶ procédé de tirage couleurs.

See : C type.

type face or typeface ▶ 1) œil de la lettre : partie en relief d'un caractère typographique.
2) caractère, lettre : format et style des lettres utilisées en imprimerie. On peut classer les caractères :

1) en fonction de leur épaisseur, et on distingue : • les caractères maigres, • les caractères demi-gras ou gras, • les caractères extra-gras.
2) en fonction de leur largeur, et on distingue : • les caractères condensés, étroits ou allongés, • les caractères normaux, • les caractères larges.

D.O.I.T. ,348.

1) The printing surface of a type.
2) Style of letter, character. Element in typography. Type faces can be classified :
1) by the thickness of the characters. They can be : • light, • bold or heavy, • extra bold or extra heavy.
2) by width. They can be : • condensed, • standard, • expanded. ◆ Syn. : **face.** ◆ See : **type.**

type high ▶ **hauteur de caractère :** hauteur normale des caractères, soit 23,31 mm au Royaume-Uni et aux U.S.A., et 23,56 mm en France.

The standard height of all type : 23,31 mm in the U.K. and U.S., and 23,56 mm in France.

type mark up ▶ **copie cotée, annotée :** exemplaire contenant toutes les instructions relatives aux caractères – corps, épaisseur –, à la présentation, etc. que doit suivre le compositeur.

Copy including all the instructions covering typeface, size, width, arrangement, etc. to be followed by the compositor. ◆ Abbr. : **T.M.U.**

type R print ▶ **dia direct.**

See : **R type.**

typesetter ▶ 1) **compositeur :** personne chargée du fonctionnement d'une composeuse. ◆ Voir : **typographe.**
▶ 2) **composeuse.** ◆ Voir : « **typesetting machine** ».

1) A person who operates a typesetting machine or compositor. See : **typographer.**
2) See : **typesetting machine.**

typesetting ▶ **composition (typ.):** agencement des mots, phrases, pages, etc., avant l'impression. La composition peut être faite,
• à la main : *composition manuelle* ; • par une machine : *composition mécanique* ; • par procédé photographique : *photocomposition* ; • par ordinateur : *composition programmée*. ◆ *Voir :* **photocomposition.**

The arrangement of words, sentences, pages, etc., before printing. Type can be :
• hand-set : *hand composition* ; • machine set : *machine composition* ; • photo-set : *photo-composition* ; ◆ *Syn. :* **composition, setting-up.** • computerized : **computer-assisted composition.** ◆ *See :* **photocomposition.**

typesetting machine ▶ **composeuse :** en imprimerie, machine servant à composer des caractères typographiques. On distingue : • **la Monotype :** qui fournit des lettres séparées, mais assemblées en une ligne justifiée. • **la Linotype :** sur laquelle les matrices sont assemblées pour fournir des caractères assemblés sur un seul bloc faisant ligne, ou ligne-bloc. • **l'Intertype :** qui fournit des lignes-blocs séparées.

A machine used to set type for printing. There are three different types : • **Monotype :** which casts individual letters and sets them in justified lines. • **Linotype :** in which individual matrices are assembled to cast entire lines of type, or slugs. • **Intertype :** which produces individual slugs. ◆ *Syn. :* **typesetter, compositor.**

type size ▶ **corps de la lettre :** hauteur d'un caractère typographique – généralement exprimée en points. ◆ *Voir :* **point typographique, caractère.**

The height of a printing plate, usually measured in points. ◆ *Syn. :* **point size.** ◆ *See :* **point, type.**

typographer ▶ **typographe :** personne responsable de l'arrangement de la composition et de la production. ◆ *Voir :* **typographie.**

A designer who specialises in typography and the production of typesetting. ◆ *See :* **typography.**

typography

▶ **typographie :** art de choisir le style des lettres et d'assembler les caractères pour les textes destinés à l'impression.

The art of selecting styling and arranging type.

under-expose (to) ▶ sous-exposer.

See: **exposition.**

Underground advertising ▶ **publicité dans le métro:** publicité utilisant les emplacements dans le métro. Il s'agit essentiellement des couloirs et des quais du métro, mais aussi des panneaux près des rampes d'escaliers et dans les ascenseurs, ainsi que des panneaux et oriflammes à l'intérieur des voitures.

Advertising on sites available in the Underground, i.e. corridors and platforms, but also tube cards and lift and escalator panels.

unduplicated audience ▶ audience non dupliquée.

See: **net audience.**

unglazed ▶ mat.

See: **mat(t).**

Unique Selling Proposition

▶ « Unique Selling Proposition », proposition exclusive de vente : concept introduit par Rosser Reeves, désignant un avantage exclusif du produit utilisé comme principal argument de vente. Selon l'U.S.P., si le produit n'a pas de qualité spécifique le différenciant des autres, c'est l'argument de vente qui devra être exclusif. ◆ *N.B.* : *Unique Selling Proposition* est souvent traduit à tort par « proposition unique de vente », unique étant compris au sens d'une *seule* et non pas d'*exclusive*. ◆ *Abr.* : **U.S.P.**

A concept introduced by Rosser Reeves and pertaining to a unique product benefit, used as a primary selling argument. According to the U.S.P., if there is no special plus-quality in the product, the selling argument will have to be unique. ◆ *Abbr.* : **U.S.P..**

universe (stat.)

▶ univers (stat.) : ensemble de la population que l'échantillon est censé représenter.

The population a sample is supposed to represent.

unsold copies

▶ invendus, bouillon : différence entre le nombre d'exemplaires imprimés et le nombre d'exemplaires vendus.

The difference between the number of copies printed and the number of copies sold.

unstructured interview

▶ entretien non directif : entretien qui se déroule tout-à-fait librement, sous forme de conversation, et dans lequel on n'utilise ni questionnaire pré-établi, ni plan.

An interview which is totally free running, like a conversation, and does not use any fixed questionnaire or schedule.

up-front response

▶ premières remontées.

See : **front end.**

upper case

▶ haut de casse, lettres capitales : lettres majuscules ; mais les imprimeurs parlent de haut de casse, parce qu'elles occupent les alvéoles supérieures de la casse du typographe. ◆ *Voir* : **bas de casse.**

Capital letters. The term *upper case* derives from these characters being found in the upper case of a compositor's rack.

◆ *See*: **lower case.**

urban furniture

▶ **mobilier urbain**: en publicité extérieure, toute structure servant de support à la fois à la publicité et à un service social: • **les abribus**: abris pour les voyageurs qui attendent l'autobus. • **les plans de situation**: plans de la ville permettant aux gens de se diriger eux-mêmes, etc. ◆ *Voir*: **plans de situation, points informations.**

In poster advertising, a structure which provides both a medium for advertising and a social service, e.g.: • **bus shelters** or *abribus*: panels providing shelter for the people waiting for the bus; • **directional maps**: city guides enabling people to find their way, etc.

◆ *See*: **public information panels, directional maps.**

usage pull

▶ «**usage pull**»: «Mesure dans laquelle la publicité est capable de convaincre les gens d'acheter le produit ou le service qu'elle vante.»

«The ability of advertising to persuade people to purchase the advertised product or service». *D.A.T., 198.*

use-the-user

▶ **offre-ami, parrainage**: opération dans laquelle un cadeau est offert au client donnant le nom d'un ami ou d'un parent suscep-tible d'acquérir un article ou un service donné.

A scheme in which a premium is offered to the customer who gives the name of a friend or relative ready to buy a specific item or service.

◆ *Syn.*: **referral premium.**

valued impressions per pound (U.K.) ▶ estimation du nombre de contacts par franc investi : nombre de lecteurs divisé par le coût de l'annonce. «Ce chiffre indique le nombre de lecteurs que l'on peut 'acheter' avec une somme donnée.»

The number of readers divided by the cost of the advertisement. «The V.I.P. index shows how many readers are 'bought' for a given sum of money». *G.M.T., 202.* ◆ *Abbr. :* **V.I.P.**

Van Dyke (trademark) ▶ épreuve Van Dyck : «Épreuve offset réalisée sur papier photosensible, généralement marron foncé au niveau des zones à imprimer.»

«A print of offset printing work made on photosensitive paper and typically deep brown in the areas to be printed». *D.A.T., 199.*

varnishing ▶ vernissage : action d'enduire un document imprimé d'une solution transparente, qui lui donne un aspect extrêmement brillant.

The process of covering a printed document with a transparent liquid that gives it a high-gloss finish.

verso ▶ verso : dos d'un feuillet (par opposition au *recto*). ◆ *Voir :* **recto.**

The back side of a sheet of paper, as opposed to *recto*. ◆ *Syn.*: **left-hand side, reverse, back.** ◆ *See*: **recto.**

vertical advertising ▶ **publicité à frais partagés (distributeur).**

See: **co-operative advertising.**

vertical publication ▶ **publication verticale:** revue économique destinée à toutes les personnes relevant d'une même branche industrielle ou d'une même profession, quels que soient leurs fonctions et leurs niveaux. ◆ *Voir*: **publication horizontale.**

A business publication intended for persons at all job functions and levels in a single industry or profession. ◆ *See*: **horizontal publication.**

video (n. and adj.) ▶ **vidéo (n. et adj.):** technique permettant d'enregistrer mécaniquement ou magnétiquement le son et l'image sur cassette ou sur disque, et de le restituer en direct ou en différé sur un écran.

A technique used for mechanically or magnetically recording images and sound onto a tape or disc, for broadcasting on a screen simultaneously or at a later date.

video cassette recorder ▶ **magnétoscope:** appareil permettant d'enregistrer les images et le son sur une bande magnétique contenue dans une cassette.

An apparatus for recording moving images and sound on magnetic tape contained in a cassette. ◆ *Abbr.*: **V.C.R.**

video cassette recording ▶ **enregistrement sur vidéo-cassette:** enregistrement des images et du son sur une bande magnétique contenue dans une cassette facilement maniable.

The recording of pictures and sound on a magnetic tape contained in a cassette for easy handling.

videotex ▶ **vidéographie:** «Terme générique désignant tout système électronique permettant de transmettre des informations, stockées sur ordinateur, sur des écrans ou des postes de télévision spécialement adaptés, à un public relativement important, disséminé dans l'espace. » On distingue deux systèmes différents : • **la vidéographie diffusée ou télétexte**, qui permet de transmettre les informations de l'ordinateur au receveur par le biais d'ondes radiophoniques. ◆ *Voir*: **télétexte.** • **la vidéographie interactive, ou vidéotex**, qui permet de transmettre les informations de l'ordinateur au receveur à l'aide de câbles (généralement des lignes de téléphone). Le service de ce type au Royaume-Uni est le système *Prestel*; en France, il s'agit de *Minitel*.

« A generic term referring to any electronic system that makes computer-based information available via VDUs, or appropriately adapted television sets, to a dispersed and reasonably numerous audience ». *Dictionary of New Information Technology*. A.J. Meadows, M. Gordon and A. Singleton, 184. There are two kinds of videotex systems : • **broadcast videotex or teletext :** a system for transmitting information from a computer to the receiver by radio waves. ◆ *See*: **teletext.** • **interactive videotex or viewdata :** a system for transmitting information from the computer to the receiver by cable (usually by telephone lines). The U.K. system of this type is called *Prestel*; the French system is called *Minitel*.

viewdata ▶ **vidéographie interactive.**

See: **videotex.**

vignette ▶ **vignette :** 1) illustration ou photographie dont les bords s'estompent progressivement et se fondent dans le papier non imprimé qui l'entoure. 2) petit dessin décoratif servant à illustrer une annonce publicitaire, une page de journal, etc.

1) An illustration or photograph whose edges gradually fade away into the surrounding unprinted paper.
2) A small ornamental drawing decorating an advertisement, a periodical page, etc. ◆ *Syn.* : **spot drawing.**

vignette halftone ▶ **simili dégradé**: plaque demi-ton dont l'arrière-plan s'estompe progressivement.

A halftone plate with the background gradually fading away.

visual ▶ **«rough», crayonné, esquisse.**

See: **rough layout.**

visual display unit ▶ **écran de visualisation**: en informatique, système qui permet de visualiser la sortie des données – texte ou images – sur un écran à tube cathodique.

In computer technology, a device which provides a view of computer output, text or graphics on a C.R.T. screen. ◆ *Abbr.:* **V.D.U.**

visualiser, visualizer ▶ **dessinateur, «roughman»**: artiste chargé de transformer les *roughs* en maquette finalisée pour la présentation au client.

A specialist artist who is employed to take art directors' rough layouts to a more highly finished stage, suitable for presentations. ◆ *Syn.:* **layout artist.**

visualization ▶ **visualisation (traduction en éléments visuels)**: présentation du message publicitaire sous sa forme visuelle.

«The presentation of the advertising message in its visual form». *E.O.A.*, 356.

voice in ▶ **«voix in», voix dans le champ (C.G.L.F.)**: voix d'une personne qui apparaît sur l'écran.

The voice of a person who appears on the screen.

voice off ▶ **«voix off», voix hors-champ (C.G.L.F.), voice over.**

See: **voice-over.**

voice-over

▶ voix off, «voix hors-champ» (C.G.L.F.), voice over: voix d'un narrateur ou d'une autre personne, qui n'apparaît pas à l'écran.

The voice of a narrator or other person who is off camera. ◆ *Abbr.* : **V.O.** ◆ *Syn.* : **voice off.**

volume discount

▶ 1) remise sur la quantité.

▶ 2) dégressif sur le volume (publicité).

See: **quantity discount.**

voluntary controls

▶ autodiscipline: «Système d'autodiscipline adopté par les professionnels de la publicité pour garantir la conformité des messages publicitaires aux règles de la déontologie.»

«A system of self-control adopted by the U.K. advertising practitioners to ensure that advertisements conform to a defined code of practice». G.M.T., 204.

voucher (copy)

▶ justificatif de parution.

See: **checking copy.**

voucher clerk

▶ contrôleur de parution: personne, dans une agence, chargée de vérifier les insertions, les positions, les normes de couleur et de reproduction, avant de payer la facture des annonces et de la répercuter sur les clients.

A person in an advertising agency responsible for checking insertions, positions, colour and reproduction standards, before paying for advertisements and billing clients.

wall sign

▶ **panneau mural:** panneau ou affiche apposé sur un mur.

A poster or panel appearing on a wall.

wash drawing

▶ **dessin au lavis:** dessin d'une seule couleur fait à l'encre ou à l'aquarelle.

A drawing, usually in one colour, using ink or water colour.

waste circulation

▶ **diffusion inutile, hors-cible:** chiffre de diffusion représentant les lecteurs qui ne sont pas susceptibles d'acheter le produit ou le service pour lequel le journal ou le magazine fait de la publicité, et qui ne comptent donc pas pour l'annonceur.

Those readers of a periodical who are not likely to buy the product or service advertised in it, and who are therefore of no value to the advertiser.

web

▶ **bobine:** rouleau de papier à imprimer, utilisé pour effectuer une impression en continu sur une presse rotative, et servant surtout pour les journaux et les magazines.

A reel of printing paper that allows continuous printing on a rotary press, used mainly for newspapers and magazines.

web(-fed) press ▶ **presse à bobine :** presse rotative sur laquelle on peut imprimer en continu et à grande vitesse un rouleau de papier. ◆ *Voir :* **presse à feuilles.**

A rotary press for printing on a continuous roll of paper at high speed. ◆ *See :* **sheet-fed press.**

weekly (publication) ▶ **hebdomadaire (journal).**

See : **frequency of issue.**

weight (printing) ▶ **graisse (impr.) :** relative épaisseur des pleins de la lettre.

The relative thickness of impression of a type face.

wet on wet ▶ **impression humide :** en quadrichromie, technique qui consiste à imprimer une couleur sur une autre couleur qui n'a pas encore séché (par exemple, avec la plupart des presses à bobine). ◆ *Voir :* **presse à bobine.**

In the four-colour process, a technique in which one colour is printed over another that has not yet dried (e.g. with most web presses). ◆ *See :* **web press.**

white out (to) ▶ **blanchir.**

See : **(to) lead out.**

whole-page advertisement ▶ **annonce pleine page.**

See : **full-page advertisement.**

wide-angle lens ▶ **grand angle :** objectif – existant en plusieurs tailles – qui permet de couvrir un champ de prise de vues plus large et plus profond qu'un objectif normal.

A lens that covers a larger and deeper area than an ordinary lens. (Wide-angle lenses are available in different sizes).

widow (print.) ▶ **ligne creuse, squelette (impr.) :** ligne très courte terminant un paragraphe – ne comportant généralement qu'un seul mot, quelques lettres d'un mot ou une phrase de deux ou trois mots.

A short line – usually a single word, a few letters of a word or a short phrase of two three words – ending a paragraph.

window dresser

▶ étalagiste.

See: **window dressing.**

window dressing

▶ **étalage (réalisation d')**: présentation d'articles dans une vitrine, à l'aide de matériel de décoration, de façon à les mettre en valeur et à attirer la clientèle.

Displaying goods in a shop window to best advantage, using decorative material, in order to attract customers.

window poster

▶ **affiche de vitrine**: affiche apposée sur la vitrine d'un magasin.

A poster posted in a store window.

wipe

▶ **fermeture par voie**: trucage optique qui consiste à changer radicalement de scène, sans superposer les images.

An optical effect consisting of a complete change of scene with no superimposed images.

word association test

▶ **test d'association de mots**: test dans lequel on demande à la personne interrogée de répondre au mot qui lui est donné par le premier mot qui lui vient à l'esprit.

A test in which a respondent is asked to give the first word that comes to mind in response to one cited.

word-play

▶ **jeu de mots**: utilisation amusante d'un mot ou d'une phrase dans un sens différent.

The amusing use of a word or phrase · that has two different meanings. ◆ *Syn.*: **pun.**

workprint (cin.)

▶ **copie (de) travail (cin.)**: copie faite à partir des rushes, pour servir au montage sans toucher à l'original.

A film print made from the rushes for use in editing so as to preserve the original. ◆ *Syn.* : **cutting copy.**

wraparound plate (print.) ▶ **plaque enveloppante (impr.)**: «Cliché typographique flexible, se fixant sur le cylindre, pour impression sur rotative.» «*Du projet à l'imprimé*» ESCO s.p.r.l., 97 ◆ *Voir*: **rotative.**

«A flexible letterpress plate that wraps around the cylinder for printing on a rotary press». ◆ *See*: **rotary press.**

writing ▶ **graphie, écriture**: forme écrite d'un mot.

The written form of a word.

xerography

▶ **xérographie :** procédé de photocopie engendrant une image électrostatique sur une plaque spéciale chargée d'électricité.

A photocopying process in which the image is transferred by a light-sensitive electrostatic charge on a special base.

Xerox (trademark)

▶ **photocopie :** le nom de marque *Xerox* est utilisé, en anglais, comme terme générique pour désigner une photocopie.
◆ *Voir :* **photocopie.**

Brand name often used generically to refer to a photocopy.
◆ *See :* **photocopy.**

x-height

▶ **hauteur d'œil :** hauteur des caractères de bas de casse dépourvus de hampes ascendantes et descendantes (telle la lettre *x*).
◆ *Voir :* **œil de la lettre.**

The height of lower-case letters without ascenders and descenders, usually measured by referring to the letter *x*. ◆ *See :* **type face.**

yearbook ▶ annuaire (organismes, universités, etc.).

See: **directory**.

you approach ▶ **approche personnalisée**: «Conception personnalisée d'une annonce, visant à adresser le message à chaque lecteur individuellement.» «Le titre ou le slogan d'une approche personnalisée peut être très directif, comme dans cette affiche de recrutement de *Kitchener*: Votre pays a besoin de Vous.»

A «personalised form of copywriting which directs the message at the individual reader». *D.M.C., 121.* «The You approach can be very telling in headline or slogan, like *Kitchener* recruiting poster, Your Country Needs You». *D.M.C., 121.*

zinco (print) ▶ **zinc (impr.)**: cliché trait sur zinc.

A line-plate made on zinc.

· zone ▶ **région, zone, secteur**: aire géographique à laquelle se limite l'étendue d'une campagne publicitaire, d'un lancement de produit, etc.

A geographical area to which an advertising campaign, a product launch, etc., is confined.

zoned advertising ▶ **publicité régionale**: publicité limitée à une zone géographique déterminée et couverte par les médias régionaux.

Advertising limited to a particular geographical area and carried by regional media.

zoned campaign ▶ campagne régionale.

See: **zoned advertising**.

zoom

▶ **zoom, travelling optique :** passage rapide d'un plan plus ou moins éloigné à un gros plan, ou vice-versa, par variation de la distance focale.

A movement from a long or medium camera position to a close-up, or vice-versa, obtained by changing the focal length.

U.K. ADVERTISING ORGANISATIONS
ORGANISATIONS PROFESSIONNELLES AU ROYAUME-UNI

- **Advertising Association (A.A.)**

  A non-profit making concern whose membership consists of trade associations in the advertising, marketing and related fields, and whose aim is to reinforce professional ethics and finance the voluntary control system. Abford House, 15 Wilton Road, London, SW1V 1NJ.

  Organisation à but non lucratif, regroupant des associations professionnelles de la publicité et du marketing, dont le but est de renforcer l'éthique professionnelle et de financer le système d'autodiscipline.

- **Advertising Standards Authority (A.S.A.)**

  An independent body set up to ensure that the Code of Advertising Practice is complied with and that the system of self-regulation works in the public interest. Brook House, 2-16 Torrington Place, London, WC1E 7HN.

  Organisme autonome mis en place afin de veiller au respect de la loi et des règlements, ainsi qu'au bon fonctionnement du système d'autodiscipline dans l'intérêt général.

- **Audit Bureau of Circulation (A.B.C.)**

  An organisation whose membership consists of advertisers, agencies and publications, and whose function is to monitor the circulation of publications. 13 Wimpole Street, London, W1M 7AB. The French equivalent is the *Office de Justification de la Diffusion* (O.J.D.).

  Organisme tripartite regroupant les annonceurs, les agences et la presse, chargé de contrôler la diffusion des supports de presse.
  L'organisme français équivalent est l'*Office de Justification de la Diffusion* (O.J.D.).

- **Broadcasters' Audience Research Board (B.A.R.B.)**

  A research committee composed of representatives of the B.B.C. and the I.T.C.A. (Independent Television Companies Association) providing information on television audience. Knighton House, 56 Mortimer Street, London W1N 8AN.

  Organisme de recherche, composé de représentants de la B.B.C. et de l'I.T.C.A. (association représentant la télévision indépendante), dont le but est de fournir des renseignements sur l'audience de la télévision.

- **Incorporated Society of British Advertisers (I.S.B.A.)**

  A representative organisation of advertisers whose aim is to protect and promote the interests of its members. 44 Hertford Street, London W1Y 8AE.

  Organisation représentant les annonceurs, dont le but est de défendre et promouvoir les intérêts de ses membres.

- **Institute of Practitioners in Advertising (I.P.A.)**

  The central representative organisation for U.K. advertising agencies. 44 Belgrave Square, London, SW1X 8QS.

  Principal organisme représentatif des agences de publicité au Royaume-Uni.

- **Joint Industry Committee for National Readership Surveys (J.I.C.N.A.R.S.)**

  A committee comprising members representing the agencies, advertisers and publishers, whose aim is to issue and control readership data. 44 Belgrave Square, London, SW1X 8QS.

  Organisme regroupant des représentants des agences, des annonceurs et la presse, dont le but est de publier et contrôler les données relatives à la fréquentation des différents supports de presse.

- **Joint Industry Committee for Poster Audience Surveys (J.I.C.P.A.S.)**

  A committee composed of representatives of agencies, advertisers and outdoor advertising specialists, whose aim is to issue data on poster audiences. 21 Tothill Street, London SW1H 9LL.

  Organisme composé de représentants des agences, des annonceurs et des spécialistes en affichage, dont le but est de publier des renseignements sur l'audience en matière d'affichage.

- **Joint Industry Committee for Radio Audience Research (J.I.C.R.A.R.)**

  A committee comprising representatives of agencies, advertisers and independent radio companies, whose aim is to provide radio audience data. 44 Belgrave Square, London, SW1X 8QS.

  Organisme composé de représentants des agences, des annonceurs et des supports radiophoniques, dont le but est de fournir des renseignements sur l'audience.

ORGANISATIONS PROFESSIONNELLES FRANÇAISES
FRENCH ADVERTISING ORGANISATIONS

- **Association des Agences Conseils en Communication (A.A.C.C.)**

  Organisme de représentation des agences et conseils en communication en France. 40 Bd Malesherbes, 75008 Paris.

  A representative organisation for French advertising agencies.

- **Bureau de Vérification de la Publicité (B.V.P.)**

  Organisme d'autodiscipline qui a pour objet de vérifier la loyauté et la véracité de la publicité, et de protéger le consommateur. 5 rue Jean Mermoz, 75008 Paris.

  A voluntary control organisation whose aim is to develop honesty and veracity in advertising, and to protect consumers.

- **Centre d'Etudes des Supports de Publicité (C.E.S.P.)**

  Association regroupant des annonceurs, des agences et des supports, fournissant des renseignements très détaillés sur la fréquentation des différents médias et supports. 32, Av. Georges Mandel 75016 Paris.

  An organisation which comprises advertisers, agencies and media, and whose aim is to provide detailed information on readers, listeners and viewers of the various media.

- **Institut de Recherches et d'Etudes de la Publicité (I.R.E.P.)**

  Association réunissant des professionnels de la publicité, qui publie des études sur le marché publicitaire français, organise des séminaires, etc., 62, rue de la Boétie, 75008 Paris.

  An association composed of members of the advertising profession, which publishes analyses of the French advertising market, organises seminars, etc

- **Office de Justification de la Diffusion (O.J.D.)**

  Organisme tripartite regroupant les annonceurs, les agences et la presse, chargé de contrôler la diffusion des supports de presse. 40, Bd Malesherbes, 75008 Paris. L'organisme équivalent au Royaume-Uni et aux Etats-Unis est l'*Audit Bureau of Circulation* (A.B.C.).

An organisation whose membership consists of advertisers, agencies and media owners and whose function is to monitor the circulation of publications. It is the equivalent of the *Audit Bureau of Circulation* in the U.K. and the U.S.

- **Union Des Annonceurs (U.D.A.)**

   Association représentant les annonceurs. 53, Avenue Victor Hugo, 75116 Paris.
   An organisation which represents advertisers.

ASSOCIATIONS INTERNATIONALES
INTERNATIONAL ADVERTISING ORGANISATIONS

- ## Direct Marketing Association (D.M.A.)

  An association whose membership consists of companies, suppliers and organisations involved in direct marketing and whose aim is to enhance their services and promote the direct marketing concept internationally.

  Association regroupant des sociétés, fournisseurs et organisations actives en marketing direct, en vue d'améliorer leur performance et de promouvoir le concept du marketing direct à l'échelon international. 6 East 43rd Street, New York NY 10017.

- ## European Association of Advertising Agencies (E.A.A.A.)

  An association whose membership consists of national advertising organisations and advertising agencies, and whose aim is to promote the interests of its members with international organisations.

  Organisation regroupant des associations publicitaires nationales et des agences, dont le but est de promouvoir les intérêts de ses membres auprès des institutions internationales. 28, Avenue Barbeau B-1180 Bruxelles - Belgique.

- ## International Advertising Association (I.A.A.)

  U.K. chapter: One of the 87 world chapters which includes advertisers, agencies, media. c/o Mrs. Olive Fraser, Kingston-upon-Thames, Surrey KT2 6ND, England.

  Chapitre français: un des 87 chapitres du monde regroupant l'ensemble des publicitaires: annonceurs, agences, médias. c/o Ecole Supérieure de la Publicité (E.S.P.), accrédité par l'I.A.A., 9 rue Léo Delibes, 75116 Paris.

BIBLIOGRAPHIE

OUVRAGES

E. ATTLEE, *Bluff Your Way in P.R.*, Wolfe Publishing Ltd, London, 1971.

M. BARNES, *The Three Faces of Advertising*, The Advertising Association, London, 1975.

G. BIOLLEY et M. COHEN, *Traité pratique de la promotion des ventes*, Dunod, Paris, 1972.

B. BROCHAND et J. LENDREVIE, *Le Publicitor*, Dalloz, Paris 1985.

A. CADET et B. CATHELAT, *La publicité, de l'instrument économique à l'institution sociale*, Payot, Paris 1968.

R.H. COLLEY, *La publicité se définit et se mesure*, P.U.F., Paris, 1964.

Etudes DELAFON, *Ça, c'est l'affiche*, Presses du temps présent, Paris, 1979.

J. DILLON, *Handbook of International Direct Marketing*, McGraw-Hill, Maidenhead, 1976.

L. DUCA, *La publicité, que sais-je*, P.U.F., Paris, 1970.

ESCO s.p.r.l., *Du projet à l'imprimé*, ESCO s.p.r.l., Paris 1977.

B. GIRON, *Quelques aspects du rôle de la publicité dans le développement économique*, Librairie générale de droit et de jurisprudence, Paris, 1968.

R. HAAS, *Pratique de la publicité*, Dunod, Paris, 1979.

N.A. HART and J. O'CONNOR, *The Pratice of Advertising*, Heinemann, London, 1978.

G-M. HENAULT, *Le comportement du consommateur*, Presses de l'Université du Québec, 1973.

F. JEFKINS, *Advertising Made Simple*, W.H. Allen, London, 1977 (second edition), 1982 (third edition).

F. JEFKINS, *Advertisement Writing*, Macdonald and Evans, Plymouth, 1976.

H. JOANNIS, *De l'étude de motivation à la création publicitaire et à la promotion des ventes*, Dunod, Paris, 1972.

L. KAUFMAN, *Essentials of Advertising*, Harcourt Brace Jovanovich, Inc., New York, San Diego, Chicago, 1980.

O. KLEPPNER, *Advertising Procedure*, Prentice-Hall Inc., New Jersey, 1979.

P. KOTLER avec la collaboration de B. DUBOIS, *Marketing Management, Analyse, Planification et Contrôle*, Publi-Union, Paris 1977.

P. LEBATTEUX, *La publicité directe*, Éditions d'Organisation, Paris, 1976.

R. LEDUC, *Qu'est-ce-que la publicité?*, Dunod, Paris, 1983.

R. LEDUC, *La publicité, une force au service de l'entreprise*, Dunod, Paris, 1987.

R. LEDUC, *Le pouvoir publicitaire*, Bordas, Paris, 1974.

J. LENDREVIE, D. LINDON et R. LAUFER, *Mercator, théorie et pratique du marketing*, Dalloz, Paris, 1983.

B. MANUEL et D. XARDEL, *Le marketing direct en France*, Dalloz, Paris, 1980.

A. MARSILLE, *Connaître la publicité*, Stratégies, Paris, 1983.

G. MARTIN, *L'imprimerie, que sais-je*, P.U.F., Paris, 1970.

P. MARTINEAU, *Motivation et publicité*, Hommes et Techniques, Paris, 1959.

R. MATHIEU, *L'imprimerie, une profession, un art*, Dunod, Paris 1970.

M. MAYER, *Madison Avenue U.S.A.*, Éditions d'Organisation, Paris, 1968.

A. MOLES, *L'affiche dans la société urbaine*, Dunod, Paris, 1970.

G. PENINOU, *Intelligence dans la publicité*, Robert Laffont, Paris, 1975.

S. PIQUET, *Publicité*, Vuibert, Paris, 1981.

PUBLICIS, *Principes et pratique de la publicité*, Delmas, Paris, 1968.

J. SEGUELA, *Hollywood lave plus blanc*, Flammarion, Paris, 1982.

J. SEGUELA, *Fils de pub*, Flammarion, Paris, 1983.

G. SULLIVAN, *Bluff Your Way in Advertising*, Wolfe Publishing Ltd, London, 1971.

D. VICTOROFF, *Psychosociologie de la publicité*, P.U.F., Paris, 1970.

R. WHITE, *Advertising, what it is and how to do it*, McGraw-Hill, Maidenhead, 1980.

DICTIONNAIRES

J.H. ADAM, *Longman Dictionary of Business English*, Glasgow, 1982.

C. and D.S. AMMER, *Dictionary of Business and Economics*, The Free Press, New York, 1977.

J. CHAMINADE, *700 mots courants de la publicité et l'imprimerie*, Eyrolles, Paris.

N.A. HART and J. STAPLETON, *Glossary of Marketing Terms*, Heinemann, London, 1981.

P. HERBIN, *Vocabulaire de la publicité*, Éditions de la Gourdine, Paris, 1977.

I.S.B.A., *Glossary of Market Research Terminology* and *Glossary of Advertising Media Terms*, I.S.B.A. Publication, London.

F. JEFKINS, *Dictionary of Marketing and Communication*, International Textbook Company, Bucks, 1973.

D. LONGLEY and M. SHAIN, *Dictionary of Information Technology*, Macmillan Reference Books, New York, 1982.

W.J. LUEDKE and L. BRAY, *Ayer Glossary of Advertising and Related Terms*, Tatham-Laird and Fudner, Chicago, 1977.

A.J. MEADOWS, M. GORDON and A. SINGLETON, *Dictionary of New Information Technology*, Century Publishing Company, 1982.

G. SERRAFF, *Dictionnaire méthodologique du marketing*, Éditions d'Organisation, Paris, 1985.

L. URDANG, *Dictionary of Advertising Terms*, Tatham-Laird and Kudner, Chicago, 1977.

B. VOYENNE, *Glossaire des termes de presse*, C.F.J., Paris, 1967.

A. WELLHOFF, *Lexique du commerce moderne*, Éditions d'Organisation, Paris, 1977.

Aubin Imprimeur
LIGUGÉ, POITIERS

Dépôt légal : décembre 1989
N° d'impression : L 33511
Imprimé en France